D0499900

COLLECTION FOLIO

Emmanuel Carrère

Limonov

P.O.L

Emmanuel Carrère est né en 1957. D'abord journaliste, il a publié un essai sur le cinéaste Werner Herzog en 1982, puis *L'amie du jaguar*, *Bravoure* (prix Passion 1984, prix de la Vocation 1985), *Le détroit de Behring*, essai sur l'Histoire imaginaire (prix Valery-Larbaud et prix de la science-fiction française 1986), *Hors d'atteinte ?* (Folio n° 2116) et une biographie du romancier Philip K. Dick, *Je suis vivant et vous êtes morts*. *La classe de neige* (Folio n° 2908), prix Femina 1995, a été porté à l'écran par Claude Miller, et *L'Adversaire* (Folio n° 3520) par Nicole Garcia. En 2003, Emmanuel Carrère réalise un documentaire, *Retour à Kotelnitch*, et adapte lui-même en 2004 *La moustache* (Folio n° 1883), coécrit avec Jérôme Beaujour, interprété par Vincent Lindon et Emmanuelle Devos. Il a depuis écrit *Un roman russe* (Folio n° 4771), *D'autres vies que la mienne* (Folio n° 5131) et *Limonov* (Folio n° 5560), prix Renaudot 2011. Ses livres sont traduits dans une vingtaine de langues.

Celui qui veut restaurer le commu-
nisme n'a pas de tête. Celui qui ne le
regrette pas n'a pas de cœur.

VLADIMIR POUTINE

Prologue

MOSCOU, OCTOBRE 2006, SEPTEMBRE 2007

1

Jusqu'à ce qu'Anna Politkovskaïa soit abattue dans l'escalier de son immeuble, le 7 octobre 2006, seuls les gens qui s'intéressaient de près aux guerres de Tchétchénie connaissaient le nom de cette journaliste courageuse, opposante déclarée à la politique de Vladimir Poutine. Du jour au lendemain, son visage triste et résolu est devenu en Occident une icône de la liberté d'expression. Je venais alors de tourner un film documentaire dans une petite ville russe, je séjournais souvent en Russie, c'est pourquoi un magazine m'a proposé dès que la nouvelle est tombée de prendre le premier avion pour Moscou. Ma mission n'était pas d'enquêter sur le meurtre de Politkovskaïa, plutôt de faire parler des gens qui l'avaient connue et aimée. C'est ainsi que j'ai passé une semaine dans les bureaux de *Novaïa Gazeta*, le journal dont elle était le reporter-vedette, mais aussi d'associations pour la défense des droits de l'homme et de comités formés par des mères de soldats tués ou mutilés en Tchétchénie. Ces bureaux étaient minuscules, pauvrement éclairés, équipés d'ordinateurs vétustes. Les activistes qui m'y recevaient étaient souvent âgés aussi, et pathétiquement peu nombreux. C'est un tout petit cercle, où tout le monde se connaît, où je n'ai pas tardé à connaître tout le monde, et ce tout petit cercle constitue pratiquement à lui seul l'opposition démocratique en Russie.

Outre quelques amis russes, je connais à Moscou un autre petit cercle, composé d'expatriés français, journalistes ou hommes d'affaires, et quand je leur racontais, le soir, mes visites de la journée, ils souriaient avec un peu de commisération : ces vertueux démocrates dont je leur parlais, ces militants des droits de l'homme, c'étaient bien sûr des gens respectables, mais la vérité, c'est que tout le monde s'en foutait. Ils menaient un combat perdu d'avance dans un pays où l'on se soucie peu des libertés formelles pourvu que chacun ait le droit de s'enrichir. Par ailleurs, rien ne divertissait ou, selon leur caractère, n'agaçait autant mes amis expatriés que la thèse répandue dans l'opinion française selon laquelle le meurtre de Politkovskaïa avait été commandité par le FSB — la police politique qu'on appelait, au temps de l'Union soviétique, le KGB — et plus ou moins par Poutine lui-même.

« Attends, m'a dit Pavel, un universitaire francorusse reconverti dans les affaires, il faut arrêter de dire n'importe quoi. Tu sais ce que j'ai lu — dans le *Nouvel Obs*, je crois ? Que c'est tout de même bizarre si Politkovskaïa s'est fait descendre, comme par hasard, le jour de l'anniversaire de Poutine.

Comme par hasard ! Tu te rends compte du degré de connerie qu'il faut pour écrire noir sur blanc ce *comme par hasard* ? Tu imagines la scène ? Réunion de crise au FSB. Le patron dit : les gars, il va falloir se creuser la cervelle. C'est bientôt l'anniversaire de Vladimir Vladimirovitch, il faut vraiment qu'on trouve un cadeau qui lui fasse plaisir. Quelqu'un a une idée ? Ça gamberge, puis une voix s'élève : et si on lui apportait la tête d'Anna Politkovskaïa, cette emmerdeuse qui ne fait que le critiquer ? Murmure d'approbation dans l'assistance. En voilà, une bonne idée ! Au boulot, les enfants, vous avez carte blanche. Excuse-moi, dit Pavel, mais cette scène-là, je ne l'achète pas. Dans un remake russe des *Tontons flingueurs*, à la rigueur. Dans la réalité, non. Et tu sais quoi ? La réalité, c'est ce qu'a dit Poutine, qui a tellement choqué les belles âmes d'Occident : l'assassinat d'Anna Politkovskaïa et le raffut qu'on fait autour causent beaucoup plus de tort au Kremlin que les articles qu'elle écrivait de son vivant, dans son journal que personne ne lisait. »

J'écoutais Pavel et ses amis, dans les beaux appartements que les gens comme eux louent à prix d'or au centre de Moscou, défendre le pouvoir en disant que premièrement les choses pourraient être mille fois pires, deuxièmement que les Russes s'en contentent — alors au nom de quoi leur faire la leçon ? Mais j'écoutais aussi des femmes tristes et usées qui à longueur de journée me racontaient des histoires d'enlèvements, la nuit, dans des voitures sans plaques d'immatriculation, de soldats torturés non par l'ennemi mais par leurs supérieurs, et surtout de dénis de justice. C'est cela qui revenait sans cesse. Que la police ou l'armée soient corrompues, c'est dans l'ordre des choses. Que la vie humaine ait peu de prix, c'est dans la tradition russe. Mais l'arrogance et la brutalité des représentants du pouvoir quand de simples citoyens se risquaient à leur demander des comptes, la certitude qu'ils avaient de leur impunité, voilà ce que ne supportaient ni les mères de soldats, ni celles des enfants massacrés à l'école de Beslan, au Caucase, ni les proches des victimes du théâtre de la Doubrovka.

Rappelez-vous, c'était en octobre 2002. Toutes les télévisions du monde n'ont montré que cela pendant trois jours. Des terroristes tchétchènes avaient pris tout le public du théâtre en otage pendant la représentation d'une comédie musicale appelée *Nord-Ost*. Les forces spéciales, excluant toute négociation, ont résolu le problème en gazant, avec les preneurs d'otages, les otages eux-mêmes — fermeté dont le président Poutine les a chaleureusement félicitées. Le nombre des victimes civiles est discuté, il tourne autour de cent cinquante, et leurs proches sont considérés comme des complices des terroristes quand ils demandent si on n'aurait pas pu essayer de s'y prendre autrement et les traiter, eux et leur deuil, avec un peu moins de négligence. Chaque année, depuis, ils se réunissent pour une cérémonie de commémoration que la police n'ose pas carrément interdire mais surveille comme un rassemblement séditieux — ce que c'est, de fait, devenu.

J'y suis allé. Il y avait deux, trois cents personnes, je dirais, sur la place devant le théâtre, et autour d'elles autant d'OMON, qui sont l'équivalent russe de nos CRS, comme eux munis de casques, de boucliers et de lourdes matraques. Il s'est mis à pleuvoir. Des parapluies s'ouvraient au-dessus des bougies qui, avec leurs collerettes en papier pour protéger les doigts de la cire brûlante, m'ont rappelé les offices orthodoxes auxquels on m'emmenait, à Pâques, quand j'étais petit. Des pancartes remplaçaient les icônes, avec les photos et les noms des morts. Les gens qui portaient ces pancartes et ces bougies étaient des orphelins, des veufs et des veuves, des parents qui avaient perdu un enfant — ce pour quoi il n'existe pas davantage de mot en russe qu'en français. Aucun représentant de l'État n'était venu, comme l'a souligné avec une colère froide un représentant des familles, qui a prononcé quelques mots — les seuls de toute la cérémonie. Pas de discours, pas de slogans, pas de chants. On se contentait de rester debout, en silence, sa bougie à la main, ou de parler bas, par petits groupes, entre les remparts d'OMON qui avaient bouclé le périmètre. En regardant autour de moi, j'ai reconnu plusieurs visages : outre les familles endeuillées, il y avait là le ban et l'arrière-ban de ce petit monde d'opposants dont je faisais depuis une semaine le tour, et j'ai échangé avec eux quelques signes de tête empreints d'une convenable affliction.

Tout en haut des marches, devant les portes fermées du théâtre, une silhouette me semblait vaguement familière, mais je ne parvenais pas à l'identifier. C'était un homme vêtu d'un manteau noir, tenant comme les autres une bougie, entouré de plusieurs personnes avec qui il parlait à mi-voix. Au centre d'un cercle, dominant la foule, en retrait mais attirant le regard, il donnait une impression d'importance et j'ai bizarrement pensé à un chef de gang assistant avec sa garde rapprochée à l'enterrement d'un de ses hommes. Je ne le voyais qu'en profil perdu, du col relevé de son manteau dépassait une barbiche. Une femme qui, à côté de moi, l'avait repéré aussi a dit à sa voisine : « Édouard est là, c'est bien. » Il a tourné la tête, comme si malgré la distance il l'avait entendue. La flamme de la bougie a creusé les traits de son visage.

J'ai reconnu Limonov.

2

Depuis combien de temps n'avais-je pas pensé à lui ? Je l'avais connu au début des années quatre-vingt, quand il s'était installé à Paris, auréolé par le succès de son roman à scandale, *Le poète russe préfère les grands nègres*. Il y racontait la vie misérable et superbe qu'il avait menée à New York après avoir émigré d'Union soviétique. Petits boulots, survie au jour le jour dans un hôtel sordide et parfois dans la rue, coucheries hétéro et homosexuelles, cuites, rapines et bagarres : cela pouvait faire penser, pour la violence et la rage, à la dérive urbaine de Robert De Niro dans *Taxi Driver*, pour l'élan vital aux romans de Henry Miller dont

Limonov avait le cuir coriace et la placidité de cannibale. Ce n'était pas rien, ce livre, et son auteur, quand on le rencontrait, ne décevait pas. On était habitué, en ce temps-là, à ce que les dissidents soviétiques soient des barbus graves et mal habillés, habitant de petits appartements remplis de livres et d'icônes où ils passaient des nuits entières à parler du salut du monde par l'orthodoxie ; on se retrouvait devant un type sexy, rusé, marrant, qui avait l'air à la fois d'un marin en bordée et d'une rock-star. On était en pleine vague punk, son héros revendiqué était Johnny Rotten, le leader des Sex Pistols, il ne se gênait pas pour traiter Soljenitsyne de vieux con. C'était rafraîchissant, cette dissidence *new wave*, et Limonov à son arrivée a été la coqueluche du petit monde littéraire parisien — où, pour ma part, je débutais timidement. Ce n'était pas un auteur de fiction, il ne savait raconter que sa vie, mais sa vie était passionnante et il la racontait bien, dans un style simple, concret, sans chichis littéraires, avec l'énergie d'un Jack London russe. Après ses chroniques de l'émigration, il a publié ses souvenirs d'enfant dans la banlieue de Kharkov, en Ukraine, puis de délinquant juvénile, puis de poète d'avant-garde à Moscou, sous Brejnev. Il parlait de cette époque et de l'Union soviétique avec une nostalgie narquoise, comme d'un paradis pour *hooligans* dégourdis, et il n'était pas rare qu'en fin de dîner, quand tout le monde était ivre sauf lui, car il tient prodigieusement l'alcool, il fasse l'éloge de Staline, ce qu'on mettait sur le compte de son goût pour la provocation. On le croisait au Palace, arborant une vareuse d'officier de l'Armée rouge. Il écrivait dans *L'Idiot international*, le journal de Jean-Edern Hallier, qui n'était pas blanc-bleu idéologiquement, mais rassemblait des esprits anticonformistes et brillants. Il aimait la bagarre, il avait un succès incroyable avec les filles. Sa liberté d'allures et son passé aventureux en imposaient aux jeunes bourgeois que nous étions. Limonov était notre barbare, notre voyou : nous l'adorions.

Les choses ont commencé à prendre un tour bizarre quand le communisme s'est effondré. Tout le monde s'en réjouissait sauf lui, qui n'avait plus du tout l'air de plaisanter en réclamant pour Gorbatchev le peloton d'exécution. Il s'est mis à disparaître pour de longs voyages dans les Balkans, où on a découvert avec horreur qu'il faisait la guerre au côté des troupes serbes — autant dire, à nos yeux, des nazis ou des génocidaires hutus. On l'a vu, dans un documentaire de la BBC, mitrailler Sarajevo assiégée sous l'œil bienveillant de Radovan Karadžić, leader des Serbes de Bosnie et criminel de guerre avéré. Après ces exploits, il est retourné en Russie où il a créé un parti politique portant le nom engageant de parti national-bolchevik. Des reportages, quelquefois, montraient des jeunes gens au crâne rasé, vêtus de noir, qui défilaient dans les rues de Moscou en faisant un salut mi-hitlérien (bras levé) mi-communiste (poing fermé) et braillant des slogans comme « Staline ! Beria ! Goulag ! » (sous-entendu : qu'on nous les rende !) Les drapeaux qu'ils brandissaient imitaient celui du IIIe Reich, avec la faucille et le marteau à la place de la croix gammée. Et l'énergumène à casquette de base-ball qui gesticulait, mégaphone au poing, en tête de ces colonnes, c'était ce garçon drôle et séduisant dont, quelques années plus tôt, nous étions tous si fiers d'être les amis. Cela faisait un effet aussi étrange que de découvrir qu'un ancien camarade de lycée est devenu une figure du grand banditisme ou s'est fait sauter dans un attentat terroriste. On repense à lui, on remue des souvenirs, on tâche d'imaginer l'enchaînement de circonstances et les ressorts intimes qui ont entraîné sa vie si loin de la nôtre. En 2001, on a appris que Limonov était arrêté, jugé, emprisonné pour des raisons assez obscures où il était question de trafic d'armes et de tentative de coup d'État au Kazakhstan. C'est peu dire qu'on ne s'est pas bousculés, à Paris, pour signer la pétition réclamant sa remise en liberté.

Je ne savais pas qu'il était sorti de prison, et j'étais surtout stupéfait de le retrouver ici. Il faisait moins rocker qu'autrefois, plus intellectuel, mais il avait toujours la même aura, impérieuse, énergique, palpable même à cent mètres de distance. J'ai hésité à me mettre dans une file de gens qui, visiblement touchés de sa présence, venaient le saluer avec respect. Mais j'ai, à un moment, croisé son regard et, comme il n'a pas semblé me reconnaître, comme je ne savais trop par ailleurs quoi lui dire, j'ai laissé tomber.

Troublé par cette rencontre, je suis rentré à l'hôtel, où une nouvelle surprise m'attendait. En parcourant un recueil d'articles d'Anna Politkovskaïa, j'ai découvert qu'elle avait deux ans plus tôt suivi le procès de trente-neuf militants du parti national-bolchevik, accusés d'avoir envahi et vandalisé le siège de l'administration présidentielle aux cris de « Poutine, va-t'en ! ». Pour ce crime, ils avaient écopé de lourdes peines de prison et Politkovskaïa prenait haut et fort leur défense : des jeunes gens courageux, intègres, seuls ou presque à donner confiance dans l'avenir moral du pays.

Je n'en revenais pas. L'affaire m'avait paru classée, sans appel : Limonov était un affreux fasciste, à la tête d'une milice de *skinheads*. Or voici qu'une femme unanimement considérée depuis sa mort comme une sainte parlait de lui, et d'eux, comme de héros du combat démocratique en Russie. Même son de cloche, sur internet, de la part d'Elena Bonner. Elena Bonner ! La veuve d'Andreï Sakharov, grand savant, grand dissident, grande conscience morale, prix Nobel de la paix. Elle aussi, elle trouvait très bien les *nasbols*, comme j'ai appris à cette occasion qu'on appelle en Russie les membres du parti national-bolchevik. Il faudrait peut-être, disait-elle, qu'ils pensent à changer le nom de leur parti, malsonnant à certaines oreilles : autrement, des gens épatants.

Quelques mois plus tard, j'ai appris que se formait sous le nom de *Drougaïa Rossia*, l'autre Russie, une coalition politique composée de Gary Kasparov, Mikhaïl Kassionov et Édouard Limonov — soit un des plus grands joueurs d'échecs de tous les temps, un ancien Premier ministre de Poutine et un écrivain selon nos critères infréquentable : drôle d'attelage. Quelque chose, de toute évidence, avait changé, peut-être pas Limonov lui-même mais la

22

place qu'il tenait dans son pays. C'est pourquoi, quand Patrick de Saint-Exupéry, que j'avais connu correspondant du *Figaro* à Moscou, m'a parlé d'une revue de reportages dont il préparait le lancement et demandé si j'aurais un sujet pour le premier numéro, j'ai sans même réfléchir répondu : Limonov. Patrick m'a regardé avec des yeux ronds : « C'est une petite frappe, Limonov. » J'ai dit : « Je ne sais pas, il faudrait aller voir.

— Bien, a tranché Patrick sans demander davantage d'explications, va voir. »

Il m'a fallu un peu de temps pour remonter la piste, obtenir par Sacha Ivanov, un éditeur de Moscou, son numéro de portable. Et une fois que je l'ai eu, ce numéro, il m'a fallu du temps pour le composer. J'hésitais sur le ton à adopter, pas seulement vis-à-vis de lui mais pour moi-même : étais-je un vieux copain ou un enquêteur soupçonneux ? Fallait-il parler russe ou français ? Le tutoyer ou le vouvoyer ? Je me rappelle ces hésitations mais pas, curieusement, la phrase que j'ai prononcée quand, dès ma première tentative et avant même la seconde tonalité, il a décroché. J'ai dû dire mon nom et, sans une seconde de flottement, il a répondu : « Ah, Emmanuel. Ça va ? » J'ai bredouillé que oui, pris de court : nous nous connaissions peu, ne nous étions pas vus depuis quinze ans, je m'attendais à devoir lui rappeler qui j'étais. Aussitôt, il a enchaîné : « Vous étiez à la cérémonie à Doubrovka, l'année dernière, n'est-ce pas ? »

Je suis resté sans voix. À cent mètres de distance, je l'avais, moi, longuement dévisagé, mais nos regards ne s'étaient croisés qu'un instant et rien de sa part, ni temps d'arrêt ni haussement de sourcils, n'avait manifesté qu'il m'avait reconnu. Plus tard, une fois remis de ma stupéfaction, j'ai pensé que Sacha Ivanov, notre ami éditeur, avait pu lui annoncer mon appel, mais je n'avais rien dit à Sacha Ivanov de ma présence à la Doubrovka, le mystère restait donc entier. J'ai compris par la suite que ce n'était pas un mystère, simplement qu'il a une mémoire prodigieuse et un contrôle non moins prodigieux de lui-même. Je lui ai dit que je voulais faire un long article sur lui, et il a accepté sans façon que je vienne passer deux semaines à ses côtés — « sauf, a-t-il ajouté, si on me remet en prison ».

3

Deux jeunes costauds au crâne rasé, vêtus de jeans et blousons noirs, chaussés de rangers, viennent me chercher pour me conduire à leur chef. Nous traversons Moscou dans une Volga noire aux vitres fumées et je m'attendrais presque à ce qu'on me bande les yeux, mais non, mes anges gardiens se contentent d'inspecter rapidement la cour de l'immeuble, puis la cage d'escalier, le palier enfin, donnant sur un petit appartement sombre, meublé comme un squat, où deux autres crânes rasés tuent le temps en fumant des cigarettes. Édouard, m'apprend l'un d'eux, se partage entre trois ou quatre domiciles dans Moscou, en change aussi souvent que possible, s'interdit les horaires réguliers et ne fait jamais un pas sans gardes du corps — des militants de son parti.

Je me dis, tandis qu'on me fait patienter, que mon reportage commence bien : planques, clandestinité, tout cela est romanesque au possible. Seulement, j'ai du mal à choisir entre deux versions de ce romanesque : le terrorisme et le réseau de résistance, Carlos et Jean Moulin — il est vrai que tant que les jeux ne sont pas faits, la version officielle de l'histoire arrêtée, ça se ressemble. Je me demande aussi ce que Limonov attend de ma visite. Est-ce qu'échaudé par les quelques portraits qu'ont faits de lui les journalistes occidentaux il se méfie, ou est-ce qu'il compte sur moi pour le réhabiliter ? Moi-même, je n'en sais rien. C'est même rare, quand on se prépare à rencontrer quelqu'un et à écrire sur lui, de savoir si peu sur quel pied on a envie de danser.

Dans le bureau spartiate, rideaux tirés, où on me fait finalement entrer, il se tient debout, en jean et pull noirs. Poignée de main, pas de sourire. Aux aguets. À Paris, nous nous disions « tu », mais il a dit « vous » au téléphone et nous en restons au vouvoiement. Malgré le manque de pratique, il parle mieux français que moi russe, va donc pour le français. Autrefois, il faisait des pompes et des haltères, une heure par jour, et il a dû continuer car, à soixante-cinq ans, il est toujours mince : ventre plat, silhouette d'adolescent, peau lisse et mate de Mongol, mais il porte désormais moustache et barbiche grises qui lui donnent un peu l'air de d'Artagnan vieilli dans *Vingt ans après*, beaucoup d'un commissaire bolchevik et en particulier de Trotski — sauf que Trotski, à ma connaissance, ne faisait pas de *bodybuilding*.

Dans l'avion, j'ai relu un de ses meilleurs livres, le *Journal d'un raté*, dont la quatrième page de couverture annonce la couleur : « Si Charles Manson ou Lee Harvey Oswald avaient tenu un journal, il aurait ressemblé à ça. » J'en ai recopié quelques passages dans mon carnet. Celui-ci, par exemple : « Je rêve d'une insurrection violente. Je ne deviendrai jamais Nabokov, je ne courrai jamais après les papillons dans les prairies suisses, sur des jambes anglophones et poilues. Donnez-moi un million et j'achèterai des armes et je susciterai un soulèvement dans n'importe quel pays. » C'était le scénario qu'il se racontait à trente ans, émigré sans le sou largué sur le pavé de New York, et trente ans plus tard, voilà, le film se réalise. Il y tient le rôle dont il a rêvé : le révolutionnaire professionnel, le technicien de la guérilla urbaine, Lénine dans son wagon blindé.

Je le lui dis. Ça le fait rire, d'un petit rire sec et sans aménité, l'air chassé par les narines. « C'est vrai, reconnaît-il. Dans la vie, j'ai exécuté mon programme. » Mais il met les choses au point : l'heure n'est plus au soulèvement armé. Il ne rêve plus d'une insurrection violente, plutôt d'une révolution orange comme il vient de s'en produire en Ukraine. Une révolution pacifique, démocratique, que le Kremlin selon lui redoute par-dessus tout et qu'il est prêt à écraser par tous les moyens. C'est pour cela qu'il mène cette vie d'homme traqué. Il y a quelques années, il s'est fait démolir à coups de batte de base-ball. Tout récemment encore, il a échappé de peu à un attentat. Son nom figure en tête des listes d'« ennemis de la Russie », c'est-à-dire d'hommes à abattre, que des officines proches du pouvoir proposent à la vindicte du peuple, en donnant leurs adresses et leurs numéros de téléphone. Les autres, sur ces listes, c'étaient Politkovskaïa, descendue au fusil à pompe ; l'ex-officier du FSB Litvinenko, empoisonné au polonium après avoir dénoncé la dérive criminelle de ses services ; le milliardaire Khodorkovski, aujourd'hui emprisonné en Sibérie pour avoir voulu se mêler de politique. Et le suivant, c'est lui, Limonov.

Il tient, le lendemain, une conférence de presse avec Kasparov. Dans la salle, je reconnais la plupart des militants que j'ai rencontrés lors de mon reportage sur Politkovskaïa, mais il y a aussi pas mal de journalistes, surtout étrangers. Certains semblent très excités, comme cette équipe suédoise qui fait non pas un court sujet mais un documentaire entier, trois mois de tournage, sur ce qu'elle espère être l'irrésistible ascension du mouvement *Drougaïa Rossia*. Ils ont l'air d'y croire dur comme fer, ces Suédois, et comptent bien vendre leur film très cher dans le monde entier une fois que Kasparov et Limonov seront arrivés au pouvoir.

Carrure puissante, sourire chaleureux, belle tête de Juif arménien : l'ancien champion d'échecs, quand ils montent tous les deux à la tribune, en impose plus que Limonov, qui avec sa barbiche et ses lunettes semble jouer le rôle du stratège à sang froid, dans l'ombre du leader naturel. C'est d'ailleurs Kasparov qui attaque, bille en tête, en expliquant pourquoi l'élection présidentielle qui doit avoir lieu l'année suivante — en 2008 — est une occasion historique. Poutine achève son second mandat, la Constitution lui interdit d'en briguer un troisième et il a tellement tout vitrifié autour de lui qu'aucun candidat ne se dégage du côté du pouvoir. Pour la première fois dans l'histoire de la Russie, une opposition démocratique a sa chance. Les médias étant muselés, on ne sait pas à quel point les Russes en ont marre des oligarques, de la corruption, de la toute-puissance du FSB, mais lui, Kasparov, le sait. Il est éloquent, joue d'une voix de violoncelle, et je commence à me dire que peut-être les Suédois ont raison. J'ai envie de croire que j'assiste à quelque chose d'extraordinaire, quelque chose dans le genre des débuts de *Solidarność*. C'est alors que mon voisin, un journaliste anglais, ricane et me souffle en même temps qu'une haleine chargée de gin : « *Bullshit*. Les Russes adorent Poutine et ils ne comprennent pas qu'une constitution à la con leur interdise d'élire trois fois de suite un si bon président. Mais n'oubliez pas un truc : ce que la Constitution interdit, c'est trois mandats *de suite*. Pas de passer un tour, avec un homme de paille pour chauffer le fauteuil, et de revenir après. Vous verrez. »

Cet aparté douche mon exaltation. D'un coup, la vérité repasse du côté des réalistes, des gens qui savent et ne s'en laissent pas conter, de mon subtil ami Pavel d'après qui cette histoire d'opposition démocratique en Russie, c'est comme vouloir roquer quand on joue aux dames : un truc pas prévu par la règle du jeu, qui n'a jamais marché et ne marchera jamais. Kasparov, qu'un instant plus tôt j'étais prêt à envisager comme un Walçsa russe, devient une sorte de François Bayrou. Son discours me semble à présent emphatique, filandreux, et mon voisin et moi commençons à développer une complicité de cancres qui échangent des images cochonnes, au fond de la classe. Je lui montre un livre de Limonov que je viens d'acheter. Traduit nulle part sauf en Serbie, il s'appelle *Anatomie du héros* et contient un cahier de photos gratinées où on voit le héros en question, Limonov *himself*, parader en tenue de camouflage aux côtés du milicien serbe Arkan, de Jean-Marie Le Pen, du populiste russe Jirinovski, du mercenaire Bob Denard et de quelques autres humanistes. « *Fucking fascist…* », commente le journaliste anglais.

Nous levons tous les deux les yeux sur Limonov. Légèrement en retrait à côté de Kasparov, il l'écoute se plaindre des persécutions du pouvoir sans avoir l'air d'attendre ce qu'attendent dans un meeting tous les hommes politiques : que l'orateur se taise pour prendre la parole à sa place. Il se tient juste là, assis, attentif, aussi droit et tranquille qu'un moine zen en méditation. La voix chaude de Kasparov n'est plus qu'un bourdonnement périphérique : c'est le visage indéchiffrable de Limonov que je scrute maintenant, et plus je le scrute plus je prends conscience que je n'ai pas la moindre idée de ce qu'il pense. Est-ce qu'il y croit vraiment, à cette révolution orange ? Est-ce que ça l'amuse, lui l'*outlaw*, le chien enragé, de jouer au démocrate vertueux au milieu de ces anciens dissidents et de ces militants des droits de l'homme qu'il a traités de naïfs toute sa vie ? Est-ce qu'il jouit en secret de se savoir le loup dans la bergerie ?

Je retrouve, dans mon carnet, un autre passage du *Journal d'un raté* : « J'ai pris le parti du mal : des feuilles de chou, des tracts ronéotés, des partis qui n'ont aucune chance. J'aime les meetings politiques ne réunissant qu'une poignée de gens et la cacophonie des musiciens incapables. Et je hais les orchestres symphoniques. Si j'avais un jour le pouvoir j'égorgerais tous les violonistes et les violoncellistes. » Je l'aurais bien traduit au journaliste anglais mais cela n'a pas été nécessaire, il a dû penser la même chose au même moment car il se penche vers moi et me dit, cette fois sans rigoler du tout : « Ils devraient se méfier, ses copains. Si par hasard il prenait le pouvoir, la première chose qu'il ferait, c'est les fusiller tous. »

Cela n'a aucune valeur statistique, mais quand même : au cours de ce reportage, j'ai parlé de Limonov avec plus de trente personnes, aussi bien les inconnus dont j'utilisais la voiture, puisque tout un chacun à Moscou fait le taxi sauvage, que des amis appartenant à ce qu'avec beaucoup de précautions on pourrait appeler les bobos russes : artistes, journalistes, éditeurs, se meublant chez IKEA et lisant l'édition russe de *Elle*. Tout sauf des excités, pourtant aucun ne m'a dit un mot contre lui. Aucun n'a prononcé le mot « fascisme », et quand je disais : « Quand même, ces drapeaux, ces slogans... », on haussait les épaules et me trouvait bien prude. C'est comme si j'étais venu interviewer à la fois Houellebecq, Lou Reed et Cohn-Bendit : deux semaines avec Limonov, quelle chance tu as ! Cela ne veut pas dire du tout que ces gens raisonnables seraient prêts à voter pour lui — pas plus que les Français, j'imagine, ne voteraient pour Houellebecq si l'occasion s'en présentait. Mais ils aiment son personnage sulfureux, ils admirent son talent et son audace, et les journaux le savent, qui parlent sans cesse de lui. En somme, c'est une star.

Je l'accompagne à la soirée de la radio *Écho de Moscou*, qui est un des événements mondains de la saison. Il y vient avec ses gorilles, mais aussi avec sa nouvelle femme, Ekaterina Volkova, une jeune actrice rendue célèbre par un feuilleton télévisé. Dans le gratin politico-médiatique qui se presse à cette soirée, ils ont l'air de connaître tout le monde, personne n'est plus photographié et fêté qu'eux. J'aimerais bien que Limonov me propose de les accompagner ensuite pour dîner mais il n'en fait rien. Il ne m'invite pas davantage dans l'appartement où Ekaterina habite avec leur bébé — car ils ont, je l'apprends ce soir, un fils âgé de huit mois. Dommage : j'aurais aimé voir l'endroit où le guerrier se repose, entre deux planques. J'aurais aimé le surprendre dans le rôle, inattendu pour lui, de père de famille. J'aurais aimé, surtout, faire mieux connaissance avec Ekaterina, qui est ravissante et montre un genre d'amabilité que je croyais l'apanage des actrices américaines : riant beaucoup, s'émerveillant de tout ce que vous lui dites, vous plantant là quand passe quelqu'un de plus important. J'ai quand même le temps de bavarder cinq minutes avec elle, devant le buffet, et c'est assez pour qu'elle me raconte avec une fraîcheur ingénue qu'avant de rencontrer Édouard elle ne s'intéressait pas à la politique mais que maintenant elle a compris : la Russie est un État totalitaire, il faut lutter pour la liberté, participer aux marches du désaccord, ce qu'elle semble faire aussi sérieusement que ses séminaires de yoga. Le lendemain, je lis une interview d'elle dans un magazine féminin où elle donne des recettes de beauté et pose tendrement enlacée avec son célèbre opposant de mari. Ce qui me laisse pantois, c'est qu'interrogée sur la politique, elle répète exactement ce qu'elle m'a dit, s'en prenant à Poutine avec aussi peu de précautions qu'une actrice engagée, chez nous, en faveur des sans-papiers peut s'en prendre à Sarkozy. J'essaye d'imaginer ce qui se serait passé sous Staline ou même sous Brejnev dans l'hypothèse de toute façon invraisemblable où des propos pareils auraient pu être imprimés, et je me dis que le totalitarisme poutinien, ça va, il y a pire.

4

J'ai du mal à faire coïncider ces images : l'écrivain-voyou que j'ai connu autrefois, le guérillero traqué, l'homme politique responsable, la vedette à qui les pages *people* des magazines consacrent des articles enamourés. Je me dis que pour y voir plus clair il faut que je rencontre des militants de son parti, des *nasbols* de base. Les crânes rasés qui tous les jours me conduisent en Volga noire auprès de leur chef et qui au début m'effarouchaient un peu sont de gentils garçons mais ils n'ont pas beaucoup de conversation, ou bien c'est moi qui m'y prends mal. À la sortie de la conférence de presse avec Kasparov, j'ai abordé une fille, simplement parce que je la trouvais jolie, en lui demandant si elle était journaliste. Elle m'a répondu que oui, enfin, elle travaillait pour le site internet du parti national-bolchevik. Toute mignonne, sage, bien habillée : elle était *nasbol*.

Par cette fille charmante, je rencontre un garçon charmant aussi, le responsable — clandestin — de la section de Moscou. Les cheveux longs retenus en catogan, le visage ouvert, amical, il n'a vraiment pas l'air d'un facho, plutôt d'un militant altermondialiste ou d'un autonome façon groupe de Tarnac. Dans son petit appartement de banlieue, il y a des disques de Manu Chao et, aux murs, des tableaux dans le style de Jean-Michel Basquiat, peints par sa femme.

Je demande : « Et elle partage ton combat politique, ta femme ?

— Oh oui, me répond-il, d'ailleurs elle est en prison. Elle faisait partie des trente-neuf du grand procès de 2005, celui qu'a suivi Politkovskaïa. »

Il dit ça avec un grand sourire, tout fier — et, quant à lui, s'il n'est pas en prison aussi, ce n'est pas sa faute, seulement « *mnié nié poviézlo* » : pour moi, ça ne l'a pas fait. Une autre fois peut-être, rien n'est perdu.

Ensemble, nous allons au tribunal de la section urbaine Taganskaïa, où il se trouve que, ce jour-là, quelques *nasbols* passent en jugement. Salle minuscule, les accusés menottés dans une cage et, sur les trois bancs du public, des copains à eux, tous du parti. Ils sont sept derrière les barreaux : six garçons aux physiques assez variés, ça va de l'étudiant barbu et musulman au *working class hero* en survêtement, et une femme un peu plus âgée, les cheveux noirs emmêlés, pâle, assez belle dans le genre prof d'histoire gauchiste qui roule ses cigarettes à la main. Ils sont accusés de *hooliganisme*, c'est-à-dire de baston avec les jeunesses poutiniennes. Blessures légères de part et d'autre. Interrogés, ils disent que ceux d'en face, qui ont commencé, ne sont pas poursuivis, que le procès est purement politique et que s'il faut payer pour leurs convictions, pas de problème, ils paieront. La défense fait valoir que les prévenus ne sont pas des *hooligans* mais des étudiants sérieux, bien notés, et qu'ils ont déjà fait un an de préventive, ça devrait suffire comme ça. L'argument ne convainc pas la juge. Verdict pour tous : deux ans. Les gendarmes les emmènent, ils sortent en riant, en montrant le poing et en disant « *da smyert'* » : jusqu'à la mort. Leurs copains les regardent avec envie : ce sont des héros.

Ils sont des milliers, peut-être des dizaines de milliers comme eux, révoltés contre le cynisme qui est devenu la religion de la Russie et vouant un véritable culte à Limonov. Cet homme qui pourrait être leur père et même, pour les plus jeunes, leur grand-père, a mené la vie d'aventurier dont tout le monde rêve à vingt ans, c'est une légende vivante, et le cœur de cette légende, ce qui leur donne à tous l'envie de l'imiter, c'est l'héroïsme cool dont il a fait preuve durant son incarcération. Il a été à Lefortovo, la forteresse du KGB qui dans la mythologie russe vaut largement Alcatraz, il a été en camp de travail, au régime le plus sévère, et jamais il ne s'est plaint, jamais il n'a plié. Il a trouvé moyen non seulement d'écrire sept ou huit livres mais d'aider efficacement ses compagnons de cellule qui ont fini par le considérer à la fois comme un super-caïd et comme une sorte de saint. Le jour de sa levée d'écrou, détenus et gardiens se sont disputés pour porter sa valise.

Quand j'ai demandé à Limonov lui-même comment c'était, la prison, il s'est d'abord contenté de répondre : « *Normal'no* », qui en russe veut dire : O.K., pas de problème, rien à signaler, et c'est seulement plus tard qu'il m'a raconté la petite histoire suivante.

De Lefortovo, on l'a transféré au camp d'Engels, sur la Volga. C'est un établissement modèle, flambant neuf, fruit des réflexions d'architectes ambitieux et qu'on montre volontiers aux visiteurs étrangers pour qu'ils en tirent des conclusions flatteuses sur les progrès de la condition pénitentiaire en Russie. En fait, les détenus d'Engels appellent leur camp « Eurogoulag », et Limonov assure que les raffinements de son architecture ne le rendent pas plus agréable à vivre que les baraquements classiques entourés de barbelés — plutôt moins. Toujours est-il que dans ce camp les lavabos, faits d'une plaque d'acier brossé surmontant un tuyau de fonte, d'une ligne sobre et pure, sont exactement les mêmes que dans un hôtel, conçu par le designer Philippe Starck, où son éditeur américain a logé Limonov lors de son dernier séjour à New York, à la fin des années quatre-vingt.

Ça l'a laissé songeur. Aucun de ses camarades de détention n'était en mesure de faire le même rapprochement. Aucun, non plus, des élégants clients de l'élégant hôtel new-yorkais. Il s'est demandé s'il existait au monde beaucoup d'autres hommes que lui, Édouard Limonov, dont l'expérience incluait des univers aussi variés que celui du prisonnier de droit commun dans un camp de travaux forcés sur la Volga et celui de l'écrivain branché évoluant dans un décor de Philippe Starck. Non, a-t-il conclu, sans doute pas, et il en a retiré une fierté que je comprends, qui est même ce qui m'a donné l'envie d'écrire ce livre.

Je vis dans un pays tranquille et déclinant, où la mobilité sociale est réduite. Né dans une famille bourgeoise du XVIe arrondissement, je suis devenu un bobo du Xe. Fils d'un cadre supérieur et d'une historienne de renom, j'écris des livres, des scénarios, et ma femme est journaliste. Mes parents ont une maison de vacances dans l'île de Ré, j'aimerais en acheter une dans le Gard. Je ne pense pas que ce soit mal, ni que cela préjuge de la richesse d'une expérience humaine, mais enfin du point de vue tant géographique que socioculturel on ne peut pas dire que la vie m'a entraîné très loin de mes bases, et ce constat vaut pour la plupart de mes amis.

Limonov, lui, a été voyou en Ukraine ; idole de

l'*underground* soviétique ; clochard, puis valet de chambre d'un milliardaire à Manhattan ; écrivain à la mode à Paris ; soldat perdu dans les Balkans ; et maintenant, dans l'immense bordel de l'après-communisme, vieux chef charismatique d'un parti de jeunes desperados. Lui-même se voit comme un héros, on peut le considérer comme un salaud : je suspends sur ce point mon jugement. Mais ce que j'ai pensé, après avoir simplement trouvé drôle l'anecdote des lavabos à Saratov, c'est que sa vie romanesque et dangereuse racontait quelque chose. Pas seulement sur lui, Limonov, pas seulement sur la Russie, mais sur notre histoire à tous depuis la fin de la Seconde Guerre mondiale.

Quelque chose, oui, mais quoi ? Je commence ce livre pour l'apprendre.

I

UKRAINE, 1943-1967

1

L'histoire commence au printemps 1942, dans une ville des bords de la Volga qui s'appelait Rastiapino avant la Révolution et depuis 1929 s'appelle Dzerjinsk. Ce nouveau nom rend hommage à Félix Dzerjinski, bolchevik de la première heure et fondateur de la police politique qui s'est, quant à elle, successivement appelée Tchéka, GPU (prononcer *Guépéou*), NKVD (pour la prononciation, rien à signaler), KGB (*Kaguébé*), aujourd'hui FSB (*Féhesbé*). Nous la rencontrerons dans ce livre sous les trois derniers de ces menaçants acronymes, mais les Russes, par-delà les dénominations d'époque, disent plus sinistrement encore *organy* : les organes. La guerre fait rage, l'industrie lourde a été démontée et, du théâtre des opérations, transférée vers l'arrière. C'est ainsi qu'à Dzerjinsk une usine d'armement emploie toute la population et mobilise en outre, pour surveiller celle-ci, des troupes du NKVD. Les temps sont héroïques et sévères : un ouvrier qui arrive cinq minutes en retard

41

passe en conseil de guerre et ce sont les tchékistes qui arrêtent, jugent, exécutent le cas échéant, d'une balle dans la nuque. Une nuit où des Messerschmitt, venus en éclaireurs de la basse Volga, lâchent quelques bombes sur la ville, un des soldats montant la garde autour de l'usine éclaire avec sa lampe de poche le chemin d'une jeune ouvrière qui, sortie tard, se hâte vers un abri. Elle trébuche, se retient à son bras. Il remarque un tatouage à son poignet. Dans l'obscurité embrasée par des lueurs d'incendie, leurs visages s'approchent. Leurs lèvres se touchent.

Le soldat, Veniamine Savenko, a vingt-trois ans. Il vient d'une famille de paysans ukrainiens. Électricien habile, il a été recruté par le NKVD, qui dans tous les domaines sélectionne les meilleurs éléments, et c'est à cela qu'il doit de ne pas s'être retrouvé sur le front comme la plupart des garçons de sa classe d'âge, mais affecté à la garde d'une usine d'armement à l'arrière. Il est loin de chez lui, c'est la règle plutôt que l'exception en Union soviétique : déportations, exils, transferts massifs de populations, on ne cesse de déplacer les gens, les chances sont presque nulles de vivre et de mourir là où on est né.

Raïa Zybine, elle, vient de Gorki, ex-Nijni-Novgorod, où son père était directeur d'un restaurant. En Union soviétique, on n'est ni propriétaire ni gérant d'un restaurant mais directeur. Ce n'est pas une affaire qu'on crée ou rachète, mais un poste auquel on est nommé et ce n'est pas un mauvais poste, malheureusement le père de Raïa en a été

destitué pour détournement de fonds et on l'a
envoyé en bataillon disciplinaire, sur le champ de
bataille de Leningrad où il vient de mourir. C'est
une tache dans la famille, et une tache dans la
famille peut en ce temps, dans ce pays, ruiner une
vie. Que les fils ne payent pas pour les crimes de
leurs pères, cela nous semble une des bases de la
justice, mais dans la réalité soviétique ce n'est même
pas un principe formel, quelque chose à quoi on
peut théoriquement se référer. Les enfants de trotskistes, de *koulaks*, comme on nomme les paysans
aisés, ou de privilégiés de l'ancien régime sont voués
à une vie de proscrits, bannis des Pionniers, de
l'université, de l'Armée rouge, du Parti, et n'ont
quelque chance d'échapper à cette proscription
qu'en reniant leurs parents, puis en faisant le maximum de zèle, et comme faire du zèle signifie dénoncer son prochain, les organes n'auront pas de
meilleurs auxiliaires que les gens à la biographie
souillée. Dans le cas du père de Raïa, il se peut
que sa mort au champ d'honneur ait un peu arrangé
les choses, le fait est que les Zybine comme les
Savenko ont traversé sans encombre la Grande
Terreur des années trente. Sans doute étaient-ils
trop menu fretin. Cette chance n'empêche pas la
jeune Raïa d'avoir honte de son père malhonnête,
comme elle a honte du tatouage qu'elle s'est fait
faire quand elle était élève à l'école technique. Plus
tard, elle essaiera de l'effacer en s'aspergeant le poignet d'acide chlorhydrique parce qu'elle souffre de
ne pouvoir se promener en robe à manches courtes et, femme d'un officier, de ressembler à une
canaille.

La grossesse de Raïa coïncide presque jour pour jour avec le siège de Stalingrad. Conçu lors du terrible mois de mai 1942, au temps des plus cuisantes défaites, Édouard naît le 2 février 1943, vingt jours avant que capitule la sixième armée du Reich et que le sort des armes se renverse. On lui répétera qu'il est un enfant de la victoire et qu'il serait né dans un monde d'esclaves si les hommes et les femmes de son peuple n'avaient sacrifié leurs vies pour ne pas laisser à l'ennemi la ville qui portait le nom de Staline. On en dira du mal, plus tard, de Staline, on le traitera de tyran, on se complaira à dénoncer la terreur qu'il a fait régner, mais pour les gens de la génération d'Édouard il aura été le chef suprême des peuples de l'Union au moment le plus tragique de leur histoire, le vainqueur des nazis, l'homme capable de ce trait, digne de Plutarque : les Allemands avaient fait prisonnier son fils, le lieutenant Iakov Djougachvili ; les Russes, eux, avaient capturé devant Stalingrad le feld-maréchal Paulus, un des grands chefs militaires du Reich. Quand le haut commandement allemand lui a proposé l'échange, Staline a répondu avec hauteur qu'il n'échangeait pas de feld-maréchaux contre de simples lieutenants. Iakov s'est suicidé en se jetant sur les barbelés électrifiés de son camp.

De la petite enfance d'Édouard émergent deux anecdotes. La première, attendrie, est la préférée de son père : elle montre le nourrisson couché, faute de berceau, dans une caisse à obus, mâchonnant en guise de tétine une queue de hareng et

souriant aux anges. « *Molodiets !* s'écrie Veniamine : bon petit gars ! Il sera à l'aise partout ! »

La seconde anecdote, moins charmante, c'est
Raïa qui la raconte. Elle est sortie en ville avec son
bébé sur le dos quand commence un bombardement de la Luftwaffe. Elle trouve refuge dans une
cave avec une dizaine de citadins, certains terrorisés, d'autres apathiques. Le sol et les murs trem-
blent, on essaie, à l'oreille, de déterminer à quelle
distance tombent les bombes et quels bâtiments
elles détruisent. Le petit Édouard se met à pleurer,
attirant l'attention puis la colère d'un type qui,
d'une voix sifflante, explique que les Fritz ont des
techniques ultramodernes pour repérer les cibles
vivantes, qu'ils se guident aux sons les plus ténus
et que les pleurs du bébé vont tous les faire tuer.
Il excite si bien les autres qu'ils jettent Raïa dehors
et qu'elle en est réduite à chercher un autre abri,
sous le bombardement. Folle de rage, elle se dit et
dit à son bébé que tout ce qu'on pourra lui raconter sur l'entraide, la solidarité, la fraternité, c'est
de la blague. « La vérité, ne l'oublie jamais, petit
Editchka, c'est que les hommes sont des lâches,
des salauds, et qu'ils te tueront si tu ne te tiens pas
prêt à frapper le premier. »

2

Au lendemain de la guerre, on n'appelle pas les
villes des villes, mais des « concentrations de population », et la jeune famille Savenko, au gré d'affec-

tations jamais choisies, mène une vie de caserne et de baraquements dans diverses concentrations de population de la Volga, avant de se fixer en février 1947 à Kharkov, en Ukraine. Kharkov est un grand centre industriel et ferroviaire, que pour cette raison Allemands et Russes se sont âprement disputé, le prenant, le reprenant, l'occupant tour à tour, en massacrant les habitants et n'en laissant à la fin de la guerre qu'un champ de ruines. Le bâtiment constructiviste en béton qui abrite, rue de l'Armée-Rouge, les officiers du NKVD et leurs familles — désignées sous le nom de « personnes à charge » — donne sur ce qui a été l'imposante gare centrale, à présent un chaos de pierre, de brique et de métal ceinturé par des palissades qu'on n'a pas le droit d'escalader car il traîne dans les décombres, outre des cadavres de soldats allemands, des mines et des grenades : c'est ainsi qu'un petit garçon a eu la main arrachée. En dépit de cet exemple, la bande de garnements à laquelle s'agrège Édouard multiplie les raids dans les ruines, à la recherche de cartouches dont on verse la poudre sur les rails du tramway, provoquant des crépitements, des feux d'artifice, une fois même un déraillement, resté dans la légende. Les plus grands, à la veillée, racontent des histoires terrifiantes : histoires de Fritz morts qui hantent les ruines et guettent les imprudents ; histoires de marmites, à la cantine, au fond desquelles on trouve des doigts d'enfants ; histoires de cannibales et de trafic de chair humaine. On a faim, en ce temps, on ne mange que du pain, des pommes de terre et surtout de la *kacha*, cette bouillie de sarrasin qui figure à tous les repas sur la table des Russes pauvres et quelquefois sur celle de Parisiens aisés, comme moi qui me flatte de bien la préparer. Le saucisson est un luxe rare, Édouard en raffole au point qu'il rêve, quand il sera grand, d'être charcutier. Pas de chiens, pas de chats, pas d'animaux domestiques : on les mangerait ; en revanche, les rats abondent. Vingt millions de Russes sont morts à la guerre, mais vingt millions aussi affrontent l'après-guerre sans toit. La plupart des enfants n'ont plus de père, la plupart des hommes encore vivants sont invalides. On croise à chaque coin de rue des manchots, des unijambistes, des culs-de-jatte. On voit partout aussi des bandes d'enfants livrés à eux-mêmes, enfants de parents morts à la guerre ou d'ennemis du peuple, enfants affamés, enfants voleurs, enfants assassins, enfants retournés à l'état sauvage, se déplaçant en hordes dangereuses, et au bénéfice desquels l'âge de la responsabilité criminelle, c'est-à-dire de la peine de mort, a été abaissé à douze ans.

Le petit garçon admire son père. Il aime, le samedi soir, le regarder graisser son arme de service, il aime le voir revêtir son uniforme, et rien ne le rend plus heureux que d'être autorisé à cirer ses bottes. Il y plonge son bras, jusqu'à l'épaule, étale le cirage avec soin, utilise à chaque étape de l'opération des brosses et des chiffons spéciaux, tout un matériel qui, quand Veniamine part en mission, occupe la moitié de sa valise, et que son fils déballe, remballe, entretient, en attendant le jour glorieux où il aura le même. Les seuls hommes à ses yeux dignes de ce nom sont les militaires, et les seuls enfants fréquentables les enfants de militaires. Il n'en connaît pas d'autres : les familles d'officiers et de sous-officiers qui habitent l'immeuble du NKVD, rue de l'Armée-Rouge, se fréquentent entre elles et tiennent en faible estime les pékins, créatures geignardes et indisciplinées qui s'arrêtent sans prévenir au milieu des trottoirs, forçant à rectifier sa trajectoire le soldat qui marche, lui, au pas réglementaire, égal et énergique : six kilomètres à l'heure, Édouard jusqu'à la fin de ses jours marchera ainsi.

Pour endormir les enfants, rue de l'Armée-Rouge, on leur raconte des histoires de cette guerre que les Russes n'appellent pas comme nous la Seconde Guerre mondiale mais la Grande Guerre patriotique, et leurs rêves sont remplis de tranchées qui s'éboulent, de chevaux morts, de camarades de combat dont la tête est emportée devant soi par un éclat d'obus. Ces histoires exaltent Édouard. Cependant, il remarque que quand sa mère les lui raconte son père semble un peu embarrassé. Il n'y est jamais question de lui ni de ses exploits, mais de ceux de son oncle, le frère de Raïa, et le petit garçon n'ose pas demander : « Mais toi, papa, tu y es allé aussi, à la guerre ? Tu t'es battu ? »

Non, il ne s'est pas battu. La plupart des hommes de son âge ont vu la mort en face. La guerre, écrira plus tard son fils, les a mordus entre ses dents comme une pièce douteuse et ils savent, pour n'avoir pas plié, qu'ils ne sont pas de la fausse monnaie. Son père, non. Il n'a pas vu la mort en face. Il a fait la guerre à l'arrière et sa femme manque rarement une occasion de le lui rappeler.

Elle est dure, imbue de son rang, ennemie de tout attendrissement. Elle prend toujours contre son petit garçon le parti de ses adversaires. Si on l'a battu, elle ne le console pas mais félicite l'agresseur : ainsi deviendra-t-il un homme, pas une femmelette. Un des premiers souvenirs d'Édouard est d'avoir, à cinq ans, souffert d'une grave otite. Du pus coulait de ses oreilles, il est resté sourd plusieurs semaines. Sur le chemin du dispensaire, où sa mère l'a emmené, il fallait traverser la voie du chemin de fer. Il a vu sans l'entendre le train qui s'approchait, la fumée, la vitesse, le monstre de métal noir, et soudain éprouvé la peur irraisonnée qu'elle veuille le jeter sous les roues. Il s'est mis à crier : « Maman ! Maman chérie ! Ne me jette pas sous les roues ! S'il te plaît, ne me jette pas sous les roues ! » Il insiste dans son récit sur l'importance du « s'il te plaît », comme si cette politesse seule avait dissuadé sa mère de son funeste projet.

Quand je l'ai connu à Paris, trente ans plus tard, Édouard aimait bien dire que son père était tchékiste, parce qu'il savait que cela jetait un froid. Une fois qu'il en avait joui, il se moquait de nous : « Arrêtez de vous faire un film d'épouvante, mon père était l'équivalent d'un gendarme, rien de plus. »

Rien de plus, vraiment ?

Juste après la Révolution, au temps de la guerre civile, Trotski, commandant l'Armée rouge, a été obligé d'y incorporer des éléments issus de l'armée impériale, militaires de métier, spécialistes des armes mais « spécialistes bourgeois », comme tels peu sûrs, et il a créé pour les contrôler, contresigner leurs ordres, les abattre s'ils bronchaient, un corps de commissaires politiques. Ainsi est né le principe de la « double administration », reposant sur l'idée que, pour une tâche à accomplir, il faut au moins deux hommes : celui qui l'accomplit et celui qui s'assure qu'il l'accomplit conformément aux principes marxistes-léninistes. De l'armée, ce principe s'est étendu à la société tout entière, et on s'est aperçu au passage qu'il fallait un troisième homme pour surveiller le second, un quatrième pour surveiller le troisième et ainsi de suite.

Veniamine Savenko est un modeste rouage de ce système paranoïaque. Son travail est de surveiller, de contrôler, de rendre compte. Cela n'implique pas forcément, là-dessus Édouard a raison, des actes de répression terribles. On a vu que, simple soldat du NKVD pendant la guerre, il l'a faite comme planton devant une usine. Promu en temps de paix au grade modeste de sous-lieutenant, il exerce la fonction de *nacht-kluba*, qu'on pourrait traduire par « patron de boîte de nuit » mais qui, dans le cadre où il évolue, consiste à animer les loisirs et la vie culturelle du soldat, en organisant par exemple des soirées dansantes pour la Journée de l'Armée soviétique. Cette fonction lui va bien : il joue de la guitare, il aime chanter, à sa façon il a du goût pour les choses raffinées. Il se fait même les ongles au vernis transparent : un vrai dandy, ce sous-lieutenant Savenko, et qui aurait pu, estime rétrospectivement son fils, avoir une vie plus intéressante s'il avait eu le courage de secouer la sévère autorité de sa femme.

Le *nightclubbing* version NKVD, où Veniamine s'épanouit relativement, ne dure hélas pas car il se fait piquer la place par un certain capitaine Lévitine, qui devient sans le savoir l'ennemi juré des Savenko et, dans la mythologie intime d'Édouard, une figure essentielle : l'intrigant qui travaille moins bien mais réussit mieux que vous, dont l'insolence et la veine de cocu vous humilient, et ne vous humilient pas seulement devant les chefs mais aussi, ce qui est plus grave, devant votre famille, en sorte que votre petit garçon, tout en professant loyalement le mépris des siens à l'endroit de Lévitine, ne peut, même s'il s'en veut, s'empêcher de penser en secret que son père est un peu besogneux, un peu minable, et que le fils de Lévitine a de la chance, tout de même. Édouard développera plus tard une théorie selon laquelle chacun, dans sa vie, a un capitaine Lévitine. Le sien fera bientôt son apparition dans ce livre, sous les traits du poète Joseph Brodsky.

3

Il a dix ans quand Staline meurt, le 5 mars 1953. Ses parents et les gens de leur génération ont passé dans son ombre leur vie entière. À toutes les questions qu'ils se posaient, il avait la réponse, laconique et bourrue, ne laissant aucune place au doute. Ils se rappellent les jours d'effroi et de deuil qui ont suivi l'attaque allemande de 1941, et celui où, sortant de sa prostration, il a parlé à la radio. S'adressant aux hommes et aux femmes de son peuple, il ne les a pas appelés « camarades », il les a appelés « mes amis ». « Mes amis » : ces mots-là, si simples, si familiers, ces mots dont on avait oublié la chaleur et qui dans l'immense catastrophe caressaient l'âme, ont compté pour les Russes autant que pour nous ceux de Churchill et de Gaulle. Tout le pays porte le deuil de celui qui les a prononcés. Les enfants des écoles pleurent parce qu'ils ne peuvent pas donner leur vie pour prolonger la sienne. Édouard pleure comme les autres.

C'est alors un gentil petit garçon, sensible, un peu souffreteux, qui aime son père, craint sa mère, et leur donne entière satisfaction. Délégué du soviet des Pionniers de sa classe, il est chaque année inscrit au tableau d'honneur, comme il sied à un fils d'officier. Il lit beaucoup. Ses auteurs préférés sont Alexandre Dumas et Jules Verne, tous deux très populaires en Union soviétique. Par ce trait, nos enfances si différentes se ressemblent. J'ai eu comme lui pour modèles les Mousquetaires et le comte de Monte-Cristo. J'ai rêvé de devenir trappeur, explorateur, marin — plus précisément, harponneur de baleines, à l'instar de Ned Land que jouait Kirk Douglas dans le film adapté de *Vingt mille lieues sous les mers*. Les pectoraux moulés dans un maillot à rayures, tatoué, gouailleur, jamais démonté, il dominait de sa puissance physique le professeur Arronax et même le ténébreux capitaine Nemo. Ces trois figures s'offraient à l'identification : le savant, le rebelle, l'homme d'action qui était aussi un homme du peuple, et s'il n'avait tenu qu'à moi, c'est celui-ci que j'aurais voulu être. Mais il ne tenait pas qu'à moi. Mes parents m'ont tôt fait comprendre que non, harponneur de baleines, ça ne serait pas possible, qu'il valait mieux être un savant — je n'ai pas le souvenir que la troisième option, le rebelle, ait été à l'époque discutée —, et cela d'autant plus que je souffrais d'une forte myopie : allez harponner des baleines avec des lunettes !

J'ai dû en porter dès l'âge de huit ans. Édouard aussi, mais il en a souffert plus que moi. Car lui, ce que ce handicap lui fermait n'était pas une carrière chimérique mais bien celle à laquelle il était normalement destiné. L'oculiste qui l'a examiné a laissé peu d'espoir à ses parents : avec une aussi mauvaise vue, leur fils avait toutes chances d'être réformé.

Ce diagnostic, pour lui, est une tragédie. Il n'a jamais envisagé d'être autre chose qu'officier, et on lui apprend qu'il ne fera même pas son service militaire, qu'il est condamné à devenir ce qu'on lui a dès son plus jeune âge appris à mépriser : un pékin.

C'est peut-être ce qu'il serait devenu si l'immeuble abritant les officiers du NKVD n'avait été démoli, ses habitants dispersés et les Savenko relogés dans la cité nouvelle de Saltov, à la périphérie lointaine de Kharkov. Saltov, ce sont des rues qui se coupent à angle droit mais qu'on n'a pas eu le temps ou les moyens de goudronner, et des cubes de béton à quatre étages, fraîchement construits et déjà dégradés, où vivent les ouvriers de trois usines, respectivement appelées la Turbine, le Piston, enfin la Faucille et le Marteau. On est en Union soviétique, où il n'est en principe pas dévalorisant d'être prolétaire, cependant la plupart des hommes de Saltov sont alcooliques et illettrés, la plupart de leurs enfants quittent l'école à quinze ans pour travailler à l'usine ou plus souvent traîner dans la rue, se soûler et se foutre sur la gueule, et on ne voit pas comment, même dans la société sans classes, les Savenko pourraient percevoir cet exil autrement que comme un déclassement. Raïa, dès le premier jour, regrette amèrement la rue de l'Armée-Rouge, la communauté d'officiers fiers d'appartenir à la même caste, les livres qu'on s'échangeait, les soirées où, la veste d'uniforme déboutonnée sur la chemise blanche, les maris faisaient danser leurs jeunes épouses sur des disques de fox-trot ou de tango confisqués en Allemagne. Elle accable Veniamine de reproches, lui cite l'exemple de camarades plus habiles qui ont monté de trois grades dans le temps où lui passait laborieusement de sous-lieutenant à lieutenant et obtenu de vrais appartements dans le centre-ville alors qu'ils doivent, eux, se contenter d'une chambre pour trois dans cette affreuse banlieue où personne ne lit ni ne danse le fox-trot, où une femme distinguée n'a personne à qui parler et où après chaque pluie les rues débordent de boue noirâtre. Elle ne va pas jusqu'à dire qu'elle aurait mieux fait d'épouser un capitaine Lévitine mais elle le pense très fort, et le petit Édouard, qui a tant admiré son père, ses bottes, son uniforme et son pistolet, commence à le prendre en pitié, à le trouver honnête et un peu con. Ses nouveaux camarades ne sont pas des fils d'officiers mais de prolos, et ceux qui parmi eux lui plaisent ne veulent pas devenir prolos, comme leurs parents, mais voyous. Cette carrière, comme l'armée, comporte un code de conduite, des valeurs, une morale, qui l'attirent. Il ne veut plus ressembler à son père quand il sera grand. Il ne veut pas d'une vie honnête et un peu conne, mais d'une vie libre et dangereuse : une vie d'homme.

Il fait dans ce sens un pas décisif le jour où il se bat avec un garçon de sa classe, un gros Sibérien nommé Ioura. En fait, il ne se bat pas *avec* Ioura, c'est Ioura qui le bat comme plâtre. On le ramène chez lui sonné et couvert d'ecchymoses. Fidèle à ses principes de stoïcisme militaire, sa mère ne le plaint pas, ne le console pas, elle donne raison à Ioura et c'est très bien ainsi, estime-t-il, car ce jour-là sa vie change. Il comprend une chose essentielle, c'est qu'il y a deux espèces de gens : ceux qu'on peut battre et ceux qu'on ne peut pas battre, et ceux qu'on ne peut pas battre, ce n'est pas qu'ils sont plus forts ou mieux entraînés, mais qu'ils sont *prêts à tuer*. C'est cela, le secret, le seul, et le gentil petit Édouard décide de passer dans le second camp : il sera un homme qu'on ne frappe pas parce qu'on sait qu'il peut tuer.

Veniamine, depuis qu'il n'est plus *nacht-kluba*, part souvent en mission, pour plusieurs semaines. En quoi consistent au juste ces missions, ce n'est pas clair, Édouard, qui commence à mener sa propre vie, s'y intéresse peu mais, un jour où Raïa lui dit qu'elle compte sur lui pour le dîner parce que son père rentre de Sibérie, l'idée lui vient d'aller à sa rencontre.

Selon une habitude qu'il ne perdra jamais, il est arrivé en avance. Il attend. Enfin le train Vladivostok-Kiev entre en gare. Les passagers descendent, se dirigent vers la sortie, il s'est placé de telle sorte qu'il ne peut en manquer aucun mais Veniamine ne paraît pas. Édouard se renseigne, se fait confirmer l'heure du train, sur quoi on peut se tromper d'autant plus facilement qu'entre Vladivostok et Leningrad il y a onze fuseaux horaires et que dans toutes les gares les départs et arrivées des trains sont indiqués à l'heure de Moscou — c'est toujours le cas aujourd'hui, au voyageur de calculer le décalage. Déçu, il traîne le long des quais, d'une plate-forme à l'autre, dans le vacarme réverbéré par les immenses verrières de la gare. Il se fait houspiller par les vieilles bonnes femmes en fichu et bottines de feutre qui essayent de vendre aux voyageurs leurs seaux de concombres et d'airelles. Il traverse des voies de garage, atteint le secteur réservé au déchargement du fret. Et c'est là, dans un coin isolé de la gare, entre deux convois à l'arrêt, qu'il surprend ce spectacle : des hommes en civil, menottés, le visage hagard, descendent sur une planche d'un wagon de marchandises ; des soldats en capote, baïonnette au canon, les poussent sans ménagement dans un camion noir sans fenêtre. Un officier dirige l'opération. Il tient dans une main une liasse de papiers maintenue sur une planchette par une pince métallique, l'autre repose sur l'étui de son pistolet. Il fait l'appel des noms, d'une voix sèche.

Cet officier, c'est son père.

Édouard reste caché jusqu'à ce que le dernier prisonnier soit monté dans le camion. Puis il rentre chez lui, troublé et honteux. De quoi a-t-il honte ? Pas de ce que son père prête main-forte à un système de répression monstrueux. Il n'a aucune idée de ce système, jamais entendu le mot « Goulag ». Il sait qu'il existe des prisons et des camps où on enferme les délinquants et n'y voit rien à redire. Ce qui se passe, qu'il comprend mal et qui explique son trouble, c'est que son système de valeurs est en train de changer. Quand il était enfant, il y avait d'un côté les militaires, de l'autre les pékins, et même s'il n'avait pas vu le feu son père en tant que militaire méritait le respect. Dans le code des garçons de Saltov, qu'il est en train d'intégrer, il y a d'un côté les voyous, de l'autre les flics, et voici qu'au moment où il choisit le camp des voyous il découvre que son père n'est pas tant militaire que flic, et de la catégorie la plus subalterne : garde-chiourme, maton, petit fonctionnaire de l'ordre.

La scène a une suite, nocturne. Dans l'unique pièce qu'occupe la famille, le lit d'Édouard est au pied de celui de ses parents. Il n'a pas le souvenir de les avoir jamais entendus faire l'amour, mais il a celui d'une conversation à voix basse, alors qu'on le croit endormi. Déprimé, Veniamine raconte à Raïa qu'au lieu d'accompagner des condamnés d'Ukraine en Sibérie, comme il le fait d'ordinaire, il en a ramené dans l'autre sens, tout un contingent qui doit être fusillé. Cette alternance a été instituée pour ne pas trop démolir le moral des gardiens de camp : une année on fusille tous les condamnés à mort d'Union soviétique dans une prison, l'année suivante dans une autre. J'ai en vain cherché trace de cette improbable coutume dans des livres sur le Goulag mais, même si Édouard a mal compris ce que disait son père, il est certain que les hommes que celui-ci appelait par leur nom à leur sortie du wagon et cochait sur sa liste à leur entrée dans le camion allaient à la mort. L'un d'entre eux, raconte toujours Veniamine à sa femme, lui a fait une impression très forte. Son dossier porte le code signifiant « particulièrement dangereux ». C'est un homme jeune, toujours calme et poli, parlant un russe élégant et qui, dans sa cellule ou dans le wagon de marchandises, se débrouille pour faire chaque jour sa gymnastique. Ce condamné à mort stoïque et distingué devient pour Édouard un héros. Il se prend à rêver de lui ressembler un jour, d'aller en prison lui aussi, d'en imposer non seulement à de pauvres bougres de flics sous-payés comme son père mais aux femmes, aux voyous, aux vrais hommes — et comme tout ce qu'il a rêvé de faire enfant, il le fera.

4

Partout où il va, il est le plus jeune, le plus petit, le seul à porter des lunettes, mais il a toujours dans sa poche un couteau à cran d'arrêt dont la lame dépasse la largeur de sa paume, ce qui mesure la distance entre la poitrine et le cœur et signifie qu'avec, on peut tuer. De plus, il sait boire. Ce n'est pas son père qui le lui a appris mais un voisin, ancien prisonnier de guerre. En fait, dit le prisonnier de guerre, boire ne s'apprend pas : il faut être né avec un foie en acier, et c'est le cas d'Édouard. Néanmoins, il y a quelques trucs : s'enfiler un petit verre d'huile pour graisser les tuyaux avant une beuverie (on me l'a appris à moi aussi : ma mère le tenait d'un vieux prêtre sibérien) et ne pas manger en même temps (on m'a appris le contraire, je livre donc le conseil avec circonspection). Fort de ces dons innés et de cette technique, Édouard peut descendre un litre de vodka à l'heure, à raison d'un grand verre de 250 grammes tous les quarts d'heure. Ce talent de société lui permet d'épater jusqu'aux Azéris qui viennent de Bakou vendre des oranges sur le marché et de gagner des paris qui lui font de l'argent de poche. Il lui permet aussi de tenir ces marathons d'ivrognerie que les Russes appellent *zapoï*.

Zapoï est une affaire sérieuse, pas une cuite d'un soir qu'on paye, comme chez nous, d'une gueule de bois le lendemain. *Zapoï*, c'est rester plusieurs jours sans dessoûler, errer d'un lieu à l'autre, monter dans des trains sans savoir où ils vont, confier ses secrets les plus intimes à des rencontres de hasard, oublier tout ce qu'on a dit et fait : une sorte de voyage. C'est ainsi qu'une nuit, parce qu'ils ont commencé à picoler et se trouvent à court de carburant, Édouard et son meilleur ami Kostia décident de cambrioler un magasin d'alimentation. À quatorze ans, Kostia qu'on surnomme le Chat a déjà séjourné pour vol à main armée dans une colonie pénitentiaire pour mineurs. C'est du haut de cette autorité qu'il enseigne à son disciple Édouard la règle d'or du cambrioleur : « Agis avec courage et détermination, sans attendre que les conditions idéales soient réunies car les conditions idéales n'existent pas. » On regarde rapidement, à gauche, à droite, si personne ne passe dans la rue. On enveloppe son poing dans le blouson roulé en boule. D'un coup sec, on fait péter le carreau de la fenêtre du sous-sol, et voilà, on est dans la place. Il fait sombre, pas question d'allumer. On rafle autant de bouteilles de vodka que peuvent en contenir les sacs à dos, puis on fracture le tiroir-caisse. Vingt roubles seulement, une vraie misère. Il y a bien dans le bureau du directeur un coffre-fort, mais allez ouvrir un coffre-fort au couteau. Kostia essaye quand même et, pendant qu'il s'escrime, Édouard cherche ce qu'il pourrait piquer d'autre. À la patère, derrière la porte, un pardessus à col d'astrakan : allez, ça peut se revendre. Au fond d'un tiroir, une bouteille entamée de cognac arménien, certainement la réserve personnelle du directeur qui ne vend pas ce genre d'alcool à ses prolos de clients. Dans la sociologie personnelle d'Édouard, les commerçants sont tous des malfrats mais il faut reconnaître qu'ils savent ce qui est bon. Soudain, des voix, un bruit de pas, tout proche. La peur lui vrille les intestins. Il baisse sa culotte, s'accroupit en relevant les pans du manteau volé et lâche un jet de merde bien liquide. Fausse alerte.

Un peu plus tard, une fois sortis par le même chemin qu'ils sont entrés, les deux garçons s'arrêtent sur une de ces lugubres aires de jeux qu'aiment tant les concepteurs de cités prolétariennes. Assis dans le sable sale et humide, au pied d'un tobog- gan si rouillé que les parents évitent d'y amener les petits de peur qu'ils n'attrapent le tétanos, ils assè- chent au goulot la bouteille de cognac et, après en avoir eu un peu honte, Édouard finit par se vanter d'avoir chié dans le bureau du directeur. « Je te parie, dit Kostia, que ce salaud va profiter du cam- briolage pour déclarer comme volé du fric qu'il a détourné, lui. » Plus tard encore, ils vont chez Kos- tia dont la mère, veuve de guerre, proteste et se lamente quand ils s'enferment dans sa chambre pour continuer à boire. « Ta gueule, vieille chienne, répond élégamment son fils à travers la porte, sinon mon copain Ed va sortir t'enculer ! »

Après avoir bu toute la nuit, les deux garçons apportent les bouteilles qui restent chez Slava qui, depuis que ses parents ont été envoyés en camp pour délits économiques, vit avec son grand-père dans une cahute au bord de la rivière. Outre Édouard et Kostia, il y a cet après-midi chez Slava un type plus vieux, Gorkoun, qui a des dents en métal, les bras tatoués, parle peu, et dont Slava annonce avec fierté qu'il a passé la moitié de ses trente ans à la Kolyma. Les camps de travail de la Kolyma, à l'extrémité orientale de la Sibérie, sont réputés être les plus durs de tous et y avoir purgé trois tranches de cinq ans, c'est aux yeux des garçons comme être trois fois héros de l'Union soviétique : respect. Les heures s'écoulent lentement, à racon- ter des conneries, disperser d'une main molle les nuages de moustiques qui volettent en juillet au-dessus de la rivière ensablée, lamper de la vodka tiède en mangeant de petits morceaux de lard que Gorkoun découpe avec son couteau sibérien. Tous les quatre sont ivres, mais ils ont dépassé les pentes ascendante et descendante typiques de la première journée d'ivresse, atteint cette hébétude sombre et têtue qui permet au *zapoï* de prendre son rythme de croisière. La nuit tombant, ils décident d'aller traîner au parc de Krasnozavodsk où se rassemble le samedi soir la jeunesse de Saltov.

Là, ça ne rate pas, il y a de la baston, et la vérité est qu'Édouard et ses potes l'ont cherchée. Ça commence sur la piste de danse, en plein air. Gorkoun invite une fille à danser. La fille, une rouquine à gros seins et robe à fleurs, refuse parce que Gorkoun pue vraiment trop l'alcool et qu'il a l'air de ce qu'il est : un *zek*, comme on appelle en russe les bagnards. Édouard, pour se faire bien voir de Gorkoun, s'approche de la fille, sort son couteau qu'il pointe sur un de ses gros seins et appuie légèrement. En essayant de prendre une voix d'homme, il dit : « Je compte jusqu'à trois, si à trois tu ne vas pas danser avec mon ami… » C'est un peu plus tard, dans un coin sombre du parc, que les copains de la rouquine leur tombent dessus. La bagarre se transforme en débandade quand la police rapplique. Kostia et Slava parviennent à fuir, les flics rattrapent Gorkoun et Édouard. Ils les jettent à terre, commencent à leur botter les côtes et, méthodiquement, à leur écraser les mains : l'intérêt d'écraser les mains, c'est qu'après elles ne peuvent plus tenir d'armes. Édouard, à l'aveuglette, lance des coups de couteau, lacère le pantalon et un peu le mollet d'un policier. Tous les autres le tabassent jusqu'à ce qu'il perde connaissance.

Il revient à lui en cellule, dans la puanteur propre à tous les postes de police du monde — il en connaîtra beaucoup d'autres. Le commandant du poste, qui l'interroge, est un homme étonnamment poli, mais il ne lui cache pas que l'agression à main armée d'un policier pourrait lui valoir la peine de mort s'il était majeur et, comme il ne l'est pas, cinq ans au moins de colonie pénitentiaire. Est-ce qu'une adolescence sous les barreaux l'aurait brisé, ramené dans le rang, ou n'aurait-elle été dans sa vie d'aventurier qu'un épisode de plus ? Il y a échappé, en tout cas, car au nom de Savenko le commandant hausse les sourcils, demande s'il est bien le fils du lieutenant Savenko, du NKVD, et comme le lieutenant Savenko est un de ses anciens camarades il arrange l'affaire, enterre le dossier concernant le coup de couteau et, au lieu de cinq ans, Édouard écope juste de quinze jours. En principe il devrait les passer à ramasser des ordures mais il est trop contusionné pour bouger, alors on le laisse en cellule avec Gorkoun qui, mis en confiance par la ferveur de cet adolescent, devient loquace et deux semaines durant le régale d'histoires de la Kolyma.

Il va de soi que si Gorkoun a été là-bas, c'est pour des crimes de droit commun, sinon il ne s'en vanterait pas auprès de garçons comme Édouard et ses amis qui, contrairement à nous, ne portent aucun respect aux prisonniers politiques. Sans en connaître, ils les tiennent soit pour des intellectuels pontifiants, soit pour des crétins qui se sont fait coffrer sans même savoir pourquoi. Les bandits, en revanche, sont des héros, et particulièrement cette aristocratie du banditisme qu'on appelle *vory v zakonié*, les voleurs dans la loi. Il n'y en a pas à Saltov, où ne sévissent que de petits délinquants, Gorkoun lui-même ne prétend pas en être un, mais il en a connu au camp et ne se lasse pas de conter leurs hauts faits, en mettant sur le même plan et présentant comme dignes d'une égale admiration des actes de folle bravoure et de bestiale cruauté. Pourvu qu'un bandit soit *honnête*, c'est-à-dire observe les lois de son clan, pourvu qu'il sache tuer et mourir, Gorkoun ne voit que panache et distinction morale à ce qu'il joue aux cartes la vie d'un compagnon de baraque et, la partie finie, le saigne comme un goret, ou en entraîne un autre dans une tentative d'évasion avec le dessein de le manger quand les vivres manqueront au milieu de la taïga. Édouard écoute Gorkoun avec dévotion, admire ses tatouages, se fait initier à leurs arcanes. Car chez les bandits russes et particulièrement sibériens, on ne se fait pas tatouer n'importe quoi n'importe où ni n'importe comment. Les figures et leur emplacement indiquent avec précision le rang dans la hiérarchie criminelle, on conquiert à mesure qu'on gravit les échelons le droit d'en recouvrir progressivement le corps, et malheur au frimeur qui usurpe ce droit : celui-là, on l'écorche, on se fait des gants avec sa peau.

Les derniers jours de son emprisonnement, Édouard fait un constat qui le remplit d'une jouissance étrange, une sorte de plénitude dont la recherche va devenir une constante de sa vie. Il est entré en prison en admirant Gorkoun et en rêvant d'être un jour comme lui. Il en sort convaincu, c'est ce qui l'exalte, que Gorkoun n'est pas si admirable que ça et que lui, Édouard, ira beaucoup plus loin. Avec ses années de camp et ses tatouages, Gorkoun peut un moment faire illusion devant des adolescents provinciaux, mais à le fréquenter un peu on s'aperçoit qu'il parle des grands bandits comme le tout petit bandit qu'il est, sans se comparer à eux, sans imaginer un instant qu'il pourrait être à leur place, un peu comme ce pauvre couillon de Veniamine parle des haut gradés. Il y a de l'humilité et de la candeur dans cette façon de se tenir à sa place, mais cette humilité, cette candeur, ce n'est pas pour Édouard, qui pense que c'est bien d'être un criminel, qu'il n'y a même rien de mieux, mais qu'il faut viser haut : être un roi du crime, pas un second couteau.

5

Ces vues nouvelles, quand Édouard lui en fait part, galvanisent Kostia et, tandis que Gorkoun à sa sortie de prison ne montre d'autre ambition que de jouer aux dominos, les deux garçons s'excitent mutuellement au mépris pour tout ce qui les entoure. Rien de ce qu'à Saltov on peut connaître de la société n'y échappe : prolos obtus et résignés, loubards voués à devenir prolos comme leurs parents,

ingénieurs ou officiers qui ne sont que des prolos améliorés, commerçants n'en parlons même pas.
Aucun doute, ce qu'il faut, c'est devenir des bandits.

Mais comment ? Comment trouver une bande et
s'en faire accepter ? Il y en a forcément en ville
et, lorsqu'ils s'enhardissent à prendre le tramway
jusqu'au centre, le départ est empreint d'exaltation : à nous deux, Kharkov ! Hélas, une fois sur
place, ils sont aussi peu à leur aise que sur le bou-
levard Saint-Germain des racailles du 9-3. Édouard
a vécu là pourtant, à une époque que comme sa
mère il tend à idéaliser. Il fait faire à Kostia, rituel-
lement, le tour des lieux de son enfance, la rue de
l'Armée-Rouge, l'avenue Sverdlov, mais ce tour est
vite fait, ensuite ils ne savent plus où aller, à quelle
porte frapper, à peine osent-ils commander une
bière dans un kiosque et, dépités, mécontents d'eux-
mêmes, ils regagnent leur cité où la vie est si tragiquement éloignée de la vraie vie mais où il se
trouve qu'ils vivent, eux — et ça, ce n'est pas de
chance.

Puis Édouard rencontre Kadik, qui sera l'autre
grand ami de son adolescence, et les choses changent. D'un an plus âgé que lui, vivant seul avec sa
mère, Kadik ne fréquente pas les petits voyous de
Saltov. Il a des relations dans le centre-ville, mais
ce ne sont pas les bandits qu'Édouard rêve si ardem-
ment d'approcher. Sa grande fierté est de connaître un saxophoniste qui joue *Caravan* de Duke
Ellington et, par lui, d'avoir côtoyé les membres
du groupe kharkovien « le Cheval bleu », des espèces
de *beatniks* qui ont eu l'honneur d'un article dans

la *Komsomolskaïa Pravda* : le *swinging* Kharkov, en quelque sorte. Pour échapper au destin tout tracé du jeune saltovien, Kadik aspire à être un artiste et, à défaut d'avoir une vocation bien marquée, c'est au moins ce qu'on pourrait appeler un branché, jouant un peu de guitare, achetant et collectionnant des disques, lisant, employant toute son énergie à se tenir au courant de ce qui se passe en ville, à Moscou, et même en Amérique.

Tout cela, pour Édouard, est totalement nouveau, les valeurs et les codes de Kadik bouleversent les siens. Sous son influence, il découvre le culte de la sape. Quand il était petit, sa mère l'habillait au marché aux puces, où s'écoulaient des prises de guerre : il portait de jolis costumes d'enfant modèle allemand et prenait un trouble plaisir à penser que c'étaient les habits d'un fils de directeur d'IG Farben ou de Krupp, tué à Berlin en 1944. Ensuite s'est imposé le code vestimentaire de Saltov : pantalon de chantier, grosse parka doublée de fourrure synthétique, toute autre fantaisie est le fait d'une tantouse, en sorte que ses copains sont extrêmement surpris de voir un jour Édouard arborer sous un blouson canari à capuche un pantalon en velours frappé mauve et des godasses si bien ferrées que s'il traîne les talons sur l'asphalte elles font des étincelles. Seuls Kadik et lui, à Saltov, sont en mesure d'apprécier leur propre dandysme, mais comme on le sait prompt à sortir son couteau on se contente de se marrer sans le traiter de tantouse.

Ce dandysme, c'est ce qui lui plaît aussi chez les jazzmen qu'idolâtre son nouvel ami. À la musique elle-même il reste assez fermé et le restera toute sa vie, en revanche il se remet à lire. Il s'était arrêté à Jules Verne et Alexandre Dumas, il reprend à Romain Rolland dont Kadik lui prête *Jean-Christophe* et *L'Âme enchantée*, vastes et vaporeux romans d'apprentissage que je pense avoir été un des derniers adolescents à lire en France, mais qui connaissent un reste de faveur en Union soviétique parce que leur auteur, par pacifisme, a été compagnon de route des communistes. De là, il passe à Jack London, Knut Hamsun, les grands vagabonds, ceux qui ont fait tous les métiers et nourri leurs livres de ces expériences. Ses préférences, en prose, vont aux auteurs étrangers mais dès qu'il s'agit de poésie, rien ne vaut la russe, et un garçon qui en lit devient tout naturellement un garçon qui en écrit, puis lit ce qu'il a écrit autour de lui : ainsi Édouard, qui n'avait jamais auparavant envisagé cette vocation, se retrouve-t-il poète.

Un cliché veut qu'en Russie les poètes soient aussi populaires que chez nous les chanteurs de variétés et, comme beaucoup de clichés sur la Russie, c'est ou du moins c'était absolument vrai. Rien que son prénom recherché, notre héros le doit à la prédilection de son père, simple sous-officier ukrainien, pour le poète mineur Édouard Bagritski (1895-1934), et quand on lit *L'Adolescent Savenko*, le livre dont je tire les informations de ce chapitre, on est tout étonné d'apprendre au détour d'une phrase que ses copains les petits voyous de Saltov, tout en appréciant les poèmes d'Édouard, le vannent un peu parce qu'il pompe Blok ou Essénine. Un apprenti poète, dans une cité industrielle d'Ukraine, n'est pas plus déplacé qu'un apprenti rappeur en banlieue parisienne aujourd'hui. Comme lui il peut se dire que c'est sa chance d'échapper à l'usine ou à la délinquance. Comme lui il peut compter sur les encouragements de ses amis, sur leur fierté s'il réussit un tant soit peu, et c'est poussé non seulement par Kadik mais aussi par Kostia et sa bande qu'Édouard s'inscrit à un concours de poésie qui a lieu le 7 novembre 1957, jour de la fête nationale soviétique et jour, comme on va le voir, décisif dans sa vie.

La ville tout entière, ce jour-là, se rassemble sur la place Dzerjinski dont nul Kharkovien n'ignore que, pavée par des prisonniers allemands, elle est la plus grande place d'Europe et la deuxième du monde après Tian'anmen. Il y a des défilés, des ballets, des discours, des remises de médailles. Les masses prolétariennes se sont endimanchées, spectacle qui excite les sarcasmes de nos deux dandys. Et puis, au cinéma *Pobiéda*, la victoire, il y a le concours de poésie où Édouard, sous ses airs bravaches, espère de tout son cœur que Svéta va venir l'écouter.

Kadik est confiant : elle viendra, elle ne peut pas ne pas venir. En fait, rien n'est moins sûr. Svéta est capricieuse, fantasque. Édouard, théoriquement, « sort » avec elle, mais bien qu'il réponde oui quand les copains lui demandent s'il se l'est faite, ce n'est pas vrai : il ne s'est encore fait personne. Il souffre d'être puceau et réduit à mentir, ce qu'un homme selon lui ne devrait jamais faire. Il souffre de n'avoir aucun droit sur Svéta et de la savoir attirée par des garçons plus âgés. Il souffre, à quinze ans, d'en paraître douze, et place tous ses espoirs dans le cahier contenant ses vers. Il a choisi avec soin ceux qu'il récitera, écartant les poèmes, nombreux, sur les bandits, les vols à main armée, la prison, et s'en tenant sagement au lyrisme amoureux.

Quand il arrive avec Kadik au cinéma *Pobiéda*, ils retrouvent dans la foule toute sa bande de Saltov, mais pas Svéta. Kadik essaie de le rassurer : il est encore tôt. Divers orateurs officiels se succèdent à la tribune. N'y tenant plus, Édouard s'abaisse à demander si personne n'a vu Svéta et malheureusement si, quelqu'un l'a vue : au Parc de la Culture, avec Chourik. Chourik est un crétin de dix-huit ans à la moustache chétive dont Édouard est certain qu'il restera jusqu'à sa retraite vendeur dans un magasin de chaussures tandis que lui, Édouard, mènera de par le monde une vie d'aventurier, n'empêche que pour l'instant il donnerait beaucoup pour être à la place de Chourik.

Le concours commence. Le premier poème porte sur les horreurs du servage, ce qui fait ricaner Kadik : le servage n'existe plus depuis un siècle : moderne, le gars ! Suit un truc sur la boxe imité, comme cela n'échappe à aucun des loubards du public, du jeune poète qui monte : Evguéni Evtouchenko. Enfin vient le tour d'Édouard qui récite en se retenant de pleurer le poème qu'il a écrit pour Svéta. Après, pendant que d'autres candidats se succèdent sur la scène, sa bande le fête. On l'embrasse, on lui tape dans le dos, on lui dit : « Mange ta queue ! » — salut rituel des Saltoviens — on prédit qu'il aura le prix, et finalement il l'a. Il remonte sur scène, le directeur de la maison de la culture Staline le félicite et lui donne un diplôme, ainsi qu'un cadeau.

Quoi, comme cadeau ?

Une boîte de dominos.

Putain, les enculés, pense Édouard : une boîte de dominos !

À la sortie du *Pobiéda*, alors qu'entouré de ses copains il essaie de faire bonne figure, un type l'aborde, qui se dit envoyé par Touzik. Touzik est un voyou bien connu à Saltov : il a vingt ans, se cache pour échapper au service militaire, ne se déplace jamais sans une escouade d'hommes en armes. Et, dit son émissaire, il veut voir le poète. Les copains se regardent avec inquiétude : ça ne rigole plus. Touzik est notoirement dangereux, mais il serait plus dangereux encore de refuser son invitation. L'émissaire le conduit, près du cinéma, dans une impasse où attendent une quinzaine de gars patibulaires et au milieu de cette cour, costaud, presque gras, vêtu de noir, Touzik qui dit avoir aimé le poème. Il veut que le poète lui en écrive un autre en l'honneur de Galia, la blonde très maquillée qu'il tient par la taille. Édouard promet de le faire, on lui tend pour sceller cet accord un joint de hasch du Tadjikistan. C'est la première fois qu'il fume, ça l'écœure, il avale quand même la fumée. Ensuite, Touzik l'invite à embrasser Galia, sur la bouche. Il y a de quoi se méfier, tout ce qu'il dit semble avoir un double sens, s'il vous serre dans ses bras ça peut être pour vous éventrer. Il paraît que Staline était comme ça : cajoleur et cruel. Édouard veut se dérober en riant, l'autre insiste : « Tu ne veux pas rouler une pelle à ma copine ? Elle ne te plaît pas, ma copine ? Allez, mets-y la langue ! » Air connu, de mauvais augure, cependant rien de fâcheux ne se passe. On continue longtemps, très longtemps, à boire, fumer et balancer des vannes, jusqu'à ce que Touzik décide de lever le camp pour aller se balader en ville. Édouard, qui ne sait pas trop si on l'a adopté comme mascotte ou comme souffre-douleur, en profiterait bien pour s'éclipser, mais Touzik ne le lâche pas.

« Tu as déjà buté quelqu'un, poète ?

— Non, répond Édouard.

— Tu aimerais ?

— Euh... »

Édouard trouve excitant, au bout du compte, d'être l'ami de Touzik et de marcher avec lui à la tête d'une vingtaine de durs prêts à mettre la ville à feu et à sang. Il est tard, la fête est finie, la plupart des gens sont rentrés chez eux et ceux qui, dans les rues aux réverbères cassés, voient approcher la bande s'écartent en toute hâte. Mais voici qu'un type et deux filles ne s'écartent pas à temps et qu'on commence à les asticoter. « Tu as deux nanas pour toi tout seul, dit suavement Touzik au type, tu m'en prêteras bien une ? » Le type, blême, comprend qu'il s'est mis dans un mauvais pas, il essaye de plaisanter mais Touzik le plie en deux d'un coup de poing dans le ventre. À son signal, les autres se mettent à peloter les filles. Ça va tourner au viol. Ça tourne au viol. L'une des filles est bientôt à poil, elle est grosse, la peau blême, ce doit être une prolo d'un foyer de Saltov. Les gars enfoncent à tour de rôle les doigts dans sa chatte. Édouard fait comme eux, c'est humide et froid, quand il ressort ses doigts il y a du sang dessus. Ça le dégrise d'un coup, l'excitation retombe. À quelques mètres, ils sont une dizaine qui violent l'autre, à la file. Quant au type, on le roue de coups. Il gémit de plus en plus faiblement, puis ne bouge plus. Le côté de son visage est une bouillie sanglante.

L'incident créant un peu de flottement, cette fois Édouard parvient à s'enfuir. Il marche vite, son couteau et son cahier de poèmes dans sa poche, sa boîte de dominos sous le bras, ne sachant où aller. Pas chez Kadik, pas chez Kostia. Finalement, il va chez Svéta. Il a envie de baiser ou de tuer. Si elle est seule il la baise, si elle est avec Chourik il les tue. Pas de raison de se priver : comme il est mineur on ne le fusillera pas, il prendra juste quinze ans et les copains le considéreront comme un héros.

Malgré l'heure tardive, la mère de Svéta, qui passe pour être plus ou moins pute, lui ouvre la porte. Svéta n'est pas encore rentrée.

« Tu veux l'attendre ?

— Non, je reviendrai. »

Il repart dans la nuit, marche, marche, en proie à un mélange d'excitation, de colère, de dégoût et d'autres sentiments qu'il n'identifie pas. Quand il revient, Svéta est rentrée. Seule. Ce qui se passe ensuite est confus, il n'y a pas vraiment eu de conversation, Édouard est juste au lit avec elle et il la baise. C'est la première fois. Il lui dit : « C'est comme ça qu'il te met sa queue, Chourik ? » Quand il a joui, trop vite, Svéta allume une cigarette et lui expose sa philosophie : la femme est plus mûre que l'homme, alors pour que ça marche sexuellement il faut que l'homme soit plus vieux. « Je t'aime vraiment bien, Edik, mais tu vois, tu es trop petit. Tu peux rester dormir, si tu veux. »

Édouard ne veut pas, il s'en va furieux, convaincu que les gens méritent qu'on les tue et décidé, quand il sera grand, à en tuer : sans faute.

Voilà : c'était l'histoire de son dépucelage.

6

La scène suivante se déroule cinq ans plus tard, dans la chambre qu'habite la famille Savenko. Il est minuit, Édouard se déshabille sans bruit pour ne pas réveiller sa mère, qui dort seule dans le lit conjugal. Son père est en mission, il ne sait pas où et ne souhaite pas le savoir, le temps est loin où il l'admirait. Si fatigué qu'il soit après huit heures d'usine, il n'a pas sommeil, alors il s'assied à la table sur laquelle traîne, dans une collection de classiques étrangers reliés en imitation cuir, *Le Rouge et le Noir*. Sa mère a dû le sortir, pour accompagner son dîner solitaire, de la petite bibliothèque vitrée protégeant de la poussière les preuves de sa culture. Il l'a lu autrefois, et aimé. Le feuilletant, il retombe sur la scène fameuse où Julien Sorel, par une nuit d'été, sous un tilleul, se force à prendre la main de Mme de Rénal, et cette scène qui l'avait exalté le remplit d'une soudaine, vertigineuse tristesse. Il y a quelques années encore, il lui était facile de s'identifier à Julien, sorti d'un bled pourri sans autre atout que son charme et ses dents longues, et de s'imaginer comme lui séduisant une belle aristocrate. Ce qui lui apparaît maintenant avec une brutale évidence, ce n'est pas seulement qu'il n'en connaît pas, de belle aristocrate, mais qu'il n'a aucune chance d'en connaître jamais.

Il avait de grands rêves et tout a mal tourné depuis deux ans. En fait, depuis que Kostia et deux autres de leurs copains ont été condamnés à mort par le tribunal régional de Kharkov. L'un d'eux a été exécuté, Kostia et l'autre s'en sont tirés avec douze ans de camp. Là-dessus, Kadik, qui avait de grands rêves aussi, qui voulait devenir musicien de jazz, est entré à l'usine la Faucille et le Marteau, et ce n'était pas la peine de se moquer de lui pour quelques mois plus tard, la queue basse, suivre son exemple. Édouard est fondeur à présent. C'est sale, abrutissant, mais il est du genre à faire bien tout ce qu'il fait. Si le sort avait permis qu'il soit bandit, il aurait été un bon bandit. Prolo, il est un bon prolo, la casquette sur la tête, la gamelle pour midi, régulièrement cité au tableau d'honneur et, le samedi soir, descendant ses 800 grammes de vodka avec les autres gars de son équipe. Il n'écrit plus de poésie. Il a des petites amies, prolotes comme lui. La dernière catastrophe qui pourrait lui tomber dessus serait d'en engrosser une et de devoir l'épouser, et cette catastrophe, si on voit les choses en face, il est plus que probable qu'elle *va* lui tomber dessus. Comme sur Kadik, son éclaireur sur le sentier de la déroute, qui vient de se mettre en ménage avec une ouvrière nommée Lydia,

plus vieille que lui, même pas jolie, le ventre s'arron-
dissant déjà, et le malheureux répète pour essayer
de s'en persuader, avec une obstination pathétique, qu'avec elle ça y est, il a trouvé le véritable
amour et qu'il n'a aucun regret, vraiment aucun
regret, de lui sacrifier des rêveries immatures.

Pauvre Kadik. Pauvre Édouard. Même pas vingt
ans et déjà cuit. Bandit raté, poète raté, voué à une
vie de merde dans le trou du cul du monde. On
lui a beaucoup répété qu'il a eu de la veine de
n'être pas avec Kostia et les deux autres le soir où,
ivres, ils ont tué un homme. Est-ce si sûr ? Est-ce
qu'il ne vaut pas mieux mourir vivant que vivre
mort ? Se rappelant cette nuit, trente ans plus tard,
il pensera que c'était pour se sentir vivant, pas pour
mourir, qu'il est allé chercher sur la tablette du
lavabo le rasoir à manche de corne de son père —
lui, Édouard, se rase à peine : il a une peau d'Asiate,
presque imberbe, une peau qui aurait mérité d'être
caressée par des femmes belles et raffinées, mais
c'est raté.

Il appuie le tranchant effilé du rasoir sur l'intérieur de son poignet. Regarde, dans la pénombre,
la pièce familière et moche où s'est écoulée plus
de la moitié de sa vie. Il était encore enfant quand
il y est arrivé : un petit garçon tendre et sérieux.
Comme c'est loin… À trois mètres de lui, sa mère
ronfle sous les couvertures, la tête tournée contre
le mur. Elle mourra de chagrin, mais il a déjà commencé à la faire mourir de chagrin en abandonnant
ses études, en devenant ouvrier, alors autant finir le
travail. La première incision est facile, la peau se
fend, c'est presque indolore. C'est quand on arrive

aux veines que cela devient dur. Il faut détourner les yeux, serrer les dents, tirer la lame d'un coup très sec, en enfonçant bien, pour que le sang se mette à couler. La force lui manque pour attaquer l'autre poignet, un seul devrait suffire. Il le laisse devant lui sur la table, regarde la tache sombre qui s'agrandit sur la toile cirée, empoisse *Le Rouge et le Noir*. Il ne bouge pas. Il sent son corps devenir froid. Le bruit de sa chaise, quand il tombe, réveille sa mère en sursaut. Lui se réveille le lendemain, chez les fous.

C'est pire que la prison, l'hôpital psychiatrique, parce qu'en prison au moins on connaît le tarif, on sait quand on sort, alors qu'ici on est à la merci de médecins qui vous regardent derrière leurs lunettes et vous disent : « On verra », ou encore plus souvent ne vous disent rien. Les journées se passent à dormir, à fumer, à bouffer de la *kacha*, à se faire chier. Tellement chier qu'il supplie Kadik de l'aider à faire le mur, et Kadik, brave Kadik, sans rien dire à son dragon de Lydia, adosse une échelle à la fenêtre, parvient à desceller un barreau. Voici Édouard dehors, décidé à partir très loin, mais il commet l'erreur de repasser chez ses parents où la police vient le cueillir le lendemain matin. C'est sa mère qui les a appelés et quand il lui demande, fou de rage, pourquoi elle a fait ça, Raïa lui explique que c'est pour son bien : s'il retourne à l'hosto on l'en laissera sortir très vite, mais en règle, alors qu'évadé, recherché, il ne le sera jamais, en règle. Bonnes paroles, sans doute y croit-elle, mais au lieu de le laisser sortir très vite on le transfère de chez les fous-calmes chez les fous-dingues où on l'attache avec des serviettes mouillées aux barreaux de son lit, plus exactement du lit qu'il partage avec un taré occupé à se branler du matin au soir, car chez les fous-dingues on n'a même pas un lit pour soi tout seul. Une fois par jour on lui fait une piqûre d'insuline alors qu'il n'a pas de diabète, juste pour lui apprendre à vivre et le calmer. C'est sûr, ça le calme. Il devient lent, bouffi, spongieux, il sent que son cerveau privé de sucre part en couille, qu'il n'a même plus la force de se révolter. Il commence à avoir envie de tomber dans le coma, de ne pas se réveiller, qu'on n'en parle plus.

Au bout de quand même deux mois de ce régime, il a la chance de tomber sur un vieux psychiatre aux oreilles poilues qui, d'une courte conversation avec ce garçon transformé en zombie, a la sagesse de conclure : « Tu n'es pas fou. Tu as juste envie d'attirer l'attention sur toi. Mon conseil : il y a mieux à faire pour ça que s'ouvrir les veines. Ne retourne pas à l'usine. Va voir ces gens de ma part. »

7

L'adresse que lui a donnée le vieux psychiatre est celle d'une librairie dans le centre de Kharkov, qui cherche un vendeur ambulant. Il s'agit d'étaler des livres d'occasion sur une table pliante dans le hall d'un cinéma ou devant l'entrée du zoo et d'attendre le chaland. Le chaland est rare, les livres presque donnés, et le vendeur sur chacun touche un pourcentage ridicule. Édouard ne ferait pas long feu dans ce boulot mieux fait pour meubler les loisirs d'un retraité si la librairie *41*, où il va chercher ses cartons le matin et rapporte le soir sa recette, ne se révélait le rendez-vous de tout ce que Kharkov compte d'artistes et de poètes, qu'on appelle alors « décadents » : le monde autour duquel rôdait le pauvre Kadik avant que la faucille, le marteau et Lydia n'y mettent bon ordre. Édouard, en dépit de sa timidité, commence à s'y attarder après l'heure officielle de fermeture. Il arrive souvent qu'il rate le dernier tram et doive marcher deux heures dans la nuit et la neige pour regagner sa lointaine banlieue ouvrière. Car c'est le soir, une fois le rideau de fer baissé, qu'on commence non seulement à boire et palabrer mais surtout à s'échanger ces copies clandestines d'œuvres interdites qu'on appelle *samizdat* — littéralement : publié par soi. On vous en confie une, vous en faites à votre tour quelques autres, ainsi a circulé à peu près tout ce qui était vivant dans la littérature soviétique : Boulgakov, Mandelstam, Akhmatova, Tsvetaeva, Pilniak, Platonov… Une soirée mémorable au *41*, c'est par exemple quand arrive de Leningrad l'exemplaire presque illisible à force de pâleur (cinquième, sixième carbone, évaluent avec une moue les connaisseurs) d'un poème du jeune Joseph Brodsky, *Procession*, qu'Édouard vingt ans plus tard définira comme « une imitation de Marina Tsvetaeva d'une valeur artistique douteuse, mais qui correspondait exactement au stade de développement socioculturel de Kharkov et des habitués de la librairie ».

Je ne sais trop que penser de cette impertinence, pour une raison que l'heure est sans doute venue d'avouer : c'est que je suis complètement bouché à la poésie. Comme les gens qui, dans un musée, regardent avant le tableau le nom du peintre sur le cartouche pour savoir s'il y a lieu ou non de s'extasier, je n'ai en ce domaine pas de jugement personnel et celui du jeune Édouard, rapide, impérieux, m'en impose d'autant plus. Il ne se contente pas de dire : « J'aime, j'aime pas », mais distingue au premier coup d'œil l'original de l'ersatz, par exemple il ne se laisse pas avoir par, je cite, « ceux qui imitent les modernistes polonais, qui ne sont plus de la première fraîcheur et en imitent eux-mêmes d'autres ». J'ai déjà noté la surprenante expertise des loubards de Saltov, capables de repérer dans ses premiers vers les influences d'Essénine ou de Blok. Ce qu'il découvre au *41* c'est qu'Essénine et Blok, c'est bien, mais disons que c'est bien comme Apollinaire ou, pour être méchant, comme Prévert : même les gens qui n'y connaissent rien connaissent, et ceux qui s'y connaissent vraiment préfèrent de très loin par exemple Mandelstam ou, mieux, Velimir Khlebnikov, le grand avant-gardiste des années vingt.

C'est le poète préféré, par exemple, de Motritch, qui passe lui-même pour le génie du *41*. À trente ans, Motritch n'a rien publié et ne publiera jamais rien, mais l'avantage de la censure, c'est qu'on peut être un auteur qui ne publie rien sans qu'on vous soupçonne de manquer de talent, au contraire. Ainsi y a-t-il, à la périphérie de leur groupe, un garçon qui a écrit un recueil de poèmes sur l'équipage du croiseur *Dzerjinski* et reçu pour ça le prix littéraire du Komsomol d'Ukraine. Joli début, gros tirage, belle carrière d'*apparatchik* des lettres en perspective, or non seulement tout le monde le juge inférieur à Motritch mais lui-même se juge inférieur à Motritch et, quand il s'aventure au *41*, s'emploie de son mieux à faire oublier un succès qui le désigne clairement comme un vendu et un imposteur. Motritch connaîtra le sort de tous les héros d'Édouard, qui est d'être vite déboulonné de son piédestal, mais pour le moment c'est son héros, un vrai poète vivant — et, jugera-t-il plus tard, usant d'une distinction assez fine, un mauvais poète mais un poète authentique. Il lit ses vers, écoute ses vaticinations, sous son influence se prend de passion pour Khlebnikov dont il recopie à la main les trois volumes d'œuvres complètes et, aux heures creuses que lui offre son travail de libraire ambulant, se remet à écrire, sans le dire à personne.

La vendeuse principale du *41*, Anna Moïsseïevna Rubinstein, est une femme majestueuse, les cheveux déjà gris, avec un beau visage tragique et un énorme cul. Plus jeune, elle ressemblait à Elizabeth Taylor ; à vingt-huit ans, c'est déjà une matrone, à qui les jeunes gens cèdent leur place dans le tramway. Sujette à des troubles maniaco-dépressifs pour lesquels elle touche une prime d'invalidité, elle se définit fièrement comme « schizo » et traite de fous tous ceux pour qui elle a de l'estime. Ils le prennent comme un compliment. C'est que dans le monde des « décadents » de Kharkov le génie se doit d'être non seulement méconnu mais poivrot, délirant, socialement inadapté. L'hôpital psychiatrique étant par ailleurs un instrument de répression politique, y avoir séjourné vaut brevet de *dissidence* — un mot qui à l'époque dont je parle fait ses premiers pas. Édouard ne le connaissait pas encore quand on l'a bouclé chez les fous-dingues, mais un de ses talents est de se mettre vite à la page et il ne rate désormais plus une occasion de raconter sa camisole de force et son voisin de lit qui bavait et se branlait toute la journée. Écrivant cela, l'idée me vient que moi-même j'ai donné jusqu'à un âge relativement avancé dans le culte romantique de la folie. Cela m'a passé, Dieu merci. L'expérience m'a appris que ce romantisme-là est une connerie, que la folie est ce qu'il y a de plus triste et morne au monde, et je pense que cela, Édouard l'a toujours su, d'instinct, qu'il s'est toujours félicité d'être tout ce qu'on voudra, dur, égocentrique, sans pitié, mais fou, non, absolument pas fou. Le contraire, autant que cela existe.

Folle, en revanche, Anna l'était pour de bon, et sa folie prendra un tour tragique, mais pour l'instant elle peut encore être confondue avec une forme d'excentricité, de fantaisie haute en couleur, au même titre que sa notoire voracité sexuelle. Toute la bohème de Kharkov y est passée, raconte-t-on au *41*, c'est en particulier une spécialiste du dépucelage de jeunes créateurs. Comme elle habite juste à côté, les soirées à la librairie se terminent souvent chez elle. Édouard, qui au début n'y est pas expressément invité, se les représente comme des orgies. En réalité, comme il le découvre quand il s'enhardit à suivre le mouvement, les *after* chez Anna consistent, comme à la librairie, en conversations exaltées sur l'art et la littérature, déclamations poétiques de plus en plus pâteuses, ragots et *private jokes* incompréhensibles pour lui qui, sur son coin de canapé pelucheux, rit quand les autres rient et se soûle pour vaincre sa timidité. Hormis la maîtresse de maison et sa mère qui cogne de temps en temps à la porte pour demander qu'on fasse moins de bruit, il n'y a à ces soirées que des hommes, ces hommes prennent familièrement Anna par le cou, l'embrassent sur la bouche, en sorte qu'Édouard a l'impression désagréable d'être le seul du groupe à ne pas se l'être tapée. A-t-il vraiment envie de se la taper, ou plutôt de faire partie de ce groupe qu'il voit lucidement comme sa seule chance d'échapper à Saltov ? Elle a de beaux seins, c'est vrai, mais il n'aime pas les grosses. Quand il se branle en pensant à elle ce n'est pas très convaincant et il a peur s'ils se retrouvent au lit de ne pas bander ou de jouir trop vite. Et puis, une nuit, il est très tard, les invités s'en vont les uns après les autres, mais lui non. Comme Julien s'est promis de prendre la main de Mme de Rénal, il s'est promis de rester, coûte que coûte, ne serait-ce que pour se prouver qu'il n'est pas un dégonflé. Les derniers à partir, en remettant leurs manteaux, lui adressent des clins d'œil goguenards. Lui joue de son mieux le type blasé, tranquille, qui sait s'y prendre. Quand ils se retrouvent seuls, Anna ne fait pas de manières. Comme prévu, il jouit vite la première fois mais recommence aussitôt, c'est le privilège de la jeunesse. Elle, elle a l'air contente : c'est l'essentiel.

Car le plan de notre Édouard, ce Barry Lyndon soviétique, n'était pas seulement de coucher avec Anna mais de venir carrément s'installer chez elle, dans le saint des saints de la bohème, passant ainsi du rôle de petit prolo qui s'incruste à celui d'amant en titre et de maître des lieux. Comme l'appartement qu'elles partagent compte, luxe immense, deux pièces, la mère d'Anna, Célia Iakovlevna, feint d'abord de ne pas remarquer qu'il reste dormir mais elle l'adopte vite, parce qu'il sait y faire avec les vieilles dames et aussi parce qu'elle lui est reconnaissante de mettre un terme au défilé d'amants qui faisait cancaner l'immeuble.

Se figurer ce défilé en plongerait d'autres dans des affres de jalousie rétrospective : pour Édouard, c'est un stimulant. Anna, il faut bien le dire, l'excite modérément, il a besoin de se soûler pour monter à l'assaut de son corps énorme, plein de plis, en revanche ça l'excite de penser à tous les hommes qui l'y ont précédé. Beaucoup font partie de leur cercle. Est-ce qu'ils l'envient plutôt ou se moquent plutôt de lui — soit ce qu'il désire et redoute le plus au monde ? Un peu les deux, sans doute, ce qui est sûr c'est que l'Édouard d'il n'y a même pas quelques mois, fondeur à la Faucille et le Marteau, aurait passionnément envié cet Édouard qui habite non plus Saltov mais l'autrefois inaccessible centre-ville ; dont les amis ne sont plus des ouvriers et des loubards mais des poètes et des artistes ; qui leur ouvre la porte avec l'assurance nonchalante de l'homme qui est chez lui, qui aime bien qu'on passe chez lui à l'improviste et y tenir table ouverte. Dans le brouhaha des discussions, il n'a plus besoin d'élever la voix, on l'écoute quand il parle parce qu'il est le *khaziaïn*, ce qui veut dire le maître de maison, mais avec une nuance d'autorité féodale, on peut être le *khaziaïn* d'une ville entière, Staline était celui de l'Union. Évidemment, ce serait mieux si Anna était plus belle, s'il la désirait davantage, mais dans l'espèce de partenariat, à la fois orageux et affectueux, qui se met en place entre eux et durera sept ans, chacun trouve son compte, lui la stabilisant, elle le dégrossissant.

Il lui lit ses poèmes, elle les trouve bons et les montre à Motritch qui les trouve bons aussi. Très bons, même. Ainsi encouragé, il en donne lecture à la librairie, en compose un recueil dont il recopie lui-même, à la main, une dizaine d'exemplaires. Il n'en est pas encore à ce que d'autres les recopient, ce qui est le second barreau sur l'échelle de la gloire dissidente — le troisième étant ce qu'on appelle non plus *samizdat* mais *tamizdat* : publié *là-bas*, en Occident, comme le *Docteur Jivago*. Son petit recueil, qui ne circule que dans les parages immédiats du *41*, suffit cependant à le faire considérer comme poète, dans toute la plénitude de ce statut.

C'est un statut enviable parce que, même si on mène une vie de misère, il protège de l'opprobre lié à une vie de misère, et beaucoup, une fois qu'ils l'ont acquis, en jouissent sans plus écrire jusqu'à la fin de leurs jours. Pas Édouard, qui n'est ni paresseux ni facilement satisfait et qui a découvert qu'en travaillant un peu chaque jour, mais tous les jours, on progresse à coup sûr — discipline à laquelle il restera fidèle toute sa vie. Il a découvert aussi que ce n'est pas la peine, dans un poème, de parler du « ciel bleu » parce que tout le monde le sait, qu'il est bleu, mais que les trouvailles du genre « bleu comme une orange », à force d'avoir traîné partout, c'est presque pire. Pour étonner, ce qui est son but, il mise sur le prosaïsme plutôt que sur la préciosité : pas de mots rares ni de métaphores, appeler un chat un chat, si on parle de gens qu'on connaît donner leurs noms et leurs adresses. Ainsi se forge-t-il un style qui ne fait pas de lui, juge-t-il, un grand poète, mais au moins un poète identifiable.

Pour être pleinement ce poète, il ne lui manque qu'un nom, quelque chose qui sonne mieux que son triste patronyme de bouseux ukrainien. Un soir, la petite bande réunie chez Anna joue à s'en inventer. Lionia Ivanov devient Odeialov, Sacha Melekhov, Boukhankine, et Édouard Savenko, Ed Limonov — hommage à son humeur acide et belliqueuse, car *limon* signifie citron et *limonka* grenade — celle qui se dégoupille. Les autres laisseront tomber ces pseudonymes, lui gardera le sien. Même son nom, ça lui plaît de ne le devoir qu'à lui-même.

8

Il faut maintenant que je parle des pantalons. Tout commence quand un visiteur remarque son jean à pattes d'éléphant et, comme ce genre d'article ne se trouve pas dans le commerce, lui demande qui le lui a fait. « Moi », se vante bêtement Édouard qui en réalité l'a fait couper par un tailleur en chambre, fournisseur de Kadik au temps de son dandysme. « Tu pourrais me faire le même si je trouve le tissu ? — Bien sûr », répond-il, comptant porter le tissu chez le tailleur et toucher au passage une petite commission.

Hélas, le jour où il va le voir, plus de tailleur : envolé, disparu sans laisser d'adresse. Pour une fois qu'Édouard ment, c'est bien sa chance. Comme il n'est pas question de perdre la face, il ne voit qu'une solution : s'enfermer avec son propre pantalon pour modèle, du fil, une aiguille, des ciseaux, et ne pas sortir de sa retraite avant d'avoir produit quelque chose qui ressemble à un jean à pattes d'éléphant. C'est difficile, de faire un pantalon, mais il tient de son père un vrai talent pour toute espèce de bricolage et après quarante-huit heures d'efforts, d'échecs, de plans aussi complexes que ceux d'un pont de chemin de fer, le résultat donne satisfaction au client qui lui paie vingt roubles pour la façon et fait connaître l'adresse autour de lui, en sorte que les commandes se mettent à affluer.

C'est ainsi que, par hasard, il a réglé la question de sa survie pour les dix ans à venir, et d'une façon satisfaisante à ses yeux parce qu'elle lui épargne la confrontation avec une forme quelconque d'autorité : cadre d'usine, chef d'atelier, contremaître, patron quel qu'il soit. Tailleur en chambre, il ne dépend que de lui-même et de l'agilité de ses doigts, travaille quand ça lui chante — mais il peut, s'il a des commandes, tailler deux ou même trois pantalons dans une journée, et après se consacrer à la poésie. Quand Anna rentre de la librairie, il pousse ses tissus et ses papiers au bout de la table, la mère apporte de belles tomates ukrainiennes bien rouges, un caviar d'aubergine ou une carpe farcie, et c'est une vie de famille, vraiment.

« Il ne lui manque que d'être juif, à ton homme, plaisante Célia Iakovlevna. On devrait le circoncire.

— Il a déjà un métier de Juif, répond Anna Moïsseïevna, il ne faut pas trop en demander. »

Ça aussi, ça lui plaît, qu'Anna soit, comme elle dit, « une fille prodigue de la tribu d'Israël ». Une des premières réactions soulevées par le projet de ce livre a été celle de mon ami Pierre Wolkenstein, qui s'est presque brouillé avec moi parce que je me proposais d'écrire sur un type qui, Russe et leader d'une formation politique, disons douteuse, ne pouvait selon lui être qu'antisémite. Or non. On peut mettre au passif d'Édouard beaucoup d'aberrations mais pas celle-ci. Ce qui l'en a protégé n'est ni l'élévation morale ni la conscience historique, car il est vrai que comme la plupart des Russes, du haut de leurs vingt millions de morts, il se fiche totalement de la Shoah et serait tout à fait d'accord avec Jean-Marie Le Pen pour n'y voir qu'un « point de détail » de la Seconde Guerre mondiale, mais quelque chose de l'ordre du snobisme. Que le Russe et plus encore l'Ukrainien de base soient notoirement antisémites, c'est pour lui la meilleure raison de ne pas l'être. Se méfier des Juifs est un truc de péquenots à œillères, lents et lourds, un truc de Savenko, et ce qu'il y a de plus éloigné des Savenko de tout poil, ce sont les

Juifs. Il ne lui est pas du tout égal qu'Anna soit juive, mais cet exotisme est pour lui entièrement positif et elle a beau être, selon ses propres termes, une *hooligan*, une schizo et une dégénérée, c'est comme une princesse orientale qu'il la voit, une princesse par la grâce de qui lui qui était programmé pour une vie de bourrin à Saltov lévite dans un foyer aussi coloré, poétique et foutraque qu'un tableau de Chagall.

Édouard ne serait pas Édouard, cependant, s'il restait assis en tailleur dans sa chambre à trousser des vers et des pantalons. En plus des « décadents » du *41*, il s'est fait un nouvel ami, un *pléïboï* (le mot commence à s'acclimater en russe) appelé Guenka. Ce Guenka est le fils d'un officier du KGB qui, plus dégourdi que le pauvre Veniamine, s'est reconverti comme patron d'un restaurant chic, fréquenté par le haut de la hiérarchie tchékiste : quelqu'un, donc, d'assez important en ville. Avec ces relations, Guenka pourrait entrer au Parti comme son père, devenir à trente ans secrétaire du comité de district et jouir jusqu'à la fin de ses jours d'une vie peinarde : *datcha*, voiture de fonction, vacances dans de confortables stations balnéaires de Crimée. Un tel parcours, alors, est d'autant mieux garanti que tout le monde sait le temps des purges et de la terreur révolu. La révolution a cessé de dévorer ses enfants, le pouvoir, selon le mot d'Anna Akhmatova, est devenu végétarien. Sous Nikita Khrouchtchev, l'avenir radieux se présente comme un objectif raisonnable et bonhomme : sécurité, amélioration du niveau de vie, croissance paisible de joyeuses familles socialistes au sein desquelles les enfants ne sont plus encouragés à dénoncer leurs parents. Il y a eu la période délicate, c'est vrai, où après la mort de Staline des millions de *zeks* ont été libérés, certains même réhabilités. Les bureaucrates, provocateurs et mouchards qui les avaient envoyés au Goulag étaient certains d'une chose : qu'ils ne reviendraient jamais. Or certains sont revenus et, pour citer encore Akhmatova, « deux Russies se sont retrouvées face à face : celle qui a dénoncé et celle qui a été dénoncée ». Un bain de sang était possible, il n'a pas eu lieu. Délateur et revenant se croisaient, chacun sachant à quoi s'en tenir sur l'autre, et, détournant le regard, filaient chacun de son côté, mal à l'aise, vaguement honteux *tous les deux*, comme des gens qui ont fait ensemble, autrefois, un mauvais coup dont il vaut mieux ne pas parler.

Quelques-uns, cependant, en parlaient. Khrouchtchev en 1956 a donné lecture au XX⁰ Congrès du Parti d'un « rapport secret » qui ne l'est pas longtemps resté, où était déploré le « culte de la personnalité » sous Staline et implicitement reconnu que le pays pendant vingt ans avait été gouverné par des assassins. En 1962, il a personnellement autorisé la publication du livre d'un ancien *zek* appelé Soljenitsyne : *Une journée d'Ivan Denissovitch*, et cette publication a été un électrochoc. La Russie entière s'est arraché le numéro 11 de la revue *Novy Mir*, où est paru ce récit prosaïque, minutieux, d'une journée ordinaire d'un détenu ordinaire dans un camp même pas spécialement dur. Bouleversés, n'osant y croire, les gens se mettaient à dire des choses comme : c'est le dégel, la vie renaît, Lazare sort de son tombeau ; dès l'instant où un homme a le courage de la dire, personne ne peut plus rien contre la vérité. Peu de livres ont eu un tel retentissement, dans leur pays et dans le monde entier. Aucun, hormis dix ans plus tard *L'Archipel du Goulag*, n'a à ce point, et *réellement*, changé le cours de l'histoire.

Le pouvoir a compris que la vérité sur les camps et sur le passé, si on continuait à la dire, risquait d'emporter tout : pas seulement Staline mais Lénine avec lui, et le système lui-même, et les mensonges sur quoi il repose. C'est pourquoi *Ivan Denissovitch* a marqué à la fois l'apogée et la fin de la déstalinisation. Khrouchtchev déchu de ses fonctions, la génération d'*apparatchiks* issue des purges a mis en place, sous l'égide du gracieux Leonid Brejnev, une sorte de stalinisme mou, fait d'hypertrophie du Parti, de stabilité des cadres, de pistons, de cooptations, de petites et grosses prébendes, de répression modérée : ce qu'on a appelé le communisme de *nomenklatura*, du nom de l'élite qui en bénéficiait, mais cette élite, au fond, était relativement nombreuse et, pour peu qu'on joue le jeu, pas si difficile à intégrer. Cette stabilité-là, plombée, à-quoi-boniste et d'une certaine façon confortable, pratiquement tous les Russes en âge de l'avoir connue y pensent avec nostalgie aujourd'hui qu'ils se retrouvent condamnés à nager et souvent à se noyer dans les eaux glacées du calcul égoïste. Le grand dicton de l'époque, équivalent de notre « travailler plus pour gagner plus », c'était : « On fait semblant de travailler, et eux, ils font semblant de nous payer. » Ce n'est pas enthousiasmant, comme façon de vivre, mais ça va : on se débrouille. À moins de faire vraiment le con, on ne risque pas grand-chose. On se fout de tout, on refait au fond des cuisines un monde dont, à moins de s'appeler Soljenitsyne, on est sûr qu'il restera tel quel pendant des siècles puisque sa raison d'être est l'inertie.

C'est dans ce monde qu'un gentil branleur comme Guenka, pour revenir à lui, peut se permettre d'être un gentil branleur, et son tchékiste de père le lui permettre aussi. Ce serait mieux, bien sûr, qu'il entre au Parti, comme ce serait mieux qu'un jeune bourgeois français durant les mêmes années, les trente glorieuses, fasse l'ENA ou Polytechnique, mais s'il ne le fait pas ce n'est pas trop grave, il ne crèvera ni de faim ni dans un camp, on lui trouvera une petite sinécure bureaucratique grâce à quoi il ne sera pas arrêté comme parasite et élément antisocial, et voilà. C'est ainsi que Guenka, sans le moindre souci de son avenir, passe ses nuits à boire gratis avec son copain Édouard dans des boîtes tenues par des collègues de son père et ses journées, du moins en été, à la buvette du zoo où il tient table ouverte et fait tordre sa cour de rire en chassant les clients sous prétexte que s'y tient le congrès extraordinaire des dompteurs de tigres du Bengale, dont il est le secrétaire général.

La cour de Guenka se partage en deux groupes : les SS et les sionistes. Le plus pittoresque des SS est un brave garçon dont le talent de société est de réciter un discours de Hitler. Il ne sait pas beaucoup d'allemand mais son public encore moins et il suffit qu'il éructe, roule des yeux, surtout qu'on reconnaisse des mots comme « *kommunisten, kommisaren, partizanen, juden* », pour que tout le monde se marre, à commencer par les sionistes. Aucun de ces sionistes n'est juif. Leur enthousiasme pour Israël date de la guerre des Six Jours. Du point de vue de la politique internationale, c'est une position un peu compliquée à tenir car, si vauriens qu'ils soient, ce sont de bons petits patriotes, or leur patrie soutient et arme les Arabes. Mais ce qui les impressionne par-dessus tout, c'est la valeur militaire et, de ce point de vue-là, les gars de Moshe Dayan, chapeau. De vrais soldats, des durs à cuire, comme les Fritz, comme les Japs, et on a beau se battre ou s'être battus contre eux, on les respecte, alors qu'on ne respectera jamais ces gros connards roses et douillets d'Américains dont l'idéal guerrier consiste, comme on l'a vu à Hiroshima, à balancer de très haut des bombes qui désintègrent tout le monde sans rien risquer soi-même.

En plus de la Wehrmacht et de Tsahal, l'autre objet de culte de Guenka et ses amis, sionistes et SS confondus, est un film projeté de façon quasi permanente à Kharkov tout au long de ces années, et qu'ils ont vu en bande dix, vingt fois : *Les Aventuriers*, avec Alain Delon et Lino Ventura. Les films étrangers, et particulièrement français, sont une des nouveautés des années Khrouchtchev. Tout le monde connaît de Funès et Delon — dix ans plus tard, ce sera Pierre Richard, homme exquis qui aujourd'hui encore est considéré dans les coins les plus reculés de l'ex-Union comme un dieu vivant et ne refuse jamais ses services de *guest star* à une production géorgienne ou kazakhe. La première scène des *Aventuriers*, où Delon passe en avion au-dessous de l'Arc de triomphe, inspirera à Édouard et Guenka leur méfait le plus mémorable, quand, bourrés comme souvent, ils essaieront de piquer et de faire décoller un coucou sur la piste de l'aérodrome militaire. L'affaire n'ira pas loin, les vigiles qui les arrêteront la prendront à la blague et, attendris comme je l'ai été le jour où mes fils, âgés de six et trois ans, ont voulu s'enfuir de la maison avec un baluchon fait d'un mouchoir noué autour d'un parapluie, leur offriront un coup à boire pour les consoler de leur échec.

Ainsi coulent les journées d'Édouard. Il coud, écrit, traîne avec Guenka et sa bande dans un des beaux costumes qu'il s'est taillés lui-même — il en a un de couleur chocolat, avec des fils d'or, dont il est particulièrement fier. Il fait des abdos et des pompes, il est musclé, bronzé hiver comme été car le hâle tient longtemps sur sa peau mate, mais il donnerait cher pour quelques centimètres de plus, pas de lunettes, un nez moins retroussé : pour avoir l'air d'un homme comme Delon, qu'il essaie d'imiter, seul devant son miroir. Quand il la délaisse trop longtemps, Anna n'y tient plus, se lance à sa recherche. Elle le retrouve en général à la buvette du zoo et alors l'engueule devant tout le monde, tempête, le traite de petit salaud : *molodoï niégodia*, c'est le titre qu'il donnera à ses souvenirs de cette époque. Ces scènes l'humilient autant qu'elles réjouissent ses copains. Ils se moquent du gros cul et des cheveux gris de cette maîtresse qui pèse deux fois plus lourd que lui et pourrait être sa mère. Lui, pour sauver la

face, laisse entendre qu'il l'exploite et se fait entretenir. Une fois, même, il assure qu'elle fait des pas-
ses pour lui : mieux vaut, dans sa philosophie, être
apprenti maquereau que gentil petit garçon.

9

Comme il l'observe lui-même, une chronique de
la vie soviétique dans les années soixante ne serait
pas complète sans le KGB. D'avance, le lecteur
occidental frémit. Il pense Goulag, internements
psychiatriques, mais, s'il s'est plus souvent qu'à son
tour retrouvé au poste, les rapports d'Édouard avec
les organes à Kharkov ont été simplement vaude-
villesques. Voici l'affaire.

Un peintre de leur bande, Bakhtchanian, dit
Bakht, a fait la connaissance d'un Français de passage qui lui a donné un blouson de jean et quelques
vieux numéros de *Paris Match*. En ce temps-là,
juste après la chute de Khrouchtchev et la reprise
en main par la troïka Brejnev-Kossyguine-Gromyko,
c'est un délit, et un délit relativement sérieux. Tout
contact est interdit avec les étrangers, soupçonnés à
la fois de propager sous forme de livres, de disques
ou même d'habits de dangereux virus occidentaux
et de faire sortir du pays des textes dissidents. À
peine a-t-il quitté l'hôtel du Français, avec le blouson sur le dos et, à la main, un sac en plastique contenant les *Paris Match*, Bakht craint d'être suivi. Il
débarque chez Anna et Édouard, à qui il confie ses
inquiétudes. On a tout juste le temps de planquer

le blouson et les *Match* dans un coffre sur lequel Anna s'assied de tout son postérieur callipyge : le tchékiste frappe déjà à la porte.

Édouard, qui lui ouvre, le jauge d'un seul coup d'œil : blond tournant au gris, l'air d'un ancien sportif qui s'est laissé aller, à qui on devine sans peine une épouse du même âge, deux ou trois enfants moches et sans avenir, en somme un collègue et un frère du pauvre Veniamine. C'est plutôt lui qui, voyant les livres et les tableaux, a l'air intimidé de faire irruption chez les artistes. Il se doute qu'ils mènent une vie plus intéressante que la sienne, ça pourrait le rendre méchant mais ce n'est pas un méchant. Il fouille parce que c'est son métier, sans zèle excessif, on croit qu'il va repartir bredouille, il est presque sur le palier quand son regard s'attarde, une idée lui vient. Anna, tout au long de sa perquisition, n'a pas bougé du coffre sur lequel elle est assise. Il lui demande de l'ouvrir. Épreuve de force. Elle commence par refuser, avec autant d'emphase que si la Gestapo voulait lui faire livrer son réseau de partisans, et finalement cède. Le pot aux roses est découvert, le trésor confisqué.

Anna et Édouard s'en tireront avec une semonce, quant à Bakht il passera en jugement devant un « collectif de camarades » de l'usine le Piston. Les camarades, s'improvisant critiques d'art, trouvent que ses tableaux, un âne pourrait les peindre avec un pinceau attaché à sa queue et, pour le rappeler à des réalités plus figuratives, l'envoient pendant un mois creuser des trous sur un chantier, après quoi il retourne sans être davantage inquiété à ses abstractions provinciales et démodées. Conclusion d'Édouard : si les autorités de Kharkov avaient été un peu plus vaches, l'honnête peintre Bakhtchanian aurait pu devenir mondialement célèbre comme vient de le devenir l'honnête poète Brodsky, qui a juste eu la chance de se trouver au bon moment au bon endroit, et ainsi de gagner le gros lot.

Arrêtons-nous sur cette remarque, et sur ce qu'elle dit de notre héros. Présentons celui qu'il considérera, une grande partie de sa vie, comme son capitaine Lévitine : Joseph Brodsky, jeune prodige de Leningrad, adoubé au début des années soixante par Anna Akhmatova.

C'est autre chose que Motritch, Anna Akhmatova. Tous les connaisseurs la considèrent, Mandelstam et Tsvetaeva disparus, comme le grand poète russe vivant. Il y a bien Pasternak aussi, mais Pasternak est riche, couvert d'honneurs, insolemment heureux, son affrontement tardif avec le pouvoir restera civilisé, alors qu'Akhmatova, interdite de publication depuis 1946, vit de thé et de pain sec dans des chambres d'appartements communautaires, ce qui ajoute à son génie l'auréole de la résistance et du martyre. Elle dit : « Je me suis toujours trouvée là où mon peuple avait la malchance d'être. »

Édouard, dans sa malveillance, se plaît à décrire Brodsky en éternel premier de la classe, toujours dans les jupes de sa protectrice, mais la vérité est qu'en matière d'aventures la jeunesse de Brodsky vaut largement la sienne. Fils de petit officier lui aussi, il a quitté tôt l'école, travaillé comme ouvrier fraiseur, dissecteur à la morgue, assistant d'expéditions géologiques en Yacoutie. Avec un copain voyou, il est parti à Samarcande, d'où il a essayé de gagner l'Afghanistan en détournant un avion. Interné en hôpital psychiatrique, il y a subi des injections de soufre atrocement douloureuses et une thérapie sympathique appelée l'*oukroutka*, consistant à plonger dans une baignoire d'eau glacée le patient enveloppé d'un drap et à le laisser ensuite sécher dedans. Son destin bascule quand, à vingt-trois ans, il est arrêté sous l'inculpation de « parasitisme social ». Le procès de « ce pygmée juif en pantalon de velours côtelé, cet écrivaillon de poèmes où le charabia le dispute à la pornographie » (pour citer l'accusation) aurait dû passer inaperçu. Mais une journaliste, présente à l'audience, en a sténographié les minutes, elles ont circulé en *samizdat*, et toute une génération a été bouleversée par cet échange : « Qui vous a donné l'autorisation d'être poète ? » demande la juge. Brodsky, pensif : « Qui m'a donné celle d'être homme ? Peut-être Dieu… » Et Akhmatova de commenter : « Quelle belle biographie ils sont en train de lui mitonner, à notre rouquin ! À croire que c'est lui-même qui tire les ficelles ! »

Condamné à cinq ans de relégation dans le Grand Nord, près d'Arkhangelsk, le rouquin se retrouve à pelleter du fumier dans un petit village. Terre glacée, paysage abstrait à force de froid, d'espace et de blancheur, rugueuse amitié des villageois : l'expérience lui inspire des poèmes qui, parvenant à Leningrad par des chemins détournés, deviennent des objets de culte pour tous les cercles plus ou moins dissidents de l'Union. On ne parle que de Brodsky à la librairie *41* et, pour le compétitif Édouard, c'est énervant. Il n'a déjà pas apprécié la vague d'enthousiasme qui a soulevé le pays deux ans plus tôt, quand est paru *Ivan Denissovitch*. Mais bon, Soljenitsyne pourrait être son père, alors que Brodsky n'a que trois ans de plus que lui. Ils devraient boxer dans la même catégorie, et on est loin du compte.

Très tôt, le jeune rebelle Limonov a pris le pli de considérer la dissidence qui naît dans les années soixante avec une hostilité goguenarde, et en affectant de mettre dans le même sac Soljenitsyne et Brejnev, Brodsky et Kossyguine : des importants, des officiels, des assermentés, chacun de son côté de la barrière pontifiant, les œuvres complètes du Premier Secrétaire sur le matérialisme dialectique répondant aux pavés du barbu qui joue les prophètes. Pas notre genre, à nous autres les voyous, les dessalés, les petits *lumpen* dégourdis qui savons bien qu'on exagère beaucoup en déclarant totalitaire la société soviétique : elle est surtout bordélique, et si on est un peu malin on peut profiter de ce bordel pour s'amuser.

D'après les historiens les plus sérieux (Robert Conquest, Alec Nove, ma mère), vingt millions de Russes ont été tués par les Allemands pendant les quatre années de la guerre, et vingt millions par leur propre gouvernement pendant les vingt-cinq ans du règne de Staline. Ces deux chiffres sont approximatifs, les ensembles qu'ils recouvrent doivent se recouper un peu, mais ce qui importe pour l'histoire que je raconte, c'est que l'enfance et l'adolescence d'Édouard ont été bercées par le premier et qu'il s'est débrouillé pour ignorer le second parce que, malgré son goût pour la révolte et son mépris pour le destin médiocre de ses parents, il est resté leur fils : un fils de tchékiste subalterne, élevé dans une famille épargnée par les convulsions majeures du pays et qui, faute d'avoir fait l'expérience de l'arbitraire absolu, pensait que tout de même, si on arrêtait des gens, on devait avoir des raisons ; un petit pionnier fier de son pays, de sa victoire sur les Fritz, de son empire qui s'étend sur deux continents et onze fuseaux horaires et de la sainte trouille qu'il inspire à ces couilles molles d'Occidentaux. Il se fout de tout, mais pas de ça. Quand on parle du Goulag, il pense sincèrement qu'on exagère et que les intellectuels qui le dénoncent font tout un plat de ce que les droits communs prennent avec plus de philosophie. Et puis, sur le bateau de la dissidence, les places sont prises. Il y a déjà des vedettes, il ne sera jamais, s'il les rejoint, qu'un second couteau, et ça, jamais. Alors il préfère ricaner et dire que des gens comme Brodsky se la jouent, que sa relégation à Arkhangelsk est une aimable plaisanterie, cinq ans réduits à trois de villégiature champêtre avec, même s'il ne le sait pas encore, le prix Nobel à l'arrivée : bien joué, capitaine Lévitine !

10

Cela fait déjà trois ans qu'Édouard mène la vie de bohème kharkovienne et il a l'impression d'en avoir fait le tour. D'avoir dépassé tous ceux qui lui en imposaient, déboulonné l'une après l'autre toutes ses idoles. Motritch, le grand poète de leur cercle, n'est qu'un pauvre alcoolo qui, à trente ans passés, attend que sa mère s'absente pour inviter quelques amis et les faire boire tous dans le même verre parce qu'il a peur qu'on casse de la vaisselle. Guenka le *pléïboï* passera sa vie à regarder *Les Aventuriers* sans jamais oser en devenir un. Les Saltoviens, n'en parlons même pas : Kostia croupit en prison, le pauvre Kadik à l'usine. Quand de loin en loin ils se revoient, son amertume fait peine à voir. Il rêvait d'être artiste et de vivre dans le centre, Édouard est un artiste et il vit dans le centre, alors Kadik le traite de parasite, il dit que c'est très joli de se pavaner à la buvette du zoo en costume chocolat à fils d'or mais qu'il faut bien des gens pour visser des écrous sur les moteurs.

« Des gens, oui, mais pas moi », répond Édouard, qui pousse la cruauté jusqu'à citer une phrase d'un auteur que Kadik lui a fait découvrir, qu'ils ont adoré tous les deux : « Tu te rappelles ce qu'il disait, Knut Hamsun ? Les ouvriers, on devrait tous les passer à la mitrailleuse.

— C'était un fasciste, *ton* Hamsun », grommelle Kadik.

Édouard hausse les épaules : « Et alors ? »

Voyous ou artistes, aucun de ceux qui ont fait du fondeur Savenko le poète Limonov n'a plus rien à lui apprendre, estime-t-il. Il les considère tous comme des ratés et ne se gêne plus pour le leur dire. Dans un des livres que plus tard, à Paris, il a écrits sur sa jeunesse, il rapporte avec son honnêteté coutumière une conversation avec une amie qui, gentiment, un peu tristement, lui dit que cette façon de diviser le monde en ratés et pas ratés, c'est un truc immature et surtout un moyen d'être toujours malheureux. « Tu n'es pas capable, Eddy, d'imaginer qu'une vie puisse être accomplie sans le succès et la célébrité ? Que le critère de la réussite soit par exemple l'amour, une vie de famille paisible et harmonieuse ? » Non, Eddy n'en est pas capable, et se fait gloire de n'en être pas capable. La seule vie digne de lui est une vie de héros, il veut que le monde entier l'admire et il pense que tout autre critère, la vie de famille paisible et harmonieuse, les joies simples, le jardin qu'on cultive à l'abri des regards, ce sont des autojustifications de ratés, la soupe que sa Lydia sert au pauvre Kadik pour le garder à la niche. « Pauvre Eddy », soupire son amie. Pauvres de vous, pense Eddy. Et, oui, pauvre de moi si je deviens comme vous.

« À Moscou ! à Moscou ! » soupiraient au fond de leur province les trois sœurs de Tchekhov, et un siècle après elles il s'y met. Anna elle aussi est tentée par l'aventure, tout en redoutant que là-bas son séduisant petit salaud ne trouve mieux qu'elle et ne lui échappe. Un soir, on reçoit au *41* un ami de son ex-mari, un peintre né à Kharkov mais établi depuis longtemps dans la capitale. Ce Broussilovski est élégant, connaît des gens célèbres qu'il appelle par leurs prénoms ou, mieux, leurs diminutifs. Tel que le décrit drôlement Limonov, c'est le genre de type qui fait croire en province qu'il est très connu à Moscou et à Moscou qu'il est très connu en province. Édouard est intimidé, mal à l'aise, d'autant qu'Anna le pousse à lire ses poèmes au visiteur. Paterne, celui-ci daigne les trouver bons. « Mais pourquoi partir ? demande-t-il. On vit bien, à Kharkov. On peut y mûrir son œuvre, loin du tourbillon superficiel et frelaté de la capitale. Malheureux, celui qui se laisse prendre au miroir aux alouettes. La vraie vie, calme et lente, voilà ce qui convient à l'artiste. Tenez, je vous envie. »

Cause toujours, connard, pense à part soi Édouard. Si tu trouves Kharkov tellement bien, pourquoi t'être barré ? Il pense cela, mais écoute avec déférence, comme l'enfant sage dont il sait très bien jouer le rôle, le Moscovite qui, après leur avoir vanté la vie de province si authentique, embraye sur ses amis les smoguistes. « Comment, vous ne connaissez pas les smoguistes ? Vous ne connaissez pas le SMOG ? La société des jeunes génies ? Vous ne connaissez pas Goubanov ? Il n'a que vingt ans, mais ce qui compte à Moscou ne jure que par lui. » Et Broussilovski de réciter, les yeux mi-clos, des vers du jeune génie : « Ce n'est pas moi qui me noie dans les yeux du Kremlin, mais le Kremlin qui se noie dans mes yeux. »

Enculé de Goubanov de vingt ans, enrage Édouard. Moi, j'en aurai bientôt vingt-cinq, je me suis déjà fait doubler par Brodsky, personne au monde ne sait que j'existe. Ça ne peut pas durer plus longtemps.

II

MOSCOU, 1967-1974

1

À cette époque, ma mère a publié son premier livre, *Le Marxisme et l'Asie*. Que ma mère ait écrit un livre m'impressionnait beaucoup et j'ai tenté de le lire, mais j'ai calé dès les cinq premiers mots qui étaient : « Chacun sait que le marxisme... » Cet *incipit* est devenu un sujet de plaisanteries pour mes sœurs et moi : « Mais non, répétions-nous, chacun ne sait pas que le marxisme. Nous, on ne sait pas. Tu aurais pu penser à nous, quand même ! »

Il était question dans ce livre de la façon dont les peuples musulmans d'Asie centrale s'accommodent de l'idéologie et du pouvoir soviétiques, sujet alors peu exploré auquel ma mère avait consacré sa jeune carrière de chercheur. J'avais six mois quand elle est partie pour un long voyage d'études en Ouzbékistan, sous le couvert d'un groupe de savants qui étudiaient, eux, l'épizootie du mouton. De Boukhara, Tachkent ou Samarcande, elle a rapporté des photos de mosquées, de coupoles, de mendiants ascétiques et hautains, coiffés de turbans, les yeux très noirs. Ces photos baignaient dans une envoûtante lumière cuivrée qui, enfant, m'attirait et me faisait un peu peur. J'aurais voulu accompagner ma mère dans ce pays mystérieux qu'elle appelait l'*ursse*, je n'aimais pas qu'elle y parte car je supportais mal nos séparations et j'ai connu peu de joies aussi vives que le jour où, invitée à un congrès d'historiens à Moscou, elle a décidé que j'étais assez grand pour y aller avec elle.

De ce voyage enchanté, je me rappelle chaque détail. Ma mère m'emmenait partout. Au déjeuner chez le conseiller culturel français, j'étais assis à table à ses côtés, écoutant sagement les conversations des adultes, et si heureux de cette place que plus de quarante ans après je peux me réciter comme un mantra les noms des convives. Il y avait un professeur appelé Gilbert Dagron, une certaine Néna (pas Nina, ni Léna : Néna), qui était la femme du cinéaste Jacques Baratier — auteur de *Dragées au poivre*, avec Guy Bedos — et un garçon qui, bien que russe, portait un nom français : Vadim Delaunay. Très jeune, très beau, très gentil, c'était une sorte de grand frère idéal, qui m'a tout de suite pris en affection. Si j'avais aimé jouer, je suis sûr qu'il aurait joué avec moi. Comme j'aimais lire, il m'a questionné sur mes lectures. Il était, comme moi, incollable sur Alexandre Dumas.

Cela se passait en 1968, j'avais dix ans. Édouard et Anna, quant à eux, venaient de s'installer à Moscou. Changer de ville, de sa propre initiative, n'est pas une mince affaire en Union soviétique. Il faut, depuis la Révolution et encore aujourd'hui, une autorisation de résidence, la *propiska*, qui est difficile à obtenir et qu'ils n'ont pas obtenue, ce qui les condamnait à une vie de clandestins, toujours à la merci d'un contrôle dans le métro. Ils habitaient des petites chambres à la périphérie et en changeaient souvent, pour ne pas attirer l'attention. Leurs biens se résumaient à une valise de vêtements, une machine à écrire pour les poèmes, une machine à coudre pour les pantalons. Ils se sont aussi mis à faire, avec de l'indienne bon marché, des sacs à deux poignées copiés sur un modèle vu dans un des vieux *Match* de Bakht. Coût de fabrication : un rouble. Prix de vente : trois. Leur premier hiver à Moscou a été le plus rude de la décennie : même en mettant tous leurs habits les uns sur les autres, ils avaient tout le temps froid, et tout le temps faim aussi. À la cantine où ils prenaient leurs repas, ils récupéraient dans les assiettes sales des virgules de purée et des peaux de saucisson.

Leur protecteur, au début, et le centre de leur vie sociale, a été le peintre Broussilovski, le Kharkovien qui avait fait carrière à Moscou. Pour ces quasi-indigents, son vaste atelier avec peaux de bêtes sur les divans, cartes de géographie en guise d'abat-jour et alcools importés était un havre de luxe, de chaleur, et du moment qu'on voulait bien admirer sa réussite Broussilovski n'était pas mauvais bougre. C'est lui qui a conseillé à Édouard de commencer sa conquête de Moscou par le séminaire de poésie d'Arséni Tarkovski — comme, à la même époque, un Broussilovski français aurait envoyé un jeune provincial ambitieux écouter Gilles Deleuze à Vincennes. « Mais attention, a-t-il prévenu, il y a un monde fou. À moins de faire partie du cercle des disciples, on n'entre pas comme ça. Demande Rita. »

Un lundi soir, Édouard glisse donc son cahier de poèmes dans la poche intérieure de son petit manteau trop léger — « en fourrure de poisson », dit-on en russe — et prend le métro jusqu'au siège de l'Union des écrivains, une demeure autrefois patricienne qui a servi de modèle à celle de la famille Rostov dans *Guerre et paix*. Il a une heure d'avance mais il y a déjà beaucoup de monde qui bat comme lui la semelle, par moins vingt. Il demande Rita, on lui dit qu'elle n'est pas encore arrivée, qu'elle va venir, mais elle ne vient pas. Une Volga noire glisse le long du trottoir enneigé. Le maître en descend, les cheveux blancs lissés en arrière, emmitouflé dans une élégante pelisse, fumant dans une pipe anglaise du tabac aromatique. Même sa légère boiterie est distinguée. Une beauté dédaigneuse, qui pourrait être sa fille, l'accompagne. Les portes s'ouvrent devant eux, se ferment derrière eux, il n'entre à leur suite qu'une poignée d'élus. Édouard dit que six lundis d'affilée il est resté dehors avec la piétaille : cela me paraît beaucoup mais il n'est pas dans ses habitudes d'exagérer, je le crois donc. Le septième lundi, Rita paraît, et il pénètre dans le saint des saints.

Arséni Tarkovski est beaucoup moins connu aujourd'hui que son fils Andreï, alors au tout début de sa carrière de génie du cinéma mondial. Édouard, dont on verra bientôt ce qu'il pense de Nikita Mikhalkov, n'a jamais à ma connaissance parlé de

Tarkovski fils et cela m'étonne, car j'imagine très bien, moi qui comme tout le monde l'admire, le paragraphe méchant que notre méchant garçon pourrait écrire sur cette vache sacrée de la culture : sa gravité imperméable à toute espèce d'humour, sa spiritualité compassée, ses plans contemplatifs immanquablement accompagnés de cantates de Bach... Le père, poète alors de grande réputation et ex-amant de Marina Tsvetaeva, lui déplaît en tout cas au premier regard : non parce qu'il a l'air d'un minable, au contraire, mais parce que le seul rôle possible auprès de lui est de toute évidence celui du disciple dévot, et ça, Édouard a beau être jeune, non merci.

À chaque séance du séminaire, un des participants lit ses poèmes. Cette semaine, c'est une certaine Machenka, vêtue, je cite Édouard, d'amples vêtements couleur de merde, avec le genre de visage passionné et mélancolique commun à toutes les poétesses fréquentant les Maisons de la Culture de l'Union. Ses vers vont avec son physique : démarqués de Pasternak, délicatement lyriques, totalement prévisibles. S'il était à la place de Tarkovski, Édouard lui conseillerait d'aller se jeter sous le métro, mais le maître se contente, paternellement, de la mettre en garde contre les rimes trop parfaites et de raconter à ce sujet une anecdote dont le héros est son défunt ami Ossip Emilievitch. Ossip Emilie-vitch, c'est Mandelstam, et des anecdotes sur Ossip Emilievitch et Marina Ivanovna (Tsvetaeva), il y en aura toutes les semaines. Édouard bout de décep-tion et de rage. Ce qu'il voudrait, c'est lire ses vers, lui, et que tout le monde soit sur le cul. Le lundi suivant, c'est pareil. Pareil celui d'après. Il sent bien qu'il n'est pas le seul à être frustré d'attendre son tour à perpète, alors, après le séminaire, et bien qu'une paire de bières à 42 kopecks implique pour son budget de ne pas manger le lendemain, il va boire un coup avec les autres et tente de fomenter une révolte à la manière d'un de ses héros, le marin du cuirassé *Potemkine* qui tout à coup s'écrie : « Eh, les gars, ça veut dire quoi ? On nous donne de la viande pourrie ! » Les poètes, d'abord, ne prennent pas au sérieux ce gamin de province au nez retroussé et à la voix aiguë, mais il sort son cahier, commence à lire et bientôt tout le groupe l'écoute, dans un silence de plus en plus médusé. Ainsi, dit la légende, les Parnassiens ont-ils écouté un adolescent arrogant, mal élevé, aux grosses mains rouges, qui venait des Ardennes et s'appelait Arthur Rimbaud. Parmi les témoins de la scène, il y avait Vadim Delaunay.

2

Je suis tombé sur son nom en lisant *Le Livre des morts*, un livre où Limonov a rassemblé des portraits de gens célèbres ou obscurs qu'il a connus au cours de sa vie et qui ont en commun d'être morts. Il décrit Vadim Delaunay tel que je me le rappelle : très jeune, vingt ans à peine, très beau, très chaleureux. Tout le monde, dit-il, l'aimait. Il descendait du marquis de Launay qui commandait en 1789 la garde de la Bastille. Sa famille avait émigré en Russie pour fuir la Révolution et c'est sans doute à ces origines qu'il devait, chose exceptionnelle sous Brejnev, d'avoir ses entrées chez un diplomate étranger. Il écrivait des poèmes. C'était le benjamin des smoguistes, ce mouvement d'avant-garde dont Broussilovski, à Kharkov, avait rebattu les oreilles d'Édouard et Anna. J'ai confronté les dates : elles ne m'interdisent pas d'imaginer qu'après avoir passé tout un déjeuner, chez le conseiller culturel, à parler des trois mousquetaires avec un petit garçon français, Vadim Delaunay, le même jour, a filé au séminaire d'Arséni Tarkovski et assisté aux débuts du poète Limonov dans l'*underground* moscovite.

Il y avait la littérature officielle. Les ingénieurs de l'âme, comme Staline avait un jour appelé les écrivains. Les réalistes-socialistes bien dans la ligne. La cohorte des Cholokhov, Fadeev, Simonov, avec appartements, *datchas*, voyages à l'étranger, accès aux boutiques pour hiérarques du Parti, œuvres complètes reliées, tirées à des millions d'exemplaires et couronnées par le prix Lénine. Mais ces privilégiés n'avaient pas le beurre et l'argent du beurre. Ce qu'ils gagnaient en confort et en sécurité, ils le perdaient en estime de soi. Aux temps héroïques des bâtisseurs du socialisme, ils pouvaient encore croire à ce qu'ils écrivaient, être fiers de ce qu'ils étaient, mais au temps de Brejnev, du stalinisme mou et de la *nomenklatura*, ces illusions n'étaient plus possibles. Ils savaient bien qu'ils servaient un régime pourri, qu'ils avaient vendu leur âme et que les autres le savaient. Soljenitsyne, leur remords à tous, l'a noté : un des aspects les plus pernicieux du système soviétique, c'est qu'à moins d'être un martyr on ne pouvait pas être honnête. On ne pouvait pas être fier de soi. S'ils n'étaient pas complètement abrutis ou cyniques, les officiels avaient honte de ce qu'ils faisaient, honte de ce qu'ils étaient. Ils avaient honte d'écrire dans la *Pravda* de grands articles pour dénoncer Pasternak en 1957, Brodsky en 1964, Siniavski et Daniel en 1966, Soljenitsyne en 1969, alors que dans le secret de leur cœur ils les enviaient. Ils savaient que c'étaient eux, les vrais héros de leur temps, les grands écrivains russes à qui le peuple vient demander, comme autrefois à Tolstoï : « Qu'est-ce qui est bien ? Qu'est-ce qui est mal ? Comment devons-nous vivre ? » Les plus veules soupiraient que s'il n'avait tenu qu'à eux ils auraient suivi ces exemples exaltants, mais voilà, ils avaient des familles, des enfants engagés dans de longues études, toutes les très bonnes raisons qu'a chacun de collaborer au lieu d'entrer en dissidence. Beaucoup devenaient alcooliques, certains comme Fadeev se suicidaient. Les plus malins, qui étaient aussi les plus jeunes, apprenaient à jouer sur les deux tableaux. Cela devenait possible, le pouvoir avait besoin de ces demi-dissidents tempérés, exportables, qu'Aragon s'est fait une spécialité d'accueillir chez nous à bras ouverts. Evguéni Evtouchenko, que nous reverrons, excellait dans cet emploi.

Mais il y avait aussi, pour donner sa couleur à l'époque, la piétaille de ceux qui n'étaient ni des héros, ni des pourris, ni des petits malins. Les gens de l'*underground*, forts de deux convictions : les livres publiés, les tableaux exposés, les pièces représentées étaient obligatoirement compromis et médiocres ; un artiste authentique était obligatoirement un raté. Ce n'était pas sa faute, mais celle d'un temps où il était noble d'être un raté. Peintre, de gagner sa vie comme veilleur de nuit. Poète, de pelleter la neige devant une maison d'édition à laquelle jamais au grand jamais on ne soumettrait ses poèmes, et quand le directeur, descendant de sa Volga, vous voyait avec votre pelle dans la cour, c'est lui qui se sentait vaguement morveux. On menait une vie de merde, mais on n'avait pas trahi. On se tenait chaud, entre ratés, dans les cuisines où on palabrait des nuits entières, faisait circuler le *samizdat* et buvait de la *samagonka*, la vodka qu'on fabrique soi-même dans la baignoire avec du sucre et de l'alcool de pharmacie.

Un homme a raconté cela. Il s'appelait Vénitchka Erofeev. De cinq ans plus âgé qu'Édouard, provincial comme lui, ayant suivi le cursus commun à tous les gens sensibles de ce temps (adolescence fervente, puis plongée dans l'alcool, l'absentéisme et la vie d'expédients), il est arrivé à Moscou en 1969 avec un manuscrit en prose qu'il appelait pourtant un « poème », comme Gogol appelait *Les Âmes mortes*. Il avait raison : *Moscou-Petouchki* est le grand poème du *zapoï*, cette cuite russe au long cours à quoi la vie entière, sous Leonid Brejnev, tendait à ressembler. L'odyssée poisseuse, catastrophique, du poivrot Vénitchka entre la gare de Koursk, à Moscou, et le patelin de Petouchki, en lointaine banlieue. Deux jours de voyage pour 120 kilomètres, sans billet mais avec le soutien d'on ne sait combien de litres de bibine : vodka, bière, vin et surtout cocktails inventés par le narrateur qui à chaque fois en livre la recette : la « Larme de komsomol », par exemple, mélange bière, *white spirit*, limonade et déodorant pour les pieds. Héros alcoolique, train ivre, passagers soûls : tout le monde est bourré dans ce livre assis sur la conviction que « tous les hommes de valeur, en Russie, boivent comme des trous ». Par désespoir et parce que dans un monde de mensonge l'ivresse seule ne ment pas. Le style, délibérément emphatique et burlesque, parodie la langue de bois soviétique, les phrases détournent des citations de Lénine, de Maïakovski, des maîtres du réalisme socialiste. Tous les *under*, comme s'appelaient eux-mêmes les gens de l'*underground*, se sont reconnus dans ce traité de l'à-quoi-bon et du coma éthylique. Assidûment recopié, lu, récité dans le cercle que fréquentait Édouard, traduit en Occident (en France, sous le titre *Moscou-sur-Vodka*), *Moscou-Petouchki* est devenu une sorte de classique, et Vénitchka une légende : raté métaphysique, ivrogne sublime, incarnation grandiose de tout ce que l'époque avait de puissamment négatif. On allait, on va encore en pèlerinage à la gare de Petouchki, où depuis quelques années se dresse même sa statue.

Punk avant l'heure, Vénitchka était la dérision faite homme, la démission faite homme. En cela il s'opposait aux dissidents qui s'obstinaient à croire en un avenir et au pouvoir de la vérité. De loin, à quarante ans de distance, tout cela se confond un peu, et certes les *under* lisaient les dissidents, faisaient circuler leurs écrits, mais à de rares exceptions près ils ne prenaient pas les mêmes risques et surtout n'étaient pas habités par la même foi. Soljenitsyne était pour eux une sorte de statue du Commandeur, à laquelle par bonheur on n'avait aucune chance d'avoir affaire : il vivait en province, à Riazan, travaillait jour et nuit, ne frayait qu'avec les anciens *zeks* dont avec d'immenses précautions il recueillait les témoignages, sur quoi s'appuiera *L'Archipel du Goulag*. Il ne connaissait pas le petit monde grégaire, chaleureux, ricaneur, dont Vénitchka Erofeev était le héros, Editchka Limonov l'étoile montante, et s'il l'avait connu il l'aurait méprisé. Sa détermination, son courage avaient quelque chose d'inhumain, d'autant que ce qu'il exigeait de lui-même il l'attendait aussi des autres. Il considérait comme de la lâcheté d'écrire sur autre chose que les camps : cela revenait à *taire* les camps.

En août 1968, quelques mois après mon déjeuner chez le conseiller culturel français, l'Union soviétique a envahi la Tchécoslovaquie, écrasé dans le sang le printemps de Prague, et pour protester contre cette invasion un groupe de dissidents a eu l'extravagante audace d'aller manifester sur la place Rouge. Ils étaient huit, dont je tiens à écrire ici les noms : Larissa Bogoraz, Pavel Litvinov, Vladimir Dremliouga, Tatiana Baeva, Victor Faïnberg, Constantin Babitski, Natalia Gorbanevskaïa — venue avec son bébé dans un landau — et Vadim Delaunay. Celui-ci portait une pancarte sur laquelle il avait écrit ces mots : « pour notre liberté et pour la vôtre ». Aussitôt arrêtés, les manifestants ont été condamnés à des peines de prison de durée variable : en ce qui concerne Vadim, deux ans et demi.

Après sa libération et de nouveaux démêlés avec le KGB, le jeune homme avec qui j'ai été si content de parler d'Athos, Porthos et Aramis a émigré. Il a vécu à Paris où j'aurais pu le revoir, si j'avais su. Il y est mort en 1983, âgé de trente-cinq ans.

<h2 style="text-align:center">3</h2>

Édouard a bien connu tous ces gens-là. Ils occupent beaucoup de place dans son *Livre des morts* car la plupart, l'alcool aidant, sont morts jeunes. Il aimait bien Vadim Delaunay, nettement moins Erofeev. Son prétendu chef-d'œuvre lui semblait surfait, comme lui semblait surfait *Le Maître et Marguerite* de Boulgakov, dont le culte posthume a commencé aussi dans ces années-là. C'est qu'il n'aime pas les cultes voués à d'autres que lui. L'admiration qu'on leur porte, il pense qu'on la lui vole.

Le pire, sous ce rapport, c'était Brodsky. Rentré de son exil dans le Grand Nord, il habitait Leningrad mais venait quelquefois à Moscou et se montrait, bien qu'avec parcimonie, dans les cuisines des *under*. Il y était littéralement vénéré. On connaissait par cœur ses vers, les grandes répliques de son procès, la liste des personnalités qui, de Chostakovitch à Sartre et T.S. Eliot, l'avaient soutenu. Vêtu d'un pantalon informe et d'un vieux pull plein de trous, les cheveux trop longs, emmêlés, déjà rares, il arrivait tard dans les fêtes, repartait tôt, restait juste le temps qu'on remarque sa discrétion et la simplicité de ses manières. Il s'installait toujours dans le coin le plus sombre, et tout le monde faisait cercle autour de lui. Cela ne faisait pas l'affaire du jeune poète Limonov, qui jusqu'à ce qu'il entre dans la pièce y tenait la vedette avec son insolence et ses vestes de velours frappé. Pour se rassurer, il tâchait de se persuader que cette aura n'était pas naturelle à Brodsky, qu'il s'était *fabriqué* un personnage. Mon ami Pierre Pachet, qui l'a un peu connu, pense qu'il y a du vrai dans ce jugement, mais qui ne s'en fabrique pas, de personnage ? Quelle simplicité est vraiment simple ? Brodsky, en tout cas, campait dans sa posture de rebelle incontrôlable, même pas dissident, moins antisoviétique qu'a-soviétique. Sans se troubler, il repoussait les offres de publication que lui faisaient miroiter, sur l'air de « il ne tient qu'à vous, soyez des nôtres », des confrères à l'échine plus souple comme Evtouchenko, et cette perpétuelle objection de conscience a fini par agacer au point que le KGB l'a sommé en 1972 de faire ses bagages. Bon débarras, a dû penser Édouard.

Heureusement pour son amour-propre, il y avait dans le petit monde de l'*underground* une quantité de fantassins parmi lesquels Anna et lui se sont fait des amis, beaucoup d'amis. Le meilleur d'entre eux, le plus vaillant des *under*, était le peintre Igor Vorochilov, poivrot lyrique et sentimental et spécialiste du *labardan*, un plat pour fauché à base de têtes de poissons. Avec lui, Édouard et Anna ont tout partagé : la débine, les bouteilles et la rare aubaine, en été, de vrais appartements dont les occupants, partis en vacances, leur confiaient la garde. Édouard l'appréciait d'autant plus qu'il ne le jalousait pas, comme le montre l'histoire que voici. Une nuit, Igor l'appelle au secours : il va se suicider. Édouard traverse Moscou pour l'en dissuader et le trouve évidemment ivre. Ils parlent. En larmoyant beaucoup, Igor lui explique qu'il a perdu ses illusions, qu'il se sent et se sait un peintre de second ordre. Édouard prend l'affaire au sérieux : même si on ne se suicide pas — et Igor ne se suicidera pas —, c'est terrible de prendre conscience qu'on est un artiste de second ordre et peut-être un vivant de second ordre. C'est ce qu'il redoute, lui, plus que tout au monde. Et le plus terrible, ajoute-t-il, c'est que pour ce qui le concerne Igor n'a pas tort. L'avenir, le marché le confirmeront : c'était le meilleur des garçons, mais un peintre de second et même de troisième ordre.

Ce que je trouve terrible, moi, c'est la placidité cruelle avec laquelle Édouard dresse ce constat. Plus tard, il croisera quelques figures de l'*underground* new-yorkais, Andy Warhol, des gens de la *Factory*, des *beatniks* comme Allen Ginsberg et Lawrence Ferlinghetti, et même s'ils ne lui ont pas fait très forte impression, il reconnaît que leurs noms restent dans l'histoire. Ils méritent qu'on dise d'eux : je les ai connus. Alors qu'il ne reste rien, dit-il, des smoguistes, de leur leader Lionia Goubanov, d'Igor Vorochilov, de Vadim Delaunay, de Kholine, de Sapguir et d'autres sur lesquels j'ai pris des pages et des pages de notes dont je vous fais grâce. Avant-garde périmée, petit bocal stagnant, figuration d'un court chapitre dans la vie mouvementée d'Édouard, mais eux y ont passé toute la leur, dans ce bocal, et c'est triste.

Ce mélange de mépris et d'envie ne rend pas mon héros très sympathique, j'en ai conscience, et je connais à Moscou quelques personnes qui, l'ayant côtoyé à cette époque, se rappellent un jeune homme imbuvable. Ces mêmes personnes reconnaissent toutefois que c'était un tailleur habile, un poète de grand talent et, à sa façon, un type honnête. Arrogant, mais d'une loyauté à toute épreuve. Dépourvu d'indulgence, mais attentif, curieux et même secourable. Après tout, même s'il pensait que son camarade Igor avait raison de se considérer comme un raté, il a passé la nuit, sans ménager sa peine, à lui remonter le moral. Même d'après ceux qui ne l'aimaient pas, c'était quelqu'un sur qui on pouvait compter, quelqu'un qui ne laissait pas tomber les gens, qui tout en disant pis que pendre s'occupait d'eux s'ils étaient malades ou malheureux, et je pense que beaucoup d'amis auto-proclamés du genre humain, n'ayant à la bouche que les mots de bienveillance et de compassion, sont en réalité plus égoïstes et plus indifférents que ce garçon qui a passé sa vie à se peindre sous les traits d'un méchant. Un détail : en quittant son pays, il laissera derrière lui une trentaine de recueils, composés et reliés par ses soins, d'*autres poètes*. Car, dit-il au passage, «cela fait partie de mon programme de vie de m'intéresser aux autres».

4

Ils se sont intégrés à Moscou, les commandes de pantalons affluent, ils mènent une vie de bohème plutôt joyeuse, mais ce qu'Anna redoutait en quittant Kharkov commence à se produire : le petit salaud ne la trompe pas, car la fidélité conjugale fait partie de son code moral, mais il est séduisant, plein de santé, heureux de vivre, et elle une grosse femme abîmée, déclinante, que rejoint la folie longtemps tenue en lisière. Elle lui fait des scènes, ce n'est pas nouveau. Plus grave : elle a des absences, des moments de prostration. Elle commence à tomber dans la rue. Un jour, le regard fixe, elle lui dit : « Tu vas me tuer. Je sais que tu vas me tuer. »

On l'interne quelques semaines à l'hôpital psychiatrique. Quand il vient la voir, elle est le plus souvent hagarde, abrutie par des sédatifs puissants, mais il arrive qu'il la trouve attachée à son lit parce qu'elle s'est battue avec d'autres détenues — on pense détenues, pas malades, tant l'ambiance est pénitentiaire.

À sa sortie de l'hôpital, on l'envoie se reposer chez des amis d'amis qui ont une petite maison au bord de la mer, en Lettonie. Édouard l'accompagne, veille à son installation, s'entend derrière son dos avec Dagmar, la maîtresse de maison, pour qu'elle prenne ses médicaments. Le père de Dagmar, un vieux peintre barbu à tête de faune, propose d'initier la convalescente à l'aquarelle, qui l'apaisera. Bonne idée, approuve Édouard, et il

rentre seul à Moscou où, le 6 juin 1971, il se rend
à la soirée d'anniversaire de son ami Sapguir.

Sapguir, comme Broussilovski, est une des rares
personnes de leur connaissance qui se débrouillent
bien dans la vie. Auteur de contes pleins d'ours et
de *roussalkas* que lisent tous les enfants du pays, il
a un bel appartement, une *datcha*, des relations à
la fois dans l'*underground* et dans le monde de la
culture officielle. On rencontre chez lui des gens
comme les frères Mikhalkov, Nikita et Andreï,
tous deux cinéastes de talent, célèbres à l'étranger,
louvoyant entre docilité et audace avec autant de
doigté que leur père, poète célèbre lui aussi et qui
entre l'aube et le crépuscule de sa longue carrière
trouvera le moyen de composer des hymnes à Staline et Poutine. Édouard déteste les Mikhalkov,
comme il déteste tous les héritiers. Parmi les amis
de Sapguir, il y en a un autre dans le même genre :
Victor, un haut *apparatchik* culturel, quinquagé-
naire chauve et élégant qui, ce jour-là, arrive en
Mercedes blanche et présente à la compagnie sa
nouvelle fiancée, Elena.

Elena a vingt ans. Brune, longiligne, en minijupe
de cuir, collants et talons hauts, c'est une fille
comme Édouard n'en a jamais vu *en vrai*, seulement sur les couvertures de magazines étrangers
qu'on se repasse sous le manteau : *Elle* ou *Harper's
Bazaar*. Il est foudroyé. Il a peur de s'approcher
d'elle. Quand elle le regarde, il plonge le nez dans
son assiette. C'est elle qui, amusée par sa timidité,
l'aborde. Quelques semaines plus tard, elle lui dira
qu'avec ses jeans blancs, sa chemise rouge large-

ment ouverte sur son torse bronzé, il était le seul être vraiment vivant dans cette assemblée de gens repus et blasés. En faisant sauter le bouchon d'une bouteille de champagne, il casse quelques verres vénitiens et ça la fait rire aux éclats. Qu'il soit poète n'a rien en soi pour étonner, les poètes courent les rues, mais quand, encouragé, il récite un de ses poèmes, alors elle ouvre de grands yeux. Elle-même, poussée par Victor, a écrit quelques vers : ils sont mauvais mais Édouard ne le dit pas. Il ne dit pas non plus qu'il trouve grotesque le petit chien d'Elena. Pendant qu'ils parlent, rient et gavent de caviar le petit chien, Victor et d'autres importants de son âge comparent leurs privilèges et s'en félicitent bruyamment. Au moment de partir, Victor demande à Elena si elle s'est bien amusée sur le ton d'un père qui vient chercher sa fille au jardin d'enfants. Sapguir, plus attentif et qui a observé les deux jeunes gens du coin de l'œil, prend Édouard à part : « Ne fais pas le con, lui dit-il. Ce n'est pas une fille pour toi. »

Au début de l'été, Victor s'en va faire en Pologne une tournée de conférences sur la haute mission de l'art socialiste et l'amitié entre les peuples. Quant à Édouard, coup de chance : des amis à lui, partant à la *datcha*, lui confient la garde de leur appartement de trois chambres, en plein centre.

C'est Elena qui, par curiosité, couche avec lui plutôt que le contraire, et ce n'est pas terrible, la première fois. Il se rattrapera par la suite mais, à vingt-sept ans, sa vie sexuelle n'a pas été formidable : aux baisouilles saltoviennes ont succédé six ans de monogamie avec une femme qui ne l'excite pas vraiment, qui est plus une partenaire de survie qu'une maîtresse. Elena, pour lui, est une extraterrestre. Son corps menu et luxueux, sa peau incroyablement lisse, sans une aspérité, sans une rougeur, sans un pli : il a rêvé de cela toute sa vie, sans être sûr que cela existait. Maintenant qu'il la tient dans ses bras, il faut qu'elle lui appartienne, qu'elle ne soit plus jamais à un autre que lui. Hélas, il comprend vite qu'elle ne voit pas du tout les choses de cette façon. Elle a profité de l'absence de Victor pour coucher avec ce garçon musclé, plein d'énergie, à la fois timide et insolent, mais dans le milieu où elle vit coucher avec quelqu'un ne tire pas à conséquence. Tout le monde couche plus ou moins avec tout le monde, et le jeune poète, elle ne voit pas de raison de le cacher, n'est pas le seul à lui plaire : il y a aussi un acteur en vue, un familier de ce cercle de privilégiés où l'on boit du champagne et roule en Mercedes.

Sans nouvelles d'Elena les jours suivants, Édouard se ronge, n'y tient plus et, un soir, va chez elle. Il sonne, le cœur battant. Personne. Il décide d'attendre sur le palier. C'est l'été, l'immeuble de nomenklaturistes est désert, pas de voisins soupçonneux pour lui demander ce qu'il fait là. Une heure, deux heures, toute la nuit passe. Il s'endort, se réveille par à-coups, le front sur les genoux. Juste avant l'aube, il entend Elena rire dans le hall, trois étages plus bas, et un rire d'homme répondre au sien.

Il se cache sur le palier du dessus, d'où il voit l'ascenseur s'arrêter et elle en descendre, toujours

riant, avec l'acteur connu qui l'embrasse à pleine
bouche avant d'entrer dans l'appartement. Édouard
souffre, il lui semble que de toute sa vie il n'a
jamais souffert autant. Le seul remède à une telle
souffrance, pour un gars de Saltov, c'est de faire
ce que l'occasion lui a manqué de faire dix ans
plus tôt avec Svéta et son connard de Chourik : les
tuer, elle et son amant. Il a toujours son couteau
sur lui. Il le sort, descend un étage, sonne à nouveau. Pas de réponse. Ils n'ont pas eu le temps,
quand même, de se mettre à baiser. Il carillonne,
puis cogne la porte à grands coups menaçants,
comme font les tchékistes quand ils viennent la
nuit arrêter les gens. Les temps ont beau être
devenus végétariens, Elena prend peur. Il l'entend
venir du fond de l'appartement. La voix altérée,
elle demande qui c'est. « Eddy ? » Rassurée, elle
rit. « Tu as vu l'heure ? Tu es fou ! » Elle refuse de
le laisser entrer, le prie de s'en aller, d'abord gentiment, puis moins gentiment. Qu'à cela ne tienne !
Il s'entaille les veines sur le palier. Il faudra bien
ouvrir pour s'occuper de lui. Dans la cuisine où on
l'a transporté, le petit chien lape de bon cœur le
sang qui coule de son poignet.

Une autre aurait rompu immédiatement. Pas
Elena, moins effrayée par cette scène qu'impressionnée par l'amour que lui porte le jeune poète.
On ne sait pas aimer comme ça dans son milieu :
avec sauvagerie, intransigeance. Il prend tout trop
au sérieux, mais comparés à lui tous les gens qu'elle
connaît paraissent tièdes. De plus, passé le premier
émoi, il se révèle un amant remarquable et ils pas-

sent l'été à baiser dans tous les sens, par tous les trous, elle attendant bientôt leurs rencontres avec autant d'impatience que lui. Victor revenu de sa tournée polonaise, ils se retrouvent dans l'appartement dont Édouard est chargé d'arroser les plantes vertes. L'été, à Moscou, est terriblement chaud. Ils restent nus tout l'après-midi, prennent ensemble des douches, s'excitent à regarder dans les miroirs son corps bronzé à lui, son corps très blanc à elle. Fin août, les propriétaires reviennent de la *datcha* et il faut bien leur céder la place mais, nouveau coup de chance, une amie cherche à sous-louer sa chambre de 9 m^2 — une richesse suffisante pour qu'on ne prenne pas le risque, allant s'installer ailleurs, de la laisser tomber —, et cette chambre se trouve à cinq minutes de chez Elena et Victor, de l'autre côté du monastère Novodiévitchi. Pour Édouard, c'est un signe du destin et, quand Anna rentre à son tour de Lettonie, il fait quelque chose à quoi il répugne habituellement : il ment. Il dit que leur chambre d'avant l'été n'est plus libre, qu'en attendant mieux il dort sur un divan chez des amis où il ne peut pas la recevoir et qu'il lui a trouvé, toujours en attendant, une place sur un autre divan, chez d'autres amis.

Il pourrait lui parler, lui dire qu'il est tombé amoureux de quelqu'un d'autre. Il devrait, le mensonge lui pèse, mais il n'ose pas : peur de sa réaction, de sa folie, de la détruire. Pourtant Anna a bonne mine, elle est détendue, l'été sur la Baltique lui a manifestement fait du bien. Mais il la trouve changée, et pas seulement parce qu'elle va mieux. Cette impression se confirme lorsqu'ils se retrouvent au lit : ses gestes ne sont pas les mêmes. Il a beau être amoureux d'une autre, ça le perturbe. Le lendemain matin, tandis qu'elle dort encore, il fouille sa valise, découvre un cahier où elle a tenu son journal. Elle parle de la nature, de la mer, des fleurs, de sa nouvelle vocation de peintre — et, au détour d'une page, révèle sa folle passion sensuelle pour le père de Dagmar, le vieux peintre barbu à tête de faune. Édouard est bouleversé, fou de jalousie. Réveillée, Anna va et vient dans la pièce : comme elle est calme, cette femme menteuse et infidèle ! comme elle semble avoir la conscience tranquille !

Il ne dit rien, mais la persuade de rentrer quelque temps à Kharkov, le temps qu'il trouve une chambre convenable pour eux deux. Il l'accompagne le lendemain à la gare, sans cesser un instant de penser à son gros corps déformé pénétré par le vieux corps noueux du peintre, et ça ne le calme pas de se dire que lui possède le corps gracile et luxueux de la petite fille riche : d'ailleurs, il sait très bien qu'il ne le possède pas, qu'elle en use à sa guise et sans se soucier de lui. Il souffre. Il achète à Anna des provisions pour le voyage, l'installe confortablement. Ce n'est en principe qu'une séparation provisoire, mais il sait qu'en réalité c'est fini. Elle ne retournera plus à Moscou.

Tout au long de l'automne, sa passion pour Elena le dévore. Ils font de grandes promenades dans le cimetière de Novodiévitchi — haut lieu de pèlerinage littéraire pour les amoureux de Tchekhov et des autres barbus du XIXe siècle. Elena, puisqu'elle aime un poète, croit bien faire en montrant sur leurs tombes un recueillement pensif, et il la choque délicieusement en lui mettant la main au cul, lui qui, glabre, jeune et bien vivant, n'aime ni les pèlerinages littéraires ni les barbus du XIXᵉ siècle. Le petit chien qui a bu son sang les suit en trottinant et pousse des gémissements plaintifs pendant qu'ils baisent dans le lit à une place de sa petite chambre de *kommunalka*. Elena, quant à elle, jouit à grand bruit. La *babouchka* de la chambre voisine leur adresse des clins d'œil égrillards. « Ça se voit tout de suite, dit-elle à Édouard, qu'elle n'est pas de ton monde, mais ça se voit aussi que toi, tu en as dans la culotte. Tu dois lui faire des trucs dont ses copains richards ne savent même pas que ça existe. » Édouard aime bien la *babouchka*, et ce rôle du prolo à grosse bite qui rend folle de jouissance la princesse et fous de jalousie ses soupirants du beau monde. Ils sont tous amoureux d'elle, mais c'est lui qu'elle aime, et c'est pour lui qu'au cours de cet hiver elle décide de quitter Victor. C'est lui qu'elle épouse, à l'église. C'est avec lui qu'elle consent à vivre pauvrement dans une chambrette, quelquefois dans des appartements qu'on leur prête.

Il a gagné. Tout le monde l'envie : le petit monde de l'*underground* où l'on n'a jamais vu de femme aussi belle et sophistiquée, les riches à qui l'insolent poète en jeans blancs a ravi leur princesse. Elena et lui, pendant quelques saisons, sont les rois de la bohème moscovite. S'il y a eu, vers 1970, au plus gris de la grisaille brejnévienne, quelque chose comme un *glamour* soviétique, ils en ont été l'incarnation. Il existe une photo où on le voit debout, les cheveux longs, triomphant, vêtu de ce qu'il appelle sa « veste de héros national », un patchwork de cent quatorze pièces multicolores, cousues par lui, et, à ses pieds, Elena nue, ravissante, gracile, avec ces petits seins légers et fermes qui le rendaient fou. Cette photo, il l'a gardée toute sa vie, trimballée partout, affichée au mur, comme une icône, dans chacun de ses campements. Elle est son gri-gri. Elle dit que, quoi qu'il arrive, si bas qu'il puisse descendre, il a un jour été cet homme-là. Il a eu cette femme-là.

5

Vies parallèles des hommes illustres : Alexandre Soljenitsyne et Édouard Limonov ont tous deux quitté leur pays au printemps 1974, mais le départ du premier a fait plus de bruit dans le monde que celui du second. Depuis la chute de Khrouchtchev, le conflit était ouvert entre le pouvoir et le prophète de Riazan, qui en vertu d'une contradiction typiquement soviétique était à la fois considéré comme l'écrivain le plus important de son temps et, de fait, interdit de publication. Je connais peu d'histoires aussi belles que celle de cet homme seul, médiéval, paysan, réchappé à la fois du cancer et des camps, et adossé à la certitude qu'il verra, de son vivant, triompher la vérité car ceux qui mentent ont peur et lui pas. Cet homme qui, au moment où ses collègues votent son exclusion de leur Union au motif, entre autres, « qu'on ne trouve pas dans ses œuvres le thème de la camaraderie des écrivains », est capable de leur répondre tranquillement : « La littérature installée, les revues, les romans édités, je les tiens une fois pour toutes pour non avenus. Non qu'il ne puisse pousser dans ce champ des talents (il y en a), mais ils y périssent forcément car ce champ n'est pas le bon puisqu'on y consent à *ne pas dire* la vérité capitale, celle qui saute aux yeux sans qu'il soit besoin de littérature. » Cette vérité capitale, c'est bien sûr le Goulag. C'est aussi que le Goulag existe avant Staline et après lui, qu'il n'est pas une maladie du système soviétique mais son essence et même sa finalité. En secret, Soljenitsyne a passé dix ans à recueillir les témoignages de deux cent vingt-sept anciens *zeks* et, de sa minuscule écriture, en enterrant ses manuscrits, en les faisant micro-filmer pour les passer à l'Ouest, à édifier ce monument, *L'Archipel du Goulag*, qui paraît en France et aux États-Unis au début 1974, et commence à être lu sur Radio-Liberté.

L'homme qui vient à ce moment de prendre la direction du KGB, Iouri Andropov, comprend que cette bombe-là est plus dangereuse pour le régime que la totalité de l'arsenal nucléaire américain, et prend l'initiative de réunir en urgence le Politburo. Le compte rendu de cette réunion de crise a été rendu public en 1992, quand Boris Eltsine a déclassifié les archives : c'est une véritable pièce de théâtre, qui mériterait d'être jouée sur scène. Brejnev, déjà très amorti, ne voit pas vraiment le danger. Il est partisan, bien sûr, de dénoncer comme propagande bourgeoise cette attaque « contre tout ce que nous avons de plus sacré », mais, au bout du compte, de laisser courir : ça se tassera, comme se sont tassées les protestations contre l'invasion de la Tchécoslovaquie. Podgorny, le président du présidium, ne partage pas ce fatalisme. Écumant de colère, il déplore que le système se soit ramolli au point qu'on n'envisage même plus la solution de bon sens : une balle dans la nuque, point. Ils ne se gênent pas, au Chili, et d'accord, sous Staline, on a peut-être un peu exagéré mais maintenant c'est dans l'autre sens qu'on exagère. Plus diplomate, Kossyguine propose la relégation au-delà du cercle polaire. On croit, tout au long de ces tirades, entendre Andropov soupirer, le voir lever les yeux au ciel, et quand il prend enfin la parole c'est pour dire : « Tout cela est bien gentil, mes chers amis, mais c'est trop tard. La balle dans la nuque, il aurait fallu la tirer il y a dix ans, maintenant le monde entier nous surveille, impossible de toucher à un cheveu de Soljenitsyne. Non, le seul coup qui nous reste à jouer, c'est l'expulsion. »

Tout est grand dans le destin de Soljenitsyne, qui deux jours après cette réunion a été mis de force dans un avion pour Francfort et, là-bas, accueilli par Willy Brandt comme un chef d'État. Ce que montre cependant son expulsion, ce qui chagrinait tant, et à si juste titre, le bouillant Podgorny, c'est que le système soviétique avait perdu le goût et la force de faire peur, qu'il montrait désormais les dents sans plus y croire vraiment et qu'au lieu de persécuter les esprits indociles il préférait les envoyer se faire pendre ailleurs. Ailleurs, cela voulait dire en Israël, destination pour laquelle on s'est mis ces années-là à distribuer avec libéralité des passeports. Pour en bénéficier, il fallait en principe être juif, mais les autorités là-dessus n'étaient pas très regardantes et tendaient à considérer un emmerdeur avéré comme une variété de Juif — ce qui rendait recevable la candidature de Limonov.

Quand je l'ai interrogé sur les circonstances de son départ, il m'a parlé d'une convocation à la Loubianka, le siège moscovite du KGB : édifice sinistre entre tous, où l'on entrait sans être sûr d'en sortir et dont la seule évocation faisait blêmir tout le monde, mais pas lui. Il dit s'y être rendu les mains dans les poches et presque sifflotant, son père étant de la boutique et les tchékistes, de toute façon, n'étant pas si méchants que les dissidents ont intérêt à le faire croire : des fonctionnaires bonasses, somnolents, qu'une bonne blague suffit à apprivoiser. Il raconte aussi avoir rencontré, par un copain qui était avec elle à la fac, rien moins que la fille d'Andropov, une assez jolie fille d'ailleurs, qu'il a fait rire toute une soirée, un peu draguée, enfin mise au défi : pourrait-elle persuader son cher papa de jeter pour elle un coup d'œil au dossier du poète Savenko-Limonov ? La petite a crânement relevé le défi et quelques jours plus tard — mais comment savoir si c'était vrai ou si elle se moquait de lui ? — est revenue avec ce résumé : « Élément antisocial, antisoviétique convaincu. »

Ce qui est certain, c'est qu'au contraire d'autres éléments antisociaux et antisoviétiques, comme Brodsky ou Soljenitsyne, qu'il a fallu mettre à la porte de force et qui auraient donné un bras pour ne quitter leur terre ni leur langue natales, Édouard et Elena avaient *envie* d'émigrer. Lui parce que, selon un schéma que nous commençons à connaître, il était convaincu d'avoir en sept ans fait le tour de l'*underground* moscovite comme il avait les sept années précédentes fait celui des décadents kharkoviens, Elena parce qu'elle avait la tête farcie de magazines étrangers, de vedettes, de mannequins célèbres, et se disait : « Pourquoi pas moi ? »

Elle traînait quelquefois Édouard chez une très vieille dame qui était la grand-tante d'une de ses amies et s'appelait Lili Brik. Une légende vivante, disait-elle avec respect, car elle avait été dans sa jeunesse la muse de Maïakovski. Sa sœur était devenue en France, sous le nom d'Elsa Triolet, celle d'Aragon — et c'était surtout un mystère, pour Édouard, que ces deux petites femmes boulottes et moches aient pu prendre dans leurs rets des hommes de ce calibre.

Ces visites l'ennuyaient. La seule légende vivante qui l'intéresse, c'est lui, et il n'aime ni le passé ni ces appartements, si typiques, de la vieille *intelligentsia* russe, pleins de livres et de tableaux, de samovars, de tapis et de médicaments que la poussière englue sur les tables de nuit. Lui, ce qui lui convient, c'est une chaise, un matelas, et encore, ça, ce sont les délices de Capoue : en campagne, un bon manteau suffit. Elena cependant insistait, parce qu'elle aime les célébrités et que l'octogénaire Lili la flattait éhontément. Elle ne cessait de s'extasier sur sa beauté : qu'elle paraisse, et l'Occident serait à ses pieds. S'ils allaient à Paris, il faudrait qu'ils aillent voir Aragon, et s'ils allaient à New York, sa vieille amie Tatiana, qui avait aussi, dans le temps, été la maîtresse de Maïakovski et qui maintenant régnait sur la vie mondaine de Manhattan. À chacune de leurs visites, elle montrait à Elena un lourd et beau bracelet d'argent que lui avait offert Maïakovski. En le faisant tourner, glisser sur son vieux poignet desséché, elle lui souriait : « C'est toi qui le porteras, ma colombe, quand je serai morte. La veille de ton départ, je te le donnerai. »

À nous qui allons, venons et prenons des avions à notre guise, il est difficile de comprendre que le mot « émigrer », pour un citoyen soviétique, désignait un voyage sans retour. Il nous est difficile de comprendre ces mots, simples comme un coup de hache : « pour toujours ». Et je ne parle pas ici des transfuges, des artistes comme Noureev et Baryshnikov qui profitaient d'une tournée à l'étranger pour demander l'asile politique : ceux dont on disait à l'Ouest qu'ils avaient « choisi la liberté » et qu'on traitait dans la *Pravda* de « traîtres à la patrie ». Je parle de gens qui émigraient en toute légalité. C'était devenu possible, quoique difficile, dans les années soixante-dix, mais celui qui en faisait la demande savait, si elle aboutissait, qu'il ne pourrait jamais revenir. Même en visite, même pour un court voyage, même pour embrasser sa mère mourante. Cela faisait réfléchir, c'est pour cela qu'assez peu de gens voulaient partir et c'est ce qu'avait sans doute escompté le pouvoir en ouvrant cette soupape de sécurité.

Les derniers jours étaient poignants. Rire avec un ami, s'asseoir sous un tilleul, remonter entre les rangées de torchères l'escalier mécanique de la station de métro *Kropotkinskaïa* et sortir à l'air libre, entre les kiosques de fleuristes, dans l'odeur du printemps à Moscou : tout cela, qu'on avait fait des milliers de fois sans y prendre garde, on s'avisait avec une sorte de stupeur qu'on le faisait pour la dernière fois. Chaque parcelle de ce monde si familier serait bientôt, et définitivement, hors d'atteinte : souvenir, page tournée qu'on ne pourra pas relire, matière d'inguérissable nostalgie. Quitter cette vie-là, celle qu'on avait toujours connue, pour une autre dont on espérait beaucoup mais ne savait presque rien, c'était une façon de mourir. Et ceux qui restaient, s'ils ne vous maudissaient pas, s'efforçaient à la joie, mais à la manière des croyants qui accompagnent leurs proches jusqu'aux portes d'un monde meilleur. Fallait-il se réjouir parce qu'ils seraient plus heureux là-bas qu'ici ? Ou pleurer parce qu'on ne les reverrait plus ? Dans le doute, on buvait. Certaines de ces tournées d'adieux se sont transformées en *zapoï* si frénétiques que les candidats au départ n'en émergeaient, hagards, qu'après le départ de l'avion. Il n'y en aurait plus d'autre, la porte s'était refermée et ne s'ouvrirait plus, il ne restait qu'à boire encore un coup, sans savoir si c'était pour noyer un désespoir désormais sans remède ou, comme le répétaient les copains avec force bourrades, pour rendre grâce de l'avoir échappé belle. « On est mieux ici, non ? Ensemble. À la maison. »

Si peu sentimental que soit Édouard, si grande qu'ait été sa confiance dans l'avenir radieux qui les attendait en Amérique, Elena et lui, il a forcément éprouvé cet arrachement de l'âme. Je suppose qu'il l'a accompagnée faire ses adieux à sa famille — famille de militaires, mais de rang beaucoup plus élevé que la sienne —, je sais qu'elle, en tout cas, a pris avec lui le train pour Kharkov et fait la connaissance, non seulement de Veniamine et Raïa — médusés de la hardiesse de leur fils, consternés de le perdre — mais encore d'Anna qui, apprenant par le voisinage le retour éclair de son ancien compagnon, s'est présentée chez les Savenko pour une scène d'hystérie digne de la meilleure tradition dostoïevskienne : se jetant aux pieds de la séduisante jeune femme qui lui a pris le petit salaud, lui baisant les mains en pleurant, lui répétant qu'elle est belle, qu'elle est bonne, qu'elle est noble, qu'elle est tout ce qu'aiment Dieu et les anges, et elle, Anna Iakovlevna, une pauvre grosse Juive moche, perdue, indigne d'exister et de toucher l'ourlet de sa robe. Ne voulant pas être en reste, et peut-être se rappelant les manières de Nastassia Philippovna dans *L'Idiot*, Elena a relevé la malheureuse, l'a embrassée avec transport, pour finir a théâtralement ôté de son poignet un fort beau bracelet qui lui venait de sa famille et qu'elle a insisté pour lui donner en souvenir d'elle. Et, au comble de l'exaltation : « Tu prieras pour moi, chère, chère âme ! Promets-moi que tu prieras pour moi ! »

Dans le train du retour, tandis que rapetissaient sur le quai les pauvres silhouettes déjà tassées de ses parents, agitant leurs mouchoirs, certains qu'ils ne reverraient jamais leur fils unique, l'idée a traversé Édouard que si Elena s'était offert le luxe d'offrir ce beau bijou à cette folle d'Anna, c'est parce qu'elle comptait sur un autre, encore plus beau. La veille de leur départ, ils ont fait leurs adieux à Lili Brik, et la vieille peau les a certes munis des lettres de recommandation promises (« Je te confie, écrivait-elle à son ex-rivale Tatiana, deux enfants merveilleux. Prends soin d'eux. Sois leur bonne fée »), mais pour la première fois depuis qu'ils venaient la voir elle ne portait pas son précieux bracelet au poignet et, de toute la visite, il n'en a pas été question.

III

NEW YORK, 1975-1980

1

Un Français arrivant pour la première fois à New York n'est pas surpris ou, s'il l'est, c'est que la ville soit si semblable à ce qu'il en a vu dans les films. Pour eux, enfants de la guerre froide et d'un pays où sont proscrits les films américains, toute cette imagerie est nouvelle : la vapeur montant des bouches d'aération ; les escaliers de métal accrochés comme des araignées au flanc des immeubles de brique noircie ; les enseignes lumineuses qui se chevauchent sur Broadway ; la *skyline* vue d'une pelouse de Central Park ; l'animation incessante ; les sirènes des voitures de police ; les taxis jaunes, les cireurs de chaussures noirs ; les gens qui parlent tout seuls en marchant dans la rue, sans que personne intervienne pour y mettre bon ordre. Quand on vient de Moscou, c'est comme si on passait d'un film en noir et blanc à un film en couleurs.

Les premiers jours, ils arpentent Manhattan, se tenant par la main, se tenant par la taille, regardant avidement autour d'eux, au-dessus d'eux, puis se regardant l'un l'autre, éclatant de rire et s'embrassant, encore plus avidement. Ils ont acheté un plan de la ville, dans une librairie comme ils n'en ont jamais vu : au lieu d'être sous clé, derrière des comptoirs, comme des boutons dans une mercerie, les livres y sont à portée de main. On peut les ouvrir, les feuilleter, on peut même les lire sans être obligé de les acheter. Quant au plan, sa fiabilité les stupéfie : s'il annonce que la seconde rue à droite est St Mark's Place, eh bien c'est St Mark's Place, chose inconcevable en Union soviétique où les plans de villes, quand on en trouve, sont immanquablement faux, soit parce qu'ils datent de la dernière guerre, soit parce qu'ils anticipent sur de grands travaux et montrent la cité comme on espère qu'elle sera dans quinze ans, soit par pure volonté d'égarer le visiteur, toujours plus ou moins suspect d'espionnage. Ils marchent, entrent dans des magasins de fringues beaucoup trop chères, dans des *diners*, dans des *fast-foods*, dans de petits cinémas à double programme dont certains projettent des films pornos, et cela aussi les enchante. Elle mouille dans le fauteuil à côté de lui, le lui dit, il la branle. Quand les lumières se rallument, ils découvrent autour d'eux le public de solitaires que les gémissements d'Elena ont dû exciter davantage que le film, et lui, Édouard, crève de fierté d'avoir une femme si belle, d'être envié par ces pauvres types, de n'être pas venu dans ce lieu poussé comme eux par la misère sexuelle mais par le goût des expériences curieuses et exotiques qui caractérise le vrai libertin.

Elle parlait un petit peu anglais en quittant Moscou, lui pas un mot, il ne déchiffre que l'alphabet cyrillique, mais au cours des deux mois qu'ils ont passés, à Vienne, dans un centre de transit pour émigrants où ils rusaient sans cesse pour ne pas se retrouver dans la file en partance pour Israël, ils se sont dégrossis tous les deux, baragouinant le *broken english* dont se contentent, en fait, énormément d'étrangers à New York. Et puis ils sont beaux, jeunes, amoureux, on a envie de leur sourire et de les aider. Lorsqu'ils marchent, enlacés, dans une rue enneigée de Greenwich Village, ils ont conscience de ressembler à Bob Dylan et sa petite amie sur la pochette du disque où il y a la chanson *Blowin' in the Wind*. Ce disque, à Kharkov, était le plus précieux trésor de la collection de Kadik. Vu le soin qu'il en prenait, il doit l'avoir encore et quelquefois, au retour de l'usine le Piston, l'écouter en cachette de sa Lydia. Pense-t-il à son audacieux ami Eddy, parti au-delà des mers ? Bien sûr qu'il y pense, qu'il y pensera toute sa vie, avec admiration et amertume. Pauvre Kadik, pense Édouard, et plus il pense à Kadik, à tous ceux qu'il a laissés derrière lui, à Saltov, à Kharkov, à Moscou, plus il bénit le ciel d'être lui-même.

Ils ont deux adresses : celle de Tatiana Liberman, l'amie et ex-rivale de Lili Brik, et celle de Brodsky, que dans le petit monde de l'*underground* on donne en guise de viatique à tous les émigrants en partance pour New York comme à un pauvre paysan breton ou auvergnat rêvant de tenter sa chance à Paris on donne celle d'un cousin qui passe pour y avoir réussi. C'est que Brodsky, expulsé trois ans plus tôt, est devenu la coqueluche de toute la haute *nomenklatura* intellectuelle de l'Ouest, d'Octavio Paz à Susan Sontag. Il a beaucoup fait pour ouvrir les yeux de ses nouveaux amis — encore compagnons de route, pour la plupart, de leurs partis communistes respectifs — sur la réalité du régime soviétique, et même l'arrivée en fanfare de Soljenitsyne n'a pas affaibli sa position, car Soljenitsyne est d'un commerce rébarbatif alors que Brodsky, sous ses airs de professeur Nimbus, s'est révélé le roi de la causerie poétique et de l'amitié avec les grands de ce monde. L'entretien avec lui, comme avec Jorge Luis Borges, est devenu un genre littéraire à part entière. Le légendaire restaurant *Russian Samovar* de la 52e Rue, à Manhattan, s'enorgueillit aujourd'hui encore de son parrainage. Les émigrés russes de New York l'appellent respectueusement *natchalnik*, le patron — comme les tchékistes, soit dit en passant, appelaient Staline.

Il ne se rappelait plus bien, au téléphone, qui était Édouard — on lui en envoie tant, de ces Russes qui ne parlent même pas anglais... —, mais il lui a donné rendez-vous dans un salon de thé de l'East Village, lieu douillet, aux lumières tamisées, prétendant à un charme *Mitteleuropa* et propice aux longues discussions sur la littérature, du genre préfères-tu Dostoïevski ou Tolstoï, Akhmatova ou Tsvetaeva, qui constituent son sport favori. Tout comme les appartements de vieux intellectuels moscovites, c'est le genre d'endroit que déteste notre Limonov, et les choses ne s'arrangent pas quand il découvre qu'on n'y sert pas d'alcool. Heureusement, Elena est venue avec lui. Brodsky aime les jolies femmes, elle lui fait du charme — sans se forcer, reconnaît-elle ensuite —, et ils se mettent à parler tous les deux, de plus en plus détendus. Édouard, sur la touche, observe le poète. Ses cheveux roux en désordre tirent déjà sur le gris, il fume et tousse beaucoup. On le dit de santé fragile, malade du cœur. Difficile de croire qu'il n'a pas quarante ans, on lui en donnerait quinze de plus et, bien qu'étant de peu son cadet, Édouard se sent devant lui assigné au rôle de l'enfant turbulent face au vieux sage. Un vieux sage malicieux d'ailleurs, amical, beaucoup plus abordable qu'à Moscou, mais on devine derrière cette bonhomie une condescendance d'homme arrivé et qui sait qu'une vague a beau chasser l'autre, les nouveaux venus devront ramer longtemps, sur leur canot de sauvetage, avant de lui prendre sa cabine de première.

« L'Amérique, tu sais, c'est la jungle, dit en se tournant enfin vers Édouard cet ennemi juré du cliché. Pour survivre ici, il faut un cuir d'éléphant. Moi, j'ai un cuir d'éléphant. Toi, je n'en suis pas sûr. » Vieil enculé, pense Édouard, sans cesser de sourire avec bénignité. Il attend la suite : les tuyaux, les contacts, et cela vient sans qu'il soit nécessaire de demander. Il faut un gagne-pain à Édouard : puisqu'il sait écrire, qu'il aille voir Moïse Borodatikh, le rédacteur en chef du *Rousskoïé Diélo*, un quotidien en russe pour émigrés. « Pas le genre, ironise Brodsky, à sortir des *scoops* sur le Watergate, mais le temps d'apprendre l'anglais, ça pourra te

145

dépanner. » Et puis, si l'occasion se présente, il emmènera Édouard et Elena chez ses amis Liberman, ils y rencontreront du monde…

C'est bien vague, comme invitation. Édouard ne résiste pas au plaisir de dire qu'ils ont déjà de leur côté un contact avec les Liberman, et même qu'ils vont la semaine prochaine à une *party* chez eux. Un blanc, puis : « On s'y verra, alors », conclut gaiement Brodsky.

La *party* chez les Liberman, il faudrait idéalement la raconter comme le bal au château de la Vaubyessard dans *Madame Bovary*, sans omettre une petite cuiller ni une source d'éclairage. J'aimerais savoir faire ça, je ne sais pas. Disons juste que la scène se passe dans un *penthouse* immense de l'Upper East Side, que la liste des invités dose dans des proportions idéales fortune, pouvoir, beauté, gloire et talent, bref qu'on est dans les pages mondaines de *Vogue* et qu'Elena et Édouard, sitôt introduits par le maître d'hôtel, pensent, la première que le but de sa vie, désormais, est de se faire une place dans ce monde, le second que le sien est de le réduire en cendres. Il n'empêche : avant de le réduire en cendres, c'est intéressant de le voir de près, et jouissif de se dire que, venu de Saltov, on est arrivé là. Personne, à Saltov, n'a jamais vu ni ne verra jamais un intérieur pareil. Personne, parmi les invités des Liberman, n'a la moindre idée de ce qu'est Saltov. Lui seul connaît les deux, c'est sa force.

À peine s'est-il grisé de cette pensée orgueilleuse qu'il lui faut déchanter en apercevant, au centre d'un des salons, au centre de l'attention, au centre de tout, où qu'il soit cet homme est au centre, rien moins que Rudolf Noureev. Pas de chance : on se croit un conquérant mongol dont la seule présence — placide, mate, cruelle — va bientôt révéler la fadeur de tous ces gens exquisément civilisés, et on tombe sur Noureev, qui vient d'encore plus loin, des profondeurs boueuses d'un bled de Bakchirie, et qui s'est propulsé tellement haut, et qui, rayonnant, démoniaque, est la séduction barbare personnifiée. D'autres chercheraient à l'approcher, à capter son regard, Elena visiblement serait tentée d'essayer. Pas Édouard, qui s'éloigne, l'air mauvais, passe dans un autre salon, se réfugie aux toilettes, où sont encadrés des dessins de Dalí dédicacés à Tatiana Liberman.

La voici justement, Tatiana, qui avec une exubérance slave à peine surjouée fait maintenant fête aux deux enfants merveilleux. Pas jeune, mais plus jeune que Lili Brik, et infiniment mieux conservée. Émigrée au bon moment, devenue une des plus célèbres beautés de la France des années vingt. Excentrique à fume-cigarette et coiffure à la Louise Brooks au temps du jazz et de Scott Fitzgerald. Mariée à un aristocrate français, veuve de guerre, remariée à un Ukrainien entreprenant, Alex Liberman, qu'elle a suivi à New York où il est devenu le directeur artistique des publications Condé Nast, soit *Vogue* et *Vanity Fair*, pour n'en citer que les navires amiraux. De ce poste de commandement, Alex et sa femme font et défont depuis trente ans les carrières des photographes, des mannequins, et même d'artistes a priori étrangers au monde de la mode. C'est eux qui ont fait celle de Brodsky, confie Tatiana aux jeunes Limonov. Le pauvre, en quittant l'URSS, a eu le bon sens de dédaigner Israël mais accepté, sur on ne sait quel conseil imbécile, l'invitation de l'université d'Ann Arbor où il a bien failli se retrouver enterré à vie parmi des professeurs de littérature russe fumant la pipe et portant des gilets tricotés : destin effrayant, auquel les Liberman l'ont arraché en le ramenant à New York et en le présentant à leurs amis. « Et vous voyez, maintenant… », dit-elle en le désignant : arrivé le dernier comme toujours, comme toujours en vieille veste fatiguée et pantalon tire-bouchonnant, dépeigné, ostensiblement rêveur mais tout de même très attentif à ce que lui dit une fille immense, hiératique, somptueuse, dont Elena, en extase, souffle à son mari que c'est le mannequin Verushka. Croisant le regard de la maîtresse de maison, le poète lui dédie, comme on dédierait une élégie, un sourire attendri, bénisseur, légèrement servile pense le cruel Édouard. Puis, reconnaissant à ses côtés les deux jeunes Russes, il lève vers eux sa coupe, comme pour leur dire : « Bonne chance mes petits enfants, vous êtes dans la place, à vous de jouer. »

Ils se voient bien, tous les deux, pris en main par les Liberman et, comme Brodsky, intronisés dans la *jet-set*. La perspective d'être admis en familiers dans ces demeures patriciennes émousse le premier réflexe d'Édouard, qui était d'y foutre le feu. Un contrat de mannequin pour Elena, un livre à succès pour lui, et le paternaliste capitaine Lévitine n'aura qu'à bien se tenir.

De fait, c'est ainsi qu'au début les choses paraissent tourner. Les Liberman aiment tout ce qui est russe, la jeunesse, l'insolence, et s'entichent d'eux. Ils les invitent, la première saison, à d'autres *parties*, non moins fastueuses, où se croisent Andy Warhol, Susan Sontag, Truman Capote, sans parler de *congressmen* de toutes obédiences. Un jour Tatiana présente Elena au grand photographe Richard Avedon, qui lui laisse sa carte en lui disant de l'appeler, un autre à Salvador Dalí qui, dans un anglais presque aussi primitif que le sien, se déclare charmé par son « ravissant petit squelette » (elle est mince, c'est vrai, jusqu'à la maigreur) et parle de faire son portrait, peut-être avec Grace Jones. Un week-end, les Liberman les emmènent, à l'arrière de la voiture comme s'ils étaient leurs enfants, dans leur manoir du Connecticut. En visitant l'atelier où la fille snob et dépressive de Tatiana s'adonne à la littérature, Édouard se demande quels livres peuvent bien naître dans un cadre si calme, si confortable et, à ses yeux, si mort. Pour écrire des choses intéressantes, il faut d'abord, pense-t-il, vivre des choses intéressantes : connaître l'adversité, la pauvreté, la guerre — mais il se garde bien de le dire, s'extasie sagement sur le paysage, la décoration, les confitures du petit déjeuner. Ils sont, Elena et lui, deux jeunes Russes adorables, de mignons animaux de compagnie, et il est trop tôt pour sortir de cet emploi, il s'en aperçoit en risquant une remarque sur le goût des honneurs que cache Brodsky sous ses airs de savant dans la lune. D'un haussement de sourcil, Tatiana l'arrête : même ça, c'est aller trop loin.

Au retour de la campagne, les Liberman les déposent en voiture. Alex s'égaye de ce que les Limonov habitent, comme eux, sur Lexington : « Nous sommes voisins, alors » — mais pour les uns, c'est à la hauteur de la 5e Avenue, et pour les autres au numéro 233, au plus bas de *down-town*, l'écart étant celui qui sépare, à Paris, l'avenue Foch de la Goutte-d'Or. Le couple de vieux riches insiste pour visiter le logis du couple de jeunes pauvres, déclare charmantes la chambre minuscule, donnant sur une cour noire, et la cuisine-salle de bains envahie de cafards. Pourtant, même le susceptible Édouard ne trouve pas indécents leurs commentaires. Encourageants plutôt, car ils ont, Alex tout au moins, connu des débuts difficiles et il semble sincère, peut-être pense-t-il à sa morne belle-fille, quand il répète : « C'est bien, c'est bien, c'est comme ça qu'il faut commencer. Il faut se battre et avoir faim quand on est jeune, autrement on n'arrive à rien. »

Quelques jours plus tard, il leur fait livrer un poste de télévision, pour qu'ils progressent plus vite en anglais. Quand ils le mettent en marche, Soljenitsyne apparaît, invité unique d'un *talk-show* exceptionnel, et c'est un des meilleurs souvenirs de la vie d'Édouard que d'avoir enculé Elena à la barbe du prophète qui haranguait l'Occident et stigmatisait sa décadence.

2

Le *Rousskoié Diélo* est un quotidien en russe créé en 1912, un peu avant la *Pravda* à laquelle, par le format et les caractères, il ressemble à s'y méprendre. Ses bureaux occupent un étage d'un immeuble vétuste, non loin de Broadway, et bien que ce nom magique ait jusqu'à sa première visite fait rêver Édouard on pourrait se croire dans un quartier tranquille d'une petite ville ukrainienne. Le métier de journaliste le faisait rêver aussi, il pensait à Hemingway, à Henry Miller, à Jack London, qui l'ont exercé à leurs débuts, mais, comme Brodsky l'en a prévenu, la façon dont on le pratique au *Rousskoié Diélo* n'est pas vraiment trépidante. Son travail consiste à traduire et compiler des articles de journaux new-yorkais à l'intention de lecteurs russes d'autant moins exigeants sur la fraîcheur des nouvelles qu'ils les reçoivent par abonnement, avec trois jours de retard. Outre ces ersatz d'informations, le sommaire du journal comporte un interminable feuilleton intitulé *Le Château de la princesse Tamara*, des recettes de cuisine qui sont toutes plus ou moins des variations autour de la *kacha*, et surtout des lettres ou articles (la frontière n'est pas nettement tracée) de graphomanes anticommunistes. Les rédacteurs sont de vieux Juifs à bretelles, parlant à peine l'anglais alors qu'ils sont là depuis pas loin de cinquante ans, la plupart ayant émigré juste après la Révolution et le plus âgé d'entre eux se rappelant même, encore avant, les visites au journal de Trotski. Lev Davidovitch, raconte le

151

vieillard à qui veut bien l'écouter, habitait dans le Bronx et vivait de bouts de chandelles en donnant des conférences sur la révolution mondiale devant des salles vides. Les serveurs des petits restaurants où il prenait ses repas le détestaient, parce qu'il jugeait offensant pour leur dignité de laisser des pourboires. En 1917, il a acheté à tempérament pour 200 dollars de meubles, puis disparu sans laisser d'adresse et, quand la société de crédit a retrouvé sa trace, il commandait l'armée du plus grand pays du monde.

On a beau lui avoir, toute son enfance, répété que Trotski était l'ennemi du genre humain, Édouard adore ce destin à grand spectacle. Il aime bien aussi écouter Porphyre, un Ukrainien plus jeune qui a commencé la guerre dans l'Armée rouge et, après un passage par l'armée Vlassov, c'est-à-dire les Russes blancs combattant aux côtés des Allemands, l'a terminée comme gardien dans un camp en Poméranie. Un petit stalag sympathique, précise-t-il, pas un camp d'extermination. Il a tué des hommes, quand même, et en parle sans forfanterie. Édouard lui avoue un jour qu'il n'est pas certain d'en être capable. « Mais si, dit Porphyre, rassurant. Une fois au pied du mur, tu le feras comme tout le monde, ne t'inquiète pas. »

L'atmosphère au *Rousskoié Diélo* est douce, poussiéreuse, très russe. Café le matin, thé avec beaucoup de sucre toutes les heures et, presque un jour sur deux, un anniversaire justifiant qu'on sorte les cornichons marinés, la vodka et le cognac Napoléon pour les linotypistes dont c'est le grand snobisme. On s'appelle « mon cher » et « Édouard Veniaminovitch », long comme le bras. C'est en somme un endroit chaleureux, rassurant pour quelqu'un qui vient de débarquer et ne parle pas anglais, mais c'est aussi un mouroir où ont échoué les espérances de gens qui ont dû arriver en Amérique en croyant qu'une vie nouvelle les attendait et se sont englués dans cette tiédeur douillette, ces infimes querelles, ces nostalgies et ces vains espoirs de retour. Leur bête noire à tous, plus encore que les bolcheviks, c'est Nabokov. Non parce que *Lolita* les choque (enfin si, un peu), mais parce qu'il a cessé d'écrire des romans d'émigré pour émigrés, tourné son large dos à leur petit monde rance. Édouard, par haine de classe et mépris de la littérature pour littérateurs, n'aime pas Nabokov davantage qu'eux, mais il ne voudrait pour rien au monde le détester pour les mêmes raisons qu'eux, ni s'attarder entre ces murs qui sentent la tombe et le pipi de chat.

Un écrivain, en gros, a le choix pour se faire connaître entre inventer des histoires, en raconter de vraies ou donner son avis sur le monde tel qu'il va. Édouard n'a aucune imagination, les chroniques qu'il essaie de placer sur les voyous de Kharkov et l'*underground* moscovite n'intéressent personne, les vers n'en parlons pas, reste la carrière de polémiste. L'attribution du prix Nobel de la paix à Sakharov lui offre l'occasion d'y débuter.

Ce grand physicien, père de la bombe à hydrogène soviétique, a depuis quelques années rallié la dissidence, militant publiquement pour le respect des accords d'Helsinki, c'est-à-dire des droits de l'homme dans son pays. Il n'est pas un témoignage sur Andreï Sakharov qui ne le présente comme un homme d'une rigueur intellectuelle sans faille, d'une droiture morale proche de la sainteté, et il n'y a aucune raison de ne pas y croire, mais aucune raison non plus, au point où nous en sommes arrivés, de s'étonner que cette légende dorée exaspère notre Édouard. Il s'enferme donc deux jours pour expliquer, d'une plume rageuse et drôle, que les dissidents sont des types coupés du peuple, ne représentant qu'eux-mêmes et, dans le cas de Sakharov, les intérêts de leur caste, la haute *nomenklatura* scientifique. Que si par aventure ils arrivaient au pouvoir, eux ou des politiciens acquis à leurs idées, ce serait une catastrophe, bien pire que la bureaucratie actuelle. Que la vie en Union soviétique est grise et ennuyeuse, mais pas le camp de concentration qu'ils décrivent. Enfin, que l'Occident ne vaut pas mieux et que les émigrés, dressés par ces irresponsables contre leur pays, se font cruellement avoir en le quittant, car la triste vérité est qu'en Amérique personne n'a besoin d'eux.

Là, il parle pour lui : c'est ce qu'il commence à craindre après six mois passés à croupir au *Rousskoïé Diélo* et à jouer les figurants aux marges de la *jet-set*. L'euphorie confiante de l'arrivée est retombée, son article s'intitule d'ailleurs *Désillusion*. Il est refusé par le *New York Times* et plusieurs autres journaux prestigieux — ou plutôt, le *New York Times* et les autres journaux prestigieux n'en accusent même pas réception. Pour finir, il paraît dans un magazine obscur, plus de deux mois après l'événement qui lui tient lieu d'accroche. C'est dire qu'il passe inaperçu du public qu'il visait : les éditorialistes-vedettes et faiseurs d'opinion new-yorkais. En revanche, il remue le Landerneau de l'émigration. La douce torpeur du *Rousskoïé Diélo* en est troublée. Même ceux qui reconnaissent à l'analyse une part de vérité jugent inopportun de la claironner : n'est-ce pas faire le jeu des communistes ?

Un matin, Moïse Borodatikh, le rédacteur en chef, convoque Édouard. D'un doigt tremblant d'indignation, il lui désigne un journal déplié sur son bureau. Édouard se penche : sa photo s'étale sur une demi-page. C'est une photo ancienne, prise à Moscou, malgré quoi on le voit au pied d'un gratte-ciel new-yorkais. Le journal, soviétique, est la *Komsomolskaïa Pravda*, et, sous le photomontage, annonce : « Le poète Limonov dit toute la vérité sur les dissidents et l'émigration. » Il parcourt l'article, relève la tête avec un sourire un peu embêté, un peu fataliste, essayant de prendre l'affaire à la blague. Moïse Borodatikh ne la prend pas à la blague. Après un silence, il laisse tomber : « On dit que tu es un agent du KGB. » Édouard hausse les épaules : « C'est une question que vous me posez ? » Il sort du bureau sans attendre d'être mis à la porte.

Dans l'adversité, c'est un réconfort d'être deux, mais ils le sont de moins en moins. Elena lui échappe. Forte des prédictions de Lili Brik, elle s'est figuré qu'elle allait devenir un mannequin célèbre, mais Alex Liberman, qui pourrait d'un mot lui ouvrir les portes de *Vogue*, ne prononce pas ce mot et se contente de la complimenter sur sa beauté avec une galanterie qui à la longue frise la perversité. Les assistants d'Avedon et de Dalí ne la rappellent pas. Elle découvre l'humiliante condition de prolétaire du luxe. Pour se présenter aux agences, il faut un *book*, et la jeune et jolie inconnue qui a besoin d'un *book* est évidemment la proie de tous les dragueurs qui se disent photographes. De plus en plus souvent, quand Édouard rentre le soir, elle n'est pas là. Elle lui téléphone pour lui dire de dîner sans elle parce que la séance de photos n'est pas finie. Il entend de la musique dans la pièce où elle se trouve, lui demande si elle rentre bientôt. « Oui, oui, bientôt. » Bientôt, c'est rarement avant deux, trois heures du matin, et alors elle est crevée, se plaint d'avoir bu trop de champagne et sniffé trop de coke, sur le ton irrité qu'on prend pour dire : « Je travaille, moi ! » C'est l'hiver, il fait froid chez eux, elle se met au lit tout habillée et veut bien qu'il la prenne dans ses bras tandis qu'elle s'endort, mais n'a plus la force de faire l'amour. Elle ronfle, le nez toujours pris. Son visage, dans son sommeil, a de petites contractions de déplaisir. Et lui, éveillé jusqu'à l'aube, se torture à l'idée qu'il n'a pas les moyens d'avoir une femme aussi belle, qu'elle va le quitter comme il a lui-même quitté Anna, parce qu'il y a mieux sur le marché. C'est fatal, c'est la loi, à sa place il ferait pareil.

Il la questionne, elle se dérobe. Il veut parler, elle soupire : « Mais de quoi veux-tu qu'on parle ? »

Quand il avoue ses inquiétudes, elle répond en haussant les épaules que le problème avec lui, c'est qu'il est trop sérieux. « Ça veut dire quoi, trop sérieux ? Trop amoureux de toi ? » Non : qu'il ne sait pas s'amuser. Qu'il ne sait pas jouir de la vie. Sa bouche, en disant cela, a un pli tellement amer qu'il la pousse devant le miroir de la salle de bains et dit : « Regarde-toi. Tu trouves que tu as l'air d'en jouir, de la vie ? Tu trouves que tu as l'air de t'amuser ? — Comment veux-tu, répond-elle, que je m'amuse avec toi ? Tu me fais des scènes tout le temps. Tu m'interroges comme si tu étais le KGB. »

De scène en scène, d'interrogatoire en interrogatoire, elle finit par cracher le morceau. Comme toutes les femmes en pareil cas, elle essaye d'abord de s'en tenir au minimum — « quelle importance, qui c'est ? » — mais il ne la lâche pas avant de savoir que l'autre s'appelle Jean-Pierre. Français, oui. Photographe. Quarante-cinq ans. Beau ? Pas vraiment : chauve, barbu. Un loft sur Spring Street. Pas super-riche, non, pas une superstar dans son métier, mais ça va pour lui. Un adulte, quoi, pas un petit Ukrainien paumé qui reproche ses échecs à tout le monde et qui n'arrête pas de faire la gueule et de pleurer.

C'est ainsi qu'à présent elle le voit et, de fait, il pleure. Édouard, le dur à cuire, pleure. Comme dans la chanson de Jacques Brel, il est prêt à devenir l'ombre de sa main, l'ombre de son chien, pour qu'elle ne le quitte pas. « Mais je ne veux pas te quitter », dit-elle, touchée de le voir tant souffrir. Il se redresse : alors, tout ira bien. Tant qu'ils restent ensemble, tout ira bien. Elle peut avoir un amant, ce n'est pas grave. Elle peut être pute. Lui, Édouard, sera son maquereau. Ce sera excitant, un épisode parmi tant d'épisodes excitants dans leurs vies d'aventuriers, libertins mais inséparables. Ce pacte l'exalte, il veut boire du champagne pour le fêter. Soulagée, Elena sourit et dit oui, oui, évasivement.

Ils font l'amour cette nuit-là, s'endorment épuisés et, les jours suivants, n'étant plus obligé d'aller au bureau, il n'a qu'une obsession : rester enfermé avec elle à la maison, ne pas quitter le lit, ne pas arrêter de la baiser. Il ne se sent en sécurité qu'en elle, c'est la seule terre ferme. Autour, les sables mouvants. Il reste trois, quatre heures sans débander, n'a même plus besoin du gode qui, souvent, relayait sa bite pour donner à Elena ces interminables orgasmes à répétition qui faisaient leur joie à tous les deux. Il tient son visage entre ses mains, la regarde, lui demande de garder les yeux ouverts. Elle les ouvre très grand, il y voit autant d'effroi que d'amour. Après, rompue, hagarde, elle se tourne sur le côté. Il veut la prendre encore. Elle le repousse, d'une voix ensommeillée dit que non, elle n'en peut plus, sa chatte lui fait mal. Il retombe dans l'abandon comme dans un puits. Il se lève, va dans l'espèce de réduit qui tient lieu à la fois de cuisine, de salle d'eau et de chiottes. Sous l'ampoule jaune, il fouille dans le panier de linge sale, en retire un slip à elle qu'il renifle, gratte du bout de l'ongle, cherchant les traces du sperme de l'autre homme. Il se branle dedans, longuement, sans arriver à jouir, puis regagne le lit dont les draps sentent la sueur, l'angoisse et le mauvais vin qu'on renverse en buvant au goulot. Appuyé sur un coude, il regarde le corps recroquevillé, blanc et maigre, de la femme qu'il aime, ses seins menus, pointus, et ses grosses chaussettes au bout de ses longues cuisses de grenouille. Elle se plaint d'une mauvaise circulation, ses pieds sont toujours glacés. Il a aimé, tellement aimé les prendre dans ses mains, les frotter doucement pour les réchauffer. Comme il l'a aimée ! Comme il l'a trouvée belle ! Est-ce qu'elle est si belle, en réalité ? Est-ce que la vieille teigne, là-bas, Lili Brik, ne s'est pas cruellement moquée en lui faisant croire qu'à l'Ouest ils allaient tous tomber à ses pieds ? Si Alex Liberman ne fait rien pour elle, si les agences ne la rappellent pas, il y a une raison, et cette raison saute aux yeux quand on regarde les photos de son *book*. Une jolie fille, oui, mais d'une joliesse gauche, provinciale. Elle faisait illusion à Moscou mais justement, Moscou, c'est la province. Une fois qu'on s'en est rendu compte, c'est pathétique, le contraste entre ses simagrées de femme fatale et sa véritable condition de *would-be* mannequin que se tapent des photographes de troisième zone et qui n'y arrivera jamais. Ça lui semble évident à présent et il a envie de la réveiller pour le lui dire. Il ajuste pour le lui dire les phrases les plus cruelles, plus elles sont cruelles plus elles lui paraissent lucides, il en jouit douloureusement et en même temps une vague d'immense pitié monte en lui, il voit une toute petite fille, effrayée, malheureuse, et il a envie de la protéger, de la ramener à la maison d'où ils n'auraient jamais dû partir, et ses yeux se tournent vers l'icône que comme tous les Russes, même mécréants, ils ont accrochée dans un coin de cette chambre sinistre, perdue en terre étrangère, et il lui semble que la Vierge qui tient sur son sein un petit enfant Jésus à la tête trop grosse les regarde tristement, que des larmes coulent sur ses joues, et il la supplie de les sauver tous les deux, sans y croire.

Elle se réveille, l'enfer recommence. Elle veut sortir, il ne veut pas qu'elle sorte, alors ils se querellent, boivent, en viennent aux mains. Elle devient méchante quand elle a bu et puisqu'il lui a demandé de tout lui dire, de ne rien lui cacher, très bien, elle ne lui cache rien, elle lui dit tout ce qui peut le plus le faire souffrir. Par exemple, que Jean-Pierre l'a initiée au sadomasochisme. Qu'ils s'attachent mutuellement, qu'il lui a acheté un collier clouté qui ressemble à un collier de chien et un gode comme le leur, mais encore plus gros, qu'elle lui met dans le cul. C'est ce détail-là — le gode qu'elle met, elle, dans le cul de Jean-Pierre — qui lui fait perdre la tête. Il la plaque sur le lit et se met à serrer son cou. Il sent les vertèbres, fragiles, sous ses mains puissantes et nerveuses. D'abord elle rit, le défie, puis son visage devient rouge, son expression bascule du défi à l'incrédulité, puis de l'incrédulité à la terreur pure. Elle commence à se cabrer, à ruer, mais il l'écrase sous son poids et il voit dans ses yeux qu'elle comprend ce qui est en train de lui arriver. Il serre, serre, les jointures de ses mains sur son cou deviennent blanches, et elle se débat, elle veut de l'air, elle veut vivre. Sa terreur et les soubresauts de son corps l'excitent tellement qu'il éjacule et, tandis que son sexe se vide enfin, par longues saccades, il relâche sa pression, ouvre et laisse pendre ses mains en se couchant sur elle.

Ils en reparleront, beaucoup plus tard. Elle lui dira qu'elle a trouvé ça excitant, mais pensé que s'il recommençait il irait jusqu'au bout et que c'est pour cette raison qu'elle est partie. « Tu avais raison, reconnaîtra-t-il. J'aurais recommencé, je serais allé jusqu'au bout. »

Le jour où, revenant des courses, il trouve les placards vides, il n'est en tout cas pas étonné. Il cherche dans les tiroirs, sous le lit, dans la poubelle, quelques traces d'elle, et place ce qu'il a trouvé — un collant filé, un tampax, de mauvaises photos déchirées — au pied de leur icône. Il allume une bougie. S'il avait un appareil, il ferait une photo de ce mémorial — le mémorial de sainte Hélène, pense-t-il en ricanant. Il reste un moment devant, assis, comme s'assoient les Russes, pour une courte prière, avant de partir en voyage.

Puis il sort.

3

Il ne se rappelle rien, lui qui se rappelle tout, de la semaine qui a suivi. Il a dû marcher dans les rues, faire le guet devant chez Jean-Pierre, se battre avec Jean-Pierre ou un autre — quelques coquards en témoignent —, et surtout boire jusqu'à perdre conscience. *Zapoï* total, *zapoï* kamikaze, *zapoï* extraterrestre. Il sait qu'Elena est partie le 22 février 1976 et qu'il s'est réveillé le 28 dans une chambre de l'hôtel Winslow avec, à son chevet, le brave Lionia Kossogor.

De cette chambre et même du lit, les premiers jours, il ne sort pas. Il est trop faible, trop amoché, et puis où irait-il ? Plus de femme, plus de travail, plus de parents, pas d'amis. Sa vie s'est réduite à ce périmètre, quatre pas de long, trois de large, un lino usé, des draps changés tous les quinze jours, l'odeur de l'eau de Javel qui essaye de l'emporter sur celle de la pisse et du vomi, c'est exactement ce qu'il faut à un type comme lui. Il a toujours, jusqu'à présent, cru à son étoile, pensé que sa vie aventureuse le mènerait quelque part, que le film finirait bien. Bien, c'est-à-dire que d'une façon ou d'une autre il deviendrait célèbre, que le monde saurait qui était ou, au pire, qui avait été Édouard Limonov. Là, Elena partie, il n'y croit plus. Il croit que cette chambre sordide n'est pas un décor parmi d'autres, mais le dernier, celui vers quoi conduisent tous les précédents. Terminus, il n'y a plus qu'à se laisser sombrer. À boire les bouillons de poule que lui prépare le brave Lionia Kossogor. À dormir, à espérer ne pas se réveiller.

L'hôtel Winslow est un repaire de ces Russes, juifs pour la plupart, qui font comme lui partie de la « troisième émigration », celle des années soixante-dix, et qu'il est capable de reconnaître dans la rue, même de dos, à l'aura de lassitude et de malheur qui émane d'eux. C'est à eux qu'il pensait en écrivant l'article qui lui a coûté son job. À Moscou ou Leningrad, ils étaient poètes, peintres, musiciens, de vaillants *under* qui se tenaient chaud dans leurs cuisines, et maintenant, à New York ils sont plongeurs, peintres en bâtiment, déménageurs, et ils ont beau s'efforcer de croire encore ce qu'ils croyaient au début, que c'est provisoire, qu'un jour on reconnaîtra leurs vrais talents, ils savent bien que ce n'est pas vrai. Alors, toujours entre eux, toujours en russe, ils se soûlent, se lamentent, parlent du pays, rêvent qu'on les laisse y retourner, mais on ne les laissera pas y retourner : ils mourront piégés et floués.

Il y en a un, comme ça, au Winslow, chaque fois qu'Édouard vient le voir dans sa chambre, pour boire un coup ou lui taper un dollar, il croit qu'il a un chien parce que ça sent le chien, qu'il y a des os rongés dans un coin et même des crottes de chien sur le lino, mais non, il n'a pas de chien, il n'a *même pas* de chien, il est seul à crever, il relit à longueur de journée les quelques lettres qu'il a reçues de sa mère. Il y en a un autre qui tape à la machine toute la journée, sans jamais publier quoi que ce soit, et vit dans la terreur parce qu'il croit que ses voisins ont des vues sur sa chambre. Il ne sert à rien de lui expliquer que c'est une chimère importée d'URSS, où la chambre la plus minable est un bien précieux et où, effectivement, des gens peuvent ourdir pendant des mois des plans tordus pour perdre leurs voisins et mettre la main sur les 9 m^2 où ils s'entassent à quatre. Il ne sert à rien de lui expliquer que ça ne se passe pas comme ça en Amérique parce que cette chimère, il y tient, elle est son dernier lien avec la *kommunalka* crasseuse que sans l'avouer il regrette tant d'avoir quittée. Et puis il y a Lionia Kossogor, le brave Lionia Kossogor qui a passé dix ans à la Kolyma et tire fierté d'avoir son nom, en toutes lettres, dans *L'Archipel du Goulag*. Tout le monde, dans l'émigration, l'appelle « le type dont a parlé Soljénitsyne », et comme dix ans, c'est plus que ce qu'a tiré Soljénitsyne, Lionia se dit que lui aussi il pourrait écrire sur le Goulag et devenir riche et célèbre, mais bien sûr il ne le fait pas. Depuis qu'il a trouvé Édouard presque inconscient, à demi mort de froid, sur le pavé, il ne le lâche plus, c'est sa bonne œuvre. Peut-être qu'à sa réelle charité se mêle la secrète satisfaction de voir mordre la poussière à l'arrogant jeune homme qui, craignant qu'il ne porte la poisse, passait son chemin quand il le croisait. Peut-être n'est-il pas fâché de l'introniser dans la fraternité des *losers* en l'emmenant au bureau du *welfare*, qui est le service d'aide aux indigents et où on lui alloue 278 dollars par mois.

La chambre la moins chère d'un hôtel aussi misérable que le Winslow coûte 200 dollars par mois. Il lui en reste 78, c'est peu, mais il ne veut pas chercher de travail. Ça lui va de se soûler au vin californien à 95 cents le magnum, de fouiller les poubelles des restaurants, de taper ses compatriotes, au pire de faucher des sacs à main. Il est une merde, il vivra comme une merde. Ses journées se passent à marcher dans les rues, sans but, mais avec une préférence pour les quartiers pauvres et dangereux où il sait qu'il ne risque rien parce qu'il est pauvre et dangereux lui-même. Il s'introduit dans les maisons abandonnées, aux volets cloués, ceinturées de palissades verdies. On y trouve toujours, croupissant dans des flaques d'urine, des clochards avec qui il aime bien discuter, rarement dans une langue commune. Il aime aussi se réfugier dans les églises. Un jour, pendant un office, il plante son couteau dans le bois d'un prie-Dieu et joue à le faire vibrer. Les fidèles l'observent du coin de l'œil, inquiets, mais nul n'ose l'approcher. Le soir, quelquefois, il se paye un cinéma porno, moins pour s'exciter que pour pleurer doucement, silencieusement, en pensant au temps où il y allait avec sa très belle femme et la faisait jouir, provoquant la jalousie de ces épaves dont il fait maintenant partie.

Où est Elena maintenant ? Il n'en sait rien, il a renoncé à le savoir. Depuis le *zapoï* géant qui a suivi son départ, il n'est pas retourné dans les parages du loft où elle habite peut-être. Quand il rentre à l'hôtel, il se branle en pensant à elle. Ce qui lui fait le plus d'effet, ce n'est pas de s'imaginer en train de la baiser, mais de l'imaginer, elle, en train de se faire baiser, et pas par lui. Par Jean-Pierre ou, avec un gros gode, par la copine lesbienne de Jean-Pierre avec qui, pour le rendre encore plus jaloux, elle lui a décrit un plan à trois. Que ressent Elena quand elle se fait enculer et qu'elle trahit son mari Limonov ? Pour le ressentir lui-même, il s'introduit une bougie dans le cul, lève et écarte les jambes, se met à haleter et à gémir comme elle, à dire ce qu'elle lui disait et qu'elle doit dire aux autres, « oui c'est bon, elle est grosse, je la sens bien », ce genre de choses. Il jouit, reste couché, le ventre gluant de sperme. Pas la peine de s'essuyer avec un mouchoir, les draps sont sales de toute façon. Il en prélève un peu, du bout des doigts, le lèche, le fait passer avec un peu de mauvais vin rouge, surmonte un haut-le-cœur, recommence. Le poète Essénine, dit la légende, a écrit des poèmes avec son sang. La légende dira-t-elle que le poète Limonov se biturait avec son foutre ? Plus vraisemblablement, hélas, il n'y aura pas de légende, personne ne saura qui était le poète Limonov, pauvre garçon russe perdu dans Manhattan, compagnon d'infortune de Lionia Kossogor, d'Edik Brutt, d'Aliocha Schneierzon et d'autres types qui mourront, comme ils ont vécu, ignorés de tous.

Plein de pitié pour lui-même, il regarde son corps qui est beau, jeune, vigoureux, et dont personne n'a besoin. Beaucoup de femmes, si elles le voyaient, seul et nu sur son lit, aimeraient le caresser, et beaucoup d'hommes aussi. Depuis qu'Elena l'a trahi, il s'est souvent dit que c'est mieux d'avoir une chatte qu'une bite, que c'est mieux d'être chassé que chasseur et que ce qu'il aimerait, c'est qu'on s'occupe de lui comme d'une femme. Ce qui serait bien, au fond, c'est d'être pédé. À trente-trois ans, il a l'air d'un adolescent, il sait qu'il plaît aux hommes, il leur a toujours plu. Fidèle au code d'honneur de Saltov, il a toujours tourné leur désir en dérision, mais maintenant il s'en fout, du code d'honneur de Saltov. Il a besoin d'être protégé et choyé, quitte à traiter de haut ceux qui le protègent et le choient. Il a besoin d'être Elena à la place d'Elena.

Il expose son problème à un Russe pédé, qui lui présente un pédé américain. Le pédé américain s'appelle Raymond, il a la soixantaine prospère et raffinée, les cheveux teints, l'air gentil. Dans le restaurant chic où se déroule leur premier rendez-vous, Raymond le regarde dévorer son cocktail de crevettes et d'avocats avec le sourire attendri du philanthrope qui paie un repas chaud à un petit garçon pauvre. « Ne mange pas si vite », dit-il en lui caressant la main. Édouard se doute de ce que pensent les serveurs, et ça lui plaît de passer pour ce qu'il a décidé d'être : une petite salope. La seule chose qui l'inquiète, c'est que ce pauvre Raymond a lui aussi l'air de chercher l'amour, c'est-à-dire de chercher à en recevoir et pas seule-ment d'être disposé à en donner. En amour, dans l'idée d'Édouard, il y a celui qui donne et celui qui reçoit, et il estime pour sa part avoir assez donné.

Après le déjeuner, ils vont chez Raymond, pren-nent place l'un à côté de l'autre sur le canapé, et Raymond se met à lui tripoter la bite à travers son jean.

« Viens », s'entend dire Édouard et, le prenant par la main, il l'entraîne dans la chambre, sur le lit. Tandis que Raymond s'escrime à défaire la boucle de son lourd ceinturon militaire, hérité de Veniamine et du NKVD, Édouard, les yeux mi-clos, remue la tête de droite à gauche comme il l'a vu faire à Elena. Il essaie de tout faire comme Elena, toutefois il ne bande pas. Raymond, qui est

enfin arrivé à extraire du jean sa bite recroque-
villée, y met les mains, la bouche, beaucoup de
bonne volonté et de douceur, sans arriver à rien.
Un peu embarrassés tous deux, ils se rajustent,
puis retournent au salon boire un verre. Quand
Édouard s'en va, ils se promettent de se rappeler,
sans y croire ni l'un ni l'autre.

La belle saison venue, il passe souvent la nuit
entière dehors. Dans les rues, sur des bancs. Là, il
est dans l'enclos réservé aux enfants d'un jardin
public. Bac à sable, balançoires, toboggan. Il se
rappelle une nuit dans un enclos semblable, juste
un peu plus pourri car tout est plus pourri en
Union soviétique, avec Kostia, dit le Chat, qui a
depuis tué un homme et tiré douze ans de camp.
Où est Kostia maintenant ? Vivant ou mort ? Il
joue avec le sable, d'une main le fait couler dans
l'autre, quand il voit, dans l'ombre, au pied du
toboggan, briller des yeux qui le regardent. Il n'a
pas peur, ça fait longtemps qu'il ne sait plus ce
que c'est, d'avoir peur. Il s'approche : c'est un
jeune Noir roulé en boule, dans des habits sombres, certainement défoncé.
    « *Hi*, dit Édouard, je m'appelle Ed, tu n'as pas
quelque chose à fumer ?
    — *Fuck off* », gronde l'autre. Pas vexé, Édouard
vient s'accroupir près de lui. Sans crier gare, le
Noir lui saute dessus, le frappe. Leurs corps
emmêlés roulent dans le bac à sable. Ils luttent.
Édouard parvient à libérer une main, va chercher
son couteau dans sa botte, et peut-être aurait-il
frappé si, de façon aussi inattendue qu'il l'a atta-

qué, son adversaire ne lâchait prise. Ils restent tous les deux, l'un contre l'autre, à reprendre leur souffle sur le sable humide.

« J'ai envie de toi, dit Édouard. Tu veux qu'on fasse l'amour ? »

Ils se mettent à s'embrasser, à se caresser. Le jeune Noir a la peau douce et, sous ses vêtements malodorants, un corps musclé, compact, assez semblable au sien. Lui aussi remue la tête, les yeux mi-clos, et il murmure : « *Baby, baby...* » Édouard se penche, défait sa ceinture, impatient de savoir si c'est vrai, ce qu'on dit des bites de nègres. C'est vrai : elle est plus grosse que la sienne. Il la prend dans sa bouche et, s'allongeant sur le sable, lui-même bandant très fort, la suce longuement, en prenant tout son temps, comme s'ils avaient l'éternité devant eux. Ça n'a rien de furtif, c'est paisible, intime, majestueux. Je suis heureux, pense Édouard : j'ai une relation. L'autre se laisse totalement faire, confiant, abandonné. Il lui caresse les cheveux, râle doucement, finit par jouir. Édouard connaît déjà le goût de son propre sperme, il adore celui du jeune Noir, avale tout. Puis, la tête contre sa queue vidée, il se met à pleurer.

Il pleure longtemps, c'est comme si toute la souffrance accumulée depuis le départ d'Elena se débondait, et le jeune Noir le prend dans ses bras pour le consoler. « *Baby, my baby, you are my baby...* » répète-t-il, comme une incantation. « *I am Eddy*, dit Édouard, *I have nobody in my life, will you love me ? — Yes, baby, yes*, chantonne l'autre. — *What is your name ? — Chris.* » Édouard s'apaise. Il imagine leur vie, ensemble, dans les bas-fonds. Ils seront dealers, habiteront des squats, ne se quitteront jamais. Plus tard, il baisse son pantalon et son slip, fait pour offrir son cul le geste que faisait Elena et dit à Chris : « *Fuck me.* » Chris crache sur sa bite et la lui met. Bien qu'elle soit plus grosse que la bougie, son entraînement lui sert : ça ne lui fait pas trop mal. Quand Chris jouit, ils s'abattent tous les deux dans le sable et s'endorment ainsi. Il se réveille un peu avant l'aube, se dégage de l'étreinte du jeune Noir qui grogne doucement, tâtonne pour retrouver ses lunettes, puis s'en va. Il marche dans la ville qui s'éveille, totalement heureux et fier de lui. Je n'ai pas eu peur, pense-t-il, je me suis fait enculer. « *Molodiets !* », comme dirait son père : bon petit gars.

4

C'est l'été, et il bronze sur son minuscule balcon, au seizième et dernier étage de l'hôtel Winslow, en mangeant de la soupe aux choux à même la marmite. C'est bien, la soupe aux choux : une marmite lui revient à deux dollars, lui dure trois jours, c'est aussi bon froid que chaud et, même sans frigo, ça ne s'abîme pas. En face de lui, il y a des immeubles de bureaux aux vitres fumées, derrière lesquelles des cadres en costume et des secrétaires banlieusardes doivent se demander qui c'est, ce type bronzé, musclé, qui prend le soleil sur son balcon en petit slip rouge et quelquefois, carrément, la queue à l'air. C'est Editchka, le poète russe qui vous coûte 278 dollars par mois, chers contribuables américains, et vous méprise cordialement. Toutes les deux semaines il va au bureau du *welfare* où il patiente pour recevoir son chèque avec d'autres rebuts de la société. Tous les deux mois il a un entretien avec un employé du *welfare* qui s'enquiert de ses projets. « *I look for job, I look very much for job* », dit-il en exagérant son mauvais anglais pour expliquer que ses recherches restent vaines. En réalité, il ne *look* pas du tout *for job* et se contente pour arrondir son allocation de donner de temps en temps, au noir, un coup de main à Lionia Kossogor qui travaille comme déménageur pour le compte d'un Juif russe, spécialisé dans les déménagements de Juifs russes : des rabbins, des intellectuels aux cartons remplis d'éditions complètes de Tchekhov ou de Tolstoï, dans leurs reliures soviétiques vert foncé dont la colle sent toujours un peu le poisson.

Soucieux de son intégration, le *welfare* lui paie des cours d'anglais. Il n'y a, en dehors de lui, que des femmes, noires, asiatiques, latinos, qui lui montrent des photos de leurs enfants, sur leur trente et un comme toujours les enfants de pauvres, et quelquefois lui apportent dans des barquettes ignifugées des plats de chez elles, avec des patates douces et des bananes plantain. Elles lui parlent de leur pays, lui du sien, et elles ouvrent de grands yeux quand il leur dit que là-bas les études et les soins médicaux sont gratuits : pourquoi a-t-il quitté un aussi bon pays ?

Pourquoi, il se le demande.

Chaque matin, il marche jusqu'à Central Park et s'allonge sur une pelouse en se servant comme coussin du sac en plastique où il transporte son cahier. Il reste là des heures à regarder le ciel et, sous le ciel, les terrasses d'immeubles pour super-riches de la 5e Avenue, où vivent des gens comme les Liberman qu'il a complètement cessé de voir, dont le monde raffiné fait partie pour lui d'une très lointaine vie antérieure. Il y a un an encore, il allait chez eux dans la peau d'un jeune écrivain plein d'avenir, époux d'une jolie femme qui allait devenir un mannequin célèbre, et maintenant il est un clochard. Il regarde les gens autour de lui, écoute leurs conversations, suppute, pour chacun, ses chances d'échapper à sa condition présente. Les clochards, les vrais, c'est râpé. Les employés, les secrétaires, qui viennent à l'heure du déjeuner manger un sandwich sur un banc, ils auront de l'avancement mais n'iront pas bien loin, d'ailleurs ils n'imaginent même pas d'aller bien loin. Les deux jeunes types à têtes d'intellectuels qui discu-tent et couvrent d'annotations, avec l'air de se prendre très au sérieux, les feuillets dactylogra-phiés de ce qui doit être un scénario : ils doivent y croire, à leurs dialogues à la con, à leurs person-nages à la con, et peut-être qu'ils ont raison d'y croire, peut-être qu'ils y arriveront, peut-être qu'ils connaîtront Hollywood, les piscines, les starlettes, et la cérémonie des Oscars. La tribu de Portori-cains, en revanche, qui déploie sur la pelouse tout un campement de couvertures, de transistors, de bébés, de thermos... : ceux-là, on peut être sûr qu'ils resteront où ils sont. Encore que... qui sait ?

Peut-être que leur bébé braillard, à la couche pleine de merde, fera grâce à leurs sacrifices de formidables études et deviendra prix Nobel de médecine ou secrétaire général de l'ONU. Et lui, Édouard, avec son jean blanc et ses idées noires, que va-t-il devenir ? Est-ce qu'il est en train de vivre un chapitre de sa vie romanesque — clochard à New York — ou est-ce que ce chapitre est le dernier, la fin du livre ? Du sac en plastique, il sort son cahier et, un coude sur la pelouse, en fumant un joint acheté à un des petits revendeurs avec qui il est devenu copain, il commence à écrire tout ce que je viens de raconter : le *welfare*, l'hôtel Winslow, les paumés de l'émigration russe, Elena et comment il en est arrivé là. Il l'écrit sans se soucier de littérature, comme ça lui vient, et bientôt il en est au deuxième, au troisième cahier, il sait que c'est en train de devenir un livre et que ce livre est sa seule chance de s'en sortir.

Il se considère comme homosexuel, mais ne pratique guère, c'est plutôt un genre qu'il se donne. Un après-midi où il picole sur un banc en compagnie d'un Russe geignard, peintre abstrait à Moscou et en bâtiment à New York, un jeune Noir à demi clochardisé vient leur taper une cigarette et, par provocation, Édouard le drague. Lui dit : « *I want you* », le prend par les épaules, l'embrasse, et le garçon se marre, se laisse faire. Ils s'en vont tous les deux baiser dans l'escalier d'un immeuble. Le peintre reste sur le banc, médusé, puis raconte l'affaire autour de lui. « C'est donc vrai, que ce salaud de Limonov est devenu pédéraste ! Qu'il se fait enculer par des nègres ! » Une rumeur court déjà selon laquelle il travaille pour le KGB, selon une autre il se serait suicidé après le départ d'Elena. Il laisse dire, ça l'amuse. Quand même, il préfère les filles. Le problème, c'est d'en rencontrer.

Au parc, où il passe ses journées à écrire, il en aborde une qui distribue des tracts pour le Parti des travailleurs. L'avantage des gens qui distribuent des tracts, qu'ils soient gauchistes ou témoins de Jéhovah, c'est qu'ils ont l'habitude des rebuffades et que ça leur fait plaisir qu'on veuille bien discuter avec eux. La fille s'appelle Carol, elle est maigre, pas jolie, mais Édouard à ce moment de sa vie n'est pas en position de faire le difficile. Le Parti des travailleurs, lui explique Carol, ce sont les trotskistes américains, partisans de la révolution mondiale. La révolution mondiale, Édouard est pour. Il est par principe du côté des rouges, des noirs, des arabes, des pédés, des clodos, des drogués, des portoricains, de tous ceux qui, n'ayant rien à perdre, sont ou du moins devraient être partisans aussi de la révolution mondiale. Et Trotski aussi, il est pour — il n'est pas pour autant contre Staline, mais se doute qu'il vaut mieux ne pas le dire à Carol. Impressionnée par sa fougue, elle l'invite à un meeting de soutien au peuple palestinien en l'avertissant : ça risque d'être dangereux. Super, s'enflamme Édouard, mais le meeting, le lendemain, le déçoit horriblement. Ce n'est pas que les discours manquent de véhémence, seulement à la fin tout le monde se sépare, les gens rentrent chez eux ou s'en vont par petits groupes discuter dans des coffee-shops, sans autre perspective qu'un nouveau meeting, le mois prochain.

« Je ne comprends pas, dit Carol, perplexe. Tu aurais voulu quoi ?

— Eh bien, qu'on reste ensemble. Qu'on aille chercher des armes et qu'on attaque une administration. Ou qu'on détourne un avion. Ou qu'on fasse un attentat. Enfin, je ne sais pas, quelque chose. »

Il s'accroche à Carol avec le vague espoir de coucher avec elle, mais il se révèle qu'elle a un ami, aussi enflammé qu'elle en paroles et aussi prudent en pratique, et une fois de plus il rentre seul à son hôtel. Il pensait que les révolutionnaires vivaient tous ensemble dans un squat, un local clandestin, pas chacun dans un petit appartement où, dans le meilleur des cas, on invite les autres pour le café. Cependant, il revoit Carol et ses amis : c'est quand même un groupe, une famille, et il a un besoin déchirant d'une famille, au point que, dans le parc, quand il voit les Hare Krishna agiter leurs clochettes et leurs tambourins en psalmodiant leurs conneries, il se surprend à penser que ça doit être pas mal, quand même, d'être avec eux. Il assiste à des réunions du Parti des travailleurs, accepte de distribuer des tracts. Carol lui prête les œuvres de Trotski, qui décidément lui plaît de plus en plus. Ça lui plaît que Trotski déclare sans ambages : « Vive la guerre civile ! » Qu'il méprise les discours de femmelettes et de curés sur la valeur sacrée de la vie humaine. Qu'il dise que par définition les vainqueurs ont raison et que les vaincus ont tort et que leur place est dans les poubelles de l'histoire. Ce sont là des paroles viriles, et ce qui lui plaît encore plus, c'est ce que racontait le vieux du *Rousskoié Diélo* : que le type qui les a prononcées est passé en quelques mois du statut d'émigré crève-la-faim à New York à celui de généralissime de l'Armée rouge, roulant d'un front à l'autre dans un wagon blindé. Voilà le genre de destin que se souhaite Édouard, et qui ne risque hélas pas de lui échoir avec ces mollusques de trotskistes américains, toujours prêts à palabrer sur les droits des minorités opprimées et des prisonniers politiques, mais terrorisés par les rues, les banlieues, les vrais pauvres.

Si désireux qu'il soit de s'intégrer à une communauté, il en a assez d'eux. Et comme il en a assez aussi des émigrés russes, il transporte sa valise de l'hôtel Winslow, leur quartier général, à l'hôtel Embassy, encore plus minable si possible mais exclusivement fréquenté par des Noirs, toxicomanes et prostitués des deux sexes, qu'il juge plus élégants. Il y est le seul Blanc, mais il ne détonne pas car, comme l'a remarqué Carol dans la bouche de qui ça ne semblait pas un compliment, il s'habille comme un nègre. Dès que le déménagement d'un quelconque rabbin lui a rapporté quelques dollars, il les investit dans la sape, d'occasion mais voyante : ses costumes rose et blanc, ses chemises à jabot de dentelle, ses vestes de velours mauve frappé, ses bottines à talons bicolores lui valent la considération de ses voisins. Et, lui rapporte le dernier de ses fidèles, Lionia Kossogor, en sachant qu'il lui fera plaisir, la rumeur enfle chez les émigrés. On le disait pédé, tchékiste, suicidé, on dit maintenant qu'il vit avec deux putes noires et qu'il est leur maquereau.

Sa fenêtre à l'Embassy donne sur le toit de la petite maison que partagent, sur Colombus Avenue, Guennadi Chmakov et deux danseurs, comme lui homosexuels. Chmakov, à Leningrad, était le meilleur ami de Brodsky, qui l'évoque dans ses livres d'entretiens avec la plus grande chaleur. Généreux, érudit, cancanier, parlant cinq langues et connaissant par cœur cinquante ballets, c'est un peu le prototype de la folle passionnée de danse et d'opéra, et Brodsky et Limonov, pour une fois d'accord, l'estiment d'autant plus qu'il vient d'une famille d'épouvantables péquenots de l'Oural. C'est une règle, selon Brodsky : il n'y a qu'un provincial pour devenir un vrai dandy.

Moins recherché que ses illustres amis, Brodsky et le danseur étoile Mikhaïl Baryshnikov, Chmakov vit à New York dans leur sillage, profite de leurs relations et se fait commander grâce à eux des traductions et des articles sur les grands chorégraphes russes. Édouard est échaudé par ce monde trop brillant, où lui qui aspire aux premiers rôles se trouve réduit à celui de figurant, mais Chmakov et ses deux colocataires ne sont que des satellites de stars, comme tels pas trop intimidants, et on trouve chez eux à toute heure, en traversant la rue, une hospitalité russe généreuse qui quand il n'en peut plus d'être seul le réchauffe. Ils lui mitonnent de petits plats — Chmakov est un merveilleux cuisinier —, le cajolent, le consolent, lui disent qu'il est mignon et désirable, en somme lui offrent toute la douceur qu'il attendait d'une relation homosexuelle sans qu'il soit besoin de passer à la casserole. « On croirait Boucles d'or chez les trois ours », plaisante Chmakov en découpant le *koulibiak*.

Édouard se sent tellement en confiance que c'est à lui qu'il fait lire, le premier, le manuscrit de *Moi, Editchka*, le livre qu'il a écrit pendant l'été sur les pelouses de Central Park. Et Chmakov est emballé. Enfin, impressionné. Il trouve Editchka horriblement méchant, mais méchant à la façon de Raskolnikov dans *Crime et châtiment*, d'ailleurs il se met à l'appeler Rodion, comme Raskolnikov, et son livre : « Moi, Rodionka ». Ce que trouve aussi cet esthète, cet homme de goût, c'est que de tous les talents de l'émigration russe, ce petit salaud est le seul vraiment contemporain. Nabokov, c'est un grand artiste, mais un professeur d'université, un Parnassien doublé d'un cochon hypocrite. « Et même Joseph, dit Chmakov en baissant la voix, comme effrayé par son blasphème car il doit tout à Brodsky, sans Brodsky à New York il n'est rien : un génie, Joseph, mais un génie du genre de T.S. Eliot ou de son ami Wystan Auden, un génie de l'ancienne école. » Quand on lit ses vers c'est comme si on écoutait de la musique classique, du Prokofiev ou du Britten, alors que ce qu'écrit ce méchant garçon d'Editchka ferait plutôt penser à Lou Reed : *a walk on the wild side*. « Alors je ne veux pas dire, nuance Chmakov, que Lou Reed c'est mieux que Britten ou Prokofiev, moi-même personnellement je préfère Britten et Prokofiev, mais enfin, une performance de Lou Reed à la *Factory*, c'est plus contemporain qu'une représentation de *Roméo et Juliette* au Metropolitan Opera, on ne peut pas dire le contraire. »

Ces compliments font plaisir à Édouard sans vraiment l'étonner : il le savait déjà, que son livre était génial. Il accepte donc que Chmakov fasse circuler le manuscrit autour de lui, comme un *samizdat,* en commençant par ses deux héros : Brodsky et Baryshnikov.

Brodsky, il s'en méfiait et il avait raison de s'en méfier. Le grand homme met un temps fou à lire, ne lit sans doute pas jusqu'au bout, tarde à faire connaître ses précieuses impressions, et elles sont mauvaises. Lui aussi, ça l'a fait penser à Dostoïevski, sauf que le livre à son avis n'a pas l'air écrit par Dostoïevski, ni même par Raskolnikov, mais par Svidrigaïlov, le personnage le plus pervers, négatif et taré de *Crime et châtiment,* ce qui fait une énorme différence. Baryshnikov, en revanche, a été fasciné. Dès qu'il avait un moment libre pendant les répétitions de son ballet, il s'isolait pour replonger dans le manuscrit. Hélas, il est tellement influencé par Brodsky qu'il n'osera pas aller contre son opinion.

Faute de les avoir tous les deux sous la main, c'est sur le bon, le généreux Chmakov que tombe le ressentiment d'Édouard. Il le traite de courtisan, de parasite, d'ami à l'échine souple des riches et des célèbres. « Tant que tu y étais, lui reproche-t-il, tu aurais pu donner mon livre à Rostropovitch, le roi des opportunistes, le troisième membre de la troïka infernale, des parrains de l'émigration qui s'ils étaient restés dans leur pays seraient évidemment secrétaires généraux de l'Union des Écrivains, des Compositeurs, des Danseurs, et feraient tout ce qu'ils peuvent, comme ils le font ici, pour étouffer les artistes vraiment révolutionnaires. »

Chmakov baisse la tête, navré.

5

Un soir d'hiver, pour lui changer les idées, Chmakov insiste pour l'emmener à la lecture d'une poétesse soviétique, à Queen's College. L'idée n'enchante pas Édouard. Ces passages de pommade réciproques entre universitaires américains et intellectuels russes, c'est pour Brodsky, pas pour lui, mais il n'en peut plus de tourner en rond dans son gourbi, alors il y va. Dans la salle comble, Chmakov et lui prennent place non loin de Baryshnikov, qui fait mine de ne pas reconnaître Édouard — ou, c'est aussi probable, ne le reconnaît *réellement* pas. C'est bien ce qu'il craignait : une soirée d'humiliation, de fureur ravalée, et son humeur ne s'améliore pas quand commence la lecture.

La poétesse, Bella Akhmadoulina, fait partie, comme Evtouchenko, de cette génération des années soixante persuadée, je cite Édouard, « qu'un destin de poète peut se forger entre un voyage à Paris, une cuite à la Maison des Écrivains et quelques vers irrévérencieux gardés au fond de leur poche. Spécialistes du coup de pied de l'âne à Staline mort et enterré, objets de la sollicitude des intellectuels occidentaux qui pétitionnent dès qu'on leur refuse une tournée à l'étranger ou qu'on tire leur recueil à 100 000 exemplaires au lieu d'un million, et idolâtrant comme il se doit la sainte Trinité : Tsvetaeva pendue dans un bled paumé, Mandelstam mort fou de terreur dans les poubelles d'un camp où il récoltait des os à ronger, et surtout Pasternak, aimable talent lyrique mais homme empêtré et servile, philosophe de *datcha*, amateur de bon air pur, de confort et de vieux bouquins, traduisant dans toutes les langues imaginables un recueil entier d'hymnes à Staline et pétant de trouille devant son propre *Docteur Jivago*, cet hymne à la lâcheté de l'*intelligentsia* russe... ».

Fermons les guillemets.

Après la lecture, il y a une soirée. Qui est invité, qui ne l'est pas, ce n'est pas clair, mais Édouard suit Chmakov, ils s'incrustent dans une voiture qui se dirige vers les quartiers les plus huppés et se retrouvent dans une maison de trois étages avec un jardin sur l'East River, une cuisine grande comme une salle de bal, une décoration de magazine : c'est encore plus beau que chez les Liberman. Buffet à l'avenant, champagne, vodka tellement glacée qu'elle coule comme de l'huile. Une trentaine d'invités, russes et américains, la seule tête connue d'Édouard étant celle de Baryshnikov, qu'il prend soin d'éviter. Une jeune femme appelée Jenny, le visage rond, gentil, accueille tout ce monde. Édouard se demande si c'est la maîtresse de maison. Non, elle n'en a pas l'âge : plutôt la fille des maîtres de maison. Certains l'embrassent, d'autres pas, il regrette quand il est arrivé de n'avoir pas eu la hardiesse de l'embrasser.

La vodka aidant, il se détend, sort l'herbe jamaïcaine qu'il a toujours dans sa poche, commence à rouler des joints. Un petit groupe se forme autour de lui à la cuisine. Jenny, qui patrouille d'une pièce à l'autre, affairée, veillant à tout, en prend une bouffée à chacun de ses passages, et à chacun de ses passages il plaisante avec elle plus familièrement, comme s'ils se connaissaient depuis longtemps. On ne peut pas dire qu'elle soit belle mais elle a quelque chose d'ouvert, d'accessible, presque de campagnard qui, surtout par contraste avec ce cadre luxueux, met à l'aise. Il est de plus en plus soûl, de plus en plus chaleureux. Il prend les gens par les épaules, répète qu'il ne voulait pas venir mais qu'il avait tort : ça fait longtemps qu'il n'a pas passé une aussi bonne soirée. Il a l'impression que tout le monde l'aime. Plus tard, la poétesse et son mari montent dormir dans la chambre qu'on leur a réservée à l'étage, les derniers soiffards s'en vont, et lui, il aide les extras à débarrasser. Puis ce sont les extras qui partent. Il ne reste plus que Jenny et lui à la cuisine. Ils commentent la soirée, comme un couple après le départ des invités. Il roule un dernier joint, le lui passe, puis l'embrasse. Elle se laisse embrasser, en riant un peu trop bruyamment à son goût, mais quand il veut aller plus loin se dérobe. Il a beau insister, elle ne cède pas. En dernier recours, il propose de

182

dormir ensemble « sans rien faire ». Elle secoue la tête : non non non, on connaît ces ruses, il faut qu'il rentre chez lui maintenant.

Chez lui ! Si elle savait ce que c'est, chez lui ! Le long retour à pied, sous la pluie glaciale de février, est cruel, et sa chambre mille fois plus sordide que quand il l'a quittée une dizaine d'heures plus tôt. Il a son numéro de téléphone cependant, elle lui a dit de la rappeler, il le fait dès le lendemain mais non, aujourd'hui ce n'est pas possible, il y a des invités. Et moi, pense-t-il sans oser le dire, on ne peut pas m'inviter avec les invités ? Deux jours après, ce n'est pas possible non plus parce que la sœur de Steven est là pour la semaine. Il ne sait pas qui sont Steven ni sa sœur, à cause de son mauvais anglais il ne comprend pas au téléphone la moitié de ce qu'elle lui dit mais il pense qu'elle lui bat froid et se désespère. Il reste une semaine au lit, sans se lever. Il pleut sans arrêt. Il écoute, derrière la paroi de sa chambre, grincer les câbles de l'ascenseur dans lequel les clients pissent sans se gêner et il pense à la vie qu'il mènerait s'il parvenait à séduire cette riche héritière.

Un dimanche après-midi, enfin, elle accepte qu'il lui rende visite. Elle est seule à la maison. Il a cessé de pleuvoir, ils vont prendre le café dans le petit jardin privé d'où on voit le fleuve. Elle porte un jogging qui montre des chevilles étonnamment épaisses pour une riche héritière, pense-t-il, mais il décide pour se l'expliquer qu'elle doit être d'origine irlandaise. Espérant l'émouvoir, il lui raconte quelques épisodes de sa vie amoureuse : sa première femme folle, la seconde qui l'a quitté parce qu'il n'a pas d'argent, sa mère qui l'a fait boucler à l'hôpital psychiatrique. Ça marche, elle est émue, ils couchent ensemble.

Sa chambre, au dernier étage, est plus petite qu'il ne pensait. Sa chatte rustique ne vaut pas celle, si gracieuse, d'Elena. Elle fait l'amour avec une placidité bovine et le choque, lui qui se croit si difficile à choquer, en disant sans façons que si elle s'est refusée à lui ces deux semaines ce n'est pas parce qu'il ne lui plaisait pas mais à cause d'une infection urinaire. Au matin, cependant, elle lui prépare un magnifique petit déjeuner avec du jus d'orange fraîchement pressé, des crêpes au sirop d'érable, des œufs au bacon, et il se dit que, tout de même, ce doit être merveilleux de se réveiller tous les jours auprès d'une femme aimante, dans un lit tiède aux draps bien repassés, avec du Vivaldi en sourdine et une odeur de toast qui monte de la cuisine.

6

Dans *Histoire de son serviteur*, le livre où il a raconté cela, il n'y a pas de grande scène où le héros découvre sa méprise et, en le relisant, je reste étonné qu'un type aussi observateur ait mis près d'un mois à comprendre que la riche héritière était en fait la gouvernante de la maison. Elle n'a rien fait pour le lui cacher. Elle n'a pas dû se douter du quiproquo, ni, quand il s'est dissipé, de l'étendue de sa déception. Il s'était un instant cru admis chez les heureux du monde et il l'était, oui, mais comme amant de la bonne.

Puisque Édouard est maintenant son *boyfriend*, estime Jenny, elle peut le présenter à son patron. Le patron s'appelle Steven Grey. Quarante ans, belle gueule, bon vivant, milliardaire. Pas million-naire, milliardaire. En anglais : *billions*. Limonov dans son livre le surnomme Gatsby mais il a tort, car c'est un Gatsby héritier, sans fêlure, sûr de sa place sur terre, c'est-à-dire le contraire de Gatsby. Il possède dans le Connecticut un somptueux manoir où vivent sa femme et ses trois enfants et, quand il ne skie pas en Suisse ou ne fait pas de plongée dans l'océan Indien, il lui arrive d'occuper son pied-à-terre new-yorkais de Sutton Place, au bon ordre duquel veille la précieuse Jenny. Elle seule y habite à plein temps, mais chaque jour viennent la seconder une secrétaire chargée du courrier et une femme de ménage haïtienne. Cette équipe réduite (ils sont une bonne dizaine, dans le Connecticut) vit dans l'attente et, il faut bien le dire, la crainte des passages du maître, qui vient par bonheur assez rarement, et rarement plus d'une semaine d'affilée — ce serait encore mieux, estime Édouard, s'il ne venait jamais.

Non qu'il soit tyrannique. Juste impatient, tou-jours pressé, capable pour une broutille de colères dont il s'excuse ensuite, soucieux qu'il est de se montrer un patron libéral — on dirait presque, si on n'était en Amérique, un patron de gauche. La question du tutoiement est suspendue en anglais, mais s'il appelle Jenny Jenny, elle l'appelle Steven et Édouard sera invité à faire de même. Pour rien au monde Steven ne se servirait de la sonnette ni ne se ferait porter le plateau de son petit déjeuner : il faut bien sûr qu'il soit prêt à tout moment, le thé exactement infusé, les toasts grillés à point quelle que soit l'heure de son réveil, mais il descend le chercher lui-même à la cuisine et si, comme cela arrive de plus en plus souvent, il y trouve Édouard en train de lire le *New York Times*, il pousse la délicatesse jusqu'à lui demander si ça ne l'ennuie pas qu'il le prenne. Édouard adorerait, juste pour voir, répondre : « Si, ça m'ennuie », et bien sûr répond : « Non, Steven, il vous attend. »

Car Édouard est devenu un familier de la maison. Dès la première rencontre, il a beaucoup plu à Steven, qui a des amis artistes, se flatte d'avoir perdu un million de dollars en produisant un film d'avant-garde et adore tout ce qui est russe. Sa grand-mère l'était, blanche bien sûr, émigrée après la Révolution, elle lui a parlé russe dans son enfance et il ne lui en reste que quelques mots mais, comme à moi, un accent d'ancien régime. C'est pourquoi il reçoit les Russes de passage à New York, c'est pourquoi il est enchanté d'avoir, pratiquement à demeure, un authentique poète russe avec qui évoquer la dureté mais aussi l'authenticité de la vie en Union soviétique. Édouard lui raconte son séjour en hôpital psychiatrique et ses démêlés avec le KGB. Il en rajoute un peu, développe la version appréciée de tous de l'internement politique. Il sait quels couplets feront plaisir à son interlocuteur et les lui sert avec toute la complaisance requise.

Il sourit, range les tasses dans la machine à laver la vaisselle, approuve bien gentiment, mais ce qu'il pense à part soi, tandis que Steven, enchanté de leur échange, remonte mettre un costume à dix mille dollars pour aller déjeuner dans un restaurant où l'entrée la moins chère suffirait à nourrir pendant un mois une famille de Portoricains, c'est qu'on aimerait bien le voir à l'œuvre, Steven, si au lieu d'avoir hérité sa montagne de fric il devait se débrouiller sans rien, parachuté seul dans la jungle avec sa bite et son couteau. C'est la première fois de sa vie qu'Édouard peut observer de si près quelqu'un de si haut placé sur l'échelle sociale, et il faut reconnaître que c'est un spécimen plutôt humain, civilisé, qu'il ne ressemble pas du tout à la caricature du capitaliste dans l'imagerie soviétique : ventru, cruel, suçant le sang des pauvres. C'est vrai, mais cela ne change rien à la question : pourquoi lui et pas moi ?

À cette question, il n'y a qu'une réponse : la révolution. La vraie, pas les palabres des amis de Carol ni les vagues réformes que préconisent les social-traîtres de toutes les générations. Non : la violence, les têtes au bout des piques. En Amérique, pense Édouard, ça semble mal engagé. Ce qu'il faudrait, c'est aller chez les Palestiniens, ou chez Kadhafi — dont il a scotché la photo au-dessus de son lit, à côté de celles de Charles Manson et de lui-même en costume de « héros national », avec Elena nue à ses pieds. Ça ne lui ferait pas peur. Même mourir ne lui ferait pas peur. Ce qui serait ennuyeux, c'est de mourir obscur. Si *Moi, Editchka* était publié, s'il avait le succès qu'il mérite, alors oui. Le scandaleux auteur Limonov tué d'une rafale d'Uzi à Beyrouth, ça ferait la une du *New York Times*. Steven et ses pareils liraient ça au-dessus de leurs crêpes au sirop d'érable et se diraient, tout songeurs : « Il a vraiment dû vivre, cet homme-là. » Ça, oui, ça vaudrait le coup. La mort du soldat inconnu, non.

Steven s'enquiert de ses projets. Il a écrit un livre ? Pourquoi ne pas le faire traduire, au moins en partie ? Pourquoi ne pas le montrer à un agent littéraire ? Il en connaît un, qu'il peut lui présenter. Édouard suit le conseil, paie de ses pauvres deniers la traduction des quatre premiers chapitres, jusques et y compris la scène de baise avec Chris, dans le bac à sable. L'agent les soumet à la maison d'édition Macmillan. La réponse tarde mais il paraît que c'est normal. Un matin, il va voir à quoi ressemble l'immeuble où son sort se décide. Deux postiers noirs, à l'entrée, roulent une benne contenant un tombereau de grosses enveloppes. Deux ou trois mètres cubes de manuscrits, jauge-t-il avec horreur. Et ce qui est encore plus horrible à penser, c'est que là-haut, dans les étages, un type qu'il ne connaît pas va ouvrir une de ces enveloppes, découvrir le titre anglais, *That's me, Eddy*, commencer à lire. Il peut arriver, bien sûr, qu'il s'emballe, qu'arrivé à la fin du quatrième chapitre il frappe sans rendez-vous à la porte du grand patron et lui dise qu'au milieu de tant de trucs insignifiants il a découvert le nouveau Henry Miller. Mais il peut arriver aussi bien que le type hausse les épaules et sans y réfléchir davantage pose le manuscrit sur la pile des refusés d'office. S'il pouvait au moins le voir, savoir quelle tête a ce type dont le goût, l'humeur, le caprice, feront qu'Édouard Limonov quittera ou non la masse indistincte des perdants... Et si c'était ce jeune homme qui entre dans le hall du pas pressé de celui qui connaît la maison ? Costume, cravate, fines lunettes sans monture, vraie tête de nœud... Il y a de quoi devenir fou.

D'après le nombre de verres qu'elle trouve, le matin, sur la table basse devant la cheminée, Jenny sait s'il faut préparer un ou deux petits déjeuners. Car Steven rentre souvent accompagné, éveillant chez Édouard une ardente et douloureuse curiosité. J'ai un peu honte pour lui de le rapporter, mais il a l'habitude de donner des notes aux femmes : A, B, C, D, E, comme à l'école, et cette classification est au moins aussi sociale que sexuelle. À l'éclatante exception d'Elena, qu'il a toujours considérée comme la quintessence du A, tout en se demandant s'il ne l'a pas un peu surcotée, il y a eu beaucoup de D, dans sa vie, et même de E : des filles qu'on se tape sans s'en vanter. Jenny ? Disons C. Les femmes qui sortent du lit de Steven, c'est comme celles qu'on rencontre dans les soirées des Liberman : toutes des A. Comme cette comtesse anglaise, pas si jolie mais tellement chic, dont Jenny assure qu'en Angleterre elle possède un château avec trois cents domestiques.

« Trois cents domestiques ! » répète-t-elle avec fierté, comme si c'était elle qui les avait, et ce qui dépasse le plus Édouard, c'est qu'elle a l'air d'en être sincèrement ravie, pour la comtesse et pour elle-même qui a la chance de servir la comtesse. Il aurait voulu, lui, rentrer sous terre quand Steven l'a cordialement présenté à celle-ci comme « le *boyfriend* de notre chère Jenny ». Sur une île déserte, il n'a aucun doute : la comtesse le trouverait séduisant. Mais là, petit ami de la gouvernante aux gros mollets, ça l'annule complètement du point de vue sexuel. Il devient transparent, et en veut férocement à Jenny. Il ne supporte plus sa bonne humeur, sa façon d'être toujours contente de son sort, de s'asseoir en écartant ses cuisses épaisses, de ne même pas s'isoler pour presser les points noirs sur son nez. Il ne supporte pas ses deux meilleures amies qui, dès que Steven a tourné le dos, débarquent à la maison pour fumer des joints en parlant de leurs chakras et de leurs régimes macrobiotiques. Ce ne sont même pas de vraies hippies, comme la famille de Charles Manson : l'une est secrétaire, l'autre assistante d'un dentiste. À tout prendre, il préfère encore les parents de Jenny, de vrais *rednecks* du Middle West à qui elle tient à le présenter quand ils viennent pour une semaine à la grande ville. Le père, un ancien du FBI, ressemble étonnamment à Veniamine. Quand Édouard le lui dit, et ajoute que son père travaillait, lui, pour le KGB, l'autre hoche la tête, puis déclare sentencieusement qu'il y a des gens bien partout : « Le peuple américain et le peuple russe sont pleins de gens bien, ce sont juste les diri-

geants qui font des embrouilles, et puis les Juifs. »
Il raconte fièrement qu'Edgar Hoover a envoyé
des cadeaux à la naissance de chacun de leurs
enfants et, apprenant qu'Édouard écrit, lui souhaite
de réussir aussi bien que Peter Benchley, l'auteur
des *Dents de la mer*. Bière, chemise à carreaux, bon
bourrin, sans malice : Édouard le trouve mieux que
sa fille.

On pourrait voir les choses avec calme, comme
les voit Jenny : elle a une place en or. Elle habite
une demeure magnifique, avec tout le luxe possible et imaginable et, sauf les quelques jours par
mois où Steven est là et où, évidemment, il faut
être sur le pont, elle y a une paix royale. Elle reçoit
qui elle veut, ne paie rien, en échange d'un petit
peu de disponibilité et de patience jouit de tous les
agréments de la richesse sans les soucis — car les
riches, pense-t-elle, sont accablés de soucis : on
n'aimerait pas être à leur place.
   Cela peut se voir comme ça, oui. Édouard pourrait considérer comme un merveilleux cadeau du
destin son intronisation dans cette maison où
désormais il habite presque. « Sauf que, bordel,
Jenny, tu es la bonne ! Et moi l'amant de la
bonne ! » Il lui sort ça un jour, comme s'il lui cra-
chait à la figure. Il veut la faire sortir de ses gonds.
Mais elle ne sort pas de ses gonds. Elle le regarde,
plus surprise que vraiment peinée, comme s'il était
fou, et au lieu de s'énerver répond calmement :
« Personne ne t'oblige à rester, Ed. » Réponse simple mais bonne réponse. Non, personne ne l'oblige
à rester. Sauf que maintenant qu'il a goûté au

luxe, lui qui à trente-cinq ans n'a pratiquement jamais vécu dans des conditions décentes, il n'a aucune envie de retourner à l'hôtel Embassy, aux journées désœuvrées sur les pelouses de Central Park, aux coucheries dans les bas-fonds. Dommage, pense-t-il, que Steven ne soit pas pédé.

7

Chmakov, qui connaît tout le monde, lui donne des nouvelles d'Elena. Édouard l'imaginait évoluant désormais dans un monde inaccessible pour lui — lofts, champagne, cocaïne, artistes et modèles internationaux —, mais en réalité elle ne s'en sort pas tellement bien. Elle a quitté Jean-Pierre, eu d'autres amants qui l'ont plutôt mal traitée, le dernier l'a même laissé tomber.

Ils se revoient. Elle habite un studio sinistre, guère mieux que leur taudis de Lexington. Elle renifle, elle a les yeux rouges, son frigo est vide. Elle lui demande à peine ce qu'il devient : tant mieux, il n'aimerait pas avouer sa condition de larbin par alliance. Ils sortent se promener et, sachant que c'est pour elle comme pour lui un remède magique, il lui propose d'aller acheter des vêtements chez Bloomingdale. « Choisis ce qui te fait plaisir », dit-il. Elle le toise, inquiète, soupçonneuse : a-t-il assez d'argent ? Pas de problème, il vient de toucher son chèque du *welfare*. Bien. Devinez ce que choisit Elena ? Des culottes. De jolies petites culottes de pute pour y mettre sa chatte qu'il n'a

192

plus le droit d'ouvrir ni de pénétrer. Elle veut les essayer, sort de la cabine les seins nus, avec ses talons hauts, son collant, la culotte par-dessus, et les deux épaisseurs sont si fines qu'on voit ses poils.

Il se demande si elle a vraiment l'habitude, dans son métier, de se balader comme ça et n'y fait même plus attention ou si elle le fait exprès, pour l'exciter et le frustrer. Il la méprise : c'est une salope, un mannequin raté, une femme perdue qui finira mal, mais du fond de ce mépris jaillit une vague d'amour et de pitié, qui le submerge. Que sa princesse russe soit devenue cette créature pathétique, vulgaire, méchante à force d'être terrifiée, ça ne la rend pour lui que plus précieuse. Il n'a plus tant envie de la baiser que de la prendre dans ses bras, de la bercer, de la consoler. Il a envie de lui dire : « Arrêtons les conneries, partons tant qu'il est encore temps, donnons-nous une seconde chance, la seule chose qui compte en ce monde c'est l'amour, c'est de pouvoir faire confiance à quelqu'un et tu peux me faire confiance, je suis loyal, bon et fort, quand j'ai donné ma foi je ne la retire pas. Nous ne pouvons pas rentrer chez nous mais nous pouvons quitter cette grande ville qui nous avilit, aller dans un endroit tranquille. Je trouverai un emploi d'homme ordinaire, déménageur comme Lionia Kossogor, et puis j'achèterai un camion, deux camions, je deviendrai patron d'une entreprise de déménagement. Nous aurons une famille, le soir tu serviras la soupe, je raconterai ma journée, la nuit nous nous serrerons l'un contre l'autre, je te dirai que je t'aime, je t'aimerai toujours, je te fermerai les yeux ou tu fermeras les miens. »

Après avoir payé 100 dollars pour deux culottes, il propose d'aller prendre un verre. Elle connaît un endroit pas loin, et c'est bien entendu un endroit horriblement cher. Elle le laisse un moment seul à leur table parce qu'il faut qu'elle appelle quelqu'un. Pendant son absence, il répète ce qu'il a décidé de lui dire, il s'exalte à le répéter, mais quand elle remonte du téléphone elle lui demande si ça ne l'ennuie pas qu'un ami à elle les rejoigne, et cinq minutes plus tard l'ami est là. C'est un type dans la cinquantaine, qui commande un whisky et se comporte avec elle comme un propriétaire négligent. Ils parlent tous les deux, devant Édouard, de gens qu'il ne connaît pas, ils rient, puis Elena se lève, dit qu'il faut qu'ils y aillent, se penche sur son ancien mari qu'elle embrasse légèrement au coin des lèvres en lui disant merci, c'était gentil vraiment, ça m'a fait plaisir de te voir, et le type et elle s'en vont en lui laissant payer les trois consommations.

Il rentre par Madison Avenue en dévisageant les passants, les hommes surtout, pour comparer : mieux que moi ? Moins bien ? La plupart sont mieux habillés : on est chez les riches. Beaucoup, plus grands. Quelques-uns, plus beaux. Mais lui seul a l'air dur et déterminé du type capable de tuer. Et tous, quand ils croisent son regard, se détournent avec effroi.

Arrivé à Sutton Place, il se couche, tombe malade. Pendant quinze jours, Jenny le soigne comme un enfant. Elle aime ça et, quand il va mieux, lui dit avec regret : « Tu avais l'air humain. »

L'été revient, un an s'est écoulé depuis qu'il a écrit son livre sur les pelouses de Central Park. Jenny lui a demandé s'il voulait partir en vacances avec elle sur la côte ouest et il a accepté, un peu par curiosité, un peu par lâcheté parce qu'il ne peut en son absence habiter à Sutton Place et qu'il craint le mois d'août à l'hôtel Embassy. Sitôt que, descendus de l'avion, ils se retrouvent dans une voiture de location avec le frère de Jenny et ses deux meilleures amies, celles qu'il ne peut pas supporter, il comprend que ça va être un cauchemar. Non que la Californie lui déplaise, mais il faudrait y être, pense-t-il, au bras de Nastassja Kinski, pas avec cette bande de petits-bourgeois qui jouent aux hippies, boivent du jus de carotte et, dans les *coffee-shops* minables où ils partagent l'addition en faisant le calcul sur un coin de la nappe en papier, éclatent de rires bruyants, prolongés, pour bien montrer qu'ils prennent, selon leur expression favorite, « du bon temps ». Au bout de trois jours passés à se laisser entretenir en faisant la gueule, il n'en peut plus et décide de rentrer. Jenny n'essaie pas de le retenir : chacun fait comme il veut pourvu qu'il ne dérange pas les autres, c'est son credo.

New York est une étuve, il se dit, mais trop tard, qu'il aurait mieux fait de rester sur la côte ouest : tant qu'à être à la rue, mieux vaut y être à Venice, en août, qu'à Manhattan. Il se remet à écrire. Pas des poèmes, cette fois, ni un récit. Des proses courtes, rarement plus d'une page, où se dépose tout ce qu'il a dans la tête. Ce qu'il a dans la tête est affreux, mais il faut lui reconnaître une chose, c'est l'honnêteté avec laquelle il le déballe : ressentiment, envie, haine de classe, fantasmes sadiques, mais aucune hypocrisie, aucune honte, aucune excuse. Plus tard, cela deviendra un livre, un de ses meilleurs à mon avis, appelé *Journal d'un raté*. En voici un échantillon :

« Ils viendront tous. Les voyous et les timides — ceux-là se battent bien. Les revendeurs de drogue et ceux qui distribuent les prospectus pour les bordels. Les masturbateurs, les clients des revues et des cinémas pornos. Ceux qui arpentent en solitaires les salles de musée ou consultent dans les bibliothèques chrétiennes et gratuites. Ceux qui mettent deux heures à siroter leur café chez McDonald's en regardant tristement par la vitrine. Les ratés de l'amour, de l'argent et du travail, et ceux qui ont eu le malheur de naître dans une famille pauvre. Les retraités qui font la queue au supermarché dans la file réservée à ceux qui achètent moins de cinq articles. Les voyous noirs qui rêvent de se faire une Blanche de la haute et comme ils n'y arriveront jamais, ils la violent. Le *doorman* aux cheveux gris qui aimerait tant séquestrer et torturer l'insolente fille de riches du dernier étage. Les braves et les forts venus de tous les horizons pour briller et conquérir la gloire. Les homosexuels, enlacés deux par deux. Les adolescents qui s'aiment. Les peintres, les musiciens, les écrivains dont personne n'achète les œuvres. La grande et vaillante tribu des ratés, *losers* en anglais, en russe *niéoudatchniki*. Ils viendront tous, ils prendront les armes, ils occuperont ville après ville, ils détruiront les banques, les usines, les bureaux, les maisons d'édition, et moi, Édouard Limonov, je marcherai dans la colonne de tête, et tous me reconnaîtront et m'aimeront. »

À son retour de vacances, Jenny lui dit d'un ton sérieux qu'elle a à lui parler. Il n'a rien vu venir, ne s'est pas méfié de ce plouc à moustache et chemise à carreaux chez qui on a fait un barbecue, la veille de son départ précipité, et il apprend maintenant que Jenny va s'installer en Californie avec lui, l'épouser, lui faire des enfants, d'ailleurs elle est déjà enceinte. « Ce n'était pas vraiment de l'amour entre nous », dit-elle gentiment à Édouard, juste une belle amitié qui malgré la distance d'une côte à l'autre n'a aucune raison de cesser, au contraire. Bonne fille comme toujours, elle ne veut pas qu'il souffre, et lui joue le type qui comprend, qui lui souhaite d'être heureuse, qui trouve aussi que c'est mieux comme ça, mais en réalité il souffre, d'une souffrance qui le prend par surprise et le ravage. Il pensait la quitter, pas le contraire. Sans l'aimer lui-même, il était sûr qu'elle l'aimait et cette certitude le rassurait. Quelqu'un l'attendait, il avait un refuge, et maintenant plus rien. De nouveau le monde hostile, le vent froid du dehors.

Il reste le bienvenu à Sutton Place, pour une tasse de café mais pas plus. Steven, quand il le voit, a le mauvais goût de lui taper sur l'épaule, comme pour le consoler d'avoir été plaqué — lui, Limonov, plaqué par cette vache ! Il lui demande

197

ce qu'il va faire, maintenant. Le livre est toujours en lecture, mauvais signe. Le sachant bricoleur, Steven lui parle d'un de ses amis qui cherche quelqu'un, au noir, pour des travaux dans sa maison de campagne. C'est ainsi qu'il se retrouve à Long Island, maniant la pelle et la truelle pour 4 dollars de l'heure, deux mois durant. Les riches new-yorkais qui ont des résidences dans ces élégants villages balnéaires n'y viennent, l'automne, qu'en week-end. En semaine, il n'y a personne. La maison n'est pas chauffée, pas meublée. Édouard campe sur un matelas en mousse qu'il isole tant bien que mal du sol humide avec une bâche, touille des soupes en sachet sur un réchaud, superpose les pulls sans parvenir à se réchauffer. Quelquefois, il profite d'une éclaircie pour aller sur la plage faire peur aux mouettes, ou boire une bière dans l'unique bar, désert, du patelin le plus proche, et il se fait immanquablement tremper jusqu'aux os sur le chemin du retour. Alors, en grelottant, il se glisse dans son sac de couchage et rêve de Jenny et de son plouc à moustache en train de faire l'amour. Si on lui avait dit, au temps où ils étaient ensemble, qu'il se branlerait un jour en pensant à elle...

Hormis le patron du bar et celui du petit supermarché où il se ravitaille, il ne parle à personne, plusieurs semaines d'affilée. Bien qu'il en ait donné le numéro aux quelques êtres humains qu'il considère encore comme ses proches — Chmakov, Lionia Kossogor, Jenny —, le téléphone ne sonne jamais. Personne ne pense à lui, personne ne se rappelle qu'il existe. Sauf, un jour, son agent, et c'est pour lui annoncer que Macmillan refuse son manuscrit. Trop négatif. Effectivement, un livre dont la dernière phrase est : « Allez tous vous faire enculer ! » … L'agent dit, sans y croire, qu'il ne laisse pas tomber, qu'il pense à d'autres éditeurs. Il est pressé d'en finir avec cette conversation désagréable, pressé de raccrocher. Il raccroche. Édouard reste assis sur son sac de ciment, seul dans le salon vide, seul au monde. La pluie tombe en rafales, si fort qu'elle frappe les vitres latéralement, comme en avion. Il se dit que cette fois c'est foutu. Il a tenté, il a échoué. Il restera un prolo qui fore des trous dans le béton, repeint des maisons de riches hors saison, feuillette des magazines pornos. Il mourra sans que personne sache qui il a été.

J'ai l'impression d'avoir déjà écrit cette scène. Dans une fiction, il faut choisir : le héros peut toucher le fond une fois, c'est même recommandé, mais la seconde est de trop, la répétition guette. Dans la réalité, je pense qu'il l'a touché plusieurs fois. Plusieurs fois il s'est retrouvé à terre, vraiment désespéré, vraiment privé de recours et, c'est un trait que j'admire chez lui, il s'est toujours relevé, toujours remis en marche, toujours réconforté avec l'idée que quand on a choisi une vie d'aventurier, être perdu comme ça, totalement seul, au bout du rouleau, c'est simplement le prix à payer. Quand Elena l'a quitté, sa tactique de survie a consisté à se laisser couler : dans la misère, la rue, la baise sauvage, considérées comme autant d'expériences. Cette fois, une autre idée lui vient. Jenny va bientôt rejoindre son fiancé en Californie et Steven, qui se désole de la perdre, ne lui a pas encore trouvé de remplaçante. Lui, Édouard, a tenu lieu d'assistant ménager pendant des mois : réparant un pied de table, graissant les outils de jardinage, préparant un *bortsch* que tous les invités ont couvert d'éloges. Il connaît parfaitement la maison. Surtout, Steven est snob : l'idée d'avoir pour majordome un poète russe va l'enchanter.

<h1 style="text-align:center">8</h1>

L'idée, comme prévu, enchante Steven, et pas seulement l'idée, car le poète russe se révèle un majordome modèle. Exigeant avec la femme de ménage haïtienne, en bons termes avec la secrétaire, de caractère pourtant difficile. Méfiant avec quiconque sonne à la porte, mais capable de passer avec naturel de la plus grande circonspection à la plus grande déférence si l'étranger s'avère n'être pas un étranger. À l'aise avec les fournisseurs. Se faisant réserver les meilleurs morceaux chez Ottomanelli, la boucherie la plus chère de New York. Cuisinant en expert, non seulement *bortsch* et bœuf Strogonoff, mais encore ces légumes pleins de vitamines qu'aiment les riches : fenouil, brocolis, roquette, dont avant d'entrer dans la place ce mangeur de patates et de chou ignorait jusqu'à l'existence. Assez digne de confiance pour qu'on puisse l'envoyer chercher 10 000 dollars, en liquide, à la banque. Veillant à tout, n'oubliant rien des goûts et habitudes du maître. Lui servant son whisky à bonne température. Détournant le regard, sans ostentation, quand une femme nue sort de la salle de bains. Sachant se tenir à sa place, mais devinant avec quels invités il sera bien vu d'arborer sous sa veste de livrée un tee-shirt à l'effigie de Che Guevara et de prendre part à la conversation. Bref, une perle. Ses amis l'envient à Steven, on en parle dans tout Manhattan.

Cela durera un an, au bout duquel un éditeur français acceptera le roman d'Édouard, qui s'envolera pour Paris avec la bénédiction émue de son ancien patron. Ses livres seront bientôt traduits en Amérique, par les éditeurs qui les avaient en premier lieu refusés, et j'essaye à présent d'imaginer ce qu'a pensé Steven lorsqu'il a lu *His Servant's Story*, paru en 1983 chez Doubleday.

Qu'y a-t-il appris ? D'abord, que dès qu'il avait le dos tourné, son majordome modèle descendait de son studio sous le toit pour prendre possession de la *master's bedroom*, à l'étage noble. Qu'il se vautrait dans les draps de soie de son maître, fumait des joints dans sa baignoire, essayait ses habits, marchait pieds nus sur sa moquette moelleuse. Qu'il fouillait ses tiroirs, buvait son Château-Margaux et, bien sûr, ramenait des filles : pêchées n'importe où, quelquefois par deux, et il les baisait et les regardait baiser dans le grand miroir vénitien opportunément incliné au-dessus du lit *king size* en leur faisant croire qu'il était, sinon le maître de maison, du moins un de ses amis, son égal. Bon. Je me trompe peut-être, mais je ne pense pas que ces transgressions-là ont terriblement troublé Steven. Car, je me trompe peut-être sur ce point aussi, mais je pense que tous les domestiques rêvent plus ou moins de cela, baiser dans le lit des maîtres, que quelques-uns le font et que les gens qui emploient des domestiques, s'ils ne sont pas idiots, le savent et ferment les yeux. L'essentiel est que tout soit bien rangé après, que les draps tournent dans la machine à laver, et pour cela on pouvait faire confiance à Édouard.

Non, ce qui a dû vraiment troubler Steven, ce n'est pas ce que son serviteur faisait en son absence, mais ce qu'il pensait en sa présence.

Il n'était pas naïf au point d'imaginer que le poète russe l'aimait. Peut-être pensait-il qu'il l'*aimait bien*, et en effet, il l'aimait bien, ne le trouvait ni stupide ni odieux. Il n'avait rien, *personnellement*, contre lui. Mais il se tenait, devant lui, comme le moujik qui, tout en servant le barine, attend son heure et, quand cette heure sera venue, entrera par la grande porte dans la belle demeure pleine d'objets d'art du barine, saccagera ses objets d'art, violera sa femme, jettera le barine à terre et le rouera de coups de pied en riant de triomphe. La grand-mère de Steven lui avait décrit la stupeur des nobles d'ancien régime quand ils ont vu se déchaîner ainsi leurs braves Vanias si dévoués, si fidèles, qui avaient vu naître leurs enfants, qui étaient si gentils avec eux, et Steven a dû, je pense, éprouver à son tour cette stupeur en lisant le livre de son ancien serviteur. Pendant près de deux ans, il avait côtoyé sans méfiance cet homme placide, souriant, sympathique, qui était au plus profond de son âme son ennemi.

J'imagine Steven lisant et se rappelant le jour —

il l'avait totalement oublié — où il s'est emporté contre son serviteur pour une histoire de pantalon pas revenu à temps du nettoyage. L'autre a encaissé, le visage pâle, muré dans son expression impassible de Mongol. Une heure après, Steven s'est excusé, l'incident était clos, on en a ri — enfin, lui. Ce qu'il n'a pas soupçonné, c'est que si l'algarade avait duré quelques secondes de plus, son serviteur serait allé chercher le couteau à découper rangé dans le tiroir de la cuisine et l'aurait saigné, d'une oreille à l'autre, comme un goret (c'est du moins ce qu'il dit).

Et le jour de la réception chez le haut fonctionnaire de l'ONU ! Il habitait la maison mitoyenne. Steven a fait un saut, en voisin. Il a bu du champagne dans le jardin éclairé par des photophores, parlé avec des diplomates, des épouses de diplomates, des *congressmen*, quelques chefs d'État africains. Ce qu'il n'a pas soupçonné, comment l'aurait-il soupçonné ?, c'est que de sa lucarne, là-haut, son serviteur les observait et que cette fête de puissants à laquelle il n'avait aucune chance d'être jamais convié l'a mis dans une telle rage qu'il est allé chercher à la cave le fusil de chasse de son maître, l'a sorti de son étui, chargé et s'est mis à en promener le viseur d'un invité à l'autre. Il en a reconnu un, qu'il avait vu à la télévision : c'était le secrétaire général de l'ONU, Kurt Waldheim — celui dont on devait, vingt ans plus tard, déterrer le passé nazi. Steven a échangé quelques mots avec lui, ce soir-là. Pendant qu'il lui parlait, son serviteur les tenait en joue. Quand ils se sont éloignés l'un de l'autre, il a suivi Waldheim de groupe en groupe, dans la petite croix du viseur. Son doigt se crispait sur la détente. C'était terriblement tentant. S'il tirait, il serait célèbre du jour au lendemain. Tout ce qu'il avait écrit serait publié. Son *Journal d'un raté* deviendrait un livre culte, la bible de tous les *losers* haineux de la planète. Il a joué avec cette idée, il s'est tenu au bord du geste fatal comme on se tient au bord de la jouissance, puis Waldheim est rentré à l'intérieur de la maison et, après un instant d'atroce déception, le serviteur s'est dit : « Au fond, tant mieux. Je n'en suis pas encore là. »

Le pire, c'est ce qu'écrit le serviteur sur le petit garçon leucémique. C'était le fils d'autres voisins, un couple charmant. Il avait cinq ans, tout le monde dans le quartier l'adorait et tout le monde a suivi, la gorge serrée, les progrès de sa maladie. La chimiothérapie, l'espoir, la rechute. Steven connaissait assez les parents pour leur rendre visite. Il revenait à chaque fois hagard. Bien sûr, il pensait à ses propres enfants. Un jour, le père lui a dit que c'était foutu : une question de jours, plus probablement d'heures. Steven est descendu annoncer la nouvelle à Jenny, et elle a éclaté en sanglots. Édouard, qui était comme d'habitude dans la cuisine, n'a pas pleuré, mais il semblait ému aussi, à sa manière pudique et militaire. Ils sont restés tous les trois en silence, et Steven garde de ce moment un souvenir étrangement lumineux. Les barrières sociales étaient tombées, ils étaient juste deux hommes et une femme autour d'une table, qui attendaient ensemble la mort d'un petit garçon. Il n'y avait plus entre eux que du chagrin, de la compassion et quelque chose de fragile qui était peut-être de l'amour.

Or voici ce qu'écrit Édouard :

« Eh bien, il mourra de son cancer, le petit, et puis merde ! Oui, il est beau, oui, quelle pitié, mais je maintiens : et puis merde ! Tant mieux, même. Qu'il crève, le gosse de riches, je m'en réjouirai. Pourquoi devrais-je feindre l'attendrissement et la pitié alors que ma propre vie, sérieuse et unique, est saccagée par ces fumiers, tous autant qu'ils sont ? Meurs, petit garçon condamné ! Ni le cobalt ni les dollars n'y pourront rien. Le cancer ne respecte pas l'argent. Offre-lui des milliards, il ne reculera pas. Et c'est très bien comme ça : une chose au moins devant laquelle tout le monde est à égalité. »

(« Quel sale type ! » pense Steven, et je pense la même chose, et sans doute toi aussi, lecteur. Cependant, je pense aussi que s'il y avait eu quelque chose à faire pour sauver le petit garçon, de préférence quelque chose de difficile ou de dangereux, le premier qui s'y serait collé et aurait jeté dans le combat toute son énergie, c'est Édouard.)

9

Un jour, Steven demande à son serviteur de préparer la plus belle chambre d'amis pour son illustre compatriote, le poète Evguéni Evtouchenko. Édouard n'a aucune estime pour ce faux cul, semi-

dissident couvert de *datchas* et de privilèges, accu-
mulant jusqu'à l'écœurement le beurre et l'argent
du beurre, mais bien sûr ne pipe mot. Evtouchenko
arrive, grand, beau, content de lui, avec une veste
en jean mauve, un appareil photo au zoom énorme
en bandoulière et des sacs de grands magasins contenant toutes sortes de gadgets qu'on ne trouve pas
chez lui : un plouc sibérien monté à la capitale,
selon Brodsky à qui j'emprunte cette description
— et, pour avoir moi-même croisé Evtouchenko
vingt ans plus tard, je la confirme. Steven, ravi
d'avoir à la maison ce Russe si russe, organise un
cocktail en son honneur. Édouard, en livrée, fait le
service. Il redoute l'épreuve humiliante de la pré-
sentation au grand homme, et ça ne rate pas mais,
à sa grande surprise, celui-ci réagit : Limonov ? Il
a entendu parler de son livre. « *Editchka*, c'est bien
ça ? » On dit que c'est formidable, il aimerait le
lire.

La compagnie s'en va, d'abord au Metropolitan
Opera, où danse Noureev, ensuite souper au *Russian Samovar* de la 52ᵉ Rue. Édouard de son côté
débarrasse, range, va se coucher tôt : quand Steven est en ville, il n'y a rien de mieux à faire. À
quatre heures du matin, le téléphone intérieur
sonne dans sa chambre : c'est Evtouchenko, qui lui
demande de descendre à la cuisine. Ils y sont atta-
blés, Steven et lui, devant une bouteille de vodka,
très soûls, nœuds papillon défaits, et l'invitent à
boire avec eux. En rentrant du *Russian Samovar*,
Evtouchenko a lu la première page du manuscrit
qu'Édouard a docilement laissé en évidence dans
sa chambre, puis la seconde, assis sur la cuvette des

chiottes, puis une cinquantaine d'autres, et après ça il n'était plus question de dormir. Il a entraîné Steven dans la cuisine pour boire encore, fêter sa découverte, et maintenant, pâteux mais enthousiaste, il répète : « *It's not a good book, my friend, it's a great book ! A fucking great book !* » — Evtouchenko, trouvant que ça fait cosmopolite et affranchi, dit *fucking* plutôt deux fois qu'une. Il va se démener, promet-il, pour le faire publier. Steven, sentimental, quand il a bu, comme le richard à haut-de-forme des *Lumières de la ville*, serre affectueusement le jeune prodige dans ses bras. On trinque et retrinque au chef-d'œuvre et notre Édouard certes reprend espoir, s'abandonne un peu à la liesse générale, mais n'en pense pas moins, en son ténébreux for intérieur, qu'un milliardaire américain et un poète soviétique officiel font partie de la même classe, celle des maîtres, que lui, Limonov, qui a mille fois plus de talent et d'énergie, n'en fera jamais partie, qu'on boit à son génie mais que c'est lui qui nettoiera leur bordel quand ils seront enfin montés se coucher, et que le soir du grand soir on peut compter sur lui pour ne pas les rater.

Non sans embrassades — mais elles sont, à jeun, moins chaleureuses —, Steven et Evtouchenko partent skier dans le Colorado. Quelques semaines passent, sans nouvelles : Édouard avait raison de se méfier. C'est alors qu'il reçoit un coup de fil d'un type nommé Lawrence Ferlinghetti. Ce nom lui dit quelque chose : poète lui-même, Ferlinghetti est aussi l'éditeur, légendaire, des *beatniks* à San Francisco. Son ami Evguéni lui a parlé de ce

« grand livre », un des meilleurs écrits en russe depuis la guerre — un bon point pour Evtouchenko — et il aimerait le lire. Il est de passage à New York, où il séjourne chez son ami Allen Ginsberg — cet homme n'a que des amis célèbres. Steven n'étant pas là, Édouard l'invite à déjeuner « à la maison ».

Ferlinghetti est un homme âgé, chauve, barbu, d'assez belle prestance. Sa femme : pas mal non plus. Ils ont beau en avoir vu d'autres, le luxe de Sutton Place les laisse pantois. Evtouchenko ne leur a pas dit ce que le poète faisait pour gagner sa vie, il a dû en revanche s'étendre sur les passages les plus *trash* de son livre et ils se demandent visiblement, sans oser le demander, comment ce garçon qu'on leur a présenté comme un semi-clochard, couchant avec des nègres dans Harlem, peut habiter un endroit pareil. Est-ce qu'il a un amant milliardaire ? Est-ce qu'il *est* milliardaire, et hante les bas-fonds de New York comme le calife Haroun al-Rachid hantait ceux de Bagdad : déguisé en pauvre hère ? Leurs visages distingués ne sont plus que deux points d'interrogation. Édouard jouit du malentendu, et quand il se résigne à le dissiper, c'est à sa grande surprise encore plus jouissif. Car au lieu d'être déçus ou de le regarder soudain de haut, Ferlinghetti et sa femme éclatent de rire, s'extasient sur le tour qu'il leur a joué et se déclarent encore plus épatés. Quel luron ! Quel aventurier ! Du coup, il ne se voit plus lui-même comme un larbin mais comme un écrivain à la Jack London, qui entre cent gagne-pain pittoresques, matelot, chercheur d'or, voleur à la tire, aura exercé celui de larbin. Pour la première fois, il joue devant un public de connaisseurs ce rôle où il se montre excellent : décontracté, cynique, surfant sur les vagues de la vie. C'est un triomphe. On lui fait raconter ses aventures, dont il devine d'instinct que la version voyou plaira plus à son nouveau public que la version dissident. « Mais finalement, lui demande la femme de Ferlinghetti, qui boit ses paroles, vous êtes homo ?

— Un peu tout, répond-il négligemment.

— Un peu tout ! Formidable ! »

Au moment de se quitter, éméchés et ravis, la publication ne semble plus qu'une formalité. Le choc est d'autant plus rude quand, un mois plus tard, le manuscrit revient de San Francisco avec une lettre de Ferlinghetti qui ne l'accepte ni ne le refuse clairement, mais suggère une autre fin, un dénouement tragique : Editchka devrait commettre un meurtre politique, comme De Niro dans *Taxi Driver*.

Édouard secoue la tête, consterné. Ferlinghetti n'a rien compris. Dieu sait qu'il y a pensé. Il a bien failli le faire, quand il a eu Waldheim dans le viseur de son fusil. S'il ne l'a pas fait, c'est parce qu'il espère encore s'en tirer autrement. Il encaisse tout, les boulots de merde, les refus des éditeurs, la solitude, les filles de catégorie E, parce qu'il compte bien un jour entrer dans les salons des riches par la grande porte et baiser leurs filles vierges, et qu'en plus on lui dise merci. Il sait parfaitement ce qui se passe dans la tête d'un *loser* qui, poussé à bout, prend une arme et tire dans le tas mais, parce qu'il est capable de l'écrire, il n'est pas ce *loser* et il n'est pas question que son double de papier le soit.

La lettre prend fin sur un post-scriptum, que voici : « Aujourd'hui qu'en échange d'un travail pas trop astreignant il habite une maison somptueuse et profite, dans une certaine mesure, des bienfaits de la société bourgeoise, le héros de votre livre ne serait-il pas plus indulgent envers cette société ? Ne la voit-il pas d'un œil plus serein ? »

L'enculé. Putain, l'enculé.

Faux espoir, coup de grâce, tout semble une fois encore foutu, et puis, comme il arrive, tout repart. Quelqu'un, à Paris, parle du livre à Jean-Jacques Pauvert, dont Édouard ne sait pas encore que c'est, au moins autant que Ferlinghetti, un éditeur mythique et sulfureux : celui des surréalistes, de Sade et d'*Histoire d'O*, dix fois condamné pour atteinte aux bonnes mœurs ou à la dignité du chef de l'État et dix fois renaissant, joyeusement. Sur la base des quelques chapitres traduits, il s'emballe, décide de publier. Ce sera un peu compliqué parce que sa maison fait une fois de plus faillite, qu'il doit trouver refuge au sein d'une autre, mais peu importe, ce qui compte, c'est que *Moi, Editchka* paraît à l'automne 1980 sous le titre fracassant que lui a trouvé Pauvert : *Le poète russe préfère les grands nègres*.

IV

PARIS, 1980-1989

1

Quand Limonov est arrivé à Paris, je venais, moi, d'y revenir après deux ans passés en Indonésie. Le moins qu'on puisse dire est qu'avant cette expérience je n'avais pas mené une vie très aventureuse. J'ai été un enfant sage, puis un adolescent trop cultivé. Ma sœur Nathalie, à qui on avait donné comme sujet de rédaction : « Décrivez votre famille », a fait de moi ce portrait : « Mon frère est très sérieux, il ne fait jamais de bêtises, il lit toute la journée des livres de grands. » À seize ans, j'avais un cercle d'amis passionnés comme moi par la musique classique. Nous passions des heures à comparer différentes versions d'un quintette de Mozart ou d'un opéra de Wagner en singeant l'émission légendaire de France Musique, « la Tribune des critiques de disques », dont les participants nous enchantaient par leur érudition, leur mauvaise foi, leur évident plaisir à former, dans un monde de barbares adonnés aux rythmes binaires, une petite enclave de civilisation ironique et grognonne. Ceux qui se

213

rappellent les empoignades de Jacques Bourgeois et Antoine Goléa me comprendront. Lycéen à Janson-de-Sailly, puis étudiant à Sciences Po, j'ai passé le plus clair des années soixante-dix à mépriser le rock, à ne pas danser, à me soûler pour me donner une contenance et à rêver de devenir un grand écrivain. En attendant, je suis devenu une sorte de *wunderkind* de la critique de cinéma, publiant dans la revue *Positif* de longs articles sur le cinéma fantastique ou sur Tarkovski et, sur les films que je jugeais mauvais, des notules dont la méchanceté me ferait aujourd'hui rougir. Politiquement, je penchais nettement à droite. Si on m'avait demandé pourquoi, j'aurais répondu, je suppose, par dandysme, goût d'être minoritaire, refus du panurgisme. On m'aurait étonné en me disant que, lecteur de Marcel Aymé et pourfendeur de ce qu'on n'appelait pas encore le « politiquement correct », je reproduisais les opinions de ma famille avec une docilité qui aurait pu servir d'exemple pour illustrer les thèses de Pierre Bourdieu.

Cela m'ennuie de parler avec aussi peu d'indulgence de l'adolescent et du très jeune homme que j'ai été. Je voudrais l'aimer, me réconcilier avec lui, et je n'y arrive pas. Il me semble que j'étais terrorisé : par la vie, par les autres, par moi-même, et que la seule façon d'empêcher que la terreur me paralyse tout à fait, c'était d'adopter cette position de repli ironique et blasé, de considérer toute espèce d'enthousiasme ou d'engagement avec le ricanement du type pas dupe, revenu de tout sans être jamais allé nulle part.

J'ai fini par aller quelque part, cependant, et pour

comble de chance par y aller avec quelqu'un. Muriel, que j'ai rencontrée à Sciences Po, était une très belle fille, roulée comme un modèle de *Playboy* et habillée de telle sorte qu'on n'en ignore rien. Elle détonnait rue Saint-Guillaume, où les étudiants des deux sexes étaient en ce temps-là vêtus de manteaux de loden assortis, pour les filles, de carrés Hermès et, pour les garçons, de chemises au col fermé, sous la cravate, par une barrette dorée. Moi, soit dit à ma décharge, je portais des Clarks pourries et une vieille veste de cuir, j'étais un étudiant cossard, moqueur, peu motivé, fidèle aux valeurs je-m'en-foutistes du lycée, qui n'avaient évidemment plus cours dans une école où chacun se voyait déjà diriger la France. J'écrivais des nouvelles de science-fiction et des critiques de cinéma, à ce titre j'étais invité et pouvais emmener les filles à des projections privées, et je suppose que c'est cet ensemble de traits artistes et bohèmes, cette tendance générale à l'objection de conscience qui, malgré ma timidité, m'ont valu d'emballer la fille la plus sexy et en même temps la moins sortable de ma promotion.

Mes amis amateurs de musique classique trouvaient, comme les élèves de Sciences Po, Muriel un peu vulgaire. Elle parlait fort, riait fort, ponctuait ses phrases de « j'veux dire » et de « tu vois » et roulait des joints avec une petite machine métallique qu'elle m'a donnée, que j'ai encore, au fond de laquelle elle avait tracé, au marqueur, les mots *Don't forget*. Je ne l'ouvre jamais sans penser à elle avec gratitude et en me demandant quel tour aurait pris ma vie si nous étions restés plus longtemps ensemble. C'était une vraie baba, qui a fait de moi un vrai baba aussi. Au sortir d'une adolescence passée à lire des écrivains de droite de l'entre-deux-guerres en rêvant d'aller un jour au festival de Bayreuth, je me retrouvais dans une ferme isolée de la Drôme à fumer de l'herbe, écouter de la musique planante, jeter sur des kilims effrangés les trois pièces permettant de consulter le *Yi-King* et surtout faire l'amour avec une fille rieuse, sans malice, qui, à poil du matin au soir, m'offrait le spectacle et la jouissance d'un corps d'une splendeur quasi surnaturelle, et c'était à vingt ans, venant d'où je venais, ce qui pouvait sans conteste m'arriver de mieux.

À cette époque, le service militaire était obligatoire et, pour les jeunes bourgeois comme moi qui ne voulaient être ni bidasse ni élève officier de réserve, il y avait deux solutions : se faire réformer ou partir en coopération. J'ai opté, après Sciences Po, pour la coopération. On m'a nommé professeur au Centre culturel français de Surabaya, un port industriel à la pointe orientale de Java qui a servi de décor au roman de Conrad, *Une victoire*, et dont le nom aux sonorités exotiques a inspiré à Brecht et Kurt Weill la chanson *Surabaya Johnny*. La belle demeure hollandaise qu'occupait le Centre culturel avait servi, sous l'occupation japonaise, de bureau d'action musclée, quelque chose comme la rue Lauriston chez nous. Il s'y était passé assez de choses horribles pour qu'elle ait la réputation d'être hantée. Un exorciste venait deux fois par an, on avait le plus grand mal à recruter des gardiens, le jardin à part ça était un enchantement. J'enseignais le français à des dames de la bonne société chinoise qui avaient élevé leurs enfants, s'ennuyaient un peu, et pour qui suivre ces cours était une activité de bon ton, comme le bridge. Nous traduisions des articles de *Vogue* sur Catherine Deneuve et Yves Saint Laurent. Elles m'aimaient bien, je crois. Bientôt, Muriel est venue me rejoindre. Nous faisions de grandes virées à moto, le grouillement de l'Asie, les odeurs de l'Asie nous grisaient. C'est à Surabaya qu'inspiré par nos expériences avec des champignons hallucinogènes j'ai commencé à écrire mon premier roman. C'était comme un petit genre littéraire à l'époque, le premier roman de coopérant. À chaque rentrée, il en paraissait trois ou quatre : un jeune homme des beaux quartiers, rêvant vaguement de littérature, se retrouvait deux ans au Brésil, en Malaisie, au Zaïre, loin de sa famille, loin de ses amis, se prenait pour un aventurier et racontait cette aventure, en la romançant plus ou moins — en ce qui me concerne, plutôt plus.

Dès que j'avais quelques jours de vacances, Muriel et moi allions à Bali, où nous attirait moins le mode de vie des Balinais — fêtes de village, musique traditionnelle, rites ancestraux — que celui des Occidentaux établis dans les *lodges* de Kuta Beach et de Legian : surf, *magic mushrooms* et fêtes aux flambeaux sur la plage. Cette société, hédoniste et cool, était divisée en castes. Il y avait la plèbe des touristes de passage, appareil photo en sautoir, ceux-là on ne les voyait même pas ; les routards fauchés que l'obsession de ne pas se faire arnaquer et de payer pour tout le *vrai* prix rendait paranoïaques ; les surfeurs australiens, des types pas compliqués qui buvaient de la bière, écoutaient du hard rock et avaient souvent de jolies filles avec eux ; enfin l'aristocratie, ceux que Muriel et moi nommions les babas chic et à qui nous rêvions de ressembler. Ceux-là louaient pour la saison de belles maisons de bois sur la plage. Ils arrivaient de Goa, repartaient pour Formentera. Leurs vêtements de lin ou de soie étaient plus raffinés que ceux qu'on trouvait dans les boutiques du village et dont s'affublaient les touristes. Leur herbe était meilleure et leur décontraction plus naturelle. Ils faisaient du yoga, vaquaient à des affaires qui ne semblaient jamais urgentes. Les revenus qui leur permettaient de mener cette vie idéalement nonchalante provenaient de trafics sur lesquels ils restaient évasifs : drogue pour les plus audacieux (mais il fallait vraiment l'être, parce qu'on risquait en Indonésie la prison à vie dans des conditions effroyables, ou même la pendaison), pierres précieuses, meubles, tissus pour les plus petits poissons. Muriel, grâce à sa beauté et sa gentillesse, a été bientôt adoptée dans ce milieu où j'avais conscience que, sans elle, on ne m'aurait pas accueilli. Je devenais jaloux, affectais de mépriser ce qu'en réalité j'enviais : le mauvais pli qu'ont pris nos relations s'est formé là. Plus nous traînions à Bali et fréquentions les babas chic, cependant, moins nous avions envie de rentrer à Paris à la fin de ma coopération pour reprendre nos études ou chercher du travail. Les bons jours, je m'imaginais écrivant sur la terrasse d'une maison en bambou au bord de la mer. Torse nu, la taille ceinte d'un *sarong*, je tirais une bouffée du pétard que me tendait Muriel avant de descendre se bai-

gner, je regardais ses hanches onduler tandis qu'elle
s'éloignait sur la plage, blonde, bronzée, ravissante,
et je me disais que vraiment, cette vie nous convien-
drait. Nous avons donc cherché un moyen de la
mener et fait, pour commencer, un choix prudent.
On trouvait dans les magasins de Kuta des bikinis
de qualité médiocre mais assez jolis, tissés de fils
d'or. Renseignements pris auprès de plusieurs
fabricants, on pouvait les avoir pour un dollar la
pièce et, selon Muriel, les revendre à Paris dix fois
plus cher. Nous avons donc investi tout l'argent
que nous avions, plus les indemnités auxquelles les
coopérants ont droit à la fin de leur service, dans la
commande de cinq mille maillots de bain, qui
seraient acheminés vers la France aux frais du Quai
d'Orsay et serviraient à amorcer la pompe grâce à
laquelle nous allions vivre entre Paris et Bali, surtout à Bali.

J'abrège. Quand le fabricant m'a livré les cartons,
Muriel m'avait quitté depuis un mois pour un baba
plus vieux, plus sûr de lui, plus cool, auprès de qui
le jeune homme tourmenté et de plus en plus
odieux que j'étais ne faisait évidemment pas le
poids. C'est ainsi qu'après avoir rêvé une vie
d'aventurier, toutes amarres larguées, je suis rentré
à Paris seul, malheureux, lesté du manuscrit d'un
premier roman qui racontait une histoire d'amour
enchantée et de cinq mille maillots de bain cousus
de fils d'or qui évoquaient la déroute de cet amour
et, pensais-je, de ma vie. Je garde de l'hiver qui a
suivi mon retour un souvenir affreux. Je n'ai jamais
été gros mais la chaleur des tropiques m'avait fait

fondre de dix kilos, et ce qui, là-bas, pouvait passer pour une gracieuse sveltesse asiatique devenait dans la grisaille parisienne une maigreur de fantôme ou de grand malade. La place qui m'était impartie sur terre se ratatinait, on me bousculait sans me voir dans la rue, j'avais peur qu'on me marche carrément dessus. Dans le studio que j'habitais, il y avait un matelas à même le sol, quelques chaises et, faisant office de tables, les deux cantines contenant les maillots de bain. Quand une fille venait me voir, je l'invitais à se servir, à en prendre cinq, dix, autant qu'elle voulait. Ils avaient peu de succès, je ne me rappelle même plus quand et comment je m'en suis débarrassé. Mon roman ne m'inspirait plus que du dégoût, je l'ai quand même envoyé à quelques éditeurs dont les lettres de refus ont ponctué l'hiver. J'avais rêvé que le triomphe de l'écrivain venge l'échec de l'aventurier et de l'amant, mais de toute évidence ils avaient échoué tous les trois.

2

Deux ans plus tôt, ma mère était, elle, devenue célèbre. Universitaire jusqu'alors estimée par ses pairs, elle avait à la demande d'un éditeur intelligent synthétisé les recherches qu'elle poursuivait depuis le début de sa carrière dans un livre qui s'est révélé un *best-seller*. La thèse de *L'Empire éclaté* était à l'époque neuve et audacieuse. On se trompe, disait ma mère, en identifiant l'URSS à la Russie. C'est une mosaïque de peuples qui tiennent ensemble tant bien que mal et où les minorités ethniques, linguistiques, religieuses et principalement musulmanes, sont si nombreuses, si promptes à se reproduire et si mécontentes de leur sort qu'elles vont finir, à force, par devenir la majorité et menacer l'hégémonie russe. D'où, conséquence de la thèse : on se trompe tout aussi lourdement en croyant, comme tout le monde ou presque le croyait en 1978, que l'Empire soviétique est là pour quelques générations encore. Il est fragile, gangrené par ses nationalités comme par des termites, il pourrait bien finir par s'effondrer.

Il ne s'est pas effondré tout à fait de cette façon mais, quand même, la décennie qui s'ouvrait a vérifié les intuitions de ma mère, lui conférant un statut d'oracle qu'elle a pris grand soin par la suite de ne pas remettre en jeu par des prédictions imprudentes. *L'Empire éclaté* a fait assez de bruit pour mériter un article en première page de la *Pravda*, où la « tristement célèbre » Hélène Carrère d'Encausse était dénoncée comme l'inspiratrice d'une forme nouvelle et particulièrement pernicieuse d'anticommunisme. Cela n'a pas empêché ma mère de se rendre l'année suivante à Moscou et d'y rencontrer l'auteur de l'article, un historien qui lui a demandé, les yeux brillants : « Vous l'avez apporté, votre livre ? Non ? Quel dommage, j'aimerais tellement le lire, il paraît que c'est un travail remarquable » — signe que ces temps de brejnévisme crépusculaire étaient décidément devenus végétariens.

Spécialiste désormais incontestée de l'Union soviétique, ma mère s'est mise à recevoir tout ce qui en traitait de près ou de loin. C'est ainsi que, déjeunant chez mes parents un dimanche de ce cruel hiver et fouillant dans la pile des derniers arrivages, je suis tombé sur un livre au titre intrigant : *Le poète russe préfère les grands nègres*. La page de garde portait une dédicace, d'une écriture maladroite car peu habituée à l'alphabet latin : « Pour Carrère d'Encausse, du Johnny Rotten de la littérature. » Malgré ma mauvaise humeur alors chronique, j'ai souri en pensant que l'auteur de cette dédicace devait aussi peu savoir qui était « Carrère d'Encausse », à qui son éditeur lui avait enjoint d'envoyer le livre, que ma mère savait qui était Johnny Rotten. Je lui ai demandé si elle l'avait lu. Elle a haussé les épaules et répondu : « Juste feuilleté. C'est ennuyeux et pornographique » — deux mots considérés comme synonymes dans ma famille. J'ai emporté le livre.

Je ne l'ai pas trouvé ennuyeux, au contraire, mais il m'a fait du mal et je n'avais pas besoin de cela. Mon idéal était de devenir un grand écrivain, je me sentais à des années-lumière de cet idéal et le talent des autres m'offensait. Les classiques, les grands morts, passe encore, mais les gens à peine plus âgés que moi… S'agissant de Limonov, ce n'est pas au premier chef son talent d'écrivain qui m'a impressionné. Le dieu de ma jeunesse était Nabokov, il m'a fallu du temps pour aimer la prose franche et directe et j'ai dû trouver au poète russe des manières un peu relâchées. Ce qu'il racontait, c'est-à-dire sa vie, me faisait plus d'effet que sa façon de le raconter. Mais quelle vie ! Quelle énergie ! Cette énergie, hélas, au lieu de me stimuler, m'enfonçait un peu plus, page après page, dans la dépression et la haine de moi-même. Plus je le lisais, plus je me sentais taillé dans une étoffe terne et médiocre, voué à tenir dans le monde un rôle de figurant, et de figurant amer, envieux, de figurant qui rêve des premiers rôles en sachant bien qu'il ne les aura jamais parce qu'il manque de charisme, de générosité, de courage, de tout sauf de l'affreuse lucidité des ratés. J'aurais pu me rassurer en me disant que ce que je ressentais là, Limonov l'avait ressenti lui aussi, qu'il divisait comme je le faisais alors l'humanité en forts et en faibles, gagnants et perdants, VIP et piétaille, qu'il vivait tenaillé par l'angoisse de faire partie de la seconde catégorie et que c'est précisément cette angoisse, si crûment exprimée, qui donnait sa force à son livre. Mais je ne voyais pas cela. Tout ce que je voyais, c'est que lui était à la fois un aventurier et un écrivain publié, alors que je n'étais et ne serais jamais ni l'un ni l'autre, la seule et dérisoire aventure de ma vie s'étant soldée par un manuscrit qui n'intéressait personne et deux cantines remplies de maillots de bain ridicules.

À mon retour d'Indonésie, j'avais trouvé du travail comme critique de cinéma. Un éditeur qui avait remarqué mes articles et lançait une collection de monographies sur des cinéastes contemporains m'a proposé d'en écrire une, sur qui je voulais, et j'ai choisi Werner Herzog. J'admirais ses films, qui connaissaient alors leur plus grande faveur, mais surtout je l'admirais, lui. Il avait travaillé en usine pour financer, seul, sans perdre de temps à convaincre quiconque, des documentaires extatiques où l'on voyait des survivants de catastrophes, des laissés-pour-compte, des mirages. Il avait, dans *Aguirre, la colère de Dieu*, dompté la jungle amazonienne et la folie de son acteur principal, Klaus Kinski. Il avait traversé l'Europe à pied, en plein hiver et en ligne droite, pour empêcher la mort de faucher une très vieille dame, Lotte Eisner, qui était la mémoire du cinéma allemand. Puissant, physique, intense, totalement étranger à l'esprit de frivolité et de second degré qui était notre lot, à nous autres Parisiens du début des années quatre-vingt, il traçait son chemin dans des conditions extrêmes, défiant la nature, maltraitant au besoin les naturels, ne se laissant pas arrêter par les prudences ou les scrupules de ceux qui le suivaient à grand-peine. Le cinéma, avec lui, avait une autre allure que les conversations de café filmées par les anciens élèves de l'IDHEC. Bref, j'admirais Herzog comme un surhomme et, selon un schéma qui depuis quelques pages doit être clair, je m'accablais d'autant plus de n'en être pas un, moi.

Cet accablement a, si je peux dire, culminé quand, mon livre à peine paru, le magazine *Télérama* m'a envoyé au festival de Cannes interviewer Herzog qui présentait son nouveau film, *Fitzcarraldo*. Mes amis trouvaient que j'avais de la chance d'aller à Cannes : j'ai trouvé ça atroce, un théâtre de perpétuelle humiliation. Pigiste débutant, sans relations, je me situais très bas sur l'échelle qui, des stars flottant dans l'empyrée, descend jusqu'au bon peuple pressé derrière les barrières pour entrevoir les stars et, avec un peu de chance, se faire photographier avec elles. Juste au-dessus du bon peuple, mais sans la naïveté qui lui permet, somme toute, d'être content de son sort, j'avais un badge qui me permettait d'assister aux séances les plus malcommodes, j'étais la piétaille de la piétaille. Le jour où *Fitzcarraldo* est passé en compétition, l'éditeur avait eu l'idée d'une vente-signature dans le palais des festivals, après la projection. Je me suis retrouvé derrière une petite table chargée d'exemplaires de mon livre, attendant le chaland comme cela m'est souvent arrivé par la suite dans des librairies ou des salons. C'est une situation qui peut être éprouvante et, pour mon baptême du feu, je l'ai connue sous sa forme la plus cruelle. Car le chaland qui sort d'une projection à Cannes est bombardé à longueur de journée de documents dont il ne sait que faire, dossiers de presse, books de photos, curriculum vitae et brochures en tous genres. L'idée *d'acheter* quelque chose d'imprimé est pour lui totalement incongrue. La plupart des gens qui défilaient devant ma table ne me prêtaient aucune attention mais quelques-uns, du geste mécanique et las propre au parasite de buffet qui, quand le plateau passe, prend une coupe de champagne parce que c'est gratuit, raflaient un exemplaire de mon livre, s'éloignaient en cherchant déjà des yeux une poubelle pour s'en débarrasser, comme d'un tract électoral accepté par lâcheté ou politesse, et j'étais obligé de leur courir après pour leur expliquer, sur un ton d'excuse, qu'en fait c'était à *vendre*.

Cette épreuve n'était rien en comparaison de l'interview avec Herzog. La veille du jour prévu, je lui avais fait remettre mon livre par son attaché de presse. Sachant qu'il ne lisait pas le français, je n'attendais pas qu'il m'en dise grand-chose, mais au moins qu'il accueille un jeune homme qui venait de passer un an à écrire sur son œuvre avec plus de chaleur que la procession de journalistes blasés auxquels il consacrait sa journée, par tranches de trois quarts d'heure pour chacun. Il m'a ouvert lui-même la porte de sa suite au Carlton. Vêtu d'un tee-shirt informe, d'un pantalon de chantier, de lourdes godasses de marche, il avait l'air de sortir de sa tente au camp de base de l'Everest, par gros temps, et bien sûr il ne souriait pas : tout était en ordre. Moi, je souriais, beaucoup trop. J'avais peur que l'attaché de presse ne l'ait pas prévenu, qu'il ne me distingue pas des autres journalistes, mais quand nous nous sommes assis j'ai vu mon livre sur la table basse et bredouillé, en anglais, quelque chose comme : « Ah, on vous l'a remis, je sais que vous ne pouvez pas le lire, mais... »

Je me suis arrêté, espérant qu'il prendrait le relais. Il m'a regardé un moment en silence, avec l'air de sagesse sévère qu'on imagine à Martin Heidegger ou Maître Eckhart, puis, d'une voix très basse et en même temps très douce, une voix absolument magnifique, il a dit, je me rappelle ses mots exacts : « *I prefer we don't talk about that. I know it's bullshit. Let's work.* »

Let's work, ça voulait dire : on fait l'interview, il faut bien, ça fait partie des emmerdements inévitables, comme les moustiques en Amazonie. J'étais si timide et si stupéfait qu'au lieu — au lieu de quoi ? De me lever et de partir ? De le frapper ? Quelle était la réaction appropriée ? —, j'ai mis en marche le magnétophone et posé la première des questions que j'avais préparées. Il y a répondu, ainsi qu'aux suivantes, de façon très professionnelle.

Une dernière histoire, avant de revenir à Limonov. Elle se passe en septembre 1973, les héros en sont Sakharov et sa femme, Elena Bonner, qui passent quelques jours au bord de la mer Noire. Sur la plage, un type les aborde. C'est un académicien, il dit à Sakharov l'admiration qu'il a pour lui, comme savant mais aussi comme citoyen, qu'il est l'honneur de son pays, etc. Sakharov, touché, le remercie. Deux jours plus tard paraît dans la *Pravda* un grand article où quarante académiciens dénoncent Sakharov — à la suite de quoi il sera exilé pour quinze ans à Gorki. Parmi les signataires, il y a le type qui les a si chaleureusement abordés à la plage. Elena Bonner, découvrant cela, éclate en imprécations : celui-là, c'est vraiment la dernière des crapules. Le témoin qui raconte l'histoire regarde Sakharov, étonné qu'il ne s'indigne pas, ne s'énerve pas. Au lieu de ça, il *réfléchit*. En scientifique, il examine le problème, qui n'est pas que la conduite de l'académicien est déplaisante, mais qu'elle est incompréhensible.

J'ignore s'il a trouvé une explication — ou alors, dirait Alexandre Zinoviev, c'est la société soviétique tout entière, l'explication. J'en cherche une, pour ma part, à la conduite de Herzog. Quelle satisfaction pouvait-il trouver à offenser gratuitement, posément, un garçon qui venait vers lui en lui exprimant son admiration ? Il n'avait pas lu le livre et, même s'il était mauvais, ça ne changeait rien à l'affaire. Je regrette de rapporter un trait aussi accablant pour un homme que malgré tout j'admire et dont les œuvres récentes me donnent à penser qu'il ne ferait plus une chose pareille, qu'on le surprendrait beaucoup en lui rappelant qu'il l'a faite ; mais quand même, cela veut dire quelque chose, qui me concerne moi autant que lui.

Un ami à qui je racontais ma mésaventure m'a dit en riant : « Ça t'apprendra à admirer des fascistes. » C'était expéditif et, je crois, juste. Herzog, capable d'une vibrante compassion pour un aborigène sourd-muet ou un vagabond schizophrène, considérait un jeune cinéphile à lunettes comme une punaise méritant d'être moralement écrabouillée, et j'étais quant à moi le client idéal pour me faire traiter de la sorte. Il me semble qu'on touche là quelque chose qui est le nerf du fascisme.

Si on le dénude, ce nerf, que trouve-t-on ? En étant radical, une vision du monde évidemment scandaleuse : *übermenschen* et *untermenschen*, Aryens et Juifs, d'accord, mais ce n'est pas de cela que je veux parler. Je ne veux parler ni de néonazis, ni d'extermination des présumés inférieurs, ni même de mépris affiché avec la robuste franchise de Werner Herzog, mais de la façon dont chacun de nous s'accommode du fait évident que la vie est injuste et les hommes inégaux : plus ou moins beaux, plus ou moins doués, plus ou moins armés pour la lutte. Nietzsche, Limonov et cette instance en nous que j'appelle le fasciste disent d'une même voix : « C'est la réalité, c'est le monde tel qu'il est. » Que dire d'autre ? Ce serait quoi, le contre-pied de cette évidence ?

« On sait très bien ce que c'est, répond le fasciste. Ça s'appelle le pieux mensonge, l'angélisme de gauche, le politiquement correct, et c'est plus répandu que la lucidité. »

Moi, je dirais : le christianisme. L'idée que, dans le Royaume, qui n'est certainement pas l'au-delà mais la réalité de la réalité, le plus petit est le plus grand. Ou bien l'idée, formulée dans un *sutra* bouddhiste que m'a fait connaître mon ami Hervé Clerc, selon laquelle « l'homme qui se juge supérieur, inférieur ou même égal à un autre homme ne comprend pas la réalité ».

Cette idée-là n'a peut-être de sens que dans le cadre d'une doctrine qui considère le « moi » comme une illusion et, à moins d'y adhérer, mille contre-exemples se pressent, tout notre système de pensée repose sur une hiérarchie des mérites selon laquelle, disons, le Mahatma Gandhi est une figure humaine plus haute que le tueur pédophile Marc Dutroux. Je prends à dessein un exemple peu contestable, beaucoup de cas se discutent, les critères varient, par ailleurs les bouddhistes eux-mêmes insistent sur la nécessité de distinguer, dans la conduite de la vie, l'homme intègre du dépravé. Pourtant, et bien que je passe mon temps à établir de telles hiérarchies, bien que comme Limonov je ne puisse pas rencontrer un de mes semblables sans me demander plus ou moins consciemment si je suis au-dessus ou au-dessous de lui et en tirer soulagement ou mortification, je pense que cette idée — je répète : « L'homme qui se juge supérieur, inférieur ou égal à un autre ne comprend pas la réalité » — est le sommet de la sagesse et qu'une vie ne suffit pas à s'en imprégner, à la digérer, à se l'incorporer, en sorte qu'elle cesse d'être une idée pour informer le regard et l'action en toutes circonstances. Faire ce livre, pour moi, est une façon bizarre d'y travailler.

3

En plus d'écrire à *Télérama*, j'animais sur une radio libre une émission hebdomadaire et, quand est paru le *Journal d'un raté*, j'y ai invité Limonov. Je suis passé le prendre chez lui, à moto. Il habitait, dans le Marais, un studio à l'aménagement spartiate, avec des haltères par terre et, sur la table, à côté de la machine à écrire, un appareil à ressorts pour fortifier les muscles des mains. Moulé dans un tee-shirt noir qui faisait valoir ses pectoraux et ses biceps, les cheveux coupés en brosse, il avait l'air d'un para, mais d'un para à grosses lunettes avec dans la silhouette, le visage, l'expression, quelque chose de curieusement enfantin. Sur la photo illustrant l'article que j'avais consacré à son livre, il portait une crête à l'iroquoise, des épingles, une panoplie de punk qui devait dater de son arrivée en France et qui était déjà passée de mode, et une des premières choses qu'il m'a dites, c'est qu'on aurait pu trouver une photo plus récente : ça avait vraiment l'air de l'ennuyer.

Je ne me rappelle pas grand-chose de l'émission. Je l'ai reconduit chez lui, après, et nous nous sommes quittés sans que je lui propose d'aller boire un verre et de nous revoir à l'occasion. C'est pourtant ainsi qu'il s'était fait ses premiers amis à Paris. Beaucoup étaient, comme moi, journalistes pigistes, animateurs de radios libres, éditeurs débutants. Des gens entre vingt et trente ans qui avaient aimé son premier livre et pris le prétexte d'une interview pour faire sa connaissance, après quoi on buvait des coups, dînait ensemble, sortait en bande, devenait copains. Fraîchement arrivé, ne connaissant personne et parlant mal français, il était évidemment très avide de telles relations, et c'est grâce à Thierry Marignac, Fabienne Issartel, Dominique Gaultier ou mon ami Olivier Rubinstein qu'il s'est rapidement intégré à la petite tribu des branchés parisiens : vernissages, cocktails d'éditeurs, soirées au Palace puis aux Bains-Douches. Moi, je n'appartenais pas à cette tribu que je feignais de dédaigner et qui en fait m'intimidait. C'est triste à dire, mais je ne suis jamais allé au Palace. Par la suite, j'ai croisé Limonov de temps à autre, en général à des fêtes chez Olivier. Nous échangions un vague salut, quelques mots. Il existait beaucoup pour moi et moi, pensais-je, très peu pour lui, c'est pourquoi j'ai été stupéfait, quand je l'ai revu vingt-cinq ans plus tard à Moscou, qu'il se rappelle parfaitement les circonstances de notre rencontre, l'émission de radio, et jusqu'à ma moto. « Une Honda 125 rouge, c'est bien ça ? »

C'était bien ça.

Les premières années de son séjour à Paris ont été, je pense, les plus heureuses de sa vie. Il avait échappé de justesse à la misère et à l'anonymat. La parution du *Poète russe*, puis du *Journal d'un raté*, avait fait de lui une petite star, et cela dans un milieu qui lui plaisait : moins celui de l'édition et de la presse littéraire sérieuses que celui des jeunes gens à la mode qui ont tout de suite adoré sa dégaine, son français maladroit et ses propos tranquillement provocateurs. Des blagues cruelles sur Soljenitsyne, des toasts à Staline, c'était exactement ce qu'on avait envie d'entendre à une époque et dans un milieu qui, ayant enterré à la fois la ferveur politique et la niaiserie baba, ne juraient plus que par le cynisme, le désenchantement, la frivolité glacée. Même vestimentairement, le style soviétique avait la faveur des post-punks, qui raffolaient des grosses lunettes d'écaille façon Politburo, des insignes du Komsomol, des photos de Brejnev embrassant sur la bouche Honecker — et Limonov a été éberlué, puis ému, de voir aux pieds d'une jeune styliste hyper-branchée des bottines de plastique à boutons-pression exactement semblables à celles que portait sa mère, à Kharkov, au début des années cinquante.

Lui qui s'était tant plaint d'être abonné aux catégories C ou D, il avait maintenant accès aux femmes de la classe A, et même A +, comme cette célèbre beauté parisienne à qui il a pratiquement mis la main dans la culotte lors d'un dîner mondain — car on l'invitait, maintenant, dans des dîners mondains. Ils sont partis ensemble, ont fait la tournée des bars, elle l'a ramené, à l'aube, dans son élégant appartement de Saint-Germain-des-Prés. Elle avait les plus beaux seins qu'il ait jamais vus, mais ce n'était que le début du conte de fées car il s'est révélé qu'elle était comtesse — une authentique comtesse ! — et connaissait tout le monde à Paris. Drôle par-dessus le marché, buvant sec, fumant à la chaîne, jurant comme un charretier et, au moment de leur rencontre, célibataire. Édouard, intronisé amant de la saison, a fait de son côté forte impression sur le petit cercle d'homosexuels qui l'entourait et joué à la satisfaction générale son rôle de voyou de charme. Cette liaison flatteuse a duré quelques mois. Un petit Rastignac aurait su en tirer profit, mais il faut rendre à Édouard cette justice : ce n'est pas un petit Rastignac. Même quand il voudrait l'être, il a le génie de faire ce qu'il ne faut pas faire pour s'élever dans le monde. À l'automne 1982, invité à New York par son éditeur américain — car il avait maintenant un éditeur américain —, il a rencontré, dans un bar où elle chantait, une Russe de vingt-cinq ans qu'il a ramenée à Paris et installée dans son studio. La comtesse, si elle a souffert de leur rupture, n'en a rien montré. Ils ont cessé de se voir, la Russe étant jalouse, mais sont restés, de loin, bons camarades.

Je n'ai fait qu'apercevoir Natacha Medvedeva, chez Olivier Rubinstein qui les fréquentait beaucoup tous les deux. Elle était spectaculaire : grande, majestueuse, les cuisses puissantes moulées dans des bas résille, maquillée comme une voiture volée et, selon Olivier qui pourtant l'aimait bien, « super casse-couilles ». Édouard en était fou amoureux — ce qu'il n'avait pas du tout été de la comtesse. Il voyait en elle une aristocrate selon son cœur. Une fille des rues, une hors-la-loi, née comme lui dans une grise banlieue soviétique et partie à la conquête du vaste monde avec pour seuls atouts sa beauté tapageuse, sa voix de contralto, son humour brutal de survivante. Ils étaient amants, et amants passionnés, mais aussi frère et sœur, et même s'il se plaisait dans le rôle du prolo qui fait mouiller la comtesse, ce fantasme-là, je pense, avait moins de prise sur lui que celui du couple d'aventuriers quasi incestueux, sortis de la même mouise, unis pour affronter le monde méchant par un pacte à la vie à la mort. Il était avide de séduire mais, foncièrement, monogame. Il croyait que chacun est destiné, dans sa vie, à rencontrer un certain nombre de personnes et que ce nombre est fixé, qu'une fois ces chances gaspillées on a perdu. Il avait quitté Anna parce qu'il avait trouvé mieux qu'elle. Elena l'avait quitté parce qu'elle avait cru trouver mieux que lui. Natacha serait la bonne parce qu'ils étaient à égalité : deux enfants perdus, qui s'étaient reconnus au premier regard et ne se quitteraient jamais.

Il raconte une jolie histoire, dans *Le Livre des morts*, c'est leur visite à Siniavski. Écrivain de talent, dissident de la première heure, Andreï Siniavski avait porté en terre le cercueil de Pasternak et, après un procès presque aussi célèbre que celui de Brodsky, passé quelques années en Sibérie. C'était l'archétype de ces penseurs russes à grande barbe qui, dans l'émigration, ne parlaient que russe, avec des Russes et de la Russie, tout ce qu'Édouard dédaignait, pourtant il avait de l'affection pour Siniavski, qu'il allait parfois voir dans son pavillon plein de livres de Fontenay-aux-Roses. Il les trouvait touchants, sa femme et lui, sans détour, hospitaliers, et, alors qu'ils étaient à peine plus âgés que lui, il pensait à eux comme à des parents. Elle le surveillait pour qu'il ne boive pas, parce que c'était mauvais pour sa santé, mais dès qu'Andreï Donatovitch avait un petit coup dans le nez sa gravité devenait sentimentale, il serrait les gens dans ses bras en leur disant qu'il les aimait.

Le jour où Édouard leur a amené Natacha, ils ont bu du thé puis de la vodka, mangé des harengs et des cornichons marinés, c'était un chaleureux petit îlot de Russie en banlieue parisienne et, à leur demande, elle s'est mise à chanter. Des romances, des ballades de la Grande Guerre patriotique, où il était question de bataillons perdus, de soldats morts au front, de leurs fiancées qui les attendaient. Sa voix était magnifique, rauque et profonde, tous ceux qui l'ont connue disent que quand elle chantait, c'est bien simple : on lui voyait l'âme. Quand elle en est venue au *Foulard bleu*, une chanson que personne, homme ou femme, né en Union soviétique après la guerre, ne peut entendre sans pleurer, c'était tellement intense, tellement bouleversant, que les trois auditeurs n'osaient plus se regarder. Au moment de partir, en embrassant Édouard, Siniavski, reniflant, les yeux encore rougis par les larmes, lui a dit à mi-voix : « Quelle femme vous avez, Édouard Veniaminovitch ! Quelle femme ! Comme vous devez être fier ! »

Elle a été engagée comme chanteuse au cabaret russe *Raspoutine*. Elle rentrait tard, après son tour de chant, et souvent ivre. Quand il a découvert qu'elle commençait à boire dès le réveil, il a fallu admettre que ce qu'il avait d'abord pris pour une solide descente était en réalité de l'alcoolisme. Cette distinction n'est jamais facile à faire, encore moins pour des Russes, mais il la faisait, lui, pour son compte. Il pouvait au cours d'une soirée absorber une quantité d'alcool ahurissante puis ne boire que de l'eau pendant trois semaines, et même la plus sévère des cuites ne l'a jamais empêché d'être à 7 heures du matin devant sa table de travail. Il dit, et je le crois, avoir fait tout ce qu'il a pu pour protéger Natacha de son démon, la surveillant, cachant les bouteilles et surtout lui répétant qu'il est criminel, quand on a du talent, de le laisser perdre. Il a su lui donner suffisamment confiance pour qu'elle arrête complètement de boire, le temps d'écrire, sur son adolescence zonarde à Leningrad, un livre qui s'appelait *Maman, j'aime un voyou*, et qu'Olivier a publié. Cette trêve a duré quelques mois, puis elle a replongé : dans l'alcool, mais pas seulement. Elle disparaissait deux, trois jours. Fou d'inquiétude, il errait dans Paris à sa recherche, téléphonait à leurs amis, aux hôpitaux, aux commissariats. Elle finissait par revenir, hagarde, sale, titubant sur ses talons hauts. Elle s'abattait sur le lit, c'était lui qui devait soulever son corps alourdi, déjà fané, pour la déshabiller. Quand elle émergeait, au bout de quarante-huit heures, il s'occupait d'elle comme d'un enfant malade, lui apportait du bouillon sur un plateau mais aussi la questionnait, et elle disait ne rien se rappeler. *Zapoï.*

Des amis communs, aussi délicatement que possible, lui ont dit qu'en plus de boire jusqu'à tomber dans la rue elle se tapait des types, souvent des inconnus. S'ils s'étaient résolus à le lui dire, c'est parce que cela pouvait être dangereux. Elle a avoué, en pleurant : c'était quelque chose qu'elle faisait depuis l'âge de quatorze ans. À chaque fois, après, elle avait honte, elle se promettait de ne pas recommencer et elle recommençait, elle ne pouvait pas s'empêcher. Autrefois, le mot de nymphomanie éveillait chez Édouard des associations plaisamment gaillardes : si toutes les filles étaient nymphomanes, disait-il, la vie sur terre serait plus drôle. En réalité, ce n'était pas drôle du tout. La femme superbe et flamboyante qu'il aimait, cette femme dont il était si fier et à qui il avait juré fidélité et assistance était une malade, une de plus. À de violentes querelles succédaient, au lit, des réconciliations passionnées. Elle pleurait, il la consolait, la serrait dans ses bras, la berçait en lui répétant qu'elle pouvait s'appuyer sur lui, qu'il serait toujours là, qu'il la sauverait. Puis ça recommençait, elle se défendait contre sa protection comme celui qui se noie frappe son sauveteur et veut l'entraîner par le fond. Ils se sont plusieurs fois séparés, plusieurs fois remis ensemble, illustrant le schéma classique : ni avec toi ni sans toi.

Il avait l'ambition de passer du statut d'écrivain un peu connu à celui d'écrivain vraiment célèbre, et il savait que pour cela il faut de la discipline. Rarement couché après minuit, il se levait à l'aube et après sa séance de pompes et d'haltères s'attablait devant la machine pour ses cinq heures de travail quotidien. Ensuite, il s'estimait libre de traîner dans les rues, avec une préférence pour les quartiers chic, Saint-Germain-des-Prés ou le faubourg Saint-Honoré, contre lesquels il était fier d'avoir gardé sa haine intacte : tant qu'on est méchant, c'est qu'on n'est pas devenu un animal domestique. À ce rythme, il a écrit et publié un livre par an, pendant dix ans. Il n'avait qu'un sujet, sa vie, qu'il débitait par tranches. Après la trilogie « Édouard en Amérique » (*Le poète russe préfère les grands nègres*, *Journal d'un raté*, *Histoire de son serviteur*), on a eu droit à Édouard délinquant juvénile à Kharkov (*Portrait d'un bandit dans son adolescence*, *Le Petit Salaud*), puis à l'enfance d'Édouard sous Staline (*La Grande Époque*), sans compter quelques recueils de nouvelles recyclant ce qui n'avait pas trouvé place dans les romans. C'étaient de très bons livres : simples, directs, pleins de vie. Les éditeurs étaient contents de les publier, les critiques de les recevoir et ses fidèles lecteurs, dont j'étais, de les lire, mais à sa grande déception le cercle des fidèles lecteurs ne s'élargissait pas. Un de ses éditeurs lui a conseillé, pour changer et peut-être avoir un prix, d'écrire un *vrai* roman, de préférence salace. Il s'est mis à la tâche avec son sérieux habituel, a pondu quatre cents pages sur un émigré russe qui se fraie un chemin dans la haute société new-yorkaise en initiant des femmes riches au sadomasochisme, mais malgré ses efforts pour être scandaleux, malgré la couverture d'un magazine branché qui le montrait en smoking, l'air pervers, avec deux filles nues à ses pieds, le *vrai* roman, qui s'appelait *Oscar et les femmes*, n'a pas marché — il faut dire qu'il était franchement mauvais. Le *Poète russe* s'était vendu à quinze mille exemplaires, un grand succès pour un premier livre, mais il s'attendait à ce que ce succès ne cesse d'augmenter, or non, il s'était tassé et depuis stagnait quelque part entre cinq et dix mille. En termes de revenus, même avec quelques traductions et en obtenant sur sa bonne mine des avances supérieures au montant de ses droits réels, ce n'était pas le Pérou : 50, 60 000 francs par an, ce que gagnait par mois un cadre supérieur. Il en était encore à fouiller les rayons du supermarché de Saint-Paul à la recherche des trucs les moins chers, ces trucs de pauvre qu'il avait mangés toute sa vie : une poule pour faire une soupe qui dure longtemps, des nouilles, du vin en bouteille de plastique, et à la caisse il lui manquait deux francs, il devait rendre un article sous les yeux méprisants des clients dans la queue, derrière lui.

Écrire n'avait jamais été pour lui un but en soi mais le seul moyen à sa portée d'atteindre son vrai but, devenir riche et célèbre, surtout célèbre, et au bout de quatre ou cinq ans à Paris il s'est rendu compte que ça n'allait peut-être pas arriver. Il allait peut-être vieillir dans la peau d'un écrivain de second plan, à la réputation agréablement sulfureuse, que ses collègues regardent avec envie dans les salons du livre parce qu'il attire des jolies filles un peu *destroy* et qu'ils lui prêtent une vie plus colorée que la leur, mais en réalité il habite une soupente avec une chanteuse alcoolique, vide les poches de ses habits pour voir s'il a de quoi s'acheter une tranche de jambon et se demande avec angoisse quels souvenirs il lui reste à accommoder pour son prochain livre, car la vérité est qu'il arrive au bout, il a pratiquement tout débité de son passé, il ne lui reste plus que le présent, et le présent c'est cela : pas de quoi pavoiser, surtout quand on apprend que cet enculé de Brodsky vient d'avoir le prix Nobel.

4

Comme on l'invitait, maintenant, à ce genre de manifestations, il s'est retrouvé un jour à Budapest, à une rencontre internationale d'écrivains. Il y avait de grands humanistes comme le Polonais Milosz et l'Africaine du Sud Nadine Gordimer. Côté français, le jeune Jean Echenoz, blond, réservé, élégant, et Alain Robbe-Grillet avec sa femme : lui, sardonique et jovial, le geste large, la voix profonde, enchanté de sa célébrité mondiale mais comme un carabin peut être enchanté d'une bonne blague ; elle, une petite dame vive, rieuse, qui passait pour organiser des orgies ; tous deux, en somme, très sympathiques. Les autres, c'était l'habituel assortiment de vestes en tweed, de lunettes demi-lune, de permanentes bleutées, de petits ragots éditoriaux : pas très différent d'une délégation de l'Union des écrivains en goguette à Sotchi.

Il y a eu un sinistre débat avec des écrivains hongrois, et quand un des organisateurs a dit sa fierté d'accueillir des intellectuels aussi prestigieux, Édouard a déclaré qu'il n'était pas un intellectuel mais un prolo, et un prolo méfiant, pas progressiste, pas syndiqué, un prolo qui sait que les prolos sont toujours les cocus de l'histoire. Les Robbe-Grillet

240

ont ri de bon cœur, Echenoz souriait mais comme s'il pensait à autre chose, les Hongrois étaient atterrés, et pour les atterrer davantage il en a remis une couche, expliquant que parce qu'il avait été ouvrier il méprisait les ouvriers, parce qu'il avait été pauvre et d'ailleurs l'était toujours il méprisait les pauvres et ne leur donnait jamais un centime. Après cette sortie, il était tranquille, on ne lui a plus demandé d'intervenir. Le soir, au bar de l'hôtel, il a foutu son poing sur la gueule d'un écrivain anglais qui avait mal parlé de l'Union soviétique. D'autres écrivains ont voulu les séparer, Édouard au lieu de lâcher l'affaire s'est mis à cogner comme un enragé et c'est devenu une bagarre générale, dans le feu de laquelle, à ce que m'a dit Echenoz, la respectable Nadine Gordimer aurait reçu un coup de tabouret. Mais ce n'est pas cela que je voulais raconter.

Ce que je voulais raconter se passe dans un minibus qui, d'une quelconque table ronde, raccompagne les congressistes à l'hôtel. À un feu rouge, un camion militaire vient se ranger le long du minibus, à l'intérieur duquel se propage un bruissement d'effroi délicieux : « L'Armée rouge ! L'Armée rouge ! » Le nez à la vitre, surexcités, ils sont tous, cette bande d'intellectuels bourgeois, comme des enfants au Guignol quand sort de la coulisse le grand méchant loup. Édouard ferme les yeux avec un sourire de satisfaction. Son pays est encore capable de faire peur aux couilles molles d'Occident : tout va bien.

Hormis Soljenitsyne, les émigrés russes de sa génération étaient certains de ne jamais revenir, certains que le régime qu'ils avaient fui durerait, sinon des siècles, du moins au-delà de leur mort. Ce qui se passait en URSS, Édouard le suivait d'assez loin. Il pensait que sa patrie hibernait sous la banquise, que lui-même vivait mieux loin d'elle mais qu'elle restait, puissante et morose, telle qu'il l'avait toujours connue, et cette pensée le rassurait. La télévision montrait d'immuables défilés militaires devant une brochette de vieillards pétrifiés, le buste constellé de décorations. Brejnev depuis longtemps ne faisait plus un pas sans être soutenu. Quand il a fini par trépasser après dix-huit ans d'immobilisme et de prix Lénine pour son inestimable contribution théorique à l'intelligence du marxisme-léninisme, on a mis à sa place Andropov, un tchékiste qui dans les milieux informés passait pour dur mais intelligent et qui, par la suite, est devenu chez les conservateurs l'objet d'un culte mineur, comme l'homme qui s'il avait vécu aurait pu réformer le communisme au lieu de le détruire. Son arrivée a surtout amusé Limonov parce qu'il se rappelait, quinze ans plus tôt, avoir dragué sa fille. Mais Andropov est mort au bout de même pas un an et on a mis à sa place le cacochyme Tchernenko. Je me rappelle le titre de *Libération* : « L'URSS vous présente ses meilleurs vieux ». Cela nous faisait rire, mes amis et moi, cela ne faisait pas rire Édouard qui déteste qu'on se moque de son pays. Là-dessus, Tchernenko est mort à son tour et à sa place on a mis Gorbatchev.

Après cette procession de momies qu'on portait en terre les unes après les autres, Gorbatchev a charmé tout le monde — je veux dire : tout le monde *chez nous* — parce qu'il était jeune, parce qu'il marchait tout seul, parce qu'il avait une femme souriante et parce que, manifestement, il aimait l'Occident. Avec lui, on allait pouvoir s'entendre. Les kremlinologues, en ce temps, étudiaient avec soin la composition du Politburo au sein duquel ils distinguaient libéraux et conservateurs, avec de grises nuances intermédiaires. On voyait bien qu'avec Gorbatchev et ses conseillers Iakovlev et Chevarnadzé les libéraux avaient le vent en poupe, mais des plus libéraux des libéraux on n'attendait pas autre chose qu'une certaine détente intérieure et extérieure : des relations correctes avec les États-Unis, un peu de bonne volonté dans les conférences internationales, un peu moins de dissidents dans les hôpitaux psychiatriques. L'idée que six ans après l'arrivée de Gorbatchev au poste de secrétaire général du Parti communiste d'Union soviétique ce parti n'existerait plus, ni l'Union soviétique, cette idée ne pouvait venir à personne, et surtout pas à Gorbatchev lui-même, *apparatchik* modèle et seulement désireux, mais ce seulement était déjà beaucoup, de reprendre les choses là où les avait laissées Khrouchtchev avant d'être déposé, vingt ans plus tôt, pour « volontarisme ».

Je ne vais pas faire un cours sur la *perestroïka*, mais il faut que j'insiste sur ceci : la chose extraordinaire qui s'est passée en Union soviétique durant ces six ans, et qui a tout emporté, c'est qu'on a pu y faire de l'histoire librement.

J'ai publié en 1986 un petit essai dont le titre, *Le*

Détroit de Behring, renvoyait à une anecdote que m'avait racontée ma mère : après la disgrâce et l'exécution de Beria, chef du NKVD sous Staline, les souscripteurs de la *Grande Encyclopédie soviétique* ont reçu l'instruction de découper dans leur exemplaire l'article louangeur consacré à cet ardent ami du prolétariat pour le remplacer par un article de calibre identique sur le détroit de Behring. Beria, Bering : l'ordre alphabétique était sauf, mais Beria n'existait plus. Il n'avait jamais existé. De même, après la chute de Khrouchtchev, on a dans les bibliothèques dû jouer des ciseaux pour supprimer *Une journée d'Ivan Denissovitch* des anciens exemplaires de la revue *Novyi Mir*. Le privilège que saint Thomas d'Aquin déniait à Dieu, faire que n'ait pas eu lieu ce qui a eu lieu, le pouvoir soviétique se l'est arrogé, et ce n'est pas à George Orwell mais à un compagnon de Lénine, Piatakov, qu'on doit cette phrase extraordinaire : « Un vrai bolchevik, si le Parti l'exige, est prêt à croire que le noir est blanc et le blanc noir. »

Le totalitarisme, que sur ce point décisif l'Union soviétique a poussé beaucoup plus loin que l'Allemagne national-socialiste, consiste, là où les gens voient noir, à leur dire que c'est blanc et à les obliger, non seulement à le répéter mais, à la longue, à le croire bel et bien. C'est de cet aspect-là que l'expérience soviétique tire cette qualité fantastique, à la fois monstrueuse et monstrueusement comique, que met en lumière toute la littérature souterraine, du *Nous autres* de Zamiatine aux *Hauteurs béantes* de Zinoviev en passant par *Tchevengour* de Platonov. C'est cet aspect-là qui fascine tous les écrivains capables, comme Philip K. Dick, comme Martin Amis ou comme moi, d'absorber des bibliothèques entières sur ce qui est arrivé à l'humanité en Russie au siècle dernier, et que résume ainsi un de mes préférés parmi ses historiens, Martin Malia : « Le socialisme intégral n'est pas une attaque contre des abus spécifiques du capitalisme mais contre la réalité. C'est une tentative pour abroger le monde réel, tentative condamnée à long terme mais qui sur une certaine période réussit à créer un monde surréel défini par ce paradoxe : l'inefficacité, la pénurie et la violence y sont présentées comme le souverain bien. »

L'abrogation du réel passe par celle de la mémoire. La collectivisation des terres et les millions de *koulaks* tués ou déportés, la famine organisée par Staline en Ukraine, les purges des années trente et les millions encore de tués ou de déportés de façon purement arbitraire : tout cela ne s'était jamais passé. Alors, bien sûr, un garçon ou une fille qui avait dix ans en 1937 savait très bien qu'une nuit des gens étaient venus chercher son père et qu'on ne l'avait ensuite plus jamais revu. Mais il savait aussi qu'il ne fallait pas en parler, qu'être le fils d'un ennemi du peuple était dangereux, que mieux valait faire comme si cela n'avait pas eu lieu. Ainsi tout un peuple faisait-il comme si cela n'avait pas eu lieu et apprenait l'histoire selon le *Cours abrégé* que le camarade Staline s'était donné la peine d'écrire lui-même.

Soljenitsyne l'avait annoncé : dès qu'on commencera à dire la vérité, tout s'effondrera. Gorbatchev n'y pensait certainement pas, il pensait plutôt à une concession localisée et contrôlable quand, dans un discours prononcé pour le soixante-dixième anniversaire de la révolution d'Octobre devant tous les dignitaires du communisme mondial, Honecker, Jaruzelski, Castro, Ceau escu, Daniel Ortega du Nicaragua (qui tous, sauf Castro, allaient tomber dans les années à venir, en grande partie à cause de ce discours), il a lancé le mot de *glasnost'*, qui signifie transparence, et proclamé son intention de combler « les blancs de l'histoire ». Il parlait, dans ce discours, des « centaines de milliers » de victimes du stalinisme alors qu'il s'agissait de dizaines de millions, mais peu importe, le feu vert était donné, la boîte de Pandore ouverte.

À partir de 1988, ce à quoi seule l'élite intellectuelle avait accès, sous forme de *samizdat* ou d'éditions étrangères clandestinement importées, est devenu public, et les Russes ont été saisis d'une frénésie de lecture. Chaque semaine paraissait un nouveau livre jusqu'alors interdit. Les tirages, énormes, étaient aussitôt épuisés. On voyait les gens faire la queue à l'aube devant les kiosques puis, dans le métro, dans le bus ou même en marchant dans la rue, lire comme des possédés ce qu'ils s'étaient battus pour acheter. Pendant une semaine, tout le monde à Moscou lisait *Le Docteur Jivago* et ne parlait que de cela, la semaine suivante c'était *Vie et destin* de Vassili Grossman, et celle d'après *1984*, d'Orwell, ou les livres du grand précurseur anglais Robert Conquest, qui a fait dès les années soixante l'histoire de la collectivisation et des purges en se faisant traiter d'agent de la CIA par tout ce que l'Ouest comptait de compagnons de route soucieux de ne pas désespérer Billancourt. Un groupe de dissidents a fondé avec le parrainage de Sakharov l'association Mémorial qui, un peu comme Yad Vashem à Jérusalem, a entrepris d'exaucer le vœu d'Anna Akhmatova dans *Requiem* : « Je voudrais, tous, vous appeler par vos noms. » Il s'agissait de nommer les victimes de la répression qui n'avaient pas seulement été tuées mais effacées de la mémoire. Au début, Mémorial hésitait à employer le mot « millions », et puis le pas a été franchi et c'était comme si on l'avait toujours su, comme si on n'attendait que le droit de le dire à voix haute. Le parallèle entre Hitler et Staline est devenu un lieu commun. On était sûr, dans un débat, de se tailler un succès en évoquant la théorie des 5 % formulée par le Petit Père des Peuples (en substance : si sur la masse des gens arrêtés il y a 5 % de coupables, c'est déjà très bien), ou en citant la phrase de son commissaire à la Justice, Krylenko : « Il ne faut pas seulement exécuter des coupables, l'exécution des innocents impressionne davantage. » Alexandre Iakovlev lui-même, le principal conseiller de Gorbatchev, a rappelé dans un discours que Lénine a été le premier homme politique à employer les mots « camp de concentration ». Ce discours a été très officiellement prononcé pour le bicentenaire de la Révolution française, soit moins de deux ans après celui de Gorbatchev donnant le coup d'envoi de la *glasnost'*, ce qui donne une idée du chemin parcouru et de la rapidité avec laquelle il a été parcouru. Le même Iakovlev, la même année, est venu expliquer à la télévision que le décret réhabilitant tous ceux qui avaient été réprimés depuis 1917 n'était pas du tout, comme le disaient les gens du Parti, une mesure de mansuétude mais bien de repentir : « Nous ne leur pardonnons pas, nous leur demandons pardon. Le but de ce décret est de nous réhabiliter, nous, qui en restant silencieux et en regardant ailleurs avons été complices de ces crimes. » En somme, c'était devenu l'opinion courante que le pays avait été pendant soixante-dix ans aux mains d'un gang de criminels.

C'est la libération de l'histoire qui a provoqué l'effondrement des régimes communistes d'Europe de l'Est. Du jour où a été reconnue l'existence du protocole secret Ribbentrop-Molotov, par quoi en 1939 l'Allemagne nazie a, comme un dessous-de-table, cédé à l'URSS les États baltes, ces États disposaient d'un argument irréfutable pour réclamer leur indépendance. Il suffisait de dire : « L'occupation soviétique était illégale en 1939, elle l'est toujours cinquante ans plus tard, allez-vous-en. » À ce genre d'arguments, l'URSS aurait autrefois répondu en envoyant des chars mais ce temps était passé, et c'est ainsi que 1989 a été l'année miraculeuse de l'Europe. Ce que *Solidarność*, en Pologne, avait mis dix ans à obtenir, les Hongrois l'ont atteint en dix mois, les Allemands de l'Est en dix semaines et les Tchèques en dix jours. Sauf en Roumanie, pas de violence : des révolutions de velours qui, dans la liesse générale, portaient au pouvoir des héros de l'esprit comme Václav Havel. On s'embrassait dans les rues. Les éditorialistes discutaient sans rire la thèse d'un universitaire américain proclamant advenue « la fin de l'histoire ». Tous les petits-bourgeois d'Europe occidentale, dont moi, sont allés passer le nouvel an à Prague ou à Berlin.

Deux personnes à Paris ne participaient pas à cette liesse : ma mère et Limonov. Ma mère se réjouissait de la décomposition du bloc soviétique, à la fois parce qu'enfant de Russes blancs elle lui était hostile et parce qu'elle l'avait annoncée. Mais elle ne supportait pas qu'on en rende grâce à Gorbatchev. D'après elle (et je pense qu'elle avait raison, mais que c'est précisément ce qui en fait une figure historique si fascinante), tout cela se passait malgré lui. Il ne libérait rien du tout, se laissait seulement prendre au mot, forcer la main, et freinait autant qu'il pouvait un processus qu'il avait déclenché par imprudence. C'était à la fois un apprenti sorcier, un démagogue et un plouc qui, comble de disgrâce aux yeux de ma mère, parlait un russe épouvantable.

Sur tout cela, Édouard était d'accord. La popularité de Gorby, comme disaient ceux qui commençaient à appeler Mitterrand Tonton, l'avait dès le début agacé : le chef de l'Union soviétique n'est pas là pour plaire à des petits cons de journalistes occidentaux, mais pour leur faire peur. Quand des amis naïfs lui disaient : « Quel type formidable, ça doit te faire plaisir », il le prenait comme un catholique droit dans ses bottes prendrait qu'on le félicite si Mgr Gaillot devenait pape. Il n'a pas aimé la *glasnost'*, ni que le pouvoir batte sa coulpe, ni surtout que pour complaire à l'Occident il abandonne des territoires acquis au prix du sang de vingt millions de Russes. Il n'a pas aimé voir, chaque fois qu'un mur s'effondrait, Rostropovitch se précipiter avec son violoncelle et jouer, l'air inspiré, les suites de Bach sur les décombres. Il n'a pas aimé, trouvant dans une boutique de surplus un manteau de soldat de l'Armée rouge, s'apercevoir que les boutons en laiton de son enfance avaient été remplacés par des boutons en plastique. Un détail, mais ce détail, selon lui, disait tout. Quelle idée pouvait bien se faire de lui-même un soldat réduit à porter des boutons d'uniforme en plastique ? Comment pouvait-il se battre ? À qui pouvait-il faire peur ? Qui avait eu l'idée de remplacer le laiton brillant par de la merde moulée à la louche ? Certainement pas le haut commandement, plutôt un connard de pékin chargé de réduire les coûts, au fond de son bureau, mais c'est ainsi que les batailles se perdent et que les empires s'effondrent. Un peuple dont les soldats sont fagotés dans des uniformes au rabais est un peuple qui n'a plus confiance en soi et n'inspire plus de respect à ses voisins. Il est déjà vaincu.

5

Son amie Fabienne Issartel, la reine de la nuit parisienne, lui a dit : « Un garçon furieux, et qui pense le contraire de tout le monde, j'ai quelqu'un à lui faire rencontrer. » Elle a organisé, à la brasserie Lipp, un déjeuner avec Jean-Edern Hallier qui venait de relancer *L'Idiot international*.

Il y avait eu un premier *Idiot*, fondé vingt ans plus tôt avec le parrainage de Sartre. C'était un brûlot soixante-huitard dont les rédacteurs soupçonnaient leur patron, ce fils de famille borgne, flamboyant, fouteur de merde dans l'âme, d'être un provocateur stipendié par la police de Pompidou. Un de ses hauts faits, que Fabienne a raconté à Édouard en devinant qu'il l'apprécierait, avait été un voyage au Chili pour remettre à la résistance anti-Pinochet des fonds collectés auprès de la gauche caviar française. La résistance n'avait rien reçu, Jean-Edern était revenu les mains vides, personne n'a jamais su où l'argent s'était volatilisé. Il avait essayé les habits du grand écrivain, cherché une place à sa mesure quelque part entre son camarade Philippe Sollers, avec qui il avait autrefois créé *Tel Quel*, et leur cadet Bernard-Henri Lévy, dont il jalousait la beauté et le précoce succès. Il aurait pu être beau lui aussi, il était riche, il avait une Ferrari et un appartement place des Vosges, mais il y avait en lui un bouffon amer et autodestructeur qui sabotait le travail des bonnes fées penchées sur son berceau. Il révérait les ermites comme Julien Gracq, qui avait été son professeur, mais se damnait pour passer à la télévision. Tous ceux qui l'ont connu et même aimé se rappellent, alternant avec des bouffées de généreuse affection, des moments où s'ouvrait le gouffre de son âme envieuse, et c'était comme si, à son contact, on se salissait. De lui aussi, Brodsky aurait pu dire qu'il rappelait moins Dostoïevski que son affreux héros Svidrigaïlov. Mais c'était un Svidrigaïlov plein de panache, traînant après soi des cœurs, des faillites, des scandales, et que Mitterrand, si fier de sa culture et de son jugement littéraire, n'hésitait pas à traiter en grand écrivain. Jean-Edern a donc mis toute son énergie à le soutenir en 1981, espérant une récompense — un ministère, une chaîne de télévision — qui n'est pas venue. Du jour au lendemain, il s'est transformé en ennemi juré du nouveau Président, colportant sur son compte des ragots dont on dit volontiers aujourd'hui que c'étaient des secrets de Polichinelle mais je ne crois pas — moi, en tout cas, je n'étais pas au courant : sur ses amis collabos, sur son cancer, sur sa fille naturelle. On a appris plus tard que la cellule antiterroriste de l'Élysée consacrait une grande partie de son activité à écouter les conversations de Jean-Edern Hallier, celles de ses relations et jusqu'aux appels passés de la cabine téléphonique de la Closerie des Lilas où il avait ses habitudes. Il faisait circuler dans Paris un pamphlet qui s'est d'abord appelé *Tonton et Mazarine*, puis *L'Honneur perdu de François Mitterrand*. Personne n'osait le publier. Il lui fallait un journal. Ç'a été le second *Idiot*, autour duquel il a rameuté une bande d'écrivains brillants et bagarreurs, avec pour seule consigne d'écrire ce qui leur passait par la tête pourvu que ce soit scandaleux. L'insulte était bienvenue, la diffamation recommandée. S'il y avait des procès, le patron en faisait son affaire. On s'en prenait à tous les favoris du prince, Roland Dumas, Georges Kiejman, Françoise Giroud, Bernard Tapie, aux notables de la gauche repue et à tout ce qu'on devait bientôt appeler le « politiquement correct », qui a été l'idéologie dominante du second septennat Mitterrand : SOS racisme, les droits de l'homme, la fête de la musique. Le grand contempteur de tout cela, Philippe Muray, a gardé jusqu'à la fin de sa vie la fierté d'avoir été dénoncé à longueur de pétitions et de comités de vigilance par des « laquais intellectuels », ainsi qu'il appelait Pierre Bourdieu, Jacques Derrida, ou le délateur en chef Didier Daeninkcx. La première vertu de *L'Idiot*, disait ce héraut du négatif, a été d'acculer ses ennemis dans les cordes du Bien. On était contre tout ce qui est pour, pour tout ce qui est contre, avec pour seul credo : nous sommes des écrivains, pas des journalistes ; nos opinions, ne parlons pas des faits, comptent moins que notre talent pour les exprimer. Le style contre les idées : vieille antienne qui remonte à Barrès, à Céline, et trouvait son chantre idéal en Marc-Édouard Nabe, affreux jojo en chef de *L'Idiot*, capable d'exiger et d'obtenir le titre : « L'abbé Pierre est une ordure » — mais on trouve toujours plus vicieux que soi et Nabe, qui avait un jour écrit un article ultraviolent sur Serge Gainsbourg, a très mal pris qu'Hallier le republie, sans son accord et en le déclarant « infâme », le lendemain de la mort du chanteur.

(Je suis passé à côté de cette aventure-là — comme du Palace. Depuis la triste époque des maillots de bain, j'avais publié quelques livres et trouvé refuge dans une famille très différente, celle des auteurs qu'éditaient P.O.L ou les éditions de Minuit. J'en avais adopté les valeurs, plus esthétiques que politiques, en vertu desquelles je n'éprouvais même pas de curiosité pour ce qui, de très loin et sans que j'aie une seule fois acheté *L'Idiot* au cours de ses cinq ans d'existence, m'apparaissait comme une bande de braillards. Déjà, c'était une bande, et la mienne rassemblait des gens qui mettaient leur point d'honneur à ne pas sortir en bande. Nous nous voulions solitaires, retirés, insoucieux de l'éclat et du paraître. Nos héros étaient Flaubert, le Bartleby de Melville qui quoi qu'on lui demande répond : « *I would prefer not to* », Robert Walser mort dans l'idéale blancheur de la neige suisse après vingt ans de silence au fond d'un hôpital psychiatrique. Beaucoup d'entre nous étions en analyse. Je m'étais lié d'une amitié qui dure toujours avec Echenoz, dont j'admirais les livres et l'impeccable posture d'écrivain : réserve légèrement ironique, ironie légèrement mélancolique, on pouvait être sûr avec lui de ne pas se vautrer dans l'emphase et l'abus d'adjectifs. Nous regardions les gens de *L'Idiot* à peu près comme on regarde, dans le métro, une horde de supporters du Paris-Saint-Germain, explosés à la bière et cherchant la baston, et eux devaient nous regarder comme une secte de Parnassiens exsangues et prétentieux. Mais c'est encore trop dire : la vérité, c'est que nous ne nous regardions pas, que les uns pour les autres nous n'existions même pas.)

Revenons au déjeuner chez Lipp. Très agité, les cheveux en bataille, son écharpe blanche trempant dans son assiette, Jean-Edern a raconté à Édouard comment il avait perdu son œil : une balle russe reçue à Berlin où son père, le général Hallier, servait à la fin de la guerre. Pure invention : il avait de l'accident autant de versions que d'interlocuteurs.

C'était une façon de séduire, et les deux hommes se sont entendus à merveille. Chacun avait sa bête noire, qui laissait l'autre indifférent, mais Édouard a poliment convenu que Mitterrand était une crapule, et Hallier que Gorbatchev en était une aussi.

« Tu devrais l'écrire, tiens. » Édouard ne demandait pas mieux, il fallait juste trouver un traducteur. « Pas besoin de traducteur. Je te comprends quand tu parles, je comprendrai ce que tu écris. » Ainsi Édouard a-t-il commencé à écrire en français et à venir aux réunions du comité de rédaction de *L'Idiot*, qui se tenaient dans le grand appartement du patron, place des Vosges. On commençait à la vodka à dix heures du matin, on finissait à l'aube. Quand la faim se faisait sentir, Louisa, la gouvernante de Jean-Edern, cuisinait des macaronis. En plus de ceux qui faisaient effectivement les huit pages hebdomadaires de *L'Idiot*, les gens les plus divers passaient, s'incrustaient, se querellaient et, au lieu de les calmer, le maître de maison, ravi, envenimait leurs querelles : c'était sa joie, et le carburant de son journal. La première fois qu'Édouard est venu, il y avait Patrick Besson, Marc-Édouard Nabe, Philippe Sollers, Jacques Vergès. On attendait Le Pen, finalement c'est le syndicaliste Henri Krasucki qui est venu, et Sollers s'est mis au piano pour chanter *L'Internationale*. Gabriel Matzneff s'est déclaré enchanté de lire, à côté de l'article où lui-même tressait des couronnes à « Michel Gorbatcheff » — comme il tenait à orthographier son nom —, celui où Limonov réclamait pour le même Gorbatchev la cour martiale, puis douze balles dans la peau. Matzneff, conforme à sa légende, a poussé l'élégance jusqu'à féliciter son jeune confrère pour ses progrès en français.

Édouard est revenu d'autant plus régulièrement qu'il habitait juste à côté, quelquefois il amenait Natacha avec lui, et plus il venait, plus il se sentait à l'aise. Extrême droite et extrême gauche se soûlaient coude à coude, les opinions les plus contradictoires étaient encouragées à se côtoyer sans qu'il soit question de déboucher sur quelque chose d'aussi vulgaire qu'un débat. On échangeait des tuyaux sur la meilleure façon de se faire payer par Jean-Edern (« Tu lui donnes l'article d'une main, tu prends les billets de l'autre » : technique Sollers), on se battait avec lui, se brouillait, se raccommodait, on décrochait son téléphone la nuit parce qu'il avait l'habitude, étant insomniaque, d'appeler à 5 heures du matin. L'imprimeur n'était pas payé, ni les avocats, les créanciers faisaient antichambre, les procès en diffamation pleuvaient, personne ne savait de quoi serait fait le prochain numéro. Le décor de la place des Vosges aidant, Édouard pouvait se croire dans *Les Trois Mousquetaires*, qu'il avait tant aimé adolescent, et se voir lui-même en d'Artagnan de la plume, adoubé dans la compagnie de francs buveurs et bretteurs par cet hurluberlu féodal qui tenait de Porthos pour la démesure, d'Aramis pour les coups foireux et même, en cherchant bien, d'Athos pour la mélancolie foncière — grâce à quoi on lui pardonnait. Dans la vie, pensait-il, il faut avoir une bande, et il n'y en avait pas à Paris de plus vivante.

V

MOSCOU, KHARKOV,
DÉCEMBRE 1989

1

Sur la route de l'aéroport à Moscou, Édouard
se rappelle le trajet en sens inverse. Il avait une terrible gueule de bois et s'était allongé à l'arrière de
la voiture, la tête sur les genoux d'Elena. Elle lui
caressait les cheveux en regardant défiler à travers
la vitre les barres d'immeubles et les étendues de
forêt qu'ils étaient tous les deux certains de ne
jamais revoir. C'était en février 1974, il neigeait. Il
neige en décembre 1989. Quinze ans ont passé, il
a perdu Elena, il revient seul au pays, et même s'il
ne faut pas y regarder de trop près il y revient en
vainqueur. Les deux autres invités et lui ont
voyagé en classe affaires, ils ont été accueillis à
l'aéroport comme des VIP. Tandis qu'ils prenaient place à l'arrière du minibus avec la fille,
assez jolie, chargée des relations publiques, il a
préféré, lui, s'asseoir à côté du chauffeur, un bonhomme maussade et couperosé avec qui il essaie
d'engager la conversation. C'est important pour
lui de montrer à ce Russe de base, le premier à qui

il a affaire depuis qu'il a remis le pied sur le sol natal, que malgré ses années à l'étranger, malgré son succès, il est resté un homme du peuple qui parle le même langage que lui. Mais le chauffeur reste fermé, muré dans une indifférence vaguement hostile, et ce sera la même chose avec le personnel de l'hôtel Ukraine, où on conduit les trois visiteurs.

L'hôtel Ukraine est un des sept gratte-ciel staliniens, mélanges de banque néogothique et de prison byzantine, qui font ressembler Moscou à Gotham City dans *Batman*, et c'est, pour Moscou, un hôtel de luxe, réservé aux invités de marque et aux dignitaires du Parti. Édouard est ému d'en franchir les portes, chose qu'il n'a jamais osé faire du temps où il était un jeune poète *underground*. Il est surpris aussi que ne règne pas dans le hall, vaste comme une cathédrale, le silence solennel propre aux lieux de pouvoir, mais au contraire un brouhaha de foire ou de champ de courses, un va-et-vient de types patibulaires, les cheveux gras, parlant fort : ils mettent même leurs chaussures boueuses sur les tables basses.

Sa suite, fastueuse selon des critères dont il a perdu l'habitude, est toute en hauteur, au moins quatre mètres sous plafond, éclairée par une ampoule de très faible voltage et accueillante comme une chambre froide de boucherie. On pouvait être certain, autrefois, que les murs et le téléphone étaient truffés de micros, mais maintenant on n'est plus certain de rien. On pouvait être certain qu'appeler des Russes quand on venait de l'étranger était une folie, l'assurance de leur créer de sérieux ennuis, mais il paraît que maintenant on appelle qui on veut. Édouard n'a avec lui qu'un seul numéro de téléphone : celui de la mère de Natacha, qu'il lui faut absolument joindre et qui ne répond pas. Les numéros de ses amis de jeunesse, il ne les a même pas emportés quand il a émigré, quinze ans plus tôt, tant il semblait exclu qu'il s'en resserve jamais, mais peut-être sont-ils, eux, au courant de son retour ? Peut-être seront-ils tous là, à Ismaïlovo, pour l'accueillir : Kholine, Sapguir, Vorochilov, ce qui reste des smoguistes. Il ne sait pas s'il en a envie, il sait en revanche qu'un événement organisé par Semionov est un événement qui a peu de chances de passer inaperçu.

Il a rencontré Julian Semionov lors d'une fête à Paris, quelques mois plus tôt. Sans rien savoir de lui, il a senti chez ce petit homme brusque, cordial, l'aura de la richesse et du pouvoir. Ils ont parlé de Gorbatchev, Semionov était pour, Édouard contre, puis de Staline et c'était le contraire, malgré quoi le courant est passé. « Vous êtes publié en Russie ? » a demandé Semionov, apprenant qu'Édouard écrivait.

« Non, et ça ne risque pas avant longtemps. »

Semionov a haussé les épaules : « On publie tout, maintenant.

— Tout, peut-être, mais pas moi, a fièrement répondu Édouard. Moi, je suis scandaleux.

— Parfait, a conclu Semionov : je vous publie. »

Le lendemain, un homme de main appelait

Édouard de la part de Semionov, se faisait remettre quelques échantillons de sa production et lui apprenait que son patron, auteur de romans d'espionnage vendus en URSS à des millions d'exemplaires, avait dans la fièvre éditoriale de la *perestroïka* créé un hebdomadaire appelé *Soverchenno sekretno*, qu'on peut traduire par *Top secret* : un tabloïd spécialisé dans les histoires de crimes. *Top secret* marchait du feu de Dieu et Semionov l'avait flanqué d'une maison d'édition, qui publiait aussi bien des romans populaires que les œuvres complètes de George Orwell. C'est ainsi que *La Grande Époque*, le livre qu'Édouard venait d'achever sur son enfance, a été tiré dans son pays natal à 300 000 exemplaires, et lui-même invité à Moscou en compagnie de deux autres talents repérés dans l'émigration par Semionov : l'actrice Fedorova et le chanteur Tokarev.

Au début des années quatre-vingt-dix, j'ai fait avec Paul Otchakovsky-Laurens, mon éditeur, un voyage en Russie organisé par les services culturels français. J'ai connu ces auditoires qui ont aujourd'hui totalement disparu : éperdus de ferveur pour tout ce qui venait de l'étranger. Paul et moi nous sommes retrouvés, dans le grand amphithéâtre de l'université de Rostov-sur-le-Don, devant cinq cents personnes qui n'avaient pas la moindre idée de ce que nous avions pu écrire et publier et, les yeux brillants, buvaient nos plus anodines paroles pour la simple raison que nous étions français. C'était la gloire à l'état pur, détachée de tout motif, de tout mérite, et il nous arrive encore, à tous les deux, de nous remonter le moral avec ce souvenir : « Tu te rappelles Rostov ? »

Cette expérience m'aide à imaginer la rencontre organisée par Semionov au Club de la Culture d'Ismaïlovo, et le mélange d'exaltation et de malaise ressenti par Édouard. Il a toujours rêvé d'attirer des milliers de gens, de les séduire, de régner sur eux, mais il sait très bien que ces milliers de gens ne sont pas là pour lui, que ce qui les attire c'est tout ce qui vient de l'Ouest, peu importe ce que c'est, et aussi la publicité faite par Semionov, la marque Semionov, ses romans d'espionnage et son journal rempli de filles à poil et de cannibales ukrainiens.

Le voici, Semionov, au centre de la tribune : trapu, chauve, en costume sans cravate. Il présente ses invités, dit que c'est important de faire revenir en Union soviétique des gens comme eux, dynamiques, créatifs, et qui vont se retrousser les manches pour reconstruire le pays. Le chanteur Tokarev plastronne, l'actrice Fedorova bat des cils. Personne ne sait d'eux autre chose que ce que martèle depuis deux semaines *Top secret*, qui parle de cette starlette et de ce *crooner* obscur comme s'ils étaient à l'Ouest d'immenses vedettes, et la conscience de cette imposture gâche le plaisir qu'a pris Édouard à se voir lui-même décrit, sur une double page, comme une sorte de rock-star littéraire. Quand vient son tour de répondre aux questions du public, il fait ce qu'il peut pour être à la hauteur de ce portrait. Oui, il a été clochard, puis valet de chambre d'un milliardaire américain. Non, son ex-femme n'a pas fait le trottoir à New York, d'ailleurs elle est maintenant mariée avec un comte italien — c'est tout ce qu'il y a de plus vrai et, voyant que le comte italien plaît beaucoup, il se promet de le mentionner chaque fois qu'il en aura l'occasion. Pas de question sur l'homosexualité ni sur les nègres, l'auteur de l'article a fait l'impasse sur le sujet. Il songe à l'aborder lui-même, histoire de jeter un froid, mais juge plus prudent de s'en tenir à cette version de son personnage : un petit prolo qui a su tracer sa route jusqu'au sommet de la *jet-set* sans se laisser impressionner par les mannequins, les comtesses, la dépravation occidentale ; un mec qui a des couilles et à qui il ne faut pas en conter.

Il pensait qu'après lui c'était fini, mais Semionov présente encore un petit vieux qui a été au Goulag et se lance dans un long discours sur la nécessité de « faire toute la lumière sur les crimes de l'Union soviétique ». Édouard écoute avec un agacement croissant et quand le petit vieux, d'une voix chevrotante, explique que pas une famille n'a été épargnée par les purges, que chacun peut citer autour de soi un oncle ou un cousin que les hommes du NKVD sont venus chercher une nuit et qu'on n'a jamais revu, il a envie d'intervenir, de dire qu'il faut arrêter le bourrage de crâne, que dans sa famille à lui personne n'a été purgé, ni dans la plupart des familles qu'il connaît, mais cette fois encore il s'abstient et pour tromper son impatience regarde le public. Comme ils sont mal habillés ! Comme ils ont l'air provinciaux et, c'est bizarre, à la fois crédules et méfiants... Il y a des jolies filles, il faut reconnaître. Pas un visage familier, en revanche, pas un seul de ses anciens amis : ils ne doivent pas lire les journaux de Semionov, ou alors ils sont morts, de tristesse et d'ennui…

La conférence s'achève, il signe quelques autographes mais pas de livres. On a tiré, répète avec assurance Semionov, 300 000 exemplaires du sien, personne cependant ne semble l'avoir lu et il ne le verra en vente nulle part. Édouard en est surpris, mais je peux dire, moi, que cela n'a rien de surprenant, vu l'état du système de distribution. Quand un de mes romans est paru en Russie, justifiant le voyage avec Paul dont j'ai parlé plus haut, l'éditeur m'a emmené dans un entrepôt où l'on chargeait sur des palettes l'intégralité du tirage qui allait bientôt partir pour la ville d'Omsk. Qu'un grossiste d'Omsk se soit laissé fourguer, Dieu seul sait comment, les 10 000 exemplaires de mon livre, cela semblait à cet éditeur une excellente affaire. Il était content de me faire partager cette satisfaction professionnelle, ça montrait que j'étais en de bonnes mains et il a haussé les sourcils, peinant à comprendre, quand j'ai observé que c'était bizarre, quand même : pourquoi Omsk ? Pourquoi *tout le tirage* à Omsk ? Y avait-il une raison de penser que les lecteurs potentiels de *Zymnyi Lager* (*La Classe de neige*), d'un écrivain français inconnu, se trouvent tous réunis à Omsk, cité industrielle de Sibérie ? Ces questions lui semblaient absurdes, j'ai dû lui faire l'effet d'un de ces auteurs maniaques et jamais contents qui quand leur livre paraît font le tour des points de vente puis appellent pour se plaindre de ne l'avoir vu nulle part exposé comme il le mériterait.

Semionov entraîne son monde fêter le succès de la conférence dans un restaurant géorgien qui ressemble, pense Édouard, aux restaurants de marché noir dans les films français sur l'Occupation. Alors qu'on ne trouve rien dans les magasins accessibles au citoyen de base, ici les tables croulent sous les victuailles et les alcools. Clients et personnel ont l'air de figurants chargés de composer ce qu'on appelle une ambiance *interlope*. Il y a des riches, des putes, des parasites, des gros bras, des bandits caucasiens, des étrangers en goguette. On s'enivre, se pelote et surtout claque énormément d'argent. Édouard essaye de se dire que ce genre d'endroits a toujours dû exister, que c'est simplement lui, poète fauché, qui n'y avait pas accès — mais non, il y a autre chose, qui excite ses compagnons de bordée et lui répugne, à lui, profondément.

Il met un peu de temps à en prendre conscience, mais cette autre chose qui, avant même d'entrer, l'a frappé, c'est le regard du flic posté sur le trottoir. Ce n'est pas un vigile employé par le restaurant, mais un vrai flic, c'est-à-dire un représentant de l'État. Un représentant de l'État, même de rang subalterne, c'était autrefois quelqu'un qu'on respectait. Qui faisait peur. Or le flic à l'entrée ne fait pas peur, et il le sait. Les clients passent devant lui sans le voir. S'ils ont peur de quelque chose, ce n'est plus de lui. Ce sont eux qui ont l'argent, ce sont eux qui ont le pouvoir, le pauvre gars en uniforme est désormais à leur service.

Outre les trois invités venus de l'Ouest, il y a autour de Semionov une dizaine de jeunes hommes dont les fonctions au sein de son groupe ne sont pas claires mais qui sont en tout cas ses vassaux. D'instinct, ils déplaisent à Édouard. Il respecte Semionov comme il respecte Jean-Edern Hallier, parce que ce sont des chefs de gang, mais il méprise leurs gangs. Lui, Édouard, on ne l'achète pas, on ne le domestique pas. Il est un bandit de grand chemin qui veut bien, si leurs routes se croisent, frayer avec le chef, d'égal à égal, mais ne se mêle pas à la racaille de ses valets, indicateurs et porte-flingues. Son voisin de table, par exemple : un petit malin vêtu, à l'imitation du patron, d'une chemise blanche largement ouverte sur un costume noir et qui, tout en invitant Édouard à puiser à la louche dans un saladier de caviar, cligne de l'œil en disant : « mafia ». Édouard pense : enculé, mais lie conversation, et la conversation est instructive. Enchanté de son propre cynisme, le jeune homme, il n'a pas trente ans, dit que les mafias, c'est bon pour la démocratie, c'est bon pour le marché, et il ne fait pas de doute pour lui qu'on va vers le marché, vers le capitalisme comme en Occident, et que rien n'est plus désirable. Bien sûr, au début, ça ne va pas ressembler à la Suisse, plutôt au Far West. « Ça va flinguer », s'amuse le jeune homme et, tout en faisant avec la bouche ta-ta-ta-ta, il fait mine d'abattre à la mitraillette un groupe d'étrangers qui dînent à la table voisine. L'un d'entre eux se retourne, son visage s'éclaire, le mitrailleur et lui se saluent comme de vieux complices. « *My friend*, dit fièrement le jeune homme : *American.* »

L'ami américain est journaliste, le jeune homme

travaille dans la société de sécurité qu'emploie le groupe Semionov. Tous les deux, ils se mettent à jouer des scènes entières de *Scarface*, qu'ils connaissent par cœur. Édouard boit trop, descend en vacillant au sous-sol où il essaye encore, en vain, d'appeler la mère de Natacha. À la sortie des toilettes, il y a une dame-pipi renfrognée qu'il a envie de prendre dans ses bras précisément parce qu'elle est renfrognée, soviétique, parce qu'elle ne ressemble pas aux dégourdis qui s'en mettent plein la panse quelques mètres au-dessus d'eux, mais aux pauvres et honnêtes gens parmi lesquels il a grandi. Il essaye de parler avec la dame-pipi, de savoir ce qu'elle pense de ce qui se passe dans le pays mais, comme le chauffeur du minibus, elle se renfrogne encore davantage. C'est terrible : les gens simples avec qui il voudrait fraterniser se détournent de lui, et ceux qui y sont disposés, il n'aimerait qu'une chose, leur écraser la gueule. Il s'engage dans l'escalier, se ravise, redescend, tire de sa poche l'enveloppe qu'on lui a remise pour ses faux frais et, lui qui ne donne jamais aux pauvres et s'en flatte, en sort quelques billets de 100 roubles, un mois de salaire au moins, qu'il met dans la soucoupe de la vieille en disant : « Prie pour nous, grand-mère, prie pour nous. » Sans croiser son regard, il remonte quatre à quatre.

La suite de la soirée est confuse. Une querelle éclate avant le départ parce qu'un nouveau venu, qui a rejoint tardivement la tablée de Semionov, a voulu payer pour tout le monde, et Semionov le prend mal : ce sont ses amis, c'est lui qui paye, c'est sa règle de payer pour tout le monde, en sa présence personne ne sort jamais son portefeuille. Le jeune homme qui s'occupe de la sécurité a soudain l'air si nerveux qu'Édouard, malgré l'ivresse, comprend que la générosité excessive du nouveau venu est en fait une provocation. Les dîneurs se lèvent en repoussant bruyamment leurs chaises, les gros bras se rapprochent, l'affaire semble partie pour tourner comme dans les films dont le jeune homme récite les répliques cultes, puis aussi subitement que le ton a monté ça se calme, on s'en va, on se retrouve dehors dans la neige, puis à l'hôtel Ukraine où Édouard essaye encore d'appeler la mère de Natacha, et ça ne répond toujours pas. Il est épuisé mais n'arrive pas à s'endormir. Il essaye de se branler, pour bander pense à Natacha, à ses pommettes tatares, aux paillettes jaunes de ses yeux, à ses épaules à la fois frêles et anormalement larges, à son cul distendu par l'usage. Il l'imagine dans un appartement sordide de la banlieue de Moscou, titubante, mauvaise, sentant l'alcool, la chatte à l'air. Il l'imagine en train de se faire baiser par deux hommes, chacun dans un trou, et, tout en se fixant sur cette image dont il sait par expérience qu'elle le conduira à l'orgasme — enfin, à l'orgasme : à se vider —, il se répète emphatiquement que sa patrie est en train de se faire baiser par des mafieux, enculer par des enculés, et c'est le premier mot, au réveil, qui lui traverse l'esprit : enculés. Espèces d'enculés.

Quelques années plus tard, l'hôtel Ukraine, comme tous les hôtels de sa catégorie, proposera de fastueux petits déjeuners avec des jus de fruits frais, quinze variétés de thés et de confitures anglaises. En décembre 1989, c'est encore l'Union soviétique et c'est devant un buffet soviétique, tenu comme un guichet d'administration par une grosse femme hargneuse, qu'Édouard fait la queue en compagnie d'un Français au beau visage sévère. Très courtoisement, celui-ci se présente : il s'appelle Antoine Vitez, il est metteur en scène de théâtre, il a reconnu Édouard dont il a aimé plusieurs livres. Les deux hommes s'assoient ensemble pour manger leurs harengs et leurs œufs durs au jaune presque blanc.

Vitez est venu plusieurs fois en Union soviétique, il parle un peu russe et, en dépit de ce qu'il appelle des « lourdeurs », il estime à chacun de ses séjours qu'ici c'est la vraie vie : grave, adulte, pesant son vrai poids. Les visages, dit-il, sont de vrais visages, labourés, laminés, alors qu'en Occident on ne voit que des faces de bébés. En Occident tout est permis et rien n'a d'importance, ici c'est le contraire : rien n'est permis, tout est important, et Vitez semble trouver que c'est beaucoup mieux. Du coup, il n'approuve que du bout des lèvres les changements en cours. Bien sûr, on ne peut pas être contre la liberté, ni même contre le confort, mais il ne faudrait pas que l'âme du pays s'y perde. Édouard pense que c'est un peu facile, quand on vit soi-même dans le confort et la liberté, de vouloir en préserver les autres pour le bien de leur âme, cependant il est content de rencontrer un intellectuel français pas enivré d'amour pour Gorbatchev, flatté que Vitez connaisse ses livres et, comme il est par ailleurs complètement désemparé, il se confie à lui.

« Ma femme, dit-il, est perdue quelque part dans Moscou. »

Vitez penche la tête, attentif. Oui, poursuit Édouard, ils se sont violemment querellés, à Paris, ça leur arrive souvent, et, sur un coup de tête, elle est partie une semaine avant lui. Elle lui a téléphoné le soir de son arrivée, ivre, répétant d'une voix altérée : « C'est effrayant ici, complètement effrayant. » Depuis, plus de nouvelles. La seule piste qu'il a pour la retrouver est le numéro de sa mère, qui ne répond pas. Il n'a pas l'adresse, le visa de Natacha a dû expirer et elle n'est pas du genre à s'en soucier. Dieu sait où elle est, Dieu sait ce qu'elle fait. Elle est alcoolique, nymphomane, c'est terrible.

« Vous l'aimez ? » demande Vitez sur un ton de prêtre ou de psychanalyste. Édouard hausse les épaules : « C'est ma femme. » Vitez le regarde avec sympathie. « C'est terrible, reconnaît-il, pourtant je vous envie. Après ce petit déjeuner, je vais aller m'ennuyer dans une réunion de bureaucrates du théâtre, tandis que vous, vous allez vous enfoncer dans la ville, comme Orphée à la recherche d'Eurydice... »

Fendant la horde de petites frappes rassemblée dès le matin dans le hall, il sort et, comme il ne sait pas où commencer ses recherches, marche droit devant lui, très vite car il a froid dans son caban de matelot et ses bottes même pas fourrées. Pour traverser les avenues trop larges, il descend dans les passages souterrains inondés d'eau sale, encombrés de gens moroses qui font la queue devant des kiosques où se vendent de pauvres choses comme des pots de raifort, des chaussettes, des moitiés de choux, et jamais ne s'excuseront s'ils vous balancent la porte battante dans la gueule. Il ne se rappelait pas cette ville où il a vécu sept ans si grise, si triste, si inhospitalière. En dehors des stations de métro qui sont de véritables palais, de loin ce qu'il y a de plus beau à Moscou, nulle part où se poser, se reposer, souffler. Pas de cafés, ou alors enfouis dans des sous-sols, au fond d'arrière-cours qu'il faut connaître car rien n'est indiqué et si vous demandez quelque chose à un passant il vous regarde comme si vous l'aviez insulté. Les Russes, pense Édouard, savent mourir, mais pour ce qui est de l'art de vivre ils sont toujours aussi nuls. Il marche, rôde autour du cimetière de Novo-diévitchi, sur les lieux de ses amours avec Elena. Passe devant l'immeuble où il s'est ouvert les veines, une nuit d'été. Pense à l'absurde caniche d'Elena, avec ses poils blancs frisottés qui devenaient noirs de saleté au moment du dégel. L'envie le prend d'appeler Elena à Florence, où elle vit avec le comte italien. Il a son numéro dans son carnet, ils se parlent quelquefois, mais que lui dirait-il ? « Je suis en bas, je viens te chercher, ouvre-moi » ? C'est ça qu'il faudrait dire et c'est trop tard, tout le reste est vasouillage sentimental.

L'après-midi, il est attendu à la Maison des écrivains, dont il a eu tant de mal à franchir les portes vingt ans plus tôt. S'il a accepté l'invitation, c'est parce qu'il espérait goûter la douce saveur de la revanche, mais cette saveur n'est pas douce. Odeur de cantine, poètes de troisième zone fringués comme des petits bureaucrates, la moins antipathique est encore la harpie qui tient le bar et lui sert du cognac dans une tasse à café. Elle ne le reconnaît pas, mais lui la reconnaît : elle était déjà là au temps du séminaire d'Arséni Tarkovski.

On le conduit dans une petite salle, où l'attend un public clairsemé. Il attendait des *apparatchiks* de la culture et découvre avec stupeur que ce sont, tous, des vétérans de l'*underground*. Pas d'amis proches, mais il reconnaît des visages autrefois entrevus dans des fêtes ou des lectures de poésie. Visages de seconds couteaux, visages veules, rongés par la haine de soi, et comme ils ont vieilli ! Blêmes ou cramoisis, bedonnants, abîmés. Ils ne sont plus *under*, non, maintenant que tout est permis ils font surface, et ce qui est terrible c'est que leur nullité, miséricordieusement voilée dans leur jeunesse par la censure et la clandestinité, éclate au grand jour. Le premier à parler est aussi le seul, apparemment, qui ait pu mettre la main sur un des 300 000 exemplaires de *La Grande Époque*, et il lui demande d'un ton sévère ce que ça veut dire, de la part d'un prétendu dissident, cette apologie du KGB. Édouard répond sèchement qu'il n'a jamais été dissident, juste délinquant. Une femme entre deux âges dit d'un air pénétré et mélancolique qu'elle l'a un peu connu, au temps de leur jeunesse, et peu importe s'il ne s'en souvient plus : elle se souvient, elle, d'un jeune poète inspiré, aux cheveux longs, plein de fantaisie, et elle s'étonne de voir revenir un type qui ressemble à un secrétaire du Komsomol.

Que répondre ? Le dialogue de sourds est total. Dans le monde d'où vient Édouard, un artiste peut porter, c'est même recommandé, ses cheveux en brosse courte, des lunettes à monture d'écaille et des vêtements noirs stricts. Il mourrait plutôt que d'arborer le vieux pull avachi sous un veston au col saupoudré de pellicules qui est le *nec plus ultra* de l'élégance *under*. Poète = épave, dans l'esprit de la dame qui aimerait sans doute mieux qu'il ressemble à Vénitchka Erofeev. Justement, à propos d'Erofeev, un troisième intervenant rapporte que le mythique auteur de *Moscou-Petouchki* a appris le retour de son ancien camarade Limonov mais que, le voyant sponsorisé par le marchand de journaux à scandale Julian Semionov, il refusera de lui serrer la main s'il vient le voir : qu'en pense Édouard ? Édouard répond qu'il n'en pense rien, que l'idée ne lui était pas venue d'aller voir Erofeev, qu'ils n'ont jamais été camarades. Cela continue sur ce ton pendant une demi-heure et quand on lève la séance il décline la proposition d'aller boire un coup avec les jeunes de l'Union des écrivains (« les jeunes de l'Union des écrivains ! »). À quatre heures de l'après-midi, la nuit est tombée. Il part en relevant le col de son petit caban de marin du *Potemkine*.

Cette séance effrayante lui a fait passer l'envie de retrouver ses anciens amis. Comme il a bien fait, quinze ans plus tôt, de leur fausser compagnie ! Comme ils lui en veulent de l'avoir fait ! Pendant qu'il se battait pour sa survie sur le front de l'Ouest, ils sont restés à mariner dans leur inconfortable confort, protégés par la chape de plomb de l'amère conscience de leur médiocrité. Le ratage était noble, l'anonymat était noble, même la déchéance physique était noble. Ils pouvaient rêver d'être libres un jour, et ce jour-là d'être salués comme des héros qui, clandestinement, souterrainement, ont préservé pour les générations à venir le meilleur de la culture russe. Mais, la liberté venue, ils n'intéressent plus personne. Ils sont nus, ils grelottent dans le grand froid de la compétition, ceux qui tiennent le haut du pavé sont de jeunes gangsters comme les adjoints de Semionov, et le seul endroit où les *under* puissent se réfugier, c'est l'Union des écrivains où on continue de vénérer une loque pathétique comme Vénitchka Erofeev et de se méfier d'un type vivant comme l'aventureux Limonov.

À un moment de cette soirée sinistre, il entre dans une galerie qui expose, presque comme des objets kitsch, des œuvres d'artistes autrefois clandestins, et il a la surprise d'y reconnaître une toile qu'il a vu peindre à son vieux camarade de bohème Igor Vorochilov : un portrait de femme devant une fenêtre, en robe rouge. La femme était la petite amie d'Igor à l'époque, la fenêtre celle d'un appartement qu'Édouard a quelque temps partagé avec eux. La femme était jolie, elle doit être devenue une grosse dondon. Quant à Igor, le catalogue lui apprend qu'il est mort deux ans plus tôt.

Édouard s'enquiert du prix auquel est proposé le tableau. Dérisoire, et de fait, pense-t-il, ça ne vaut pas plus. Pauvre Igor. Il ne se trompait pas, la nuit où il a voulu se suicider par désespoir de n'être qu'un artiste de troisième ordre. Le marché a tranché, le marché a raison et cette raison-là, implacable, ne laisse aucune chance aux âmes gentilles et veules de ses compagnons de jeunesse. Une grande tristesse l'étreint soudain, et quelque chose qui ressemble à de la pitié. Lui qui se vante de mépriser les faibles, il a pitié de cette faiblesse. Il a pitié de l'âme gentille et veule d'Igor, de la dame-pipi au restaurant de marché noir, de son peuple tout entier. Il voudrait, lui qui est fort et méchant, être capable de faire quelque chose pour protéger des forts et des méchants l'âme gentille et veule d'Igor Vorochilov, la dame-pipi et son peuple tout entier.

À chaque cabine téléphonique, il essaie d'appeler la mère de Natacha et voici que, miracle, elle répond. Il se présente, demande où est Natacha, et sa mère éclate en sanglots : Natacha est venue, restée deux jours, repartie sans laisser d'adresse. Elle aussi, la mère, se fait un sang d'encre. Édouard propose de venir. Elle habite loin, il prend le métro, s'apaise un peu dans le métro : c'est finalement l'endroit où il se sent le moins oppressé. Après avoir longtemps erré dans les allées enneigées d'un complexe d'immeubles khrouchtchéviens, il se retrouve dans un studio minuscule, rangé avec un soin maniaque, avec des collections de classiques reliés derrière des vitrines, comme chez ses parents. La mère de Natacha est une petite dame usée, rongée d'inquiétude, qui tout en se méfiant de lui compte sur lui car s'il ne retrouve pas sa fille, qui la retrouvera ? Son visa a dû expirer, on peut craindre le pire, et encore la mère ne pense-t-elle qu'à l'alcool, qui a déjà tué son mari, le père de Natacha. Elle ne se doute pas de la nymphomanie de sa fille, de la bipolarité qui fait que pendant des mois elle peut rester sagement à la maison à écrire des poèmes puis, sans prévenir, disparaître quatre, cinq jours, aller baiser avec n'importe qui et rentrer hagarde, dévastée, le slip marron de sang et de merde. Édouard n'en parle pas, inutile d'en rajouter, l'angoisse de la mère suinte déjà des murs trop rapprochés du studio, mais il se dit que lui-même vivrait peut-être mieux s'il ne retrouvait pas Natacha, si elle disparaissait complètement de sa vie. « Vous l'aimez ? » demande soudain la mère, comme Vitez, et comme à Vitez il répond : « C'est ma femme. Je prends soin d'elle depuis sept ans, je ne vais pas arrêter maintenant. » La mère se met alors à l'embrasser, à le bénir, à lui dire qu'il est un homme bon. Il n'a pas l'habitude qu'on lui dise ça mais il pense qu'en amour au moins c'est vrai.

La mère de Natacha lui a donné l'adresse d'une ex-copine de classe de sa fille, qui saura peut-être quelque chose. Trois quarts d'heure de métro, une demi-heure de marche par moins quinze, en caban léger. Il est plus de minuit quand il débarque dans une sorte de squat artistique où circulent des gens qui ont moins l'air d'artistes, même *destroy*, que de voleurs à la tire ou de revendeurs de drogue, ce qu'ils sont sans doute. La copine, une blonde aux racines noires, défaite, stridente, a vu la photo d'Édouard dans *Top secret* et Natacha lui a parlé de lui — certainement pas en bien car dès le premier contact il saute aux yeux qu'elle le déteste. Ils s'assoient cependant à la cuisine, boivent de la vodka, et la copine prend un plaisir évident à lui raconter que oui, sa femme est venue, accompagnée de deux mecs, qu'elle est restée dormir sous prétexte que c'était trop loin pour rentrer et qu'elle allait et venait à poil, fumait à poil sur la cuvette des chiottes tout en branlant un des deux mecs tandis que l'autre essayait de se la faire, elle, la copine. Édouard pense que la copine est une méchante femme, une de ces salopes russes dont la seule morale est que l'homme est un ennemi et que le faire souffrir est une victoire. Il devrait se lever et partir mais il est tard, le métro est fermé, il risque de marcher des heures avant de trouver un taxi, quant à en appeler un ne rêvons pas. Alors il reste, continue à boire, à écouter dans une hébétude croissante la copine qui lui explique que tout cela est sa faute, qu'il traite mal Natacha, d'ailleurs elle le lui a dit. D'autres habitants du squat viennent s'asseoir avec eux, dont un Tchétchène nommé Djellal qui insiste d'abord pour savoir s'il est juif car il est persuadé qu'en France tout le monde l'est, à commencer par Mitterrand, puis, sur un ton de plaisanterie de plus en plus menaçant, essaye de l'obliger à lui remettre son passeport. Le danger est palpable, cela pourrait tourner

mal mais Édouard reste cool ou c'est l'abrutisse-
ment qui l'emporte, car tout le monde est en train
de dévaler le versant pâteux de la cuite. Son dernier souvenir est d'avoir prononcé une sorte de
discours sur le thème : « Ce pays est génial pour
les événements historiques mais on n'y mènera
jamais de vie normale. La vie normale, ce n'est pas
pour nous… » Il se réveille au petit jour, le front
sur la table de la cuisine. Il traverse sans bruit le
squat où des types dorment carrément par terre,
vérifie qu'on ne lui a pas volé son passeport, remet
ses chaussures qu'il a ôtées en arrivant comme on
fait toujours en Russie, l'hiver, quand on entre
dans un appartement. Malgré le mal de crâne, son
esprit est clair et il a un projet : repasser prendre
son sac à l'hôtel puis, plantant là Semionov et sa
tournée, se faire conduire à la gare et monter dans
le premier train pour Kharkov.

3

Par habitude de pauvre, sans même y penser, il
a pris pour ce voyage de dix-huit heures un billet
de troisième classe et, tout compte fait, ne le
regrette pas. Il a quitté sa peau d'écrivain connu
pour se fondre dans la masse des Russes grossiers,
pouilleux, qui se répandent sur les banquettes avec
leur nourriture malodorante et leur vodka. Il y a
dans le wagon sans compartiments où les couchet-
tes s'alignent, superposées comme dans une cham-
brée, quelques trognes de brigands et aussi quelques

279

visages si candides, si vulnérables, qu'ils donnent envie de pleurer. De vrais visages en tout cas, Vitez n'avait pas tort : rougeauds, gris ou même vert-de-gris, mais pas roses comme les groins d'Américains. Derrière les vitres sales, il regarde défiler le paysage : bouleaux, neige blanche, ciel noir, immenses étendues vides ponctuées de loin en loin par de petites gares avec des châteaux d'eau. Sur les quais, aux arrêts, de vieilles femmes en bottines de feutre se disputent comme des chiffonnières pour vendre des cornichons ou des airelles. Il a beau venir de loin, il n'a jamais connu que de vraies villes et il se demande ce que ça peut être, de vivre dans de tels patelins.

Le voyageur assis en face de lui lit *Top secret*. La photo d'Édouard y est parue la semaine dernière, le voyageur pourrait le reconnaître, mais non, dans le monde où il vit on ne rencontre pas de gens qui ont leur photo dans les journaux. Ils se mettent à bavarder. L'autre raconte le fait divers qu'il vient de lire : dans un village comme ceux qu'ils traversent, une bonne femme pour punir sa fille de dix ans l'a enchaînée dehors, par moins trente, et elle a tellement gelé qu'il a fallu l'amputer des bras et des jambes. Dès qu'on a ramené à la maison ce qui restait de la gamine, un tronc, le compagnon de la mère s'est dépêché de la violer et elle a accouché d'un petit garçon qu'on a enchaîné à son tour.

Partie comme ça, la conversation ne brille pas par l'optimisme. Ce n'est pas seulement que tout part en couille — diagnostic auquel Édouard pourrait souscrire —, mais que selon son compagnon de voyage rien, dans le pays, n'a jamais marché. Cette opinion est nouvelle. Autrefois on vivait mal, on râlait dans sa barbe, il n'empêche qu'on était globalement fiers : de Gagarine, du spoutnik, de la puissance de l'armée, de l'étendue de l'Empire, d'une société plus juste qu'en Occident. La liberté d'expression débridée de la *glasnost'* a abouti selon Édouard à enfoncer dans le crâne de gens simples et sans malice comme son interlocuteur, d'abord que tous ceux qui ont gouverné le pays depuis 1917 étaient des sadiques et des assassins, ensuite qu'ils l'ont conduit à la déroute. « La vérité, se lamente le type, c'est qu'on est un pays du tiers-monde : la Haute-Volta avec des missiles nucléaires » — il a dû lire cette formule quelque part, elle lui plaît, il la répète avec une complaisance accablée. On nous a martelé pendant soixante-dix ans qu'on était les meilleurs alors qu'en fait on est des perdants. *Vsio proigrali* : on a échoué en tout. Soixante-dix ans d'efforts et de sacrifices nous ont menés là : dans la merde jusqu'au cou.

La nuit tombe, Édouard n'arrive pas à dormir. Il pense aux quelques lettres qu'il a reçues de ses parents durant sa longue absence. Nouvelles geignardes, tissus de fadaises, lamentations parce que leur fils unique ne reviendra pas fermer leurs yeux. Il parcourait ces lettres sans vraiment les lire, refusait de plaindre ses parents, remerciait Dieu de l'avoir entraîné loin de leurs vies peureuses et racornies. Mauvais fils ? Peut-être, mais intelligent, donc sans pitié. La pitié amollit, la pitié dégrade, et ce qui est terrible depuis son arrivée, c'est qu'il sent en même temps que la colère la pitié l'envahir. Il se lève, se fraie un chemin entre les colis ficelés, pleins de ces choses misérables dont les pauvres s'encombrent pour voyager. Aux chiottes, la cuvette déborde de merde congelée. Dans le coupé de service, en regagnant sa place, il entend gémir la contrôleuse que deux petits voyous vont se taper à tour de rôle. L'idée de souffrir pour son pays lui aurait autrefois paru grotesque, pourtant il souffre.

Le train est arrivé à 7 heures du matin, le taxi l'a laissé à Saltov, devant l'immeuble-clapier où il a passé son adolescence. Son sac de marin sur l'épaule, il gravit l'escalier de béton, nu comme celui d'une prison. Devant la porte, il hésite. Est-ce que le saisissement ne risque pas de les tuer ? Ne vaudrait-il pas mieux demander à un voisin de les préparer ? Tant pis, il sonne. Frottement de pantoufles, qui doit venir de la cuisine. Sans attendre qu'on ouvre, il dit à travers la porte : « Papa, maman, c'est moi. » On n'a pas dû entendre : « Qui est-ce ? » La voix de sa mère est méfiante, apeurée, rien de bon ne peut venir du dehors. Il devine que son œil est collé au judas.

« C'est moi, maman, répète-t-il. Moi, Edi-tchka. »

Elle défait le verrou d'en haut, celui d'en bas, celui du milieu, ils sont l'un face à l'autre mainte-nant. Son père arrive derrière elle, à pas menus de vieillard. Ils sont étonnés, mais curieusement pas plus que cela : étonnés comme on l'est de la visite d'un cousin qui habite la ville voisine et débarque sans prévenir, non d'un fils parti depuis quinze ans et qu'on pensait ne jamais revoir. Ils l'étreignent, enserrent son visage dans leurs mains, mais tout de suite sa mère l'écarte d'elle pour le regarder avec du recul, de pied en cap, et elle demande où est son manteau. Il n'a pas de manteau ? Ce n'est pas possible, on ne peut pas sortir par ce froid sans manteau. Est-ce qu'il est trop pauvre pour s'en acheter un ? « Non, maman, je t'assure, j'ai tout ce qu'il faut, ça va. » Elle dit qu'il y en a un, dans l'armoire, un bon manteau que son père ne porte plus, et les voilà tous trois devant l'armoire, lui essayant le manteau pour leur faire plaisir et eux l'examinant sous toutes les coutures, et son père dit que c'est triste, tous ces bons habits sous des housses, à l'abri des mites, et cet appartement qu'après leur mort ils ne laisseront à personne. Est-ce qu'il ne veut pas revenir s'installer ici ? C'est bien, ici, c'est confortable, tranquille. Coupant court à leurs illusions, Édouard dit qu'il est là pour quelques jours seulement. Il explique ce qu'il est venu faire à Moscou : sa tournée de VIP, son livre publié à 300 000 exemplaires. Il aimerait que ses parents comprennent qu'il a réussi, qu'ils en soient fiers, mais rien de ce qu'il raconte ne semble les intéresser. C'est trop loin de leur monde, ils ne lui demandent même pas s'il a un exemplaire du livre pour eux. Cela tombe bien parce qu'il n'en a pas et parce que, s'il en avait un, le portrait qu'il y trace d'eux ne leur plairait pas. La seule chose qu'ils voudraient savoir, c'est s'il a une femme et s'ils peuvent espérer avoir un jour des petits-enfants. « Une femme, oui, dit-il sans s'étendre davantage sur le sujet, mais des enfants, non, pas encore.

— Pas encore ? À quarante-six ans ? » Raïa secoue la tête, navrée.

Leur curiosité est vite rassasiée, la routine de la vie quotidienne reprend ses droits. Veniamine qui est devenu un vrai petit vieux retourne, en se tenant aux meubles, s'allonger dans la chambre et Raïa, devant une tasse de thé, à la cuisine, explique qu'il a eu une attaque l'an passé et que depuis il n'a plus goût à rien. Elle doit l'habiller et le déshabiller, il ne sort presque plus de l'appartement et, en dehors des courses, elle non plus : où aller, de toute façon ? Le centre-ville l'effraie, elle est contente de ne pas y habiter. « Ici, c'est tranquille », répète-t-elle, comme si elle espérait à l'usure le convaincre de s'y installer, de se glisser dans le vieux manteau de son père, quand il mourra de récupérer le neuf, et avec lui sa *chapka* de mouton retourné. Pour qu'il ne pense pas qu'ils vivent mal, elle ouvre les placards, montre fièrement les provisions stockées en cas de pénurie. Trente kilos de sucre, des sacs de gruau, et il y en a autant à la cave.

La flamme bleue du gaz, qui brûle en permanence sur la cuisinière, agace Édouard. Il veut l'éteindre, mais elle proteste : ça tient chaud, et puis c'est une présence, c'est comme d'avoir quelqu'un avec soi dans la pièce. « Si je faisais comme toi, à Paris, ça me coûterait des milliers de francs », observe-t-il, et du peu qu'il a raconté sur sa vie à l'étranger c'est ce détail qui, de loin, la frappe le plus : « Tu veux dire que là-bas l'État est tellement près de ses sous qu'il vous fait *payer le gaz* ? » Elle n'en revient pas mais, songeuse : « Remarque, il paraît que Gorbatchev et ses petits fayots veulent faire pareil chez nous... »

En dehors des grandes villes et des milieux plus ou moins intellectuels, parler de Gorbatchev est une conversation de tout repos : on ne risque pas de s'engueuler, tout le monde le déteste. Cette pensée apaise un peu Édouard.

S'il s'écoutait, il reprendrait le train le soir même, mais ce serait trop cruel. C'est la première et sans doute la dernière fois qu'il revoit ses parents, il décide donc de leur consacrer une semaine et de purger cette semaine comme un taulard, en biffant les jours écoulés sur le calendrier. Il a retrouvé ses vieux haltères, le matin fait une heure de musculation. Il relit sans plaisir, allongé sur son lit d'enfant, ses Jules Verne et ses Dumas, absorbe chaque jour trois repas trop lourds, s'impose avec sa mère, car son père ne dit rien, des conversations en fil de fer barbelé. Elle raconte les menus incidents qui émaillent sa journée avec une profusion de détails presque hallucinante. L'ellipse lui est inconnue. Pour dire qu'elle a reçu une lettre, elle relatera le trajet jusqu'à la poste, la queue au guichet, l'échange de salutations avec le guichetier, l'itinéraire du bus au retour. Comme ça on ne s'ennuie pas, c'est sûr.

Il demande ce que sont devenus ses amis de jeunesse. Kostia, dit le Chat, celui qui a été condamné à dix ans de camp, s'est fait poignarder dans une bagarre quelques jours après sa libération. Il est mort, ses parents meurent doucement de chagrin. Quant à Kadik, Kadik le dandy qui rêvait de devenir saxophoniste, il travaille toujours à l'usine le

Piston. Sa Lydia l'a quitté, il est retourné habiter chez sa mère avec qui il a élevé sa petite fille. La petite fille a grandi, elle est partie, Kadik est resté chez sa mère. Il boit trop. « Ça lui ferait plaisir de te revoir », risque Raïa. Édouard refuse.

Et Anna ? « Anna ? Mon Dieu ! Tu n'as pas su ? On l'a retrouvée pendue dans le taudis où elle vivait, seule, entre deux séjours à l'hôpital psychiatrique. » Elle essayait de peindre, elle était devenue vraiment très grosse. Raïa allait la voir, quelquefois. Un jour, Anna lui a demandé l'adresse d'Édouard à Paris : « Je n'ai pas pu lui refuser. Elle t'a écrit ? » Édouard hoche la tête. Il a reçu cinq ou six lettres suintant une folie sordide, auxquelles il n'a pas répondu.

La télévision marche en permanence : la télévision soviétique, la plus masochiste du monde selon Édouard, noyant sa litanie de catastrophes et de lamentations dans un flot ininterrompu de musique sirupeuse. Sakharov, sa vieille bête noire, vient de mourir et, d'après les journalistes, le pays le pleure comme un seul homme, jusque dans ses campagnes les plus reculées. « Ils sont devenus fous, commente Raïa, qui sait à peine qui était Sakharov. On croirait que c'est Staline qu'on enterre. » Un orateur compare le proscrit d'hier à Gandhi, un autre à Einstein, un troisième à Martin Luther King, et un petit rigolo à Obi-Wan Kenobi, le sage mentor, dans *Star Wars*, du chevalier Jedi velléitaire et indécis à qui fait de plus en plus penser Gorbatchev. « Et qui tiendrait le rôle de Darth Vador ? » demande l'interviewer.

L'inévitable Evtouchenko se pousse devant les caméras pour déclamer un poème où le défunt est qualifié de « mèche tremblante de l'époque » — métaphore qui fait ricaner Édouard et deviendra un *private joke* incompréhensible, sauf par lui, dans ses articles de *L'Idiot*. Suspense : Gorbatchev va-t-il décréter un jour de deuil national ? Non car, fait-il valoir, ce n'est pas l'usage : trois jours de deuil sont prévus pour le secrétaire général du Parti, un pour un membre du Politburo, aucun pour un simple académicien. Les commentateurs interprètent cette tiédeur comme l'annonce d'un coup de barre à droite, et cela se confirme le jour des funérailles. Gorbatchev s'est contenté d'un moment de recueillement vite expédié devant la dépouille au lieu de prendre la tête du cortège que plusieurs centaines de milliers de personnes suivent à travers Moscou sans que personne les y ait obligées — phénomène sans précédent dans l'histoire du pays. Un député dont Édouard a déjà remarqué la franche et assez sympathique tête de brute, Boris Eltsine, saute sur l'occasion : il s'est déjà imposé comme chef de file des démocrates en démissionnant bruyamment du Politburo, maintenant c'est lui qui marche derrière le cercueil de Sakharov au côté de sa veuve, Elena Bonner. La vieille corneille, chaque fois que la caméra la filme, est en train de fumer, ou d'écraser une cigarette, ou d'en allumer une nouvelle. Remarquant que des gens, autour d'elle et d'Eltsine, brandissent des pancartes avec un 6 barré d'une croix, Raïa demande : « Ça veut dire quoi, ces 6 ?

— Ça veut dire, lui explique son fils, qu'ils veulent supprimer l'article 6 de la Constitution : celui sur le Parti unique.

— Mais ils voudraient quoi, alors ?

— Eh bien, qu'il puisse y avoir plusieurs partis, comme en France. »

Raïa le regarde avec horreur. Plusieurs partis, ça lui paraît aussi barbare que de faire payer le gaz.

VI

VUKOVAR, SARAJEVO,
1991-1992

1

Ils sont assis, coincés devant un mur aveugle, dans l'angle droit formé par deux tables en formica brun. On n'en verra pas plus du décor, qui peut être une salle de classe, une cantine, un local administratif. Elle porte un manteau clair avec un foulard de paysanne, lui un pardessus sombre, une écharpe, et il a posé sur la table, devant lui, sa *chapka* de mouton retourné. Ils ont l'air d'un couple de retraités. La caméra ne les quitte pas, le cadre bouge sans rime ni raison, petits zooms avant et arrière, petits panoramiques, mais il n'y a pas de contrechamp. On ne voit pas les hommes assis ou debout en face d'eux. On ne voit pas le visage de celui qui, hors champ, d'une voix coléreuse et monotone, accuse les deux petits vieux d'avoir vécu dans un luxe effréné, fait mourir de faim des enfants, commis un génocide à Timi oara. Après chaque salve d'accusations, le procureur invisible les invite à répondre, et ce que l'homme répond, tout en triturant sa *chapka*, c'est qu'il ne reconnaît pas la légitimité du tribunal. Sa femme, par moments, s'emporte, commence à argumenter, alors pour la calmer il pose sa main sur la sienne, d'un geste familier, émouvant. Par moments aussi, il regarde sa montre, de quoi on a déduit qu'il attendait l'arrivée de troupes qui les délivreraient. Mais ces troupes n'arrivent pas et, au bout d'une demi-heure, on coupe. Ellipse. Le plan suivant montre leurs corps ensanglantés gisant sur le pavé d'une rue, ou d'une cour, on ne sait pas où.

La scène a l'étrangeté d'un cauchemar. Filmée par la télévision roumaine, elle a été diffusée sur les chaînes françaises le soir du 26 décembre 1989. Je l'ai vue, médusé, avant de partir réveillonner à Prague, et Limonov à son retour de Moscou. Il avait retrouvé et ramené Natacha qui était douce et gentille, comme toujours après ses fugues. Peut-être a-t-il pensé à leur union, à son rêve de vieillir et mourir auprès d'elle, je suis sûr en tout cas qu'il a pensé à ses parents quand, à peine l'émission terminée, il a écrit l'article dont j'extrais ces lignes : « La cassette qui devait justifier le meurtre du chef de l'État roumain est le témoignage éclatant et terrible de l'amour d'un vieux couple, cet amour qui s'exprime par des pressions de mains et des regards. Certainement, lui et elle étaient coupables de quelque chose. Il est impossible que le leader d'une nation ne le soit pas. Le plus innocent a forcément signé un décret indigne, n'a pas gracié untel, c'est le métier de leader qui le veut. Mais traqués, coincés dans l'angle d'une pièce anonyme, manquant de sommeil, s'aidant mutuellement à affronter la mort, ils nous ont donné sans l'avoir répétée une représentation digne des tragédies d'Eschyle et de Sophocle. En voguant ensemble, simples et majestueux, vers l'éternité, Elena et Nicolae Ceau escu ont rejoint les couples d'amoureux immortels de l'histoire mondiale. »

Je n'aurais pas formulé les choses avec tant de lyrisme et ne pensais pas ce couple de tyrans ubuesques coupable seulement d'erreurs inévitables quand on exerce le pouvoir. Cependant, je me rappelle avoir, moi aussi, éprouvé un violent malaise devant cette parodie de justice, cette exécution sommaire, jusqu'à cette mise en scène qui se voulait exemplaire et manquait totalement son but car, en effet, si criminels qu'ils aient pu être, la dignité se trouvait du côté des accusés — j'ai ressenti la même chose, plus tard, quand on a débusqué puis pendu Saddam Hussein. L'année enchantée qui avait vu, dans toute l'Europe, des révolutions sans violence porter au pouvoir des humanistes à la Václav Havel prenait fin sur une note déplaisante.

Dans les mois qui ont suivi, d'autres signaux bizarres sont venus de Roumanie. La révolution qui avait abattu les Ceau escu revendiquait des milliers de martyrs, massacrés dans un ultime sursaut par le régime en perdition. On s'est particulièrement ému des charniers découverts à Timi oara. 4 000 morts était le chiffre généralement avancé. *Libération* précisait : 4 630. 70 000, renchérissait bravement TF1. À l'heure de la dinde et du foie gras, les journaux télévisés montraient, sortis de fosses hâtivement creusées, des cadavres squelettiques, terreux, en pyjamas rayés. L'Europe tremblait. On parlait d'envoyer des brigades internationales pour arrêter le génocide que poursuivaient les tueurs aux abois de la Securitate, la police politique de Ceau escu. Or il s'est révélé, premièrement que les cadavres, quelques dizaines au plus, avaient été déterrés pour les caméras au cimetière de Timi oara où ils reposaient après être morts de leur belle mort, deuxièmement que les tueurs de la Securitate, loin de procéder à un génocide suicidaire, s'étaient beaucoup plus sagement reconvertis comme cadres du Front de salut national, le parti du nouveau président, Ion Iliescu. Interdit, chargé de tous les crimes, le Parti communiste s'était contenté de changer de nom et de leader, mais prospérait toujours, et les élections du mois de mars 1990, qui lui ont donné une large majorité, ont justifié le mot cruel décrivant les Roumains comme le seul peuple dans l'histoire à avoir librement élu des communistes. Tout cela m'intriguait tant que je suis allé, ce printemps-là, faire un reportage en Roumanie.

Freud a théorisé la notion d'*Unheimliche*, qu'on traduit par « l'inquiétante étrangeté » et qui désigne cette impression qu'on peut avoir en rêve, et quelquefois dans la réalité : ce qu'on a devant soi, qui semble familier, est en fait profondément étranger. *Alien*, dirait-on en anglais. La Roumanie postrévolutionnaire m'a fait l'effet d'un véritable Disneyland de l'*Unheimliche*. Une *twilight zone*, que d'inquiétantes rumeurs disaient minée comme un gruyère par un réseau de galeries souterraines creusées par la police secrète et où les gens disparaissaient. Une zone de crépuscule perpétuel et sournois, figée dans l'entre-chien-et-loup, et encore les dizaines de milliers de chiens errants qui divaguaient dans Bucarest, disputant leur pitance à des dizaines de milliers d'enfants, errants aussi, paraissaient-ils moins redoutables que les loups en quoi chaque homme s'était transformé pour son prochain. La haine, le soupçon, la calomnie empêchaient de respirer, comme un gaz toxique. Je me rappelle, entre tant d'exemples, cet écrivain, couvert depuis vingt ans de prix et de fonctions officielles, qui me bassinait avec sa « résistance intérieure » au régime honni, et quand je lui ai demandé si tout de même, étant entendu que je ne lui jetais nullement la pierre, que je comprenais très bien la quasi-impossibilité d'une telle attitude, d'autres n'avaient pas résisté un peu moins intérieurement que lui, s'il ne pouvait pas me citer des noms (je pensais à quelques opposants à la réputation sans tache, les homologues locaux de Sakharov), il m'a regardé avec gravité avant de répondre qu'il préférait les taire, par discrétion et miséricorde, nul n'ignorant que la Securitate recrutait ses plus zélés informateurs parmi ces prétendus opposants. Bien. On est jusque-là dans le premier degré du tortueux. Le second, qui corse les choses, c'est que tous les esprits subtils à qui je rapportais cette réponse m'ont dit que, bien sûr, mon interlocuteur avait raison. Nul ne l'ignorait, tout le monde le savait, c'était de notoriété publique.

Le moment est venu de parler des esprits subtils. C'est en Roumanie que j'ai fait leur connaissance, ils ont fleuri dans les décombres du communisme.

Diplomates, journalistes, observateurs en poste depuis longtemps dans le pays, ils se sont fait une spécialité de prendre systématiquement le contre-pied des discours officiels, des clichés médiatiques et des illusions bien-pensantes. Ennemis jurés du « politiquement correct », les esprits subtils s'enchantent de soutenir que le KGB (ou la Securitate), dénoncés par les naïfs comme des officines de ténèbre et de mort, n'étaient en réalité que des équivalents de notre ENA, ou que l'œuvre scientifique qui a valu à Elena Ceau escu d'être docteur *honoris causa* de toutes les universités de son pays n'était pas si nulle qu'on l'a dit, et pas nuls non plus les poèmes de Radovan Karadžić, qui va bientôt faire son apparition dans ce livre. Les esprits subtils avaient l'oreille de notre président Mitterrand, ils ont imprimé leur marque à sa politique étrangère, et la Roumanie où tout était double, truqué, perfide, où les charniers qui excitaient la compassion indignée de l'Occident étaient *réellement* de sinistres mascarades, avait tout pour être leur Eldorado.

Après deux semaines passées à perdre pied dans cette fondrière de mensonges et de calomnies croisées, j'étais mûr pour entendre les impressions d'un vieux Roumain exilé depuis trente ans en France et qui, revenu depuis peu dans son pays, m'a dit quelque chose de pas du tout subtil, mais pas politiquement correct pour autant : « Vous avez vu leurs gueules, dans la rue ? Vous avez vu leurs gueules ? La pauvreté, la crasse, je veux bien, mais cette méfiance butée, cette bassesse, cette trouille mauvaise répandues sur les visages ? Mon peuple n'était pas comme ça, je vous assure. Ce n'est pas mon peuple. Je ne comprends pas. *Qui sont ces gens ?* » Et ce qui tremblait dans sa voix, c'était exactement l'horreur du héros dans *L'Invasion des profanateurs de sépultures*, le vieux film de science-fiction des années cinquante, quand il découvre que les hommes ont été, peu à peu, remplacés par des extraterrestres et que chacun de ses familiers, en apparence inchangé, est en réalité un mutant malfaisant.

Vers la fin de mon séjour, le président Iliescu et son Premier ministre Petre Roman ont appelé les travailleurs à défendre la « démocratie » (je mets des guillemets ici, il en faudrait presque à chaque mot) contre un complot néofasciste non moins imaginaire que le génocide perpétré à Timi oara par la Securitate. Ce qui n'était, en revanche, pas imaginaire du tout, c'est la lourde logistique d'autocars et de trains spécialement affrétés par le Front de salut national pour faire venir à Bucarest, le 14 juin 1990, vingt mille mineurs galvanisés par un bourrage de crâne frénétique, armés de barres de fer, et qui pendant deux jours ont terrorisé la ville, tabassant en priorité toute personne suspecte d'opposition, puis, comme ça ne faisait pas assez de monde, un peu n'importe qui, à l'aveuglette, histoire de montrer qu'on ne rigolait pas. Je bouclais alors mon reportage dans les montagnes des Carpates et ne suis rentré à Bucarest que pour la fin du spectacle. Les mineurs, félicités par le président Iliescu, commençaient à partir et les journalistes à affluer, envahissant l'hôtel Intercontinental où, retardant mon départ, j'ai passé trois jours à attendre qu'il se passe quelque chose, à guetter dans la ville des débuts d'attroupement qui se délitaient, à écouter les rumeurs que l'hôtel centralisait, à me demander s'il valait mieux partir, au risque de manquer à nouveau l'événement, ou m'attarder, au risque de ne plus trouver de raison valable pour partir.

Durant ces trois jours, j'ai beaucoup parlé avec un journaliste américain qui s'était fait assez sérieusement démonter la gueule et, par ailleurs, partageait ma passion pour les histoires de science-fiction paranoïaques dont *L'Invasion des profanateurs de sépultures* est le paradigme. Nous faisions assaut de titres de nouvelles et de films, de noms d'auteurs, et, arrivés à Philip K. Dick, nous sommes tombés d'accord : ses romans, qui peignent avec une terrifiante acuité la désagrégation de la réalité et des consciences qui la perçoivent, étaient les seuls guides fiables pour un voyage dans la *twilight zone* roumaine.

L'un d'eux, *La Vérité avant-dernière*, peint une humanité qui, à la suite d'une guerre bactériologique, s'est réfugiée dans des abris souterrains où elle mène, depuis des années, une existence atroce. Par la télévision, elle sait qu'à la surface la guerre fait rage, que chaque semaine des villes sont détruites et l'atmosphère encore plus empoisonnée. Mais un jour une rumeur se met à circuler : la guerre est finie depuis longtemps ; une poignée de puissants, maîtres du réseau télévisuel, en organise le simulacre à seule fin de maintenir sous terre une population trop nombreuse et de couler sans elle des jours paisibles, sous la voûte étoilée. La rumeur enfle — le pire, c'est que bien sûr elle est vraie —, et on imagine quelle haine, abjecte et justifiée, anime les hommes du souterrain quand ils se lancent à l'assaut de la surface. C'est cette sorte de haine que nous avions vue, le journaliste américain et moi, briller dans les yeux des mineurs débarqués à Bucarest pour « sauver la démocratie », et j'avoue que nous avons formé le vœu impie, au bar de l'Intercontinental, qu'elle se retourne un jour contre ceux qui l'avaient attisée.

2

Je suis rentré de Roumanie troublé, et persuadé que la meilleure façon de rendre compte de ce trouble était d'écrire la vie de Philip K. Dick. Ce travail m'a occupé deux ans, durant lesquels je n'ai suivi que d'assez loin ce qui se passait dans le monde, en particulier dans ce qu'on s'est mis à appeler l'ex-Yougoslavie. Au début, quand il s'agissait seulement des Serbes et des Croates, c'était pour moi comme les Syldaves et les Bordures dans *Tintin* : des villageois moustachus, portant chèches et gilets brodés, et enclins, après boire, à décrocher leurs fusils pour s'entre-tuer au nom de très anciennes querelles — comme la possession d'un champ que les Serbes, d'une façon difficile à comprendre pour d'autres qu'eux, considèrent comme le lieu le plus sacré de leur histoire parce qu'il a été le théâtre de leur plus cuisante défaite. Cela semblait, de loin, aussi décourageant que la Roumanie, il y avait de quoi se dire que l'euphorie de l'année 1989 était bien retombée mais, faute d'opinion bien arrêtée, j'écoutais les discussions sans y intervenir.

La plupart de mes amis, à la suite d'Alain Fin-
kielkraut, prenaient fait et cause pour l'indépendance des Croates au nom du droit des peuples à
disposer d'eux-mêmes. L'argument, à l'époque,
paraissait sans réplique : quand on veut s'en aller
on s'en va, on ne retient pas une nation de force
dans la prison d'une autre. Certains y répliquaient,
cependant. D'abord, que si on allait par là, il faudrait accorder le même droit à quiconque le
réclame, Corses, Basques, Flamands, Italiens de la
Ligue du Nord, et qu'on ne s'en sortirait jamais.
Ensuite, que la France était historiquement amie
des Serbes, qui avaient résisté à l'Allemagne nazie
tandis que les Croates avaient été, non seulement
pro-nazis, mais pro-nazis particulièrement zélés et
sanguinaires. Ceux qui usaient de cet argument évoquaient volontiers la scène mémorable de *Kaputt* où
Malaparte, rendant visite au leader croate Ante
Pavelić, avise un panier de choses grises et visqueu-
ses, demande si ce sont des huîtres de Dalmatie et
s'entend répondre que non, ce sont vingt kilos
d'yeux serbes rapportés en cadeau à leur chef par
ses braves *oustachis* — ainsi s'appelaient les partisans croates ; côté serbe, c'étaient les *tchetniks*.
Dernier argument, enfin, et qui me semblait le
plus convaincant : même si on jugeait légitime
l'aspiration des Croates à l'indépendance, le sort
des Serbes depuis longtemps établis sur leur territoire s'annonçait peu enviable. Majoritaires et
dominants en Yougoslavie, ils allaient se retrouver
minoritaires et dominés en Croatie. On pouvait
comprendre leur inquiétude quand les premiers gestes de la démocratie croate présidée par Franjo

Tudjman étaient de supprimer dans les lieux publics les inscriptions en cyrillique, de limoger les Serbes de leurs postes dans les administrations et de remplacer le drapeau à étoile rouge de la Fédération yougoslave par celui, à damier rouge et blanc, de l'État indépendant de Croatie, créé en 1941 par les Allemands et qui, pour ceux qui avaient vécu la Seconde Guerre mondiale, évoquait à peu près les mêmes associations que la croix gammée. Je dis tout cela pour rappeler que, dans les premiers mois de l'implosion de la Yougoslavie, la répartition des rôles entre bons et méchants ne s'imposait pas avec évidence et que, même s'il entrait là-dedans une bonne dose de propagande, il n'était pas tout à fait délirant de voir les Serbes de Croatie comme des sortes de Juifs promis à la persécution. Les choses n'ont commencé à se clarifier qu'avec la destruction spectaculaire de Vukovar, et c'est justement là que nous retrouvons Limonov.

En novembre 1991, il est invité à Belgrade pour la parution d'un de ses livres et, lors d'une séance de signatures, reçoit la visite d'hommes en uniforme qui lui demandent ce qu'il sait de la République serbe de Slavonie. À vrai dire, pas grand-chose. Il s'agit, lui explique-t-on, d'une enclave peuplée de Serbes à la pointe orientale de la Croatie. Ces Serbes, ne voulant pas suivre les Croates dans leur sécession, ont à leur tour fait sécession, les Croates ne sont pas d'accord, c'est donc la guerre, et une position clé de cette guerre, Vukovar, vient de tomber : est-ce que ça lui dit de venir voir ?

Édouard avait d'autres plans, ce qui se passe dans

son propre pays l'intéresse davantage que ces disputes de paysans balkaniques, mais il pense qu'à bientôt cinquante ans il n'a jamais été à la guerre, que c'est une expérience qu'un homme doit faire un jour, il dit donc oui. D'excitation, il ne dort pas de la nuit. À l'aube, deux officiers viennent le chercher à son hôtel. On s'engage sur l'autoroute qui relie Belgrade, capitale de la Serbie, à Zagreb, capitale de la Croatie. Cette autoroute, désertée depuis le début des hostilités par les véhicules de tourisme, est en revanche jalonnée de barrages et de *checkpoints*. Pendant que des soldats contrôlent les documents des voyageurs, d'autres les tiennent en joue et la suspicion monte quand on s'aperçoit que, bien que russe et pour cette raison présumé pro-serbe, Édouard a un passeport français, ce qui veut dire catholique et présumé pro-croate. Les choses s'arrangent avec quelques insultes bien senties à l'endroit de Tudjman et de Genscher, le ministre des Affaires étrangères allemand qui a plaidé auprès de ses homologues européens pour la reconnaissance de la Croatie indépendante et passe donc à Belgrade pour le théoricien d'un IVᵉ Reich. On se promet de pendre l'un avec les intestins de l'autre, on boit un coup pour sceller cette promesse, puis on repart.

Un détail devrait faire tiquer Édouard dans la version de l'affaire qu'on lui présente : c'est que tous ces militaires acquis à la cause serbe portent l'uniforme de l'armée fédérale yougoslave, qui existe toujours, qui s'interdit en théorie de prendre part au conflit mais qui en réalité, composée qu'elle est de Serbes dans son écrasante majorité, vient de consciencieusement pilonner Vukovar et toutes les positions croates avoisinantes. Ce détail ôte de sa crédibilité au rapprochement que j'ai esquissé, que développe complaisamment l'officier chargé d'accompagner Édouard, entre le sort des Serbes et celui des Juifs pendant la Seconde Guerre mondiale : imagine-t-on que ceux-ci, pour se défendre des nazis, aient disposé de l'indéfectible appui de la Wehrmacht ? Mais cela, Édouard s'en fout. Ce qui lui plaît, ce sont les soldats en armes, les blindés, les sacs de sable, les uniformes vert-de-gris qui se détachent sur la neige, les tirs de mortier qu'on commence à entendre au loin. C'est, bientôt, de traverser des villages dont les ruines fument encore. C'est de pouvoir se croire, dans ce coin glacial des Balkans, en 1941 et non en 1991. C'est la guerre, la vraie, celle que son père n'a pas faite, et il y est.

Vukovar a été libérée par les troupes serbes deux jours plus tôt. Que, sans ironie aucune, on appelle « libération », autour de lui, une destruction totale, ça ne le fait pas tiquer non plus. Berlin aussi était en ruine quand l'Armée rouge l'a libérée et c'est, en plus petit, à Berlin en 1945 que fait penser cette autrefois jolie ville habsbourgeoise. Quand il repassera à Belgrade, un écrivain à qui il racontera son équipée lui demandera naïvement à quel hôtel il est descendu, et Édouard, mesurant ce qui sépare d'un pékin comme son interlocuteur un homme qui, comme lui, a vu la guerre de près, renoncera à lui faire comprendre qu'il n'y a plus d'hôtels à Vukovar, très peu de maisons encore debout, et aucune en état d'être habitée. Juste une friche de gravats, de ferraille tordue, de verre pilé, que des bulldozers commencent à déblayer. Interdiction, à cause des mines, de faire un pas de côté pour pisser. Pas un oiseau dans le ciel. Peu de morts, on les a déjà évacués, en revanche il en voit tout son content quand on l'emmène visiter le Centre d'identification des corps.

Cadavres suppliciés, violacés, carbonisés. Gorges tranchées. Odeur de chairs qui se décomposent. Sacs de restes humains que des soldats déchargent des camions. Qui étaient ces hommes ? Des Serbes ? Des Croates ? « Des Serbes, évidemment », répond l'officier qui le guide. Il semble choqué par la question : les victimes de la guerre, pour lui, sont serbes par définition, et les bourreaux croates. C'est peut-être vrai cinquante kilomètres plus loin, c'est plus difficile à soutenir aux abords d'une ville croate littéralement anéantie par l'artillerie serbe (enfin, fédérale…) et dont un quart de la population manque à l'appel. Peu importe. Édouard se doute bien qu'il y a des deux côtés autant de paysans injustement chassés de chez eux, autant de victimes innocentes et autant de guerriers valeureux. Il ne croit pas qu'un camp ait entièrement raison et l'autre entièrement tort, mais il ne croit pas non plus à la neutralité. Un neutre, c'est un pleutre, Édouard n'en est pas un et il se sent placé par le destin au côté des Serbes.

À cette place, il se sent bien. Il se sent bien, le soir, auprès des braseros où des hommes mal rasés réchauffent leurs mains gonflées, aux ongles noirs. Il se sent bien, la nuit, dans le baraquement où flotte une lourde odeur de poêle à charbon, d'alcool de prune et de pieds. Il a rêvé, enfant, de ces bivouacs et de cette fraternité guerrière, le sort les lui a refusés et voilà que sans prévenir, à un détour du chemin, il le rend à tout ce pour quoi il était fait. En deux heures à la guerre, pense-t-il, on en apprend plus sur la vie et les hommes qu'en quatre décennies de paix. La guerre est sale, c'est vrai, la guerre est insensée, mais merde ! La vie civile est insensée aussi à force d'être morne et raisonnable et de brider les instincts. La vérité, que personne n'ose dire, c'est que la guerre est un plaisir, le plus grand des plaisirs, sinon elle s'arrêterait tout de suite. Une fois qu'on y a goûté, c'est comme l'héroïne, on veut en reprendre. On parle d'une vraie guerre, bien sûr, pas de « frappes chirurgicales » et autres saloperies bonnes pour les Américains qui veulent faire le gendarme chez les autres sans risquer leurs précieux pioupious dans des combats « au sol ». Le goût de la guerre, la vraie, est aussi naturel à l'homme que le goût de la paix, il est idiot de vouloir l'en amputer en répétant vertueusement : la paix c'est bien, la guerre c'est mal. En réalité, c'est comme l'homme et la femme, le *yin* et le *yang* : il faut les deux.

Les guerres en ex-Yougoslavie n'ont pas, ou presque pas, été menées par des armées régulières mais par des milices et, arrivé à ce point, je voudrais appeler à la barre deux témoins qui ont suivi toute l'affaire, sur le terrain, et qui ont écrit des livres dessus. Il s'agit de Jean Rolin et Jean Hatzfeld. Le premier est mon ami, je connais un peu le second, je les admire tous les deux. Eux-mêmes sont très liés et leurs récits se recoupent. Celui de Jean Rolin s'appelle *Campagnes*, celui de Jean Hatzfeld *L'Air de la guerre*.

À la première page de *Campagnes*, Jean Rolin décrit, je le cite, « un barrage de miliciens dont il n'était pas facile de déterminer l'obédience. C'était le début de la guerre, il faisait beau, les pertes étaient encore limitées de part et d'autre, et tout neuf le plaisir de porter des armes et de s'en servir pour imposer sa loi, terroriser les civils, abuser des filles, enfin jouir gratuitement de toutes ces choses si longues et si coûteuses à se procurer en temps de paix quand il faut travailler, et encore, pour les obtenir ». À ces meutes de jeunes paysans enchantés de se bourrer la gueule en tirant des coups de feu sont bientôt venus se joindre toutes sortes de supporters de foot, petits et grands délinquants, authentiques psychopathes, mercenaires étrangers, slavophiles russes venus défendre l'orthodoxie (chez les Serbes), néonazis nostalgiques des *oustachis* (chez les Croates) et djihadistes (chez les Musulmans de Bosnie, qui vont bientôt sortir de la coulisse). Ce petit monde partageait une culture paramilitaire dont voici, toujours selon Jean Rolin, les composantes : « Treillis de camouflage, bérets verts et Ray-Ban ; kalachnikovs, fusils à pompe ou mitraillettes Uzi décorées de kyrielles de schtroumpfs autocollants ; alcoolisme féroce ; 4 × 4 sans immatriculation, surchargés de *tchetniks* hilares, tatoués, cheveux longs et barbes au vent, qui, retour du "front" ou d'une quelconque opération de nettoyage, vocifèrent, font hurler leur sono, crisser leurs pneus, tirent en l'air dans le meilleur des cas,

sur des gens autrement ; pétasses en train de glous-
ser dans la cuisine cependant que dans la salle de
bains on incise avec une scie à métaux les côtes
d'un suspect ; et ce graffiti, sur un mur : *We want
war, peace is death.* »

Jean Hatzfeld, quant à lui, montre à l'œuvre la
plus fameuse de ces milices, côté serbe. Il s'agit des
« Tigres », dont le chef, un certain Željko Ražnato-
vić, figure estimée du proxénétisme belgradois, a
conquis ses galons de criminel de guerre sous le
nom d'Arkan. La scène, à laquelle Édouard aurait
pu assister, se déroule au lendemain de la capitulation de Vukovar, dans un entrepôt où ont été
regroupés des prisonniers croates, débusqués lors
des derniers assauts dans les caves où ils avaient
trouvé refuge. Ils sont en principe sous la protection
de l'armée fédérale, mais l'armée fédérale s'écarte
obligeamment pour laisser les miliciens d'Arkan
faire leur choix parmi eux. Ce choix s'opère le plus
souvent en vertu de griefs personnels, car vainqueurs et vaincus se connaissaient fort bien, au
temps pas si lointain où personne ne se souciait de
qui était serbe et qui croate. Ils habitaient les mêmes
villages, les mêmes quartiers. Ces captifs grisâtres,
terrorisés, étaient hier les voisins, les camarades
d'atelier ou de bistrot de ceux qui aujourd'hui les
font monter à coups de crosse dans des camions
militaires pour une destination inconnue.

Hatzfeld décrit Arkan, qui préside à l'opération,
comme une sorte de Rambo. Quant à ses hommes,
il en prend un le lendemain en stop, et c'est un
jeune gaillard sympathique, sportif, qui retourne en

permission voir sa mère et raconte gaiement ce que ses copains et lui font aux *oustachis* — entendez aux Croates — qui leur tombent entre les mains : « L'épreuve initiatique consiste à couper lentement l'artère jugulaire d'un prisonnier à genoux. Le garçon précise que celui qui agit trop nerveusement est contraint de recommencer, que peu ont refusé et que ceux-là, d'ailleurs, ont quitté la patrouille. Il dit que bien sûr, la première fois, ça fait un drôle d'effet, mais qu'après on est content de partir en java. »

J'ai tenu à citer ce témoignage avant de faire entendre le son de cloche d'Édouard qui, lors de leur rencontre à son Q.G. d'Erdut, près de Vukovar, a jugé Arkan « fin et circonspect », et se flatte d'avoir été distingué par lui du tout-venant des journalistes. Ils ont bu de la *slivoviça* ensemble, ils se sont trouvés d'accord sur tout. Gorbatchev et Eltsine méritaient d'être fusillés avec Tudjman et Genscher, il fallait faire la révolution en Russie, les intellectuels français qui soutenaient les Croates étaient irresponsables, etc. Édouard a demandé à Arkan s'il accepterait avec lui des volontaires russes. « Tout le monde est bienvenu », a répondu Arkan avec un geste large. Une belle amitié est née ce jour-là, et quelques mois plus tard, en lisant dans *Le Monde* qu'un affrontement entre Serbes et Musulmans s'était conclu, en Bosnie, à l'avantage des miliciens d'Arkan, des larmes lui sont carrément montées aux yeux. Il est allé chercher la photo où Arkan et lui posent avec le petit lynx qui était la mascotte de la section et, en la regardant, il s'est senti étreint par une lumineuse nostalgie. « Comme j'aimerais, mon frère Arkan, être de nouveau à tes côtés ! Comme il me tarde de retourner à la guerre, dans les montagnes des Balkans ! »

3

Quand, au printemps 1992, les combats ont provisoirement pris fin entre Serbes et Croates et se sont transportés en Bosnie, on a commencé à s'y retrouver mieux, du moins dans les milieux que je fréquentais. Les Serbes, fanatisés à Belgrade par l'affreux président Milošević et, sur place, par le louche Radovan Karadžić, étaient clairement les méchants de l'affaire, tandis que les Musulmans de Bosnie, représentés par un homme d'un certain âge au beau visage d'humaniste, Alija Izetbegović, subissaient une odieuse agression — encore ce mot était-il faible, on lui a bientôt préféré celui de génocide. Ces Musulmans blonds aux yeux bleus qui écoutaient de la musique classique dans des appartements débordant de livres étaient des Musulmans idéaux, on rêvait d'en avoir de pareils chez nous, et c'est à eux surtout qu'on attribuait le mérite de l'harmonieuse société pluriethnique qui avait fait de Sarajevo le symbole de l'Europe comme on aurait aimé qu'elle soit toujours. Soucieuses de défendre cette Europe et enflammées par le souvenir de la guerre d'Espagne, plusieurs personnes autour de moi se sont mises à visiter régulièrement Sarajevo assiégée, dormant sans pouvoir se laver dans des maisons bombardées, parcourant en zigzag, sous le tir de *snipers*, des rues aux trottoirs éventrés, se saoulant avec l'arrière-pensée que peut-être leur dernier jour était venu et souvent, l'endroit s'y prêtait, y tombant amoureux.

Rétrospectivement, je me demande pourquoi je me suis privé d'un truc aussi romanesque et valorisant. Un peu par trouille : j'y serais sans doute allé si je n'avais appris, au moment où on me le proposait, que Jean Hatzfeld venait d'être amputé d'une jambe après avoir reçu là-bas une rafale de kalachnikov. Mais je ne veux pas m'accabler : c'était aussi par circonspection. Je me méfiais, je me méfie toujours des unions sacrées — même réduites au petit cercle qui m'entoure. Autant je me crois sincèrement incapable de violence gratuite, autant je m'imagine volontiers, peut-être trop, les raisons ou concours de circonstances qui auraient pu en d'autres temps me pousser vers la collaboration, le stalinisme ou la révolution culturelle. J'ai peut-être trop tendance aussi à me demander si, parmi les valeurs qui vont de soi dans mon milieu, celles que les gens de mon époque, de mon pays, de ma classe sociale, croient indépassables, éternelles et universelles, il ne s'en trouverait pas qui paraîtront un jour grotesques, scandaleuses ou tout simplement erronées. Quand des gens peu recommandables comme Limonov ou ses pareils disent que l'idéologie des droits de l'homme et de la démocratie, c'est exactement aujourd'hui l'équivalent du colonialisme catholique — les mêmes bonnes intentions, la même bonne foi, la même certitude absolue d'apporter aux sauvages le vrai, le beau, le bien —, cet argument relativiste ne m'enchante pas, mais je n'ai rien de bien solide à lui opposer. Et comme je suis facilement, sur les questions politiques, de l'avis du dernier qui a parlé, je prêtais une oreille attentive aux esprits subtils expliquant qu'Izetbegović, présenté comme un apôtre de la tolérance, était en réalité un Musulman fondamentaliste, entouré de moudjahidines, résolu à instaurer à Sarajevo une république islamique et fortement intéressé, contrairement à Milošević, à ce que le siège et la guerre durent le plus longtemps possible. Que les Serbes, dans leur histoire, avaient assez subi le joug ottoman pour qu'on comprenne qu'ils n'aient pas envie d'y repiquer. Enfin, que sur toutes les photos publiées par la presse et montrant des victimes *des Serbes*, une sur deux si on regardait bien était une victime *serbe*. Je hochais la tête : oui, c'était plus compliqué que ça.

Là-dessus j'écoutais Bernard-Henri Lévy s'élever précisément contre cette formule et dire qu'elle justifiait toutes les lâchetés diplomatiques, toutes les démissions, tous les atermoiements. Répondre par ces mots : « C'est plus compliqué que ça », à ceux qui dénoncent le nettoyage ethnique de Milošević et sa clique, c'est exactement comme dire que oui, sans doute, les nazis ont exterminé les Juifs d'Europe, mais si on y regarde de près c'est plus compliqué que ça. Non, tempêtait Bernard-Henri Lévy, ce n'est pas plus compliqué que ça, c'est au contraire tragiquement simple — et je hochais la tête aussi.

Je me rappelle, à l'époque, avoir parcouru un petit livre qui s'appelait, sans ambiguïté, *Avec les*

Serbes, et qu'avaient cosigné une dizaine d'écrivains français, Besson, Matzneff, Dutourd, beaucoup de gens de *L'Idiot*, pour réagir contre la diabolisation de tout un peuple, « pris pour bouc émissaire par les maîtres du nouvel ordre mondial [entendez : les Américains] afin d'asseoir leur domination terroriste ». L'entreprise m'avait paru, à défaut d'autre chose, courageuse, puisqu'il n'y avait pour les auteurs aucun profit à en tirer. Ce fait ne dit rien, je le sais, en faveur de leurs thèses. Il n'y a aucun profit à tirer d'être négationniste, il n'y en avait aucun non plus à se déclarer fasciste en 1945, comme l'a fait après l'exécution de Robert Brasillach son beau-frère Maurice Bardèche qui s'était à peu près tenu tranquille sous l'Occupation et pouvait espérer à la Libération passer entre les gouttes. Ce courage n'a rien à voir avec la clairvoyance, je le trouve idiot, c'est tout de même du courage. Ayant beaucoup de mal à aborder cette partie de mon livre et multipliant pour m'en protéger lectures, recherches et documentation, je suis allé jusqu'à relire ce libelle et il m'a fait la même impression qu'il y a quinze ans. On trouve là-dedans un fond de serbophilie française traditionnelle, qui était d'ailleurs celle de Mitterrand (Jean Dutourd : « Quel profit la France retirera-t-elle de s'être brouillée avec de vieux camarades — les Serbes — au profit de gens qui ne lui sont rien et ne lui auront aucune reconnaissance — Bosniaques, Kosovars ? »), et, pour les cadets, leurs arguments se résument à : je suis allé à Belgrade, les filles sont belles, la *slivoviça* coule à flots, on chante jusque tard dans la nuit, les gens ne sont pas du tout barbares mais fiers, pudiques, blessés d'être si mal vus par tout le monde, à commencer par les Français, qu'ils ont toujours considérés comme leurs amis. D'accord, avais-je pensé, mais la question n'est pas là, et tant qu'à me laisser impressionner, moi qui n'y étais pas, par l'argument : « j'y étais », je le trouve plus convaincant quand il émane de gens qui ont été au front, dans les deux camps ou dans les trois, pas seulement à l'arrière d'un seul, et qui n'y ont pas passé quelques jours mais plusieurs mois. Au fond, les témoins à qui je faisais confiance et dont je pense, les relisant aujourd'hui, que j'avais raison de leur faire confiance, c'étaient les deux Jean : Rolin et Hatzfeld.

Ni l'un ni l'autre, je pense, n'aimerait tenir dans ces pages le rôle de héros positif. Tant pis. J'admire leur courage, leur talent, et surtout que, comme leur modèle George Orwell, ils préfèrent la vérité à ce qu'ils aimeraient qu'elle soit. Pas plus que Limonov ils ne feignent d'ignorer que la guerre est quelque chose d'excitant et qu'on n'y va pas, quand on a le choix, par vertu mais par goût. Ils aiment l'adrénaline et le ramassis de cinglés qu'on rencontre sur toutes les lignes de front. Les souffrances des victimes les touchent quel que soit leur camp, et même les raisons qui animent les bourreaux, ils peuvent jusqu'à un certain point les comprendre. Curieux de la complexité du monde, s'ils observent un fait qui plaide contre leur opinion, au lieu de le cacher ils le monteront en épingle. Ainsi Jean Hatzfeld, qui croyait par réflexe manichéen avoir été pris en embuscade par des *snipers* serbes décidés à se payer un journaliste, est revenu après un an d'hôpital enquêter à Sarajevo, et la conclusion de cette enquête, c'est que les tirs qui lui ont coûté sa jambe provenaient, manque de pot, de miliciens bosniaques. Cette honnêteté m'impressionne d'autant plus qu'elle ne débouche pas sur le « tout-se-vaut » qui est la tentation des esprits subtils. Car un moment arrive où il faut choisir son camp, et en tout cas la place d'où on observera les événements. Lors du siège de Sarajevo, passé les premiers temps où, d'un coup d'accélérateur et au prix de grosses frayeurs, on pouvait tirer des bords d'un front à l'autre, le choix était de le suivre de la ville assiégée ou des positions assiégeantes. Même pour des hommes aussi réticents que les deux Jean à rallier le troupeau des belles âmes, ce choix s'imposait naturellement : quand il y a un plus faible et un plus fort, on met peut-être son point d'honneur à noter que le plus faible n'est pas tout blanc et le plus fort pas tout noir, mais on se place du côté du plus faible. On va là où tombent les obus, pas là d'où on les tire. Quand la situation se retourne, il y a certes un instant où on se surprend à éprouver, comme Jean Rolin, « une indéniable satisfaction à l'idée que pour une fois les Serbes étaient ceux qui prenaient tout cela sur la gueule ». Mais cet instant ne dure pas, la roue tourne et, si on est ce genre d'homme, on se retrouve à dénoncer la partialité du Tribunal international de La Haye qui poursuit sans mollir les criminels de guerre serbes alors qu'il abandonne leurs homologues croates ou bosniaques à la prévisible mansuétude de leurs propres tribunaux. Ou encore on fait des reportages sur la condition horrible qui est aujourd'hui celle des Serbes vaincus dans leurs enclaves du Kosovo. C'est une règle sinistre mais rarement démentie que les rôles s'échangent entre bourreaux et victimes. Il faut s'adapter vite, et n'être pas facilement dégoûté, pour se tenir toujours du côté des secondes.

4

Pawel Pawlikowski est un cinéaste anglais d'origine polonaise avec qui je partage beaucoup de curiosités et dont j'ai plusieurs fois croisé le chemin en écrivant ce livre. Il a consacré un documentaire poignant à Vénitchka Erofeev, l'auteur de *Moscou-Petouchki*, le héros de l'*underground* brejnévien qu'on découvrait, dans les derniers mois de sa vie, misé-reux, alcoolique, rongé par le cancer et englouti dans une déréliction que Limonov jugerait proba-blement sans indulgence mais qui m'a mis, à moi, les larmes aux yeux. En 1992, Pawel était troublé par la rhétorique, aussi ardente à Londres qu'à Paris, présentant les Serbes comme les héritiers des nazis. Comme les miens, ses amis journalistes, écri-vains, cinéastes, prenaient leurs quartiers dans Sarajevo assiégée, et l'envie lui est venue d'aller voir ce qu'on avait dans la tête, de l'autre côté.

Il s'est retrouvé à filmer des musiciens qui, devant des bivouacs de soldats, chantaient en s'accompa-gnant à la vielle des mélopées presque aussi vénéra-bles que notre *Chanson de Roland*, où il est question de défaite sur terre, de victoire au ciel, et d'incendier les maisons des Turcs. Il a poursuivi l'écho de ces chansons dans des noces campagnardes, dans des rondes d'écoliers — mais d'écoliers, quand même, équipés de kalachnikovs. Les noms des preux d'il y a six siècles y étaient remplacés par ceux des preux d'aujourd'hui : Radovan (Karadžić) et Ratko (Mladić, le chef militaire des Serbes). Il a filmé un conseil de guerre où on les voit, Radovan et Ratko, penchés sur des cartes qu'ils redessinent au marqueur, déplaçant des frontières et avec elles des populations, essayant de se mettre d'accord sur ce qui peut être concédé et sur ce qui ne doit l'être à aucun prix — exactement l'exercice sur lequel se sont échinées des armées de diplomates à Lisbonne, à Genève, à Dayton, sauf qu'ici on est entre soi et c'est vraiment quelque chose de fascinant à observer. Et il a filmé Pale, cette station de sports d'hiver qui, construite en 1980 pour les Jeux olympiques de Sarajevo, tenait lieu de capitale à la « République serbe de Bosnie » : une sorte de Vichy balkanique avec, au lieu de thermes, des chalets et des pistes de bobsleigh.

C'est au *mess* des officiers, à Pale, qu'il a remarqué un drôle de petit bonhomme à grosses lunettes, les cheveux en brosse, qui portait par-dessus sa veste de cuir une capote de l'armée fédérale et, sans en faire partie, semblait en très bons termes avec un groupe de *tchetniks* particulièrement dissuasifs. Le pistolet 7.65 qui lui battait la cuisse faisait sur lui, a pensé Pawel, l'effet d'un déguisement. Il l'arborait comme les touristes arborent, à Tahiti, le collier de fleurs offert en signe de bienvenue à la descente de l'avion.

Une équipe d'Antenne 2 déjeunait. Le type, les entendant parler français, est allé vers eux. Il s'est présenté, à la façon directe qui est de mise à la guerre : Édouard Limonov, écrivain, intéressé par les points chauds de la planète. Présent à Vukovar en décembre, en Transnistrie en juillet. « Une sorte de BHL, a-t-il ajouté avec un petit rire, mais pas tout à fait du même bord. » Les gens d'Antenne 2 l'ont toisé, d'abord perplexes, puis écœurés. « Vous trouvez que quand on est journaliste, c'est normal de porter des armes ? » a demandé l'un. Un autre, carrément, l'a traité de salaud. Le Russe ne devait pas s'attendre à cette réaction mais il ne s'est pas laissé démonter. « Je pourrais vous abattre, a-t-il dit et, désignant les *tchetniks* : ça embêterait mes amis mais je pense qu'ils me couvriraient. Laissez-moi juste vous dire que je ne suis pas un journaliste. Je suis un soldat. Un groupe d'intellectuels musulmans poursuit férocement le rêve d'instaurer ici un État musulman, les Serbes ne veulent pas de ça, je suis, moi, un ami des Serbes et je vous emmerde avec votre neutralité qui n'est jamais que de la lâcheté. Bon appétit. »

Là-dessus, il a tourné les talons et rejoint sa tablée de *tchetniks*. Le repas s'est poursuivi dans un silence de mort. À la sortie du *mess*, son ingénieur du son a dit à Pawel qu'il savait qui c'était, ce Limonov. Il avait lu un livre de lui : un livre formidable d'ailleurs, où il racontait ses années de vache enragée à New York et comment il se faisait enculer par des nègres. Pawel a éclaté de rire. « Enculer par des nègres ? Tu crois que ses copains *tchetniks* sont au courant ? »

Des écrivains étrangers, dans l'autre camp, on en ramassait à la pelle. Dans celui-ci, c'était nettement plus rare. L'idée est venue à Pawel de demander à l'enculé russe s'il accepterait, pour son film, d'interviewer Karadžić. Cet artifice lui rendait service car il ne voulait ni voix *off* ni micro tendu, aucune de ces plaies du documentaire paresseux. C'est ainsi que dans *Serbian Epics*, production de la BBC qui a été par la suite couverte de prix et diffusée un peu partout, on voit « *the famous Russian writer Edward Limonov* » s'entretenir avec le « *Dr. Radovan Karadžić, psychiatrist and poet, leader of the Bosnian Serbs* ». La scène a lieu sur les hauteurs d'où les batteries serbes canardent Sarajevo — qui, au fond d'une cuvette, est idéalement située pour ça. On entend, de façon presque continue, des grondements de mortiers. Des soldats entourent les deux hommes. De haute stature, vêtu d'un ample pardessus, la tignasse poivre et sel agitée par le vent comme le feuillage d'un chêne, Karadžić en impose, et je regrette de dire que Limonov, tout frêle à côté de lui dans sa petite veste en cuir noir, donne l'impression d'un pâle voyou de quartier qui essaye de se faire bien voir du parrain. Il hoche la tête, respectueusement, quand Karadžić explique que lui et les siens ne sont pas des agresseurs mais veulent seulement reprendre des terres qui sont à eux depuis toujours. Avec une sincérité qui ne m'inspire aucun doute mais ne l'empêche pas d'avoir l'air d'un fayot, il répond, au nom de ses compatriotes russes et de tous les hommes libres du monde, qu'il admire l'héroïsme dont font preuve les Serbes en tenant crânement tête à quinze pays ligués contre eux. Puis, entre poètes, on parle poésie. Karadžić, pensif, récite quelques vers d'une ode qu'il a composée vingt ans plus tôt et qui décrit Sarajevo livrée aux flammes. Un moment de silence suit, lourd de ces choses mystérieuses que sont les prémonitions, et s'interrompt quand on demande le président au téléphone. C'est sa femme. Il s'isole pour répondre dans la carcasse à demi calcinée d'une cabine de téléphérique où on a installé l'appareil de campagne. Il dit « oui, oui », on le sent agacé. Un soldat, pendant ce temps, joue avec un petit chien (je décris les plans du film), et Limonov, livré à lui-même, tourne autour d'un autre soldat occupé à graisser sa mitrailleuse. Le voyant fasciné, et soucieux sans doute d'honorer un hôte de marque, le soldat lui propose d'essayer, si le cœur lui en dit. Édouard, comme un enfant, prend place derrière la mitrailleuse. Il obéit docilement quand le soldat lui montre la bonne position. Enfin, toujours comme un enfant qu'encouragent les rires et les tapes dans le dos des adultes, il perd toute inhibition et finit, ta-ta-ta-ta-ta, par vider le magasin en direction de la ville assiégée.

Je n'ai pas vu le film quand il est passé à la télévision française, mais la rumeur s'est vite répandue qu'il montrait Limonov en train de descendre des passants dans les rues de Sarajevo. Quand on le questionne là-dessus quinze ans plus tard, il hausse les épaules et dit que des passants, non : il tirait en direction de la ville, oui, mais dans le vide, ou le ciel.

Les images, regardées attentivement, lui donnent plutôt raison. Un plan général, au début de la séquence, indique qu'elle se déroule sur des hauteurs assez éloignées, d'où on tire au mortier sur les immeubles, et non plus bas, d'où les *snipers* ajustent les passants. Mais au plan de Limonov s'éclatant avec sa mitrailleuse succède un plan de la ville vue tout à coup de plus près, et ce changement d'échelle présenté comme un contrechamp est un peu vicieux. La question de savoir si ça aurait troublé Limonov de tirer vraiment sur des gens, et s'il l'a fait ou non en d'autres circonstances, reste ouverte. Ce qui est sûr, c'est que ces images et les récits qui ont circulé autour d'elles l'ont fait passer parmi ses amis parisiens du statut d'aventurier de charme à celui de quasi-criminel de guerre. Ce qui est sûr aussi, c'est que quand j'ai pris contact avec Pawel Pawlikovski et obtenu qu'il m'en envoie un DVD, *Serbian Epics* m'a refroidi au point que j'ai abandonné ce livre pendant plus d'un an. Pas tellement parce qu'on y voit mon héros commettre un crime — c'est vrai, on ne voit rien de tel —, mais parce qu'il est ridicule. Un petit garçon, jouant les durs à la Foire du Trône. Ce que, dans sa typologie des allumés qu'attire la guerre, Jean Hatzfeld appelle un *mickey*.

Sur le séjour de Limonov à Sarajevo, il court une autre histoire déplaisante. Dans un restaurant de Pale appelé le *Kon-Tiki*, il participe à un banquet d'officiers qui boivent et portent des toasts comme des hussards de Lermontov. Un violoniste, sur une estrade, égaie la compagnie : c'est un prisonnier musulman. Les Serbes, à un moment, trouvent rigolo de le forcer à accompagner un de ces chants *tchetniks* qu'on entend dans le film de Pawel, où il est question de foutre le feu aux maisons des Turcs. Limonov — c'est du moins ainsi qu'il le raconte — juge ça de moyennement bon goût et, pour le réconforter, s'approche du violoniste en lui offrant un verre de *rakija*, le tord-boyaux local. L'autre répond sèchement que sa religion lui interdit l'alcool. Embarrassé de son impair, Limonov veut battre en retraite, mais un Serbe qui a entendu le dialogue en remet une couche : « Fais ce que mon ami russe te dit ! Bois ! Tu vas boire, chien de Turc ? »

On voit la scène : horrible.

Le reste de la soirée, Limonov sent peser sur lui le regard noir du violoniste. Celui-ci a interprété sa gaffe bien intentionnée comme une intention délibérée de l'humilier, et ce qu'il peut à la rigueur comprendre de la part des Serbes qui sont ses ennemis, qu'il traiterait aussi cruellement si les rôles étaient inversés, lui paraît beaucoup plus impardonnable de la part d'un étranger. Édouard se sent si mal que, plus tard dans la soirée, il revient vers le violoniste pour s'expliquer, se justifier, mais l'autre lui dit froidement : « Je te hais. Tu comprends ça ? Je te hais. » À quoi Édouard répond : « O.K. Tu es prisonnier, moi libre. Je ne peux pas me battre avec toi, il ne me reste qu'à encaisser. Tu as gagné. »

Que penser de cette histoire ? À première vue, qu'elle doit être vraie, et vraie telle qu'il la raconte puisque rien ne l'obligeait à la raconter. Mais c'est plus compliqué. En fait, elle a d'abord été racontée par un témoin, un photographe hongrois, comme un trait de cruauté ignoble de la part de Limonov. Elle circule. Quand on tape « Limonov » sur Google, on finit par tomber dessus. Il était donc bien obligé d'en donner sa version, et il se peut que cette gaffe sur quoi se greffe un affreux malentendu soit ce qu'il a trouvé de plus plausible pour recouvrir une authentique ignominie, commise dans le feu de sa belle humeur *tchetnik* et dont lui-même a honte, à juste titre. Personnellement, je n'y crois pas, parce que je ne crois Édouard ni vil ni menteur — mais qui sait ?

VII

MOSCOU, PARIS, RÉPUBLIQUE SERBE DE KRAJINA, 1990-1993

1

Les derniers mois de sa vie, Sakharov épuisé ne cessait de répéter à Gorbatchev : « Le choix est simple, Mikhaïl Sergueïevitch. Soit vous allez avec les démocrates, dont vous savez qu'ils ont raison, soit vous allez avec les conservateurs, dont vous savez non seulement qu'ils ont tort mais qu'en plus ils vous trahiront. Il ne sert à rien d'atermoyer. — Oui, oui, Andreï Dimitrievitch, soupirait Gorbatchev, un peu agacé et digérant mal que les sondages donnent Sakharov pour l'homme le plus populaire du pays. Tout cela est bien beau mais le problème, en attendant, c'est de réformer le Parti. — Absolument pas, répondait de sa voix claire Andreï Dimitrievitch. Le problème n'est absolument pas de réformer le Parti, mais de le liquider. C'est la première condition pour avoir une vie politique normale. »

Quand on commençait à lui dire des choses pareilles, Gorbatchev ne suivait plus. Le Parti, quand même... Il revenait à son louvoiement de politicien

325

qui essaie de contenter tout le monde, un jour il se prenait pour le pape, le lendemain pour Luther, et le résultat, c'est qu'il s'est retrouvé également détesté par les démocrates et par les conservateurs.

Les références politiques en usage chez nous se transposent assez mal en Russie, droite et gauche n'y veulent pas dire grand-chose, mais ces mots-là ne me semblent pas trop inappropriés. Les démocrates, après tout, voulaient la démocratie, et les conservateurs conserver le pouvoir. Les premiers, gens des villes, plutôt jeunes, plutôt intellectuels, avaient commencé par adorer Gorbatchev mais, comme il n'osait plus avancer, ils étaient déçus. Au défilé du 1er mai 1990, sur la place Rouge, ils l'ont carrément conspué. C'était permis, désormais, et il est poignant de penser que l'homme à qui son peuple devait malgré tout sa levée d'écrou a dû essuyer les insultes qu'on rêvait autrefois, sans l'oser, d'adresser à Brejnev et sa clique : le Parti à la poubelle, et Gorbatchev avec le Parti !

Ces mécontents-là, cependant, n'étaient pas les plus redoutables. Quand, à l'enterrement de Sakharov, un jeune homme avait comparé le défunt à Obi-Wan Kenobi et Gorbatchev à un Jedi maladroit, le journaliste lui avait demandé qui il voyait en Darth Vador, et le jeune homme avait répondu qu'hélas les prétendants ne manquaient pas. De fait, on avait au Politburo et dans le complexe militaro-industriel l'embarras du choix en matière de *hard-liners*, comme les Anglo-Saxons appellent les conservateurs quand vraiment ils ne plaisantent pas. Mais ils étaient, conformément à la grande tradition soviétique, aussi gris et dépourvus de charisme que possible, ce qui a assuré le succès médiatique d'un second couteau aujourd'hui bien oublié : le colonel Victor Alksnis.

Édouard l'a rencontré au cours d'un bref séjour à Moscou, sur un plateau de télévision. On les avait tous deux invités à tenir, face à des démocrates, anciens dissidents et gens de Mémorial, le rôle des anti-Gorbatchev de service. Vêtu de cuir noir, le rictus féroce, Alksnis avait l'air d'un acteur pas très doué bûchant avec sérieux son audition pour un rôle de méchant qui jette ses ennemis en pâture aux alligators. Représentant au Parlement les militaires soviétiques basés en Lettonie, il dénonçait les séparatistes baltes, préconisait la loi martiale et appelait à l'union sacrée des « marxistes-léninistes, staliniens, néofascistes, orthodoxes, monarchistes et païens », pour sauver le pays de la désintégration où le menaient des gens qui ne l'aimaient pas et voulaient l'asservir à l'étranger. Connaissant comme nous commençons à le connaître le discernement politique de notre héros, on ne s'étonnera pas qu'Alksnis et lui se soient entendus comme larrons en foire. Après l'émission, « le colonel noir », comme on l'appelait, a présenté Édouard à ses frères d'armes, dont j'épargne les noms au lecteur et qu'il suffira de décrire comme une attrayante petite bande de militaires et de tchékistes, lecteurs de *Mein Kampf* et des *Protocoles des Sages de Sion*, éditeurs de feuilles ultranationalistes comme *Dién'* (« Le jour »), qui s'autoproclamait le « journal de l'opposition spirituelle », que les démocrates surnommaient « le rossignol de l'état-major », et où Édouard a fait ses débuts de journaliste russe. Quand il est retourné à Paris, Alksnis et lui ont gardé le contact, se téléphonant, s'envoyant des fax, se montant mutuellement le bourrichon à la perspective d'un coup d'État qui semblait imminent.

De plus en plus coincé, Gorbatchev était aussi, il faut bien le dire, de plus en plus aveugle. En janvier 1991, profitant de ce que le monde entier suivait à la télévision la première guerre du Golfe, les chars russes sont entrés dans Vilnius puis, devant la résistance, s'en sont retirés en laissant sur le pavé une quinzaine de morts. Ce « dimanche noir » a fini de discréditer Gorbatchev auprès des démocrates : qui voulait, après cela, entendre encore parler de socialisme à visage humain ? Pour se blanchir, et de la tentative, et de son échec, il a prétendu n'être pas au courant, et on se demandait ce qui était le pire : qu'il soit menteur ou complètement hors du coup. L'armée multipliait, sans l'informer, les mouvements de troupes et incidents de frontières, de préférence pendant des sommets internationaux pour bien le mettre dans l'embarras devant sa chère opinion occidentale mais, curieusement, ça ne semblait pas le mettre dans l'embarras. Au contraire, il souriait de plus belle sur les photos. Secrétaire général du Parti, ne tenant son mandat que du Parti, il traitait avec dédain de « soi-disant démocrate » Boris Eltsine qui venait, lui, de se faire élire président de Russie au suffrage universel : ça ne faisait que grandir Eltsine, mais Gorbatchev n'avait pas l'air de s'en rendre compte. Le fidèle Chevarnadzé démissionnait de son poste de ministre des Affaires étrangères en déclarant publiquement que la dictature était en marche, et Gorbatchev ignorait l'avertissement. L'encore plus fidèle Iakovlev ne démissionnait pas, mais chaque fois qu'il prenait congé d'un journaliste lui disait : « Au revoir, à la prochaine — enfin, si je ne suis pas en Sibérie. » Avec l'énergie du désespoir, il essayait de mettre son patron en garde contre la sédition de plus en plus ouverte du Politburo, mais Gorbatchev haussait les épaules et répondait : « Ça va, vous exagérez toujours, je les connais bien, ce sont de bons gars un peu butés. Tout est sous contrôle. »

C'est dans ces confiantes dispositions qu'il part jouir de vacances bien méritées dans la fastueuse villa qu'il s'est fait bâtir en Crimée. Et c'est là que tout d'un coup on lui coupe le téléphone, l'isole, boucle le périmètre. Pendant ce temps, le quarteron de généraux dont cette fois je cite les noms car ils font malgré tout partie de l'histoire : Kriouchkov, Iazov, Pougo et Ianaïev, déclarent l'état d'urgence et commencent aussitôt à cafouiller en remettant le pouvoir au plus piteux d'entre eux, le vice-président Ianaïev. Le malheureux traversera les quatre jours suivants dans un tel état de panique qu'on devra le faire sortir de force du bureau où il s'est claquemuré pour qu'il accepte de tenir une conférence de presse télévisée. Malgré la tentative de verrouillage à l'ancienne des médias, on le verra les mains tremblantes, le regard égaré, présenté comme triomphant et pourtant déjà vaincu. Cette impression de farce est ce qu'il y a de plus étrange dans le putsch d'août 1991. Elle tient aux personnalités des conjurés, qui étaient des médiocres et surtout des poivrots. Ils ont très vite été ivres. Pas ivres de pouvoir, non : bourrés. Faits comme des coings. Ronds comme des queues de pelle. Et très vite, ayant l'alcool triste, ils ont senti que ça n'allait pas marcher, qu'ils étaient en train de faire une énorme connerie mais qu'il n'était plus temps de revenir en arrière. L'alerte était donnée, les chars entraient dans Moscou, il fallait bien continuer mais le cœur n'y était pas. On aurait mieux aimé se coucher avec de l'aspirine et un bocal de cornichons, remonter la couverture au-dessus de la tête, attendre que ça passe.

Sur le moment, toutefois, les démocrates ont bien cru ce que depuis quelques années ils avaient cessé de croire : qu'après un second dégel la banquise se reformait, qu'on avait été fou d'avoir confiance et de ne pas s'enfuir tant que c'était encore possible. Le putsch aurait pu réussir. Tout dépendait de l'armée. Les jeunes appelés qui ont reçu l'ordre de marcher sur Moscou avaient une peur atroce de devoir faire ce que leurs pères avaient fait à Prague en 1968, et il leur a fallu du courage pour obéir, plutôt qu'à leurs chefs, à Eltsine qui les pressait de rester du côté de la loi et de l'État.

Avec un sens du symbole exceptionnel, Eltsine a organisé la résistance depuis le siège du Parlement, qu'on appelle à Moscou la Maison Blanche, et durant ces jours historiques il y a eu pour le monde entier une autre Maison Blanche que celle de Washington. Cette Maison Blanche là est devenue le théâtre du combat de la Russie pour la démocratie. L'imagerie glorieuse d'août 1991, digne du Serment du Jeu de Paume ou de Bonaparte au pont d'Arcole, c'est la photo d'Eltsine juché sur un char devant la Maison Blanche. C'est Rostropovitch accouru pour monter la garde à la porte du bureau d'Eltsine, à la Maison Blanche. Ce sont les foules moscovites venues défendre la Maison Blanche, dressant des barricades, faisant à la liberté un rempart de leurs corps. Ce sont les chars qui font marche arrière, les filles qui embrassent les soldats et glissent des fleurs dans les canons de leurs fusils. C'est l'immense soupir de soulagement, le quatrième jour, parce que le cauchemar ne s'est pas réalisé, qu'on va continuer à vivre en liberté.

Les jeunes des villes, ceux qui se référaient à *Star Wars* pour se raconter l'histoire de leur pays, se rappellent août 1991, vingt ans plus tard, comme un des moments les plus intenses de leur vie, un film d'épouvante absolument terrifiant et qui se terminait de façon enthousiasmante. L'URSS revient : super-flip. L'URSS s'effondre dans le ridicule : super-fun. Car il était beau aussi, beau et juste, que les héritiers de soixante-dix ans d'oppression se débinent, non dans un crépuscule des dieux wagnérien mais dans le ridicule. Des guignols, qui définitivement ne font plus peur. Qui, dans le monde entier, n'ont été soutenus que par Castro, Kadhafi et Saddam Hussein, seuls rescapés du cercle des poètes disparus — mais aussi par notre président Mitterrand, prince des esprits subtils, poussant le machiavélisme jusqu'à la stupidité, et qui, quand on lui a reproché ses félicitations si empressées à ceux qu'il pensait être les nouveaux maîtres de l'URSS, a répondu avec hauteur qu'il faudrait les juger sur leurs actes — comme si un putsch n'en était pas un, d'acte, et significatif.

La suite de l'histoire, c'est Gorbatchev qui rentre de Crimée absurdement bronzé, n'ayant rien compris à ce qui s'est passé, ne retenant de toute l'affaire que les désagréments que sa famille et lui ont endurés, coupés du monde dans leur villa d'émir pétrolier. Ce sont trois des putschistes qui se suicident, et heureusement qu'il reste Édouard pour les pleurer — car, quoi qu'on puisse penser de ses choix, lui au moins est fidèle et honore les vaincus. C'est, le 23 août, ce prodigieux moment de théâtre, retransmis par les télévisions du monde entier : la séance du Parlement où Eltsine, après avoir forcé Gorbatchev à lire d'une voix mal assurée les minutes du conseil au cours duquel les ministres qu'il a nommés décident de le trahir, se penche vers lui d'un air gourmand :

« Ah, et puis, j'oubliais, il y a ce petit décret à signer…

— Ce petit décret ? dit Gorbatchev, hagard.

— Oui, qui suspend les activités du Parti communiste de Russie.

— Quoi ? quoi ? bredouille Gorbatchev, mais je ne l'ai pas lu… nous n'en avons pas discuté…

— Aucune importance, dit Eltsine. Allez, Mikhaïl Sergueïevitch, signez. »

Et Gorbatchev signe.

C'est, aussitôt après, la mise à bas de la statue de Dzerjinski sur la place de la Loubianka, siège du KGB. C'est le remplacement du drapeau rouge par le drapeau tricolore du gouvernement provisoire de 1917. C'est surtout, quelques mois plus tard, une autre cuite historique, celle qui a réuni en grand secret, dans un pavillon de chasse de la forêt de Biéloviéjskaïa, le président russe Eltsine, le président ukrainien Kravtchouk et le président biélorusse Chouchkievitch. Eltsine a quitté Moscou sans rien dire à Gorbatchev de ce qu'il allait faire, rien n'a été préparé, aucun des trois conspirateurs n'a la moindre idée de ce que sont une fédération ou une confédération. Tout ce qu'ils se répètent, au sauna, en descendant force vodka, c'est que leurs trois Républiques ont créé l'Union en 1922 et que ça leur donne le droit de la dissoudre. Eltsine est tellement soûl que les deux autres sont obligés de le porter pour le coucher et, juste avant de sombrer, il appelle George Bush (senior) pour lui donner la primeur de la nouvelle : « George, on s'est mis d'accord avec les copains. L'Union soviétique n'existe plus. » Pour que l'humiliation soit complète, c'est au plus insignifiant de la troïka, Chouchkievitch, qu'on laisse le soin de prévenir Gorbatchev, et Chouchkievitch assure que Gorbatchev, effaré, lui aurait répondu : « Mais je deviens quoi, moi, là-dedans ? »

Ce qu'il deviendra ? Un retraité cossu à qui on laissera une *datcha*, une fondation, le droit de donner des conférences grassement rémunérées jusqu'à la fin de ses jours. Pour un tsar détrôné, et si on considère les usages russes depuis le Moyen Âge, c'est un sort exceptionnellement clément.

2

Dans l'affrontement romain entre Gorbatchev et Eltsine, les Français ont depuis le début tranché en faveur du premier et je trouve même surprenant qu'ils lui soient restés sentimentalement si fidèles. Eltsine passait, cela ne s'est pas arrangé au fil de son règne, pour un reître brutal, mal dégrossi, qui depuis le putsch d'août 1991 tenait un rôle peu clair. Gorbatchev était notre héros, des affreux avaient voulu le renverser. Eltsine avait sauvé la mise à Gorbatchev mais n'avait plus ensuite cessé de l'enfoncer, de sorte qu'on ne savait trop s'il était bon ou méchant. Ce qu'il disait fleurait le populisme, certains lui trouvaient même une tête de dictateur.

Seule en France, mais d'accord avec l'immense majorité des Russes, ma mère parlait de Gorbatchev comme d'un *apparatchik* débordé par les forces qu'il avait sans le vouloir mises en branle, et d'Eltsine comme de l'homme incarnant l'aspiration de son peuple à la liberté. Formé par le communisme, il avait eu le courage de rompre avec lui. Il avait suivi, au côté d'Elena Bonner, le cercueil de Sakharov. Il était le premier président élu qu'ait jamais connu la Russie. Il avait défendu la Maison Blanche comme La Fayette avait pris la Bastille, déclaré hors la loi le Parti qui étouffait les consciences et liquidé l'Union qui emprisonnait les nations. En deux ans, il était tout simplement devenu un très grand personnage historique. Allait-il, sur cette

334

lancée, réussir à créer une démocratie, une économie de marché, une nouvelle société dans un pays jusqu'alors condamné à l'arriération et au malheur ?

Conscient de son ignorance en matière économique, Eltsine a sorti de son chapeau un jeune prodige appelé Egor Gaïdar, sorte d'Attali russe rondouillard, issu de la haute *nomenklatura* communiste et professant une foi absolue dans le libéralisme. Aucun théoricien de l'école de Chicago, aucun conseiller de Ronald Reagan ou de Margaret Thatcher ne croyait aux vertus du marché avec autant de ferveur qu'Egor Gaïdar. La Russie n'avait jamais rien connu qui ressemble de près ou de loin à un marché, le défi était gigantesque. Eltsine et Gaïdar ont pensé qu'il fallait agir vite, très vite, passer en force pour prendre de court la réaction qui a eu raison de tous les réformateurs russes depuis Pierre le Grand. La pilule qu'il fallait faire avaler, ils l'ont baptisée « thérapie de choc » et, pour un choc, ça a été un choc.

Pour commencer, les prix ont été libérés, ce qui a provoqué une inflation de 2 600 % et fait échouer l'initiative, conduite en parallèle, de « privatisation par bons ». Le 1er septembre 1992 ont été envoyés par la poste à tous les citoyens russes âgés de plus d'un an des bons de 10 000 roubles correspondant à la part de chacun dans l'économie du pays. L'idée, après soixante-dix ans où on n'avait théoriquement pas le droit de travailler pour soi mais seulement pour la collectivité, était d'intéresser les gens et de faire ainsi prospérer entreprises, propriété privée, bref : marché. À cause de l'inflation, hélas, ces bons quand ils sont arrivés ne valaient plus rien. Leurs bénéficiaires découvraient qu'ils pouvaient tout au plus, avec, se payer une bouteille de vodka. Ils les ont donc revendus en masse à des petits malins qui leur en proposaient, disons le prix d'une bouteille et demie.

Ces petits malins, qui se sont en quelques mois retrouvés les rois du pétrole, s'appelaient Boris Berezovski, Vladimir Goussinski, Mikhaïl Khodorkovski. Il y en avait d'autres mais, pour ménager mon lecteur, je ne lui demande de retenir que ces trois noms : Berezovski, Goussinski, Khodorkovski. Nif-nif, Naf-naf, Nouf-nouf, qui, comme dans les troupes théâtrales fauchées où il y a plus de rôles à jouer que d'acteurs pour les tenir, incarneront dans la suite de ce livre tous ceux qu'on a appelés les oligarques. C'étaient des hommes jeunes, intelligents, énergiques, pas malhonnêtes par vocation, mais ils avaient grandi dans un monde où il était interdit de faire des affaires alors qu'ils étaient doués pour cela, et du jour au lendemain on leur avait dit : « Allez-y. » Sans règle du jeu, sans lois, sans système bancaire, sans fiscalité. Comme disait, ravi, le jeune porte-flingue de Julian Semionov : c'était le Far West.

Quand on y retournait tous les deux ou trois mois, comme le faisait Édouard entre deux virées dans les Balkans, la rapidité avec laquelle Moscou changeait était hallucinante. On avait cru éternelle la grisaille soviétique et maintenant, dans les rues qui avaient porté les noms des grands bolcheviks et s'appelaient de nouveau comme avant la Révolution, les enseignes lumineuses se chevauchaient, aussi serrées qu'à Las Vegas. Il y avait des embouteillages et, à côté des vieilles Jigoulis, des Mercedes noires à vitres fumées. On trouvait sans peine tout ce dont les visiteurs étrangers bourraient autrefois leurs valises pour faire plaisir à leurs amis russes : jeans, disques compacts, cosmétiques, papier cul. À peine avait-on eu le temps de digérer l'apparition d'un McDonald's place Pouchkine que s'ouvrait à côté une boîte branchée. Les restaurants, avant, étaient immenses, lugubres. Des maîtres d'hôtel aux allures de guichetiers revêches vous apportaient des cartes de quinze pages, et quel que soit le plat qu'on choisissait il n'y en avait plus — en fait il n'y en avait qu'un seul, généralement infect. À présent, les lumières étaient tamisées, les serveuses souriantes et jolies, on commandait du bœuf de Kobé ou des huîtres arrivées le jour même de Quiberon. Le personnage du « nouveau Russe » entrait dans la mythologie contemporaine, avec ses sacs de billets de banque, ses harems de filles somptueuses, sa brutalité et sa goujaterie. Blague d'époque : deux jeunes hommes d'affaires s'aperçoivent qu'ils ont le même costume. « Je l'ai payé 5 000 dollars avenue Montaigne », dit l'un. Et l'autre, triomphant : « Ah oui ? Moi, je l'ai eu pour 10 000. »

Pour un million de dégourdis qui grâce à la « thérapie de choc » ont commencé à s'enrichir frénétiquement, 150 millions de clampins ont plongé dans la misère. Les prix ne cessaient de monter sans que les salaires suivent. Un ex-officier du KGB comme le père de Limonov pouvait à peine, avec sa retraite, s'acheter un kilo de saucisson. Un officier de rang plus élevé, qui avait commencé sa carrière dans le renseignement à Dresde, en Allemagne de l'Est, une fois rapatrié en catastrophe puisqu'il n'y avait plus d'Allemagne de l'Est se retrouvait sans emploi, sans logement de fonction, réduit à faire le taxi sauvage dans sa ville natale, Leningrad, en maudissant les « nouveaux Russes » aussi âprement que Limonov. Cet officier-là n'est pas une abstraction statistique. Il s'appelle Vladimir Poutine, il a quarante ans, il pense comme Limonov que la fin de l'Empire soviétique est la plus grande catastrophe du XXᵉ siècle et il est appelé (entre autres) à tenir un rôle non négligeable dans la dernière partie de ce livre.

De soixante-cinq ans en 1987, l'espérance de vie du Russe mâle est passée à cinquante-huit en 1993. Le spectacle des mornes files d'attente devant des magasins vides, si typique de l'ère soviétique, a été remplacé par celui des petits vieux qui battent la semelle dans les passages souterrains en essayant de vendre le peu qu'ils possèdent. Tout ce qu'on peut vendre pour survivre, on le vend. Si on est un pauvre retraité, c'est un kilo de cornichons, un cache-théière, des numéros défraîchis de *Krokodil*, le pitoyable journal « satirique » des années Brejnev. Si on est un général, ça peut être des tanks ou des avions : certains ont sans scrupule ouvert avec des appareils de l'armée des compagnies privées, dont ils empochent les profits. Si on est un juge, ce sont des verdicts. Un policier, sa tolérance. Un fonctionnaire, son coup de tampon. Un ancien de l'Afghanistan, ses compétences de tueur. Un contrat pour un meurtre se négocie entre 10 000 et 15 000 dollars. En 1994, cinquante banquiers ont été abattus à Moscou. De la bande d'un requin comme Semionov il restait à peine la moitié, et Semionov lui-même était au cimetière.

Mon cousin Paul Klebnikov est arrivé à ce moment-là. Ses grands-parents, comme les miens, avaient fui la Révolution de 1917, mais ils s'étaient, eux, établis aux États-Unis, en sorte que Paul était aussi américain que je suis français — mais il parlait mieux le russe. Il avait mon âge et, malgré l'Atlantique qui nous séparait, nous nous connaissions depuis l'enfance. Je l'aimais beaucoup. Quant à mes fils, ils l'adoraient. C'était leur modèle, l'image que peut se faire un petit garçon d'un grand reporter. Beau, costaud, le sourire franc, la poignée de main ferme : Mel Gibson dans *L'Année de tous les dangers*. Il travaillait pour le magazine *Forbes* qui, en 1994, l'a envoyé faire une enquête sur la criminalité économique à Moscou. À son arrivée, il a rempli son agenda de rendez-vous, mais plusieurs de ses interlocuteurs ont été tués avant qu'il ait le temps de les rencontrer. Ça l'a tellement passionné qu'il est resté. Devenu correspondant permanent de *Forbes* à Moscou, il a poursuivi son enquête, en grand journaliste d'investigation qu'il était. Il en a fait un livre où il explique dans le détail, à partir du cas de Boris Berezovski, comment se sont constituées sous Eltsine les plus grosses fortunes russes. Puis il s'est fait descendre à son tour, d'une rafale de mitraillette à l'entrée de son immeuble, comme Anna Politkovskaïa. L'enquête sur son assassinat, comme sur celui de Politkovskaïa, n'a rien donné à ce jour.

Les gros s'entre-tuaient pour des combinats industriels ou des gisements de matières premières, les petits pour des kiosques ou des emplacements au marché, et le moindre kiosque, le moindre emplacement au marché, devait avoir un « toit » : ainsi appelait-on les innombrables prestataires de sécurité qui étaient tous plus ou moins des entreprises de racket puisqu'ils vous tiraient dessus si vous refusiez leurs services. Les *holdings* d'oligarques comme Goussinski ou Berezovski employaient de véritables armées, placées sous le commandement de haut gradés du KGB qui avaient su privatiser leurs talents. À un niveau plus artisanal, les protections indispensables pour faire du business se recrutaient pour moitié au sein des mafias géorgienne, tchétchène ou azérie, pour moitié au sein de la police, devenue une mafia parmi d'autres.

J'ai une bonne histoire à ce sujet. Son héros est mon ami Jean-Michel, un Français qui, sa femme ayant péri dans le crash de la TWA en 1995, est parti refaire sa vie à Moscou comme on s'engagerait dans la Légion étrangère. Il y a ouvert des restaurants, des bars, des boîtes de nuit qui sont en fait des bordels pour nouveaux Russes et riches expatriés. On en pense ce qu'on veut moralement, mais bâtir un tel empire en partant de rien, sans presque parler russe, à une époque où on se retrouvait pour un oui ou pour un non les pieds dans le ciment au fond de la Moskova, cela suppose des nerfs que même notre exigeant Édouard pourrait envier. Il faudrait un Scorsese pour illustrer cette aventure. Ce n'est pas ce que je me propose de faire, seulement de raconter ceci : un soir, des troupes d'élite en tenue de combat, visages dissimulés par des cagoules, ont envahi un des clubs de Jean-Michel, terrorisé les filles, le personnel et les clients, qu'ils ont fait coucher par terre sous la menace de leurs kalachnikovs. Une fois l'ambiance installée, le chef a ôté sa cagoule, s'est assis, fait servir à boire, et il a tranquillement expliqué à Jean-Michel que son toit n'était pas fiable, qu'il allait en changer. Désormais, la police — car ce commando, c'était la police — se chargeait de tout. Ce serait un peu plus cher, mais plus sûr, et le transfert d'autorité serait indolore. Le chef se chargeait d'expliquer la situation aux protecteurs précédents, il garantissait qu'il n'y aurait pas d'embrouilles. En partant, il a offert à Jean-Michel un CD du groupe de rock formé par certains de ses gars. Tout s'est passé comme il l'avait promis. Jean-Michel n'a eu qu'à se louer de son nouveau toit et il aime bien, pour les divertir, faire écouter le CD à ses amis. Il a eu de la chance : dans beaucoup de cas, ce genre d'incident tournait au massacre de la Saint-Valentin.

Avant de mourir, il n'y a pas longtemps, l'ex-Premier ministre Egor Gaïdar a confié à un journaliste : « Ce qu'il faut que vous compreniez, c'est que nous n'avions pas le choix entre une transition idéale vers l'économie de marché et une transition criminalisée. Le choix était entre une transition criminalisée et la guerre civile. »

3

Pour justifier la collectivisation, la famine, les purges et, d'une façon générale, la tendance à considérer que les « ennemis du peuple », c'était le peuple lui-même, les bolcheviks aimaient à dire qu'on n'abat pas un arbre sans que des copeaux volent, version russe de notre proverbe sur l'omelette qu'on ne fait pas sans casser d'œufs. Le marché a remplacé la dictature du prolétariat comme horizon de l'avenir radieux, mais le proverbe ressert tel quel aux artisans de la « thérapie de choc » et à ceux qui sont assez proches du pouvoir pour avoir leur part de l'omelette. La différence avec le temps des bolcheviks, c'est que ceux qui se voient dans le rôle des œufs cassés ne craignent plus d'être envoyés en Sibérie et donnent de la voix. On voit défiler dans Moscou d'hétéroclites processions de retraités réduits à la mendicité, de militaires qui ne touchent plus leur solde, de nationalistes rendus fous par la liquidation de l'Empire, de communistes qui pleurent le temps de l'égalité dans la pauvreté, de gens déboussolés parce qu'ils ne comprennent plus rien à l'histoire : comment savoir, en effet, où est le bien et où le mal, qui sont les héros et qui les traîtres, quand on continue chaque année à célébrer la Fête de la Révolution tout en répétant que cette Révolution a été à la fois un crime et une catastrophe ?

Édouard, quand il est à Moscou, ne manque

aucune de ces manifestations. Reconnu par des gens qui lisent ses articles dans *Dien'*, il est souvent félicité, embrassé, béni : avec des hommes comme lui, la Russie n'est pas perdue. Une fois, sur l'invitation de son camarade Alksnis, il monte à la tribune où se succèdent les leaders de l'opposition et prend le mégaphone. Il dit que les prétendus « démocrates » sont des profiteurs qui ont trahi le sang versé par leurs pères pendant la Grande Guerre patriotique. Qu'en un an de prétendue « démocratie », le peuple a plus souffert qu'en soixante-dix ans de communisme. Que la colère gronde et qu'il faut se préparer à la guerre civile. Ce discours diffère peu de ceux de ses voisins de tribune mais à chaque phrase la foule, une foule immense, l'applaudit. Les mots lui viennent naturellement, exprimant ce que tous ressentent. Des vagues d'approbation, de reconnaissance, d'amour montent vers lui. Il a rêvé de cela, pauvre et désespérément seul dans sa chambre de l'hôtel Embassy, à New York, et son rêve s'accomplit. Comme à la guerre, dans les Balkans, il se sent bien. Calme, puissant, porté par les siens : à sa place.

« Je cherche une bande » : c'est le titre d'un de ses articles. Il n'a pas tout de suite formé la sienne, d'abord il a tenté d'en rallier d'autres. Je suppose que le nom de Vladimir Jirinovski dit vaguement quelque chose au lecteur français. On le présentait, on le présente toujours car il est toujours là, comme le Le Pen russe et ce n'est pas faux. Il a la faconde de Le Pen, son culot, son langage direct. Sans doute est-il plus fou, mais bon : il est russe.

J'ai dit quelques mots d'Alksnis, qui fait un pittoresque personnage de second plan. Les autres, Ziouganov, Anpilov, Makachov, Prokhanov, j'ai l'impression qu'il n'y a plus que moi qui, parce que j'écris ce livre et me replonge dans cette époque, sache qui c'est. Relisant les pages de notes que j'ai prises sur leurs parcours tortueux, leurs idées simples, leurs programmes flous, leurs alliances éphémères et leurs scissions empoisonnées, je me sens un peu dans la position d'un historien russe qui tenterait d'expliquer à ses concitoyens quelles nuances, au sein de l'extrême droite française, séparent Roland Gaucher de Bruno Mégret. Il faut dire que Limonov, quant à lui, ne recule jamais devant ce genre de pédagogie. J'ai souvent ri en découvrant, dans des articles destinés à être lus au fin fond de la province russe, des développements sur *Jann-Edern Alliè*, *Patric Bésson*, *Alènne dé Bénoua* ou le *Kanar annchéné*. Bref, c'est ce marigot de communistes nostalgiques et de nationalistes furibonds qu'il fréquente à Moscou, en essayant de se persuader qu'y couvent les forces vives de la nation. Et c'est lors d'un banquet organisé par le général Prokhanov, rédacteur en chef de *Dien'*, qu'il fait la connaissance d'Alexandre Douguine.

Ce soir-là, Édouard est triste. On le serait à moins : il vient d'apprendre qu'on a retrouvé dans le coffre d'une voiture le buste scié d'un de ses amis et, à côté, sa tête à demi carbonisée. Cet ami, le chef de bataillon Kostenko, il l'a connu en Transnistrie, lors d'un reportage pour *Dien'*.

Passons vite sur la République moldave de Transnistrie : c'est le même scénario que les diverses républiques serbes d'ex-Yougoslavie. La Moldavie était un bout de Roumanie orientale, annexé par l'Union soviétique. Les Moldaves sont tellement misérables qu'ils rêvent de redevenir roumains, c'est dire. Quand l'Union soviétique s'est effondrée, ils ont déclaré leur indépendance, au grand dam des Russes établis sur leur territoire. Ces Russes qui étaient des sortes de colons, tenant le haut du pavé, se retrouvent en butte aux brimades et aux représailles du nouvel État, à dominante roumaine. Ils ont, à leur tour, créé une république autonome (la Transnistrie, donc) et pris les armes pour la défendre. Édouard, qui sympathise sans réserve avec leur cause et ne veut rater aucune des guerres qui s'allument l'une après l'autre dans les décombres de l'Empire, a adoré son séjour là-bas. Il a participé à une expédition punitive contre des Roumains, traversé un pâté de maisons en ruine sous les balles d'un *sniper*, couru entre des champs jonchés de mines. Surtout, il a rencontré le chef de bataillon Kostenko dont il raconte maintenant l'histoire à son voisin de table, un barbu qu'on lui a présenté sous le nom d'Alexandre Douguine.

Ex-commandant d'une unité de paras en Afghanistan, ayant ouvert un garage en Moldavie, Kostenko était devenu dans le chaos ambiant un seigneur de la guerre et le maître absolu de sa petite ville. Ukrainien comme Édouard, mais né en Extrême-Orient où son père était en garnison, il avait une tête de Chinois et une réputation de cruauté asiatique. Une aura d'effroi l'entourait. Il rendait la justice dans son garage, entouré de gardes du corps armés jusqu'aux dents et d'une blonde en minijupe et lunettes noires. Édouard l'a vu condamner à mort un gros type suant, soupçonné d'être un traître à la solde des Roumains. Il a approuvé cette fermeté, et son interlocuteur, Douguine, l'approuve aussi.

Kostenko et Édouard ont passé plusieurs nuits à parler. Le chef de bataillon lui a raconté sa vie aventureuse et prédit sa fin prochaine : ses ennemis l'auraient tôt ou tard, il n'avait nulle part où fuir, et de toute façon, à quoi bon ? On ne redevient pas garagiste quand on a régné sur une ville. Douguine écoute, de plus en plus intéressé à mesure que l'histoire prend un tour crépusculaire. « C'est parce qu'il s'attendait à mourir, dit-il à Édouard, qu'il s'est confié à vous. Pour qu'il reste une trace de son destin obscur et violent. » Édouard dit que oui, il se voit bien en Régis Debray de ce Guevara des confins, et il est un peu surpris que son interlocuteur sache qui est Régis Debray.

D'une façon générale, Douguine semble tout savoir. Il est philosophe, auteur bien qu'il n'ait que trente-cinq ans d'une demi-douzaine de livres, et c'est un vrai plaisir de discuter avec lui. Édouard et lui s'entendent à demi-mot, quand l'un commence une phrase l'autre pourrait la finir. Solennellement, ils boivent à la mémoire de Kostenko et, à la tournée suivante, Douguine propose de boire à celle du baron Ungern von Sternberg. Édouard n'a rien contre, mais il ne sait pas qui c'est. « Vous ne savez pas qui c'est ? » Douguine feint d'être étonné — en fait il est content, comme on l'est pour quelqu'un qui n'a pas encore lu *Guerre et paix*. Il est content aussi parce que c'est son tour de parler et que Kostenko, c'est bien, mais il a en réserve un super-Kostenko, une histoire de derrière les fagots dont il sait le succès garanti.

En 1918, le baron Ungern von Sternberg, aristocrate letton violemment anti-bolchevik, est allé avec sa division jusqu'en Mongolie pour combattre aux côtés des armées blanches. Il s'y est illustré par son ascendant sur ses hommes, sa bravoure et sa cruauté. Il se disait bouddhiste, d'un bouddhisme qui incluait le goût des tortures les plus raffinées. Il avait un visage émacié, de longues et fines moustaches, les yeux très pâles. Les cavaliers mongols le tenaient pour un être surnaturel, et même ses alliés blancs se sont mis à avoir peur de lui. Il s'est écarté d'eux, enfoncé dans les steppes à la tête de son escadron qui, à l'écart de tout, est devenu une secte d'illuminés, n'obéissant qu'à sa loi. Enivré de pouvoir et de violence, il a fini par tomber entre les mains des Rouges, qui l'ont pendu. Je résume, mais Douguine ne résume pas. Cette figure comparable à l'Aguirre de Werner Herzog ou à Kurtz, le héros du *Cœur des ténèbres* de Joseph Conrad, il la fait vivre avec un art consommé. C'est un de ses grands morceaux de bravoure, qu'il distille en prenant son temps, ménageant ses effets, jouant de toutes les nuances d'une voix de violoncelle. Car cet universitaire, cet homme de cabinet, de livres et de théorie, est aussi un conteur oriental, capable d'ensorceler son auditoire, et Édouard, qui n'a d'ordinaire que mépris pour les intellectuels, est ensorcelé. Il adorerait que quelqu'un, un jour, raconte sa vie comme ça.

Les jours suivants, ils ne se quittent plus, parlent à en perdre haleine. Douguine, sans complexe, se déclare fasciste, mais c'est un fasciste comme Édouard n'en a jamais rencontré. Ce qu'il connaissait sous cette enseigne, c'était soit des dandys parisiens qui, ayant un peu lu Drieu la Rochelle, trouvaient qu'être fasciste c'est chic et décadent, soit des brutes comme leur hôte du banquet, le général Prokhanov, dont il faut vraiment se forcer pour suivre la conversation, faite de paranoïa et de blagues antisémites. Il ignorait qu'entre petits cons poseurs et gros cons porcins il existe une troisième obédience, une variété de fascistes dont j'ai dans ma jeunesse connu quelques exemplaires : les fascistes intellectuels, garçons en général fiévreux, blafards, mal dans leur peau, réellement cultivés, fréquentant avec leurs gros cartables de petites librairies ésotéristes et développant des théories fumeuses sur les Templiers, l'Eurasie ou les Rose-Croix. Souvent, ils finissent par se convertir à l'islam. Douguine relève de cette variété-là, sauf que ce n'est pas un garçon malingre et mal dans sa peau, mais un ogre. Grand, barbu, chevelu, il marche à petits pas légers, comme un danseur, et a une drôle de façon de se tenir perché sur une jambe tout en soulevant l'autre en arrière. Il parle quinze langues, il a tout lu, il boit sec, rit franchement, c'est une montagne de science et de charme. Édouard n'a pas l'admiration facile, Dieu sait, mais il admire cet homme qui est de quinze ans son cadet et se met à son école.

Sa pensée politique était confuse, sommaire. Sous

l'influence de Douguine, elle devient encore plus confuse mais un peu moins sommaire. Elle s'orne de références. Loin d'opposer fascisme et communisme, Douguine les vénère également. Il accueille pêle-mêle dans son panthéon Lénine, Mussolini, Hitler, Leni Riefenstahl, Maïakovski, Julius Evola, Jung, Mishima, Groddeck, Jünger, Maître Eckhart, Andreas Baader, Wagner, Lao-tseu, Che Guevara, Sri Aurobindo, Rosa Luxemburg, Georges Dumézil et Guy Debord. Si Édouard, histoire de voir jusqu'où on peut aller, propose d'inviter aussi Charles Manson, pas de problème, on se poussera pour lui faire de la place. Les amis de nos amis sont nos amis. Rouges, blancs, bruns, c'est égal : la seule chose qui compte, Nietzsche a raison, c'est l'élan vital. Assez vite, Édouard et Douguine s'accordent sur le fait que leurs camarades de l'opposition ne volent pas haut. Alksnis, à la rigueur, on l'aime bien, mais les autres... Surtout, ils découvrent qu'ils sont complémentaires. L'homme de pensée et l'homme d'action. Le brahmane et le guerrier. Merlin l'enchanteur et le roi Arthur. Ensemble, ils vont faire de grandes choses.

Qui, des deux, a trouvé le nom du Parti national-bolchevik ? Plus tard, quand ils se sépareront, chacun le revendiquera. Encore plus tard, quand ils essayeront de devenir respectables, chacun en rejettera l'idée sur l'autre. En attendant, ils en sont enchantés tous les deux. Ils sont enchantés du titre qu'Édouard, nul ne le conteste, a trouvé pour leur futur journal : *Limonka*, la grenade. Pas celle qui se mange, bien sûr : celle qui explose. Ils sont enchantés, enfin, du drapeau qu'a dessiné sur une table de cuisine un peintre de leurs amis doux comme un agneau, spécialisé dans les paysages d'Ombrie et de Toscane. Ce drapeau, un cercle blanc sur fond rouge, évoque le drapeau nazi, sauf qu'en noir dans le cercle blanc, au lieu de la croix gammée, il y a la faucille et le marteau.

4

Ils ont un drapeau, un titre de journal et un nom de parti. Ils ont un adhérent : un étudiant ukrainien appelé Taras Rabko. C'est un début. Bolcheviks, fascistes et nazis, leurs modèles, ne sont pas partis de plus haut dans leur ascension vers le pouvoir. Ce qui manque, c'est l'argent. Édouard rentre à Paris dans l'espoir d'en trouver.

Il y passe tout l'été 1993, et c'est un séjour étrange. Cela fait presque deux ans qu'entre la politique à Moscou et la guerre partout où elle éclate il ne repasse chez lui qu'en transit. Dans le studio que Natacha et lui partagent, il se sent un étranger. Il en a perdu l'habitude, elle a pris celle d'y vivre sans lui, certainement d'y coucher avec d'autres que lui. Les amis qu'il avait dans le petit monde parisien, refroidis par ses exploits bosniaques, lui tournent le dos. Une campagne de presse dénonce la collusion de l'extrême droite et de l'extrême gauche et, de fait, s'il faut établir le portrait-robot de ce qu'on se met à appeler le « brun-rouge », c'est bien lui. Sa cote est au plus bas, ses éditeurs habituels ne le prennent pas au téléphone. Peu importe : il ne se voit plus comme un homme de lettres mais comme un guerrier et un révolutionnaire professionnel, et le fait d'être dans ce milieu de petits-bourgeois frileux un objet d'opprobre n'a rien pour lui déplaire. Le problème, c'est qu'il n'a d'autres sources de revenus que la littérature, qu'il parvient tout juste à vendre ses reportages de guerre à une maison d'édition, « L'Âge d'homme », dirigée par un patriote serbe, et que ses recherches de fonds n'aboutissent à rien. Douguine, qui entretient des liens avec toute l'extrême droite européenne, était très optimiste en l'adressant à ses contacts. Mais Édouard va de revues confidentielles en officines grisâtres sans obtenir des négationnistes effarouchés qui les animent autre chose que de bonnes paroles, chacun ayant assez de mal à faire vivre sa petite boutique. Du côté de ses relations à lui, il sait que, même tricard partout, une porte lui restera toujours ouverte, celle de quelqu'un que rien ne scandalise, qu'aucune mauvaise réputation n'effraie. Hélas, Jean-Edern Hallier n'habite plus place des Vosges. Pour avoir écrit que Bernard Tapie était malhonnête, il a été condamné à quatre millions de dommages-intérêts, et il a fallu vendre à la chandelle le grand appartement où se tenaient les réunions de *L'Idiot*. Accablé de procès annexes, criblé de dettes, son journal périclitant, Jean-Edern n'a évidemment pas un sou à donner à Édouard. En revanche, il l'invite à le rejoindre dans son château de Bretagne.

Édouard y va avec Natacha. Cela fait plusieurs années que ni l'un ni l'autre n'a pris ce que les gens normaux appellent des vacances. Le manoir les impressionne par sa grandeur déchue et son inconfort. Il pleut dans les chambres, et le maître de maison n'est pas non plus en très bon état. Presque aveugle, il se sert d'une loupe pour former les numéros sur le cadran du téléphone, ce qui ne l'empêche pas, sur les petites routes départementales, de conduire sa vieille Golf le pied au plancher, mais en oubliant de desserrer le frein à main. Le premier jour, on va faire des courses en prévision de la visite de Le Pen, qui doit venir dîner en voisin. Jean-Edern adore choquer les gens en leur annonçant qu'il y aura Le Pen à dîner, il a déjà fait le coup à Édouard que cela ne choque nullement, et cette fois encore on l'attendra en vain. Au vivier, Jean-Edern fait un scandale parce qu'on veut lui interdire de se garer sur une place réservée aux pêcheurs. Il gesticule, hurle que c'est la littérature française qu'on insulte, la République, Victor Hugo. Édouard a l'impression, un peu triste, qu'il se force pour être à la hauteur de sa réputation. S'il arrête une minute de faire son cirque, il meurt. Au dîner, cependant, il est vraiment en verve et fait crouler de rire sa cour de bas-Bretons marinés dans le chouchen en racontant son passage à *Trente millions d'amis*. Il s'est fait inviter dans cette émission consacrée aux animaux en prétendant qu'il a un chien, qu'il adore ce chien, qu'il a écrit tous ses livres avec ce chien couché à ses pieds. Ce n'est pas vrai, il n'a jamais eu de chien, mais il est prêt à tout pour passer à la télé, alors il s'en est fait prêter un. Il le tient sur ses genoux, le caresse, joue au gentil maître, mais le chien qui ne le connaît pas s'affole, et plus l'un s'attendrit en évoquant son fidèle compagnon à quatre pattes, plus l'autre gronde, se débat, se tortille pour s'échapper, pour finir le mord. Jean-Edern se joue lui-même, joue le chien, mime le pugilat : le numéro est très au point.

Le lendemain, il y a une éclaircie et on va à la plage. Édouard se baigne. Malgré sa vue plus que basse, Jean-Edern, admiratif, dit à Natacha : « Dis donc, il est drôlement bien gaulé, ton mec. » Et quand, sortant de l'eau, Édouard les rejoint, il lui demande : « Tu fais quoi au juste, en Russie ?

— En Russie ? répond Édouard en secouant sa serviette couverte de sable. Je me prépare à prendre le pouvoir. Je pense que c'est le bon moment. »

5

Quand on dit qu'on trouve tout désormais à Moscou, ce n'est pas vrai. On trouve du foie gras, oui, tant qu'on veut, et du Château Yquem pour aller avec, mais nul ne songe à importer du bouillon Kub et du chocolat de ménage, denrées qui n'intéressent pas le nouveau Russe et sont la base de l'alimentation d'Édouard. À chacun de ses voyages, il en apporte une provision, et c'est avec un bol de Kub-or qu'il s'est installé devant la télévision, ce jour de septembre 1993 où Eltsine, la mine grave, annonce au pays qu'il dissout la Douma et appelle à de nouvelles élections.

Il fallait s'y attendre. Quand le Parlement vous est hostile, comme c'est le cas, le pari de la dissolution est un classique en politique. Ça passe ou ça casse, si ça casse on s'en mord les doigts, mais enfin, en démocratie, on se résigne. Ce qui n'est pas certain, c'est que le démocrate Eltsine voie les choses comme cela et envisage de se résigner si de nouvelles élections ne lui donnent pas une assemblée plus docile. Il n'a pas fini de parler, en tout cas, que le téléphone sonne chez les amis qui hébergent Édouard. C'est Alksnis, « le colonel noir », qui lui dit que ça chauffe. Les patriotes se retrouvent à la Maison Blanche. Édouard vide son bol de bouillon Kub, et le voilà parti.

Les patriotes sont déjà quelques milliers, assemblés devant le bâtiment qui, deux ans plus tôt, a été pour le monde entier le symbole du triomphe d'Eltsine et des « démocrates ». Qui sont ces « patriotes » ? En gros, ceux qu'on a vus il y a quelques pages clamer leur colère dans les rues de Moscou. Une partie d'entre eux, pas tous, sont ce que nous appellerions des fascistes. Mais ces fascistes, aujourd'hui, se posent en gardiens de l'ordre constitutionnel, et quand ils accusent les démocrates d'être prêts, pour défendre leur démocratie dont personne ne veut, à instaurer la dictature, on ne peut pas tout à fait leur donner tort. Ajoutons, pour compléter le tableau, que les deux hommes qui prennent la tête de la rébellion contre Eltsine étaient deux ans plus tôt, au même endroit, à ses

côtés. Ce sont le président de la Douma, le Tchétchène Khasboulatov, et le vice-président de la
République, le général Routskoï, un ancien d'Afghanistan qui, bien que faisant partie de la même
équipe au pouvoir, ne cesse de s'en prendre au
« petit con en bermuda rose » — comme il appelle
le Premier ministre Gaïdar depuis que celui-ci a
eu la maladresse de se faire photographier en train
de jouer au golf dans cette tenue.

Le soir même, Routskoï et Khasboulatov convo-
quent en session extraordinaire l'Assemblée dissoute, et cette Assemblée, premièrement déclare
inconstitutionnelle sa propre dissolution, deuxièmement dépose Eltsine, troisièmement nomme
Routskoï président à sa place, quatrièmement
occupe la Maison Blanche en faisant savoir qu'elle
y est par la volonté du peuple et n'en sortira que
par la force des baïonnettes. Outre les députés
rebelles, il y a dans le bâtiment une foule de patriotes décidés à le défendre, et parmi eux Édouard qui
passe la nuit, excité comme une puce, à circuler de
salle de réunion en salle de réunion, dans un épais
nuage de fumée de cigarettes. On discute, on
s'apostrophe, on boit, on rédige des communiqués,
on compose le nouveau gouvernement. Ces palabres impatientent Édouard : il sera toujours temps,
estime-t-il, de se répartir des ministères. La véritable urgence, c'est d'organiser le siège qui s'annonce.

Il parvient à atteindre, au dernier étage, le bureau
où s'est enfermé Routskoï. Des soldats montent la
garde devant sa porte mais, à force d'insistance,
Édouard obtient audience. Le général le reçoit en

tenue léopard, l'air fiévreux. Il ne sait pas très bien qui est son visiteur mais il est 3 heures du matin et la pression est telle qu'il parlerait à n'importe qui. De plus, Édouard lui donne du « camarade Président » : il n'y est pas habitué, ça lui plaît.

Depuis le début de la soirée, le camarade Président appelle toutes les bases militaires de Russie pour tâter le terrain. « Et ça se présente bien ? » s'inquiète Édouard. Le général, avec une moue, répond : « *Normal'no* », mot dont le sens très large va de « très bien merci » à « couci-couça ». Toute la question est là : dans l'épreuve de force engagée, de quel côté l'armée va-t-elle se ranger ? À supposer que, comme deux ans plus tôt, elle reste du côté de la loi, c'est quoi, le côté de la loi ? Qui est le président légitime ? Eltsine ou Routskoï ? Les États-Unis, l'Angleterre, l'Allemagne et la France viennent de déclarer leur soutien à Eltsine contre les nouveaux putschistes, et cette nouvelle a l'air d'ébranler le général.

Édouard, pour lui remonter le moral, fait valoir que la position des pays occidentaux n'a rien d'étonnant. « Ils ne veulent qu'une chose : une Russie à genoux, c'est pour cela qu'ils soutiendront toujours des traîtres comme Gorbatchev et Eltsine. Mais ce qui se passe cette fois, ce n'est pas un putsch. C'est le Parlement démocratiquement élu qui refuse la dictature, et il faudra bien que l'Occident l'accepte, au nom de ses propres valeurs.

— C'est vrai, ça », opine le général, plissant le front comme s'il n'y avait pas pensé et voulait retenir l'argument pour le resservir dans un discours.

« Ce qui compte, poursuit Édouard, exploitant son avantage, ce n'est pas ce qui se passe dans les chancelleries. Ce n'est même pas ce qui se passe dans les casernes. C'est ce qui se passe ici, à la Maison Blanche. C'est ici que tout s'est joué la dernière fois, c'est ici que tout va se jouer cette fois-ci. Eltsine ne va pas reculer, nous non plus. Il va falloir se battre. Avons-nous des armes ?

— Oui, dit le général, comme hypnotisé.

— Assez d'armes ?

— Oui, assez.

— Eh bien, qu'attendez-vous pour les distribuer ?

— Pas maintenant, dit le général. C'est prématuré. »

Édouard fronce les sourcils : « Prématuré ? C'est ce que les sociaux-démocrates disaient en 1917. Que la situation n'était pas mûre pour la Révolution, qu'il n'y avait pas de classe ouvrière en Russie, et patati et patata… Heureusement que Lénine a pensé le contraire. Le grand homme, c'est celui qui sent le moment propice. Ce que les Grecs appelaient le *kairos* (Douguine lui a appris ce mot, il l'adore.) Nous sommes exactement à ce moment. Les hommes les plus braves de Russie sont ici, prêts à se battre. C'est à vous de choisir, camarade Président : est-ce que vous voulez, dans l'Histoire, laisser le souvenir d'un grand homme ou d'un lâche ? »

Il est allé trop loin, Routskoï s'énerve : « Vous êtes qui, à la fin ? Un écrivain, c'est ça ? Un intellectuel ? Laissez les décisions militaires aux spécialistes. »

Édouard s'étrangle : lui, un intellectuel ? Routskoï en a marre, il le congédie.

Édouard fait une erreur, le lendemain : il sort. On accède à peu près librement à la Maison Blanche, il pense revenir très vite, alors il va chez ses amis prendre une douche et se changer, puis chez Douguine, qu'il presse de rejoindre les patriotes — mais Douguine préfère suivre l'affaire à la télévision, et pour la première fois Édouard le soupçonne d'être un peu trouillard. Quand il retourne sur zone, le siège a commencé. Eltsine a fait couper l'électricité et le téléphone, déployer des régiments d'OMON et, bien sûr, on ne passe plus. Toute la nuit, il essaie quand même. Se faufilant entre les camions militaires et les cordons de soldats, mitraillette à la hanche, il se fait l'effet d'un partisan pendant l'occupation nazie. Des haut-parleurs diffusent inlassablement la propagande du gouvernement, invitant les insurgés à se rendre. De l'extérieur, on voit aux fenêtres du bâtiment des lueurs et des ombres fantomatiques : on s'éclaire maintenant à la bougie, là-dedans.

Le siège va durer dix jours, qui compteront parmi les plus cruels de sa vie. Il donnerait dix ans, un bras, n'importe quoi, pour n'avoir pas fait la bêtise de sortir, pour être à l'intérieur avec ces braves qui, il en est certain, vont bientôt vendre chèrement leur peau. Qu'est-ce qui vaut mieux ? Faire le pied de grue derrière les barrages de police, au cas où une brèche s'ouvrirait, ou rentrer chez soi regarder les informations ? Où qu'il soit, il se sent mal, pas où il devrait être. La télévision le rend fou de rage. Dieu sait que la presse, sous Eltsine, a été libre, mais là, c'est l'état de siège, on ne plaisante plus.

Vingt-quatre heures sur vingt-quatre, journalistes et commentateurs se relaient pour présenter les « constitutionnalistes », ainsi que se désignent les insurgés, comme des fascistes et des fous. On montre en boucle la manifestation de soutien à Eltsine sur la place Rouge, le concert de soutien à Eltsine donné par l'inévitable Rostropovitch, en revanche on ne voit rien de ce qui se passe dans la Maison Blanche assiégée. Pas de caméras à l'intérieur, on ne peut qu'imaginer.

Ceux qui y étaient et en sont sortis vivants décrivent tous la même chose : le *Titanic*. Pas de lumière, pas de téléphone, pas non plus d'eau ni de chauffage. On crève de froid, on pue, on n'a à manger et à boire que les réserves de la cafétéria, qui s'épuisent. On brûle les meubles de bureau et, autour des braseros de fortune, on se rassemble pour chanter des hymnes orthodoxes, des chants de la Grande Guerre patriotique, et s'exhorter mutuellement au martyre. « On », ce sont des Cosaques à longues moustaches, de vieux staliniens, de jeunes néonazis, des députés légalistes, des prêtres à grande barbe. Les prêtres, vu la gravité de la situation, ne chôment pas : les permanences des députés se transforment en confessionnaux et en baptistères, devant lesquels on fait la queue. Le peu d'eau qui reste est béni. Icônes et posters de la Sainte Vierge voisinent avec les portraits de Lénine et de Nicolas II, les drapeaux rouges avec les brassards à croix gammée. Le cellulaire n'existant pas encore, on n'est plus relié à l'extérieur que par le radiotéléphone d'un journaliste anglais, une énorme valise qui fait penser au matériel de transmission pendant la guerre. Des rumeurs circulent, les unes complètement folles — le Congrès américain a fait arrêter Clinton pour avoir, en soutenant Eltsine, trahi la démocratie —, les autres dangereusement plausibles : l'armée va attaquer. Tout le monde le sait bien, en fait, que l'armée va attaquer, et l'affaire se conclure dans un bain de sang, à moins d'une capitulation dont, l'adrénaline montant, personne ne veut. Les deux leaders, Routskoï en treillis, Khasboulatov en chemise noire et gilet pare-balles, commencent à parler de suicide collectif. Personne ne dort.

Édouard a raté ça et ne s'en console pas. En revanche il n'a pas raté l'immense manifestation qui, le 3 octobre, se déploie devant la Maison Blanche : plusieurs centaines de milliers de gens qui soutiennent les insurgés en agitant des drapeaux rouges. Il est venu avec le jeune Rabko, l'étudiant ukrainien qui est, après Douguine et lui, le troisième membre du parti national-bolchevik. On crie : « U-nion soviétique ! U-nion soviétique ! Eltsine, fasciste ! » On crie aussi : « Mort aux Juifs ! Mort aux culs-noirs ! » (les culs-noirs, ce sont les Caucasiens), et ça, Édouard désapprouve : d'abord c'est con, ensuite c'est ce que monteront en épingle les médias occidentaux. On provoque les OMON. Oseront-ils tirer sur le peuple russe ? Ils osent. Premier sang, premiers blessés. La foule gronde, résiste, force un barrage. Les OMON paniquent, tirent de plus belle, entraînent des manifestants dans leurs camions pour les passer à tabac.

Des jeunes gens reconnaissent Édouard, l'entourent, le protègent de leurs corps. D'un balcon de la Maison Blanche, Routskoï, mégaphone en main, harangue la foule. On va sortir ! Marcher sur le Kremlin ! Arrêter Eltsine ! Prendre Ostankino !

Ostankino, c'est la tour de la télévision, donc un enjeu vital. Si les insurgés prennent le contrôle de l'information, tout peut basculer, le fort Chabrol se transformer en prise de la Bastille. Des bus et des voitures commencent à se remplir d'hommes en armes qui crient : « À Ostankino ! À Ostankino ! » Édouard et le jeune Rabko montent dans un de ces bus. On traverse la ville, déserte : les gens n'osent pas sortir. De rares badauds, en voyant passer le cortège, font le V de la victoire. Dans le bus, Édouard donne une interview à un journaliste irlandais. Ce n'est pas gagné, dit-il, mais son peuple relève la tête.

« Vous aimez les mots : guerre civile ? écrivait-il quinze ans plus tôt dans *Journal d'un raté*. Moi, beaucoup. »

Ils étaient quelques centaines en quittant la Maison Blanche, ils sont quelques milliers en arrivant sur la colline d'Ostankino. Mais c'est à peine si un homme sur dix est armé, et des escadrons d'OMON les attendent de pied ferme. Dès l'arrivée des bus, ils ouvrent le feu et chargent, matraque au vent. Ils avancent, frappent et tirent en même temps, c'est un massacre. Édouard, qui se trouve par chance un peu sur le côté de leur percée, se jette à terre. Un autre corps s'abat sur le sien. C'est le journaliste irlandais. Il ne bouge plus. Un filet de sang coule de sa bouche. Édouard le palpe, scrute son œil vitreux, prend son pouls. Il est mort. Je suis la dernière personne qu'il a filmée, pense fugitivement Édouard : est-ce que quelqu'un, un jour, verra cette cassette ?

Les mitraillettes crépitent autour de lui. Il se relève, vacille sous l'impact d'une balle, porte la main à son épaule. Le jeune Rabko parvient à l'entraîner à couvert, sous les arbres du parc. Il déchire sa chemise pour panser la blessure d'Édouard. Elle saigne beaucoup mais elle n'est pas profonde, et puis l'épaule, c'est bien : dans les films, le héros est toujours blessé à l'épaule. À quelques centaines de mètres le combat se poursuit, ça mitraille et ça hurle. Puis ça se calme. La nuit tombe. Les OMON débusquent des manifestants réfugiés dans le parc, les embarquent sans ménagement, mais Édouard et Rabko échappent à la battue. Comme les accès sont surveillés, ils restent toute la nuit cachés dans les buissons, à crever de froid et, pour Édouard, à se dire que la prochaine fois il faut que ce soit lui qui prenne les choses en main, pas des généraux discoureurs et pleutres qui le traitent d'intellectuel.

À l'aube, Rabko et lui se risquent hors du parc, gagnent une station de métro, apprennent que les blindés encerclent la Maison Blanche. Quelques heures plus tôt on croyait la victoire à portée de main, à présent il est clair que c'est foutu. Les litanies orthodoxes et chants patriotiques redoublent d'ardeur pendant l'assaut. Le général Routskoï répète qu'il va se suicider, comme Hitler dans son bunker — en fait il se rendra, mais dans l'après-midi seulement : le temps que cent cinquante personnes se fassent tuer, qui seraient encore de ce monde s'il avait moins joué les bravaches. Ça tire toute la journée : devant la Maison Blanche, où se sont amassés des milliers de badauds qui suivent l'assaut comme un événement sportif ; à l'intérieur du bâtiment où, dès qu'ils parviennent à entrer, les OMON poursuivent les assiégés dans les couloirs, dans les bureaux, dans les toilettes. Au mieux ils les tabassent, au pire ils les tuent. On patauge dans le sang. Parmi les centaines de morts et les milliers de blessés officiellement dénombrés, il y a des insurgés mais aussi des illuminés, des passants, des vieillards, des gamins curieux : beaucoup de gamins. Craignant une vague d'arrestations dans les milieux nationalistes, Édouard et Rabko décident de se mettre au vert.

Ils prennent le train pour Tver, à 300 kilomètres de Moscou, où habite la mère de Rabko, et là, passent deux semaines enfermés dans son petit appartement à regarder la télévision. La version officielle des événements, imposée aux médias pendant la crise, se fissure. La démocratie est peut-être sauvée, mais on n'en parle plus qu'entre guillemets. On compare ce qui vient de se passer à la Commune de Paris, sauf que les fascistes y jouent le rôle des Communards et les démocrates celui des Versaillais. Personne ne sait plus qui sont les bons et qui les méchants, qui les progressistes et qui les réactionnaires. À un moment, un journaliste interroge Andreï Siniavski, que nous avons vu s'attendrir jusqu'aux larmes quand Natacha chantait Le

Foulard bleu dans son pavillon d'intellectuel émigré à Fontenay-aux-Roses. Et Siniavski, dissident historique, démocrate dans l'âme, homme honnête et droit, n'est pas loin de pleurer cette fois encore, mais de colère et de désespoir. Il dit : « Ce qui est terrible, maintenant, c'est que la vérité me semble être du côté des gens que j'ai toujours considérés comme mes ennemis. »

6

La Douma étant non seulement dissoute mais noyée dans le sang, des élections s'imposent, auxquelles Édouard décide de se présenter. Le jeune Rabko, qui est étudiant en droit, l'aide à enregistrer sa candidature dans le district de Tver. C'est facile : les années Eltsine sont des années de chaos mais aussi de liberté, qu'on aura bientôt le loisir de regretter. N'importe qui peut être candidat à n'importe quoi, exprimer n'importe quelle opinion. Douguine a promis son concours, mais il ne quittera pas son bureau bien chauffé à Moscou, en sorte que le Parti national-bolchevik en campagne se réduit à Édouard et au fidèle Rabko qui, tout le mois de décembre, sillonneront la région au volant d'une vieille guimbarde immatriculée en Moldavie et prêtée par un officier de leurs amis, puis, quand l'officier aura récupéré son bien, au hasard des bus et des trains — en troisième classe, bien sûr.

Né dans une grande ville et vivant depuis longtemps à l'étranger, Édouard regrettait de ne pas connaître mieux la Russie profonde, ce qu'on appelle la *gloubinka*. Il découvre Rjev, Staritsa, Nemidovo et une kyrielle d'autres bleds oubliés de Dieu, dévastés par la « thérapie de choc » et, si on gratte cette couche de malheur contemporain, inchangés depuis les déprimantes descriptions de Tchekhov. Je connais bien un bled de ce genre, Kotelnitch, et je me représente sans peine, dans chacun, l'unique hôtel pourri, sans eau chaude parce que le gel a fait péter les canalisations, les cantines poisseuses, les petites fabriques en déshérence, le square pelé orné du buste de Lénine où, faute d'argent pour des affiches, Rabko comme un bateleur de foire racole les passants pour qu'ils viennent au meeting d'Édouard. Il y a 700 000 électeurs à convaincre dans le district, il les rassemble par groupes de quinze ou vingt, des vieux surtout, retraités miséreux et craintifs qui l'écoutent réciter son catéchisme du nationaliste russe, hochent la tête et, pour finir, lui demandent : « Bon, mais vous êtes pour qui ? Eltsine ou Jirinovski ? »

Il soupire, accablé. Pas pour Eltsine, c'est sûr. « Vous avez vu, à la télé, le spot pour son parti, conduit par cette tête à claques de Gaïdar ? » C'est quelque chose, ce spot. On voit une famille prospère, avec un gamin et un chien, dans une maison de banlieue résidentielle comme il n'en existe nulle part en Russie, seulement dans les feuilletons américains. Les parents, tout sourire, s'en vont au bureau de vote apporter leurs suffrages à Gaïdar. Quand ils sont sortis, le moutard conclut avec un clin d'œil : « Dommage qu'on ne puisse pas voter nous aussi. Hein, le chien ? » Cette propagande, qui s'adresse à une classe moyenne totalement imaginaire, est une insulte pour 99 % des Russes, dit Édouard. Ses auditeurs en conviennent, ça ne les empêchera pas de voter pour le parti au pouvoir parce qu'en Russie on vote, quand on a le droit de voter, pour le parti au pouvoir : c'est comme ça.

Les rares rebelles, ce sont les clients de Jirinovski. Pawel Pawlikowski, le réalisateur qu'on a déjà croisé à Sarajevo, a tourné pour la BBC un documentaire sur sa campagne. On l'y voit, grande gueule, promettre aux floués des réformes de rendre gratuite la vodka, de reconquérir l'Empire, de voler au secours des Serbes, de balancer des bombes sur l'Allemagne, le Japon et les États-Unis, de rouvrir le Goulag pour y envoyer les nouveaux Russes, les gens de Mémorial et autres traîtres à la solde de la CIA. Ce fonds de commerce n'est pas très éloigné de celui d'Édouard, qui a beaucoup de mal à expliquer ce qu'il apporte de plus. Quand il se dit indépendant, personne ne comprend.

Eltsine et Gaïdar remporteront les élections, mais Jirinovski obtiendra tout de même un quart des voix. Si Édouard s'était mis sur ses listes, il serait député. Il aurait pu, l'autre voulait bien de lui, c'est lui qui ne voulait pas, pour la raison habituelle : il aime mieux être chef d'un parti de trois personnes que féal de quelqu'un qui en rassemble des millions. Les résultats du scrutin font si peu de doute qu'il n'attend même pas leur proclamation et, furieux, humilié, rentre à Paris.

Il a voulu prévenir Natacha mais le téléphone ne répond pas. Arrivé tôt, il frappe à leur porte, attend une minute — à sa façon, c'est un garçon bien élevé —, puis ouvre avec sa clé. Il la trouve affalée en travers du lit qu'entourent des bouteilles vides et des cendriers pleins. Elle ronfle fort, ivre morte. La pièce n'a pas dû être aérée depuis plusieurs jours : cela sent mauvais. Il pose son sac, sans faire de bruit commence à ranger. Natacha ouvre un œil, se redresse sur un coude, le regarde faire. D'une voix pâteuse, elle dit : « Tu m'engueuleras plus tard, d'abord baise-moi. » Il la rejoint sur le lit, s'enfonce en elle. Ils s'accrochent l'un à l'autre comme des naufragés. Après l'amour, elle lui dit qu'elle a passé trois jours sans sortir du studio, à se faire enfiler par deux inconnus. S'il était rentré un peu plus tôt, il les aurait rencontrés, on aurait pu faire une partie de cartes. Elle éclate d'un rire strident. Il se rhabille sans un mot, ramasse son sac sans même changer d'affaires, referme sans la claquer la porte derrière lui et reprend le métro, puis le RER jusqu'à Roissy, où il achète un billet pour Budapest.

7

De Budapest, l'autocar presque vide met la nuit à atteindre Belgrade. C'est le seul moyen d'y aller, maintenant. Depuis qu'a été décrété l'embargo, aucun avion ne dessert plus la capitale serbe. L'aéroport est fermé. Le pays, mis au ban de l'Europe, s'enfonce dans l'isolement et la paranoïa. Les Serbes raisonnables se désolent de la folle croisade où les entraîne Milošević, ils s'efforcent de résister au bourrage de crâne, mais ces Serbes raisonnables, Édouard ne les connaît pas et ne désire pas les connaître. Ce qu'il veut, c'est la guerre. Il a besoin de s'y jeter, il est prêt à s'y perdre. À ce moment de sa vie, elle lui semble le seul salut. Il a son plan : poser son sac à l'hôtel Majestic, où il est déjà descendu, et aller à la représentation de la République serbe de Krajina.

Le conflit, en effet, tout en continuant à faire rage entre Serbes et Bosniaques, s'est par ailleurs rallumé entre Serbes et Croates pour le contrôle de cette autre enclave serbe, située non loin de l'Adriatique. Il y a désormais trois parties en présence, sans compter celles qui cherchent à les séparer, et c'est comme pendant la guerre de Trente Ans où à tout moment votre pire ennemi peut devenir votre allié, parce qu'il est l'ennemi de votre autre ennemi. Diplomates et journalistes s'arrachent les cheveux. Édouard ne veut plus être journaliste, cette fois, mais soldat. Simple soldat, oui, explique-t-il aux représentants à Belgrade de la République serbe de Krajina — entité autoproclamée que, bien sûr, seuls les Serbes reconnaissent. On est un peu étonné de sa démarche car les volontaires étrangers ne se bousculent pas. On lui dit que c'est difficile d'y aller, qu'il faut attendre, qu'on lui fera signe. Il retourne à l'hôtel Majestic.

D'après sa description, j'imagine l'endroit un peu comme l'hôtel Lutétia, à Paris, sous l'Occupation. Il y a un piano-bar, des trafiquants de devises, des putes, des gangsters, des journalistes véreux et des

politiciens qui font assaut d'intransigeance nationaliste. Beaucoup de ces gens, partisans comme
Vojislav Seselj « d'égorger les Croates et les Musulmans, non avec un couteau mais avec une cuiller
rouillée », mourront bientôt de mort violente ou
seront jugés pour crimes de guerre. L'ambiance
plaît à Édouard. Une fille de dix-sept ans l'aborde,
très jolie. Ce n'est pas une pute, mais une admi-
ratrice. Elle a lu tous ses livres, tous ses articles
dans la presse serbe, et sa mère les a lus aussi. Adulé
par ces deux *groupies*, Édouard fait des dédicaces
à la mère et, celle-ci fermant complaisamment les
yeux, couche avec la fille. Il n'a pas l'habitude des
très jeunes filles et découvre qu'il aime ça. De
plus, il envisage sérieusement de se faire tuer, et la
pensée que c'est peut-être la dernière fois qu'il fait
l'amour le grise. Il bande sans arrêt. Ainsi passent
trois jours, au terme desquels, en lui servant sa
vodka, le barman lui glisse qu'Arkan, informé de
sa présence, l'attend. Arkan ! Son cher ami Arkan !
Ascenseur pour le dernier étage, auquel n'accèdent
que les visiteurs du chef de guerre. Fouille au corps,
gros bras : le voici dans la suite où Arkan, en uniforme kaki et béret vert, ripaille avec une dizaine
de ses sbires.

« Alors, Limonov, tu ne l'as pas encore faite, la
révolution en Russie ? »

Édouard, cueilli, bredouille qu'il a bien essayé.
Il a été parmi les héros qui ont défendu la Maison
Blanche contre les chars d'Eltsine. Il a été blessé en
voulant prendre Ostankino. Et ce qu'il veut maintenant, c'est aller faire la guerre dans la Krajina. Pas
facile, confirme Arkan. Le corridor d'accès depuis

Belgrade est constamment coupé, un jour par les Croates, un autre par les Musulmans, sans parler de la Forpronu. Mais il y a un départ demain. « Tu veux en être ?

— Et comment ! »

Cinq heures du matin. Un minibus aux vitres couvertes de buée attend sur le terre-plein enneigé, devant l'hôtel. Édouard est au début le seul passager. Lentement, on fait le tour des faubourgs où le minibus, comme un car de ramassage scolaire, charge des types ensommeillés qui ont l'air de paysans. Au lever du soleil, on quitte Belgrade. En buvant du café dans un thermos et de la *slivoviça* au goulot de la bouteille, on roule toute la journée sur des routes bordées de carcasses de camions et de villages incendiés. On traverse l'Herzégovine, plateau rocheux, venteux, aride, où ont été tournés beaucoup de westerns spaghettis et où ne poussent, dit-on, que des pierres, des serpents et des *oustachis*. En théorie, on sait quand on se trouve en territoire serbe, bosniaque ou croate. Sur le terrain c'est plus compliqué. Les lignes de front coupent en deux des villages, d'un tronçon de route à l'autre on change d'alphabet, de langue officielle, de système monétaire, de religion, de fanatisme national. Il est difficile aussi, tant qu'on n'a pas le nez dessus, de dire si les barrages sont tenus par des milices serbes, croates ou bosniaques, mais le minibus, étrangement, les franchit sans encombre. Je dis étrangement car les compagnons d'Édouard, déguisés en paysans allant à la foire aux bestiaux, sont en fait des miliciens d'Arkan revenant au front après une permission à Belgrade, et le coffre est bourré d'armes.

La radio, aux trois quarts du chemin, annonce une nouvelle inquiétante : il y a eu, dans la nuit, une sorte de coup d'État au sein de la République serbe de Krajina, et le ministre de la Défense, à qui Arkan recommandait Édouard, semble avoir été mis en prison. Bientôt apparaissent des affiches, fraîchement collées sur des troncs d'arbres, avec la tête d'Arkan mise à prix. C'est comme au San Teodoros, dans *Tintin* : on ne peut jamais être sûr de qui, entre Alcazar et Tapioca, est en position de faire fusiller qui. Ce qui se passe, qu'Édouard commence à deviner et que l'avenir confirmera, c'est que Milošević, décrit par un diplomate américain comme « un chef mafieux lassé du trafic de drogue dans le Bronx et qui voudrait se reconvertir dans les casinos à Miami », commence à faire le tri de ses cartes pour de futures négociations. De mèche avec Tudjman, son meilleur ennemi, il prépare l'abandon de la Krajina aux Croates en échange des territoires serbes en Bosnie et de la levée de l'embargo. Dans cette nouvelle phase du jeu, un jusqu'au-boutiste comme Arkan devient gênant, il faut s'en débarrasser, et on pourrait penser que la douzaine de soudards brinquebalés par le minibus se dirige vers une souricière. Ce serait logique, mais la logique des Balkans est bizarre. Il y a des courts-circuits, des retards de transmission, qui font qu'Édouard, abandonné en ville par ses compagnons, à charge pour lui de se débrouiller avec les autorités, n'est pas spécialement mal reçu, juste baladé de bureau et bureau et, pour finir, expédié dans une caserne austro-hongroise, en rase campagne.

Là, on lui attribue un uniforme — de quel camp, impossible de le dire, tant les pièces en sont disparates —, le grade de capitaine et une chambre pour lui tout seul. Le grade va avec la chambre : son locataire précédent était capitaine, il a sauté sur une mine, le locataire suivant sera capitaine aussi, c'est plus simple. Au matin, on complète son équipement d'une kalachnikov et d'un ange gardien, un officier serbe maussade et brutal qui, en visite chez un de ses subordonnés, se met à injurier puis menacer la femme de celui-ci parce qu'elle est croate. Édouard est choqué, mais on lui dit qu'il faut comprendre : la famille entière de l'officier a été égorgée par les Croates l'année dernière. Quelques jours plus tard, c'est le subordonné qui à son tour égorgera l'officier.

On est vraiment dans un cul-de-sac de la guerre. Personne n'y va, personne n'en sort, personne ne comprend bien qui se bat contre qui. Il y a beaucoup de pertes des deux côtés, et les paysans serbes sont d'autant plus méfiants qu'ils se sentent trahis par tout le monde, pas seulement l'Occident mais même leur mère-patrie qui s'apprête à les abandonner — de fait, un an plus tard, la République serbe de Krajina n'existera plus, ses habitants seront soit morts, soit en prison, soit pour les plus chanceux réfugiés en Serbie.

Édouard restera deux mois dans cette région montagneuse et sauvage. Il participera — c'est lui qui le dit, je le crois — à plusieurs actions de guérilla : raids sur des villages, embuscades, escarmouches. Il risquera sa vie. Une question que je me suis souvent posée en écrivant ce livre, c'est s'il a tué quelqu'un. Je n'ai longtemps pas osé la lui poser à lui, et quand pour finir je m'y suis résolu, il a haussé les épaules et répondu que c'était bien une question de pékin. « J'ai tiré, souvent. J'ai vu des hommes tomber. Est-ce que c'est moi qui les ai touchés ? Difficile à dire. C'est confus, la guerre. » Je le soupçonne rarement de mentir : là, un peu. Il sait que j'écris un livre sur lui, pour un public français, c'est-à-dire vertueux et prompt à s'indigner, et peut-être a-t-il préféré ne pas se vanter de ce qu'il doit, à part soi, considérer comme une expérience enrichissante. Tuer un homme au corps-à-corps, dans sa philosophie, je pense que c'est comme se faire enculer : un truc à essayer au moins une fois. S'il l'a fait, ce que j'ignore, il y a de fortes chances que ce soit au cours de ces deux mois pratiquement sans témoin, dans la Krajina.

Finalement, il regagne Belgrade dans la voiture d'un journaliste japonais. À chaque barrage, il jure qu'il n'a pas d'arme alors qu'il a gardé son 7.65, souvenir d'équipées balkaniques dont il sait que celle-ci est la dernière. Tout au long de son séjour, il n'a cessé de ressasser l'apostrophe d'Arkan : « Alors, Limonov, tu ne l'as pas encore faite, la révolution en Russie ? » Il a compris que le temps des combats périphériques est terminé pour lui. L'heure est venue de se battre sur le vrai front, de rentrer à Moscou et, là, de vaincre ou de mourir.

VIII

MOSCOU, ALTAÏ, 1994-2001

1

Vies parallèles des hommes illustres, suite : Édouard et Soljenitsyne ont quitté leur pays en même temps, au printemps 1974, ils y retournent en même temps, vingt ans plus tard exactement. Ces vingt ans, Soljenitsyne les a passés derrière les barbelés qui, pour décourager les curieux, clôturaient sa propriété du Vermont, n'en sortant que pour prononcer des condamnations de l'Occident qui lui ont fait une solide réputation de mauvais coucheur et écrivant, seize heures par jour, trois cent soixante-cinq jours par an, un cycle romanesque sur les origines de la révolution de 1917 comparé à quoi *Guerre et paix* est un récit psychologique fluet dans le genre d'*Adolphe*. La certitude ne l'a jamais quitté qu'un jour, de son vivant, il retournerait chez lui et que, chez lui, tout aurait changé. Et voilà, l'Union soviétique n'existe plus, il a terminé *La Roue rouge* : l'heure est venue.

Conscient de la dimension historique de l'événement, il ne veut pas rentrer comme n'importe quel émigré. Non : il prend l'avion jusqu'à Vladivostok et, de là, gagne Moscou en train. Un train spécial, un mois de voyage, avec arrêts dans les villages, écoute des doléances du peuple, tout cela filmé par la BBC. C'est Hugo revenant de Guernesey. C'est aussi, il faut bien le dire, Hibernatus, et ce retour grandiose ne suscite à Moscou qu'indifférence ou ironie : l'ironie éternelle, inévitable, des médiocres devant le génie, mais aussi celle des temps nouveaux devant l'anachronisme qu'est devenu Soljenitsyne. Cinq ans plus tôt, les foules se seraient prosternées. *L'Archipel du Goulag* venait de paraître, on n'en revenait pas d'avoir le droit de le lire. Mais il revient dans un monde où, après quelques années de boulimie, la littérature n'intéresse plus personne, et surtout pas la sienne. Les gens en ont assez des camps de concentration, les librairies ne vendent plus que des *best-sellers* internationaux et ces manuels que les Anglo-Saxons appellent des *how-to* : comment perdre des kilos, devenir riche, exploiter son potentiel. Les parlotes dans les cuisines, la dévotion pour les poètes, le prestige de l'objection de conscience, tout cela est fini. Les nostalgiques du communisme, dont Soljenitsyne ne soupçonne pas le nombre, le tiennent pour un criminel, les démocrates pour un ayatollah, les amateurs de littérature ne parlent de *La Roue rouge* qu'en ricanant (ils ne l'ont pas lue, personne ne l'a lue) et, pour les jeunes, c'est une figure qui se confond presque avec Brejnev au cimetière des icônes de l'Union soviétique.

Plus on raille Soljenitsyne, plus Édouard s'épanouit. Les capitaines Lévitine qui ont empoisonné sa jeunesse sont hors jeu : le barbu enterré sous ses propres sermons, Brodsky vénéré par des universitaires et radotant des odes sur Venise. Édouard s'apitoierait presque : Venise ! Quel truc de vieux con ! Leurs gloires à tous les deux sont derrière eux. La sienne, pense-t-il, se lève. De fait, quand il a liquidé sa vie en France et s'est réinstallé pour de bon à Moscou, il s'est aperçu qu'il y était célèbre. Depuis la publication de *La Grande Époque* par les soins de Semionov, d'autres livres de lui sont parus, les plus scandaleux : *Le poète russe préfère les grands nègres*, *Histoire de son serviteur*, *Journal d'un raté*. C'était le bon choix. On n'a jamais rien lu de tel en Russie, il s'en vend des centaines de milliers d'exemplaires. Les journaux, éblouis de leur propre audace, multiplient les reportages sur lui, et il ne déçoit pas leur attente. Il habite avec Natacha une sorte de squat dans un immeuble évacué, pas encore réhabilité, sans lumière dans les parties communes ni balustrade dans l'escalier. Ils posent tous les deux, en cuir et lunettes noires, dans ce décor *destroy* qui enchante les photographes. En France, ce statut de rock-star serait difficilement compatible avec celui d'agitateur ultranationaliste, en Russie non : on peut écrire dans un journal qui recycle en boucle les *Protocoles des Sages de Sion* et être une idole de la jeunesse. Une autre différence avec la France, c'est qu'on peut vendre ses livres à 200 000 ou 300 000 exemplaires et rester pauvre. La « thérapie de choc » et le désordre de la distribution réduisent ses droits d'auteur au minimum vital, mais au fond il s'en fout. Entre l'argent et la gloire, c'est la gloire qui l'intéresse, et même s'il a rêvé, quand il était plus jeune, d'avoir les deux, il sait maintenant que ce n'est pas son destin. Il est frugal, spartiate, méprise toutes les formes de confort et, loin d'être humilié par la pauvreté qui l'a accompagné toute sa vie, il en tire une fierté aristocratique. C'est tout de même avec ses maigres droits que, faute d'autres subsides, il fabriquera le premier numéro du journal de ses rêves.

Dans un texte totalement mégalomane, écrit quelques années plus tard, il imagine comment les historiens du futur se représenteront ce moment crucial de l'histoire de la Russie : la création de *Limonka*, à l'automne 1994. Tout le monde, dit-il, voudra avoir été de l'aventure, mais en réalité il n'y avait dans le petit bureau qu'occupait Douguine au journal *Sovietskaïa Rossia* « que le plus grand écrivain et le plus grand philosophe russes de la seconde moitié du XXe siècle », Natacha qui écrivait des articles sous le pseudonyme de Margot Führer, quelques punks sibériens et quelques étudiants de Douguine qui s'arsouillaient en palabrant sur l'orthodoxie, plus le fidèle Rabko qui se chargeait de l'intendance. C'est à Tver, sa ville natale, qu'on a trouvé un imprimeur. Édouard et lui sont allés là-bas, avec la vieille bagnole moldave, chercher les 5 000 exemplaires du premier numéro et se sont débrouillés pour le distribuer. Le distribuer, cela consistait à le vendre à la sauvette et à faire la tournée des gares de Moscou pour en mettre dans les trains desservant les grandes villes de province. On espérait, pas vraiment que des gens l'achèteraient, mais que quelques-uns au moins l'ouvriraient, comme on ouvre une bouteille confiée à la mer.

Édouard raconte les débuts de *Limonka* et du parti national-bolchevik comme une exaltante épopée, dont le second acte est l'aménagement d'un sous-sol insalubre où ils trouvent refuge après avoir été virés de *Sovietskaïa Rossia*. On se retrousse les manches (« on », c'est la demi-douzaine de fondateurs historiques, moins Douguine qui comme d'habitude se contente de les encourager et d'inspecter les travaux finis), on évacue des montagnes de gravats, gâche du plâtre, bouche des fuites. Quoi qu'on fasse l'endroit restera humide et infesté de rats, mais bientôt le parti aura un local, qu'on appellera le *bunker*.

Le *bunker*, Margot Führer… Arrivé à ce point, je ne suis pas certain que mon lecteur ait réellement envie qu'on lui raconte comme une exaltante épopée les débuts d'une feuille de chou et d'un parti néofascistes. Je ne suis pas certain d'en avoir envie, moi non plus.

Cependant, c'est plus compliqué que ça.

Je suis désolé. Je n'aime pas cette phrase. Je n'aime pas l'usage qu'en font les esprits subtils. Le malheur est qu'elle est souvent vraie. En l'occurrence, elle l'est. C'est plus compliqué que ça.

2

Zakhar Prilepine approche aujourd'hui la quarantaine. Il vit avec sa femme et ses enfants à Nijni-Novgorod, où il dirige l'édition locale de *Novaïa Gazeta*, le journal indépendant où écrivait Anna

Politkovskaïa. Auteur de trois romans, il est en train de passer, dans son pays et à l'étranger, du statut de jeune espoir à celui de valeur sûre. Le premier de ces romans traitait de la Tchétchénie, où il a été soldat, le second des doutes et des errances d'un jeune gars de province qui croit donner un sens à sa vie engluée en devenant *nasbol*, c'est-à-dire militant du parti national-bolchevik. C'est un livre issu de l'expérience de l'auteur et d'amis de son âge, car Zakhar Prilepine est depuis plus de quinze ans un *nasbol* convaincu. Il en a la dégaine : costaud, boule à zéro, vêtements noirs, Doc Martens aux pieds, et avec cela la douceur incarnée. Il faut se méfier, je sais, mais après quelques heures avec lui je suis prêt à jurer que Zakhar Prilepine est un type formidable. Honnête, courageux, tolérant, le genre qui regarde la vie comme il vous regarde, droit dans les yeux, et pas pour affronter mais pour comprendre, autant que possible aimer. Le contraire de la brute fasciste, le contraire aussi du dandy décadent qui trouve sexy l'imagerie nazie ou stalinienne. Dans ses livres, qui sont traduits et que je recommande chaleureusement, il parle de la vie quotidienne dans la province russe, des petits boulots, des cuites avec les potes, des seins de la femme qu'il aime, de son amour inquiet, émerveillé, pour ses enfants. Il dit la cruauté des temps mais aussi les moments de pure grâce que réserve une journée quand on est attentif. C'est un excellent écrivain, sérieux et tendre, qu'on pourrait, pour situer, rapprocher de Philippe Djian à ses débuts — mais un Philippe Djian qui aurait été à la guerre.

Or, voici ce que raconte Zakhar Prilepine.

Il avait vingt ans et il s'emmerdait ferme dans sa petite ville de la région de Riazan quand un de ses copains lui a passé un bizarre journal arrivé par le train de Moscou. Ni le copain ni Zakhar n'avaient jamais rien vu qui ressemblait à ça. Personne en Russie ne connaissait *L'Idiot international*, *Actuel*, *Hara-Kiri*, ni la presse *underground* américaine — toutes influences revendiquées par Édouard —, et il y avait de quoi être sidéré par cette maquette criarde, ces dessins dégueulasses, ces titres provocateurs. Même si c'était l'organe d'un parti, il était moins question dans *Limonka* de politique que de rock, de littérature et surtout de style. Quel style ? Le style *fuck you*, *bullshit* et bras d'honneur. La punkitude en majesté.

Maintenant, dit Zakhar Prilepine, il faut s'imaginer ce que c'est qu'une ville russe de province. La vie sinistre qu'y mènent les jeunes, leur avenir totalement bouché, leur désespoir s'ils ont un peu de sensibilité et d'aspirations. Qu'un seul numéro de *Limonka* arrive dans une de ces villes et tombe entre les mains d'un de ces garçons désœuvrés, moroses, tatoués, grattant sa guitare et buvant ses bières sous ses précieux posters de Cure ou de Che Guevara, c'était gagné. Très vite ils étaient dix, vingt, toute la bande d'inquiétants bons à rien qui traînaient dans les squares, pâles et vêtus de jeans noirs déchirés : les *usual suspects*, les clients habituels du poste de police. Ils avaient un nouveau mot de passe, ils se repassaient *Limonka*. C'était leur truc à eux, le truc qui leur parlait à eux. Et derrière tous les articles, il y avait ce type, Limonov, dont Zakhar et ses copains se sont mis fiévreusement à lire les livres et qui est devenu à la fois leur écrivain préféré et leur héros dans la vie réelle. Il avait l'âge d'être leur père mais il ne ressemblait à aucun de leurs pères. Il n'avait peur de rien, il avait mené la vie aventureuse qui fait rêver tous les garçons de vingt ans et il leur disait, je cite : « Tu es jeune. Ça ne te plaît pas de vivre dans ce pays de merde. Tu n'as envie de devenir ni un popov ordinaire, ni un enculé qui ne pense qu'au fric, ni un tchékiste. Tu as l'esprit de révolte. Tes héros sont Jim Morrison, Lénine, Mishima, Baader. Eh bien voilà : tu es déjà un *nasbol*. »

Ce qu'il faut comprendre, dit encore Zakhar Prilepine, c'est que *Limonka* et les *nasbols*, ça a été la contre-culture de la Russie. La seule : tout le reste est bidon, embrigadement et compagnie. Alors évidemment qu'il y avait là-dedans quelques brutes, des types rendus nerveux par l'armée ou des *skins* avec des chiens-loups que ça branchait de faire le salut hitlérien pour foutre les boules aux gens *prilitchnyi* : comme il faut. Mais il y avait aussi tout ce que les petites villes de la Russie profonde comptent de dessinateurs de BD autodidactes, de bassistes de rock qui cherchent des complices pour former un groupe, de types qui bidouillent de la vidéo, de timides qui écrivent des poèmes en cachette, se languissent pour des filles trop belles et rêvent sombrement de dézinguer tout le monde à l'école et de se faire exploser après, comme ça se fait en Amérique. Les satanistes d'Irkoutsk, les Hell's Angels de Viatka, les sandinistes de Magadan. « Mes copains », dit doucement Zakhar Prilepine, et on sent bien qu'il peut avoir tout le succès de la terre, les prix littéraires, les traductions, les tournées aux États-Unis, ce qui lui importe c'est de rester fidèle à ses copains, les paumés de la province russe.

Ces garçons — au début, il n'y avait que des garçons — étaient pauvres. S'ils travaillaient, c'était à charger et décharger des ballots, balayer des cours, gâcher du mortier ou surveiller des parkings sur lesquels se garaient, en les éclaboussant de neige boueuse, des 4 × 4 qui valaient un demi-siècle du salaire de leurs mères et d'où sortaient, en braillant dans leurs téléphones portables, des hommes à peine plus âgés qu'eux, plus malins qu'eux, et qu'ils méprisaient de tout leur cœur. Zakhar et ses copains avaient une quinzaine d'années quand le communisme s'est effondré. Leur enfance s'était écoulée en Union soviétique, et elle avait été meilleure que leur adolescence et que leur jeune âge adulte. Ils se rappelaient avec tendresse et nostalgie ce temps où les choses avaient un sens, où on n'avait pas beaucoup d'argent mais où il n'y avait pas non plus beaucoup de choses à acheter, où les maisons étaient bien tenues et où un petit garçon pouvait regarder son grand-père avec admiration parce qu'il avait été le meilleur tractoriste de son kolkhoze. Ils avaient vu la défaite et l'humiliation de leurs parents, gens modestes mais fiers d'être ce qu'ils étaient, qui avaient plongé dans la misère et surtout perdu leur fierté. Je crois que c'est cela, surtout, qu'ils ne supportaient pas.

Bientôt, à Krasnoïarsk, à Oufa, à Nijni-Novgorod, une section se créait du parti national-bolchevik. Un jour, Limonov venait, accompagné de trois ou quatre de ses gars. Toute la bande venait les chercher à la gare. On dormait chez les uns, chez les autres, on passait des nuits entières à parler et surtout à l'écouter. Il s'exprimait de façon simple et imagée, avec l'autorité de celui qui sait qu'on ne l'interrompra pas et une prédilection pour les mots « magnifique » et « monstrueux ». Tout était soit magnifique soit monstrueux, il ne connaissait rien entre les deux, et Zakhar, la première fois qu'il l'a vu, a pensé : « C'est un être magnifique, capable d'actes monstrueux. »

Il avait tout lu de lui, même ses vers de jeunesse où s'exprime, dit-il, la vision fraîche et primitive d'un petit enfant. Mais Limonov n'avait plus rien d'un petit enfant, sa longue course à travers le monde lui avait fait perdre toute illusion. « Il faut construire sa stratégie de vie, disait-il, sur le présupposé de l'animosité d'autrui. » C'est la seule vision réaliste des choses, et la meilleure protection contre l'animosité d'autrui, c'est d'être courageux, vigilant et prêt à tuer. Il suffisait de passer quelques minutes auprès de lui, de sentir l'énergie que diffusait dans la pièce son corps sec et musclé, aux aguets, pour être sûr qu'il possédait toutes ces vertus. En revanche il n'y avait en lui aucune trace de bonté. De l'intérêt pour autrui, oui, une curiosité toujours en éveil, mais pas de bonté, pas de douceur, pas d'abandon. C'est pourquoi Zakhar, qui l'admirait et n'aurait pour rien au monde cédé sa place dans le cercle qui l'entourait, ne se sentait pas vraiment à l'aise en sa présence, alors qu'il l'était totalement avec les autres *nasbols*. Il avait en eux une confiance absolue. Ces garçons qui portaient des surnoms comme Négatif, Chamane, Fer à souder ou Cosmonaute étaient à ses yeux les meilleurs êtres du monde : aussi loyaux et fidèles qu'ils étaient effrontés et violents. Capables de donner leur vie pour sauver celle d'un camarade et d'aller en prison pour leurs idées. Leur morale était l'exact contraire de celle qui prévalait autour d'eux, dans le monde corrompu et sans repères qui avait succédé à l'Union soviétique de leur enfance. Zakhar, dès qu'il les a connus, n'a pendant plusieurs années plus fréquenté qu'eux. Tous les autres lui semblaient futiles et ennuyeux.

« J'ai eu de la chance, pensait-il. J'ai rencontré des gens avec qui ce serait un honneur de mourir. J'aurais pu passer toute ma vie sans les rencontrer mais c'est arrivé. C'est bien. »

Il s'est mis à aller à Moscou, qui n'est après tout qu'à 400 kilomètres de Nijni-Novgorod. Les premières fois, il ne se méfiait pas, mais au fil des années la répression s'est durcie et les *nasbols* de province ont reçu la consigne d'éviter les express, car il faut montrer une pièce d'identité au guichet et on risque de se retrouver dans les bases de données du FSB — comme s'appelle désormais le KGB. La solution était de prendre les trains de banlieue, les petits tortillards permettant de fractionner le voyage, d'une ville à l'autre, et d'échapper au contrôle. Cela prenait deux jours, qu'on passait à se soûler et à dormir. Ils étaient trois ou quatre, des garçons boutonneux, à la peau blême et aux mains rouges, en jeans, blousons et bonnets noirs, qu'on regardait de travers. Moscou leur faisait peur. Ils s'y sentaient pauvres, provinciaux. Ils avaient peur d'être arrêtés par les policiers dans le métro, peur des jolies filles bien habillées qu'ils n'osaient pas approcher, alors ils se dépêchaient de faire le trajet de la gare à la station *Frounzenskaïa*, près de laquelle se trouvait le *bunker*. Ils sonnaient à la porte blindée, plusieurs fois changée parce que plusieurs fois des hommes des forces spéciales l'avaient découpée au chalumeau avant de mettre à sac le local et d'emmener sans ménagement ceux qui s'y trouvaient. On leur ouvrait, ils descendaient les marches conduisant au sous-sol. Là, ils soufflaient enfin. Ils étaient chez eux.

Zakhar décrit le *bunker* comme un mélange d'atelier squatté par un collectif d'artistes, d'internat pour jeunes délinquants, de *dojo* d'arts martiaux et de dortoir improvisé pour accueillir le public d'un festival de rock. Les affiches et peintures qui recouvraient les murs rongés d'humidité représentaient Staline, Fantômas, Bruce Lee, Nico et le Velvet Underground, Limonov en uniforme d'officier de l'Armée rouge. Il y avait une grande table sur laquelle on mangeait et faisait la maquette de *Limonka*, une sono pour les concerts, au sol des tapis râpés sur lesquels les jeunes gens montés de leur province pouvaient étaler leurs sacs de couchage et dormir pêle-mêle, entre cendriers pleins et bouteilles vides, dans un puissant mélange d'odeurs d'hommes et de chiens. Avec le temps, il a commencé à venir des filles, dont Zakhar observe qu'elles étaient soit très laides soit très jolies. La plupart cultivaient le style punk ou gothique. Parmi les garçons, les boules à zéro dominaient, mais il y avait aussi des cheveux longs, des rouflaquettes, et même quelques coiffures impeccables de vendeur d'électroménager. Personne ne s'étonnait de rien. Tout le monde était admis, accepté tel qu'il était, la seule chose requise étant de n'avoir peur ni des coups ni de la prison.

Au fond de la grande salle, il y avait deux bureaux. Celui de Douguine confortable, muni d'un radiateur électrique, garni jusqu'au plafond de bibliothèques, de tapis et même d'un samovar, alors qu'il n'y venait, au mieux, que quelques heures par jour. Celui d'Édouard nettement plus spartiate, alors qu'il lui tenait souvent lieu de domicile. Écrivain réputé, objet d'un culte dans les milieux branchés de Moscou et de Pétersbourg, il connaissait une quantité d'artistes et de gens à la mode qui ont, un temps, fréquenté le *bunker* comme ils auraient, à New York, fréquenté la *Factory* d'Andy Warhol. Le *nasbol* de base était un peu intimidé de voir des rockers célèbres, des chanteuses, des mannequins se frayer un chemin entre leurs sacs de couchage et leurs chiens-loups pour rejoindre la grande table à laquelle mon ami l'éditeur Sacha Ivanov se rappelle avoir passé les soirées les plus exaltantes de la précédente décennie. On rencontrait là, dit-il, des gens qu'on ne rencontrait nulle part ailleurs : jeunes, originaux, sans cynisme, les yeux brillants d'enthousiasme. C'était quelque chose d'extraordinairement vivant.

Les fidèles de Douguine, étudiants fascistes à gros cartables ou prêtres orthodoxes antisémites, n'étaient pas aussi *glamour*, loin s'en faut, mais s'il était en verve et sentait son public, il arrivait que « le plus grand philosophe russe de la seconde moitié du XXᵉ siècle » se joigne au cercle et envoûte son auditoire d'artistes en vogue et de rudes adolescents provinciaux avec les belles histoires de son répertoire : le sacrifice héroïque des kamikazes japonais, le suicide de Mishima, la secte de paramilitaires bouddhistes créée en Mongolie par le baron Ungern von Sternberg. Avec sa barbe noire, ses sourcils touffus, sa voix chaude, il redevenait le conteur inspiré dont Édouard s'était entiché. Hélas, son charme si persuasif dans la parole se perdait à l'écrit. Édouard, qui s'occupait presque seul de *Limonka*, n'osait pas refuser les articles secs, abstraits, fastidieux, que le cofondateur et penseur du parti lui remettait chaque mois avec autant de solennité que s'il s'était agi du Saint Graal. Douguine semblait sincèrement persuadé que ces mises au point doctrinales étaient le fer de lance du journal, la raison que ses lecteurs avaient de se précipiter dessus. Il n'aimait ni le ton ni l'aspect de *Limonka*. Ce qu'il aurait aimé, c'est une de ces revues grises et confidentielles auxquelles il était abonné : les bulletins paroissiaux de l'extrême droite européenne.

Plus le temps passait, plus le fossé se creusait entre les obédiences des deux bureaux. Comme des brahmanes toiseraient des parias, les disciples de Douguine toisaient la horde des prolétaires recrutés par Édouard, amis du rock et de la baston que la glorieuse histoire du fascisme concernait peu et même, pour les plus sensibles d'entre eux, incommodait. C'était le cas de Zakhar, qui détestait toutes ces références aux corps francs et aux sections d'assaut, ne trouvait pas spécialement drôle qu'Édouard surnomme affectueusement Douguine « docteur Goebbels », et a été plutôt soulagé quand celui-ci, les querelles s'envenimant de plus en plus, a fini par quitter le parti pour fonder un centre d'études géostratégiques, aujourd'hui prospère et subventionné par le Kremlin. Plus de brahmanes : on se retrouvait entre parias. Zakhar aimait mieux ça.

3

Dans *Sankia*, son roman sur les *nasbols*, Zakhar rapporte une conversation entre son héros et un de ses anciens professeurs, qui l'aime bien et s'efforce de le comprendre. Le professeur a parcouru avec curiosité quelques numéros de *Limonka*. Le nom du parti, son drapeau, ses slogans le mettent mal à l'aise, mais il veut bien les considérer comme des provocations, dans la lignée des surréalistes français, qu'il vénère. Les actions de ses militants, consistant à tagger des trains, dérouler des banderoles au fronton de monuments difficiles à escalader ou, lors de manifestations officielles, jeter des tomates sur la veste du gouverneur, lui semblent à la fois immatures, sympathiques et courageuses. Sympathiques parce que courageuses : on ne plaisante pas, en Russie, avec l'ordre public, et ces démonstrations de potaches qui, en Europe occidentale, se solderaient par des amendes, valent à leurs auteurs des peines de prison qu'ils purgent avec fierté. Avec une gravité fervente et ombrageuse, le héros de Zakhar (et, je suppose, Zakhar lui-même il y a dix ans) parle de la patrie, des souffrances de la patrie, de l'essence de la patrie, et ces discours inquiètent le professeur. Les ennuis ne sont jamais loin, dit-il à son ancien élève, quand les Russes commencent à se monter le bourrichon avec leur patrie, à parler de la grandeur de leur empire ou de la sainteté de leur mission et à dire des choses comme « la Russie, il ne faut pas chercher à la comprendre, il faut y croire ». « Il vaudrait beaucoup mieux, poursuit le professeur, laisser les Russes mener ou essayer de mener, pour une fois, une vie normale. C'est dur pour le moment mais ça viendra. Pour le moment il y a quelques riches, beaucoup de pauvres, mais une classe moyenne va grandir, n'aspirant qu'au confort, à être protégée des convulsions de l'histoire, et c'est ce qui peut arriver de mieux à ce pays. »

Non, le héros de Zakhar ne pense pas que c'est ce qui peut lui arriver de mieux. Il veut plus, il veut autre chose. « Mais quoi ? Plus de quoi ? s'emporte le professeur. Plus d'ordre ? Plus de désordre ? Quand on lit votre journal, on se gratte pour le savoir. Vous braillez : Union soviétique ! Union soviétique ! C'est vraiment ça que vous voulez ? Retourner en arrière ? Restaurer le communisme ? »

La question n'est pas rhétorique : elle se pose à l'élection présidentielle de 1996. C'est peu dire que cette élection, pour Eltsine et les démocrates, se présente mal. Les effets désastreux de la « thérapie de choc » et de la première vague de privatisations ont plongé le pays dans le chaos, et la majorité de sa population, sur un ton d'absolue évidence, parle de ce qui s'est passé depuis 1989 comme d'un cataclysme historique. Eltsine, en qui on a placé tant d'espoirs, semble n'avoir plus prise sur rien. Enfermé au Kremlin, sans autres interlocuteurs que sa famille et le responsable de sa sécurité, une espèce de tonton macoute appelé Korjakov, il soigne ce qu'il appelle ses idées noires et qui est de toute évidence une dépression massive en buvant au-delà du raisonnable. Si indulgents que soient les Russes pour l'alcoolisme, ils ne trouvent plus très drôle que leur président se soûle comme un cochon chaque fois qu'il les représente à un sommet international. Ils ont carrément honte de le voir, lors des célébrations solennelles, à Berlin, de la victoire de 1945, dodeliner du chef à la tribune, puis se mettre à battre la mesure d'un air de plus en plus réjoui, enfin se lever en titubant et, sous les regards effarés des autres chefs d'État, prétendre diriger lui-même la fanfare militaire. Ces alternances de gouffres dépressifs et d'euphorie éthylique sont un terrain propice, comme on le voit chez le capitaine Haddock, aux bouffées belliqueuses et, en se faisant indiquer par le vénal Korjakov le moment psychologique favorable, les faucons de l'état-major n'ont pas eu de mal à persuader Eltsine qu'une bonne petite guerre rondement menée contre les « culs-noirs » couperait l'herbe sous le pied des nationalistes et lui rendrait sa popularité évanouie.

Sur les motifs qui animaient ces faucons, mon cousin Paul Klebnikov, dont je jure qu'il n'était pas le moins du monde adepte des théories du complot, soutenait avant de se faire assassiner la thèse suivante : la Tchétchénie, indépendante depuis 1991 et gouvernée par un ex-*apparatchik* soviétique hâtivement converti à l'islam, était sans aucun doute une zone franche pour la criminalité organisée, une plaque tournante du trafic de drogue et de fausse monnaie, mais la Russie, même si sa part du gâteau diminuait, continuait d'y trouver son compte et il n'y avait aucune urgence à intervenir. Il y avait urgence, en revanche, à dissimuler la corruption massive du haut commandement militaire. Les généraux avaient vendu d'énormes quantités d'armes, de munitions et surtout de blindés au marché noir, ils avaient donc besoin d'un grand conflit quelque part pour que ce matériel volatilisé puisse être considéré comme officiellement détruit.

Que ce facteur ait été ou non aussi décisif que le pensait Paul, l'armée russe n'a pas lésiné. Alors qu'il y avait 3 500 détonations par jour au plus fort du siège de Sarajevo, il y en a eu 4 000 par heure au début du siège de Grozny, en décembre 1994. La ville a été détruite aussi complètement que Vukovar. Mais les Tchétchènes, fidèles à la réputation de bravoure et de cruauté que leur fait la littérature russe depuis deux siècles, ont répliqué par une guérilla sans merci, commencé à griller les soldats russes dans leurs chars, importé sur le territoire russe de sanglantes actions terroristes, et les 40 000 jeunes appelés, parmi lesquels Zakhar Prilepine, à qui on avait promis une attaque éclair victorieuse suivie d'un triomphal retour à la maison, se sont retrouvés embourbés dans quelque chose d'aussi horrible que l'Afghanistan pour leurs pères ou leurs frères aînés. Depuis que Gorbatchev en a retiré ses troupes, en 1988, il n'y a eu que six ans de paix entre deux sales guerres d'où les jeunes Russes reviennent, quand ils reviennent, estropiés, humiliés, hallucinés. Eltsine, tellement aimé à ses débuts, est à présent encore plus détesté que son prédécesseur, et l'élection présidentielle semble pour lui si mal engagée qu'il songe sérieusement à l'annuler. Comme le lui répète, au sauna, le tonton macoute Korjakov : « Boris Nicolaïevitch, la démocratie, c'est bien, mais sans élections, c'est plus sûr. »

L'alternative, cette fois, n'est pas un histrion comme Jirinovski mais, carrément, les communistes. Cinq ans plus tôt, Eltsine a déclaré le Parti hors la loi. On croyait définitivement close l'expérience effroyable et grandiose qui a été menée sur l'espèce humaine en Union soviétique. Or, après cinq petites années d'expérience démocratique, tous les sondages concordent et il faut se rendre à cette troublante évidence : les gens n'en peuvent tellement plus, de la démocratie, du marché et de l'injustice allant avec, qu'ils s'apprêtent à voter massivement pour le Parti communiste.

Son leader, Ziouganov, ne propose pas de rouvrir le Goulag ou de reconstruire le Mur de Berlin.

Sous l'étiquette « communiste », ce politicien terne et prudent vend moins la dictature du prolétariat que la lutte contre la corruption, un peu de fierté nationale et la mission spirituelle de la Russie ortho-doxe face au Nouvel Ordre mondial. Il dit que Jésus était le premier communiste. Il promet que si on vote pour lui les riches seront moins riches, les pauvres moins pauvres, et au moins sur le second volet de ce programme tout le monde devrait tomber d'accord : qui est vraiment partisan que les vieillards meurent de faim et de froid ?

Cependant, à l'idée qu'on veuille les rendre moins riches, les oligarques prennent peur, d'autant plus peur qu'ils viennent d'inventer et de vendre à Elt-sine une combine merveilleuse pour s'enrichir encore davantage : les « prêts contre actions ». L'idée est simple : leurs banques prêtent de l'argent à l'État, dont les caisses sont vides, ces prêts sont gagés sur les fleurons, pas encore privatisés, de l'économie russe — le gaz, le pétrole, les vraies richesses du pays —, et si au bout d'un an l'État n'a pas remboursé, ils passeront à la caisse et se serviront. L'échéance tombe après la présidentielle, il est donc vital pour les oligarques qu'Eltsine soit encore président à ce moment, et pas un Ziouga-nov qui, pour montrer sa vertu, risque de dénon-cer l'accord.

La petite histoire veut qu'ils aient pris conscience du danger au sommet de Davos, où se réunissent les super-riches et super-puissants de la planète. Car à Davos, en 1995, non seulement Ziouganov, qu'ils considèrent comme un petit politicien ridicule, a eu le front de venir, mais un essaim de journalistes et de conseillers de chefs d'État bourdonne autour de lui, recueillant ses propos, d'ailleurs modérés, avec la déférence due au futur maître de la Russie. « Merde alors », se dit Berezovski, le plus emblématique des oligarques, l'homme que tout le monde aime haïr tant il est juif, génial et sans scrupules. Il va boire un verre avec George Soros, le grand financier américain qui développe en Russie toutes sortes de fondations et de programmes philanthropiques. « Eh bien, dit Soros, on dirait qu'on s'apprête à vous reprendre le gâteau avant que vous n'ayez fini de vous le partager.

— On dirait, soupire Berezovski.

— Peut-être même, ajoute suavement Soros, qu'on va vous envoyer en Sibérie. Je serais vous, les gars, je ferais gaffe. »

Cette conversation électrise Berezovski, qui séance tenante appelle sur leurs portables les six autres oligarques les plus puissants de Russie. Il leur propose d'oublier provisoirement leurs querelles (la plus spectaculaire étant celle qui l'oppose lui-même à Goussinski : leurs armées s'entre-tuent à grande échelle) et d'unir leurs forces pour faire réélire le vieux tsar. À eux sept, ils jettent dans la campagne toute leur puissance financière et médiatique — et leur puissance médiatique, cela veut dire *tous* les médias. Tous les journaux, toutes les radios, toutes les chaînes de télévision martèlent le message : soit Eltsine, soit le chaos. Soit Eltsine, soit le grand retour en arrière. Et pour qu'on n'oublie ni n'idéalise ce qu'a été le communisme, on diffuse vingt-quatre heures sur vingt-quatre des documentaires terrifiants sur le Goulag, sur la famine organisée par Staline en Ukraine, sur le massacre de Katyn. On commandite de grands films romanesques sur les purges, comme *Soleil trompeur* de Nikita Mikhalkov. J'aime beaucoup ce film, personnellement, mais j'imagine la fureur de Limonov, s'il l'a vu. Il a toujours eu une dent contre Mikhalkov, héritier d'une grande famille de la *nomenklatura* culturelle, ami des dissidents pourvu que ce soit sans risque, en faveur sous tous les régimes et très logiquement devenu le chantre officiel de la contre-révolution. Ces *datchas* sous le soleil d'été, ces grandes familles heureuses qui coulent des jours paisibles, et le fourbe commissaire politique qui, par envie autant que par fanatisme, fait voler en éclats tout ce bonheur : c'est un film stalinien inversé, et tant qu'à faire, Édouard aime mieux les films staliniens. Ils étaient moins roués, ils avaient l'authenticité de ce qu'on a vu dans son enfance.

Les *nasbols* de l'âge de Zakhar sont eux aussi écœurés par ce déferlement de propagande qui nie tout ce qu'on leur a appris à aimer et renvoie l'idéal pour lequel leurs parents se sont battus dos à dos avec le nazisme. Que faire de cet écœurement, quelle forme politique lui donner ? Ils aimeraient bien que leur chef le leur dise, mais Eltsine ou Ziouganov, pour Édouard, c'est la peste ou le choléra, et il ne trouve rien de mieux à faire que de se mettre en cheville avec le « Bloc stalinien », un groupuscule encore plus marginal que le sien, puis de se faire supplanter, comme candidat de cette absurde coalition, par un certain Victor Djouga-

chvili qui n'est pas seulement le petit-neveu de Staline mais, moustache et pipe comprises, son sosie.

Le second tour venu (entre les deux, Eltsine a
fait un infarctus, qu'on a caché du mieux qu'on a
pu), il faut bien dire aux *nasbols* pour qui voter, et
Limonov surprend son monde en développant la
théorie selon laquelle plus on s'enfonce dans le
chaos, meilleur c'est pour la révolution. Donc,
Eltsine. Cette subtilité lui sera reprochée, elle est
à l'origine d'une rumeur selon laquelle il est, sous
ses allures de provocateur, un agent stipendié par
le Kremlin, et il conclura de l'épisode qu'il faut en
politique se méfier des paradoxes. Les masses n'y
comprennent rien, *Mein Kampf* est très clair à ce
sujet.

En fait, l'impression générale est à ce moment
qu'il déraille, et c'est vrai, il déraille, car Natacha
vient de le quitter.

Je ne sais pas grand-chose des raisons et des circonstances de ce départ, ses écrits de cette époque
étant beaucoup moins intimes que ceux de sa jeunesse, mais il semble y avoir réagi de façon aussi
paroxystique qu'à celui d'Elena, autrefois. Un
texte passablement délirant, écrit à chaud, donne
de la fin de leurs treize ans de vie commune une
interprétation « philosophique et mystique » où se
reconnaît l'influence de Douguine, qui n'a pas
encore quitté le navire. Édouard y rapporte des coïn-
cidences troublantes, des rêves prémonitoires, des
errances hallucinées, et même, lui si prosaïque, si
mauvais public pour *Le Maître et Marguerite*, une
fort peu convaincante rencontre avec le diable

dans les rues de Moscou. Il consulte une voyante, elle lui dit que dans une vie antérieure il était un chevalier Teutonique et Natacha une prostituée qu'il protégeait. Cette interprétation lui semble lumineuse. Il l'a protégée, oui, comme un preux chevalier. Il lui a été loyal, fidèle, comme à Elena, et comme Elena elle l'a trahi. Il essaye de se persuader qu'elle n'est pas digne de lui, s'exhorte au mépris, mais ne peut s'empêcher, en marchant jusqu'à l'épuisement dans l'étouffant été moscovite, de répéter comme une litanie la description de son corps : les grandes mains désarticulées à force d'être souples, les seins blancs un peu affaissés, la chatte toujours humide, toujours prête pour sa queue et, hélas, pour celles d'autres hommes. Elle l'a fait bander comme aucune autre femme dans sa vie, excepté Elena. Il pense à la façon qu'elle avait de se branler, rêveusement, sans cesser de fumer, à poil sur la cuvette des chiottes dans leur studio de la rue de Turenne. Allongé sur le matelas, il la regardait par la porte ouverte. Il se rappelle le jour où, revenant de sa catastrophique campagne électorale, il l'a trouvée ivre en travers du lit et où, prenant conscience de sa présence, elle lui a dit : « Tu m'engueuleras plus tard, maintenant baise-moi. » Douguine a beau lui répéter sentencieusement la phrase de Nietzsche que les amis cultivés vous sortent toujours dans ce genre de circonstances, « tout ce qui ne me tue pas me rend plus fort », il souffre comme un damné. Il donnerait sa vie pour s'enfoncer encore une fois dans le ventre de cette chanteuse sublime et ratée, de cette alcoolique, de cette nymphomane, de cette créature des gouffres et de l'excès qui a eu, pense-t-il, la chance incroyable d'être la femme d'Édouard Limonov et qui a maintenant le front, encore plus incroyable, de ne plus vouloir l'être.

Cette période de quasi-délire prend fin juste après l'élection qui, largement truquée, donne la victoire à Eltsine. Un soir, Édouard rentre seul chez lui quand, dans une rue déserte, trois types lui tombent dessus. Ils le jettent à terre, le rouent de coups de pied dans les côtes et au visage. Ils ne veulent pas le tuer — s'ils l'avaient voulu, ils l'auraient fait —, mais l'avertissement est sérieux : il passe huit jours à l'hôpital et manque perdre un œil.

Il s'est beaucoup demandé qui l'avertissait, et de quoi. Ses soupçons les plus consistants portent sur le général Lebed. Cet ancien parachutiste, héros de la guerre en Afghanistan, qui ressemble à Arnold Schwarzenegger en moins fluet et entretient une réputation de râpeuse honnêteté, est arrivé en troisième position à la présidentielle. Beaucoup de gens, en Russie mais aussi en Occident, le considèrent comme une sorte de de Gaulle sibérien. Alain Delon, montrant un intérêt inattendu pour les affaires intérieures russes, l'a assuré de son soutien dans *Paris Match*. Édouard, en revanche, le déteste, d'abord parce qu'il déteste, plus que ses adversaires naturels, ceux qui sont sur le même créneau que lui avec plus de succès que lui — et dans le genre « un homme, un vrai », Lebed se pose là —, ensuite parce que, tout général qu'il soit, il s'est courageusement élevé contre la guerre en Tchétchénie et ne ménage pas ses efforts pour y trouver une issue honorable. *Limonka* mène violemment campagne contre lui, et même si *Limonka* n'est qu'un fanzine tiré à 5 000 exemplaires et lu par des punks provinciaux, il n'est pas impossible après tout que l'honnête général, ou quelqu'un de son entourage, ait exprimé son irritation comme on l'exprime couramment dans son pays, même dans les meilleurs milieux.

À dater de ce jour, en tout cas, Édouard ne fera plus un pas dans la rue sans être accompagné de trois *nasbols* à la carrure dissuasive. Il n'est pas le seul : énormément de gens en Russie ont des gardes du corps. Une fois, à Moscou, j'ai dragué une fille qui en avait un. Je le voyais par-dessus son épaule, tandis qu'au restaurant je faisais mon aimable : il dînait à la table voisine, le visage totalement inexpressif. Plus tard dans la soirée, il est resté monter la garde derrière la porte. C'est perturbant au début, ensuite on s'habitue.

4

Les étrangers venus tenter leur chance en Russie, hommes d'affaires, journalistes, aventuriers, parlent avec nostalgie du second mandat d'Eltsine. 1996-2000 : les années les plus *rock'n'roll* de leurs vies. Moscou durant ces années-là est le centre du monde. Nulle part les nuits ne sont aussi folles, les filles aussi belles, les additions aussi élevées. Cela, bien sûr, pour ceux qui ont les moyens de les payer. Mais ceux qui ne les ont pas, on ne les entend plus. Même quand le krach de 1998, pour la seconde fois en une seule décennie, fait disparaître leurs pauvres économies, ils ne descendent pas dans la rue. Ils restent frappés de stupeur, hypnotisés au fond de leurs troquets sordides par la télé qui ne montre plus rien d'autre que le monde féerique des riches dans les grandes villes, les jeunes filles somptueuses qui, d'une carte Gold négligente, payent leur assiette de sushis l'équivalent d'un an de salaire pour une institutrice et les jeunes hommes arrogants qui, entourés d'une armée de gardes du corps à oreillettes, vont en jet privé à Courchevel où ils remplissent leurs jacuzzis de Veuve Clicquot. Le hold-up des « prêts contre actions » a marché au-delà de toute espérance : Khodorkovski, par exemple, s'est offert pour 168 millions de dollars la compagnie pétrolière Ioukos, qui en rapporte trois *milliards* par an. Les oligarques ont tout, à présent, absolument tout : des fortunes immenses, fondées sur des matières premières et non sur des technologies, des fortunes qui ne créent pas de richesse publique et disparaissent dans un réseau opaque de sociétés *offshore*, à Vaduz ou aux îles Caïman. On peut en être choqué, on peut aussi dire, comme ma mère : « Bien sûr, ce sont des gangsters, mais ce n'est que la première génération du capitalisme en Russie. C'était pareil en Amérique, au début. Les oligarques ne sont pas honnêtes, mais ils font élever leurs enfants dans de bons collèges en Suisse pour qu'ils puissent s'offrir, eux, le luxe de l'être. Tu verras. Attends une génération. »

La politique aussi est privatisée. Le livre que mon courageux cousin Paul Klebnikov a tiré de ses enquêtes sur Berezovski s'appelle *Le Parrain du Kremlin*, et c'est exactement ça. Berezovski n'a pas le triomphe discret. Il ne manque pas une occasion de rappeler que le pouvoir, en Russie, c'est lui, que le vieux tsar lui doit d'avoir gardé son trône et fait en échange ses quatre volontés. L'opposition est en lambeaux, le peuple catatonique, quant à Édouard il enrage, faute de trouver à quoi employer l'énergie qui déborde de lui. Son passage à tabac ne l'a nullement calmé. Il a remplacé Natacha par Liza, une ravissante et longiligne punkette qui a vingt-deux ans, qui ressemble à Anne Parillaud dans *Nikita*, et qui est folle de lui. Mais ni ce nouvel amour, ni la direction d'un journal *underground*, ni la littérature ne suffisent à l'idée qu'il se fait de son destin. « Si un artiste, écrit-il, ne comprend pas à temps qu'il doit se consacrer à quelque chose de plus élevé que lui, comme un parti ou une religion, alors ce qui l'attend c'est un destin minable fait de cuites, de shows télévisés, de petits commérages, de petites rivalités, et pour finir un infarctus ou un cancer de la prostate. » Une religion, il se garde ça pour plus tard. Un parti, il en a un, il ne sait pas bien quoi faire avec, mais c'est quelque chose, quand même, une force, et pour prendre la mesure de cette force il décide d'organiser un congrès.

Ils sont venus, ils sont tous là. Pas tous, non, il y en a 7 000 en Russie, mais plusieurs centaines qui débarquent de partout, comme pour un festival de rock. Les plus impatients des délégués, arri-

vés avec quelques jours d'avance, ont pris leurs
quartiers dans le *bunker*, on a prévu des dortoirs
pour les autres dans un foyer de travailleurs. Ça
n'a pas été facile, pas facile non plus de trouver
une salle. Chaque fois qu'un propriétaire accep-
tait, il revenait le lendemain pour dire que tout
bien réfléchi, non — la police avait dû entre-temps
lui expliquer que ce n'était pas une bonne idée.
Jusqu'au bout on a craint le pire : alerte à la
bombe, provocations, interdiction pure et simple.
Mais le pire n'a pas lieu, le congrès s'ouvre,
Édouard est à la tribune, sous l'immense poster
représentant Fantômas, et il rayonne. Cela fait trois
ans qu'ils se décarcassent, lui et une poignée
d'autres, à porter des exemplaires de leur journal
dans des gares d'où ils partent vers des bleds loin-
tains, et aujourd'hui on voit le résultat : des gens
réels, des frères.

Ce ne sont pas les Siegfried dont rêvait Douguine, mais de sombres et boutonneux adolescents
de province, aux peaux blafardes, marbrées de plaques rouges, qui cheminent dans la rue en colonnes, et si par aventure ils entrent dans un café, ils
comptent leurs sous, gênés, regardent leurs grosses godasses, commandent une consommation pour
quatre : de pauvres clients, les *nasbols*, qui craignent d'être ridicules et de peur qu'on se moque
d'eux montrent les dents. Sans Édouard, ils seraient
alcooliques ou délinquants. Il a donné un sens à
leur vie, un style, un idéal, et pour cela ils sont
prêts à mourir pour lui. Il est fier d'eux, fier qu'à
présent il y ait parmi eux des filles, qui comme
Zakhar Prilepine l'a observé sont soit très jolies

soit très laides, il n'y a pas de milieu, mais même les laides sont bienvenues, et la plus jolie de toutes, c'est la sienne, cette longue Liza au crâne rasé qui le regarde avec amour tandis qu'il parle, parle, enveloppé de leur adoration.

Il leur dit que la Russie est gouvernée par des vieux, des gros, des corrompus, et que son avenir c'est eux. Le couplet habituel. Mais il leur dit autre chose, à quoi il a beaucoup réfléchi : c'est que la situation politique n'est pas mûre. Le propre du grand homme, comme il l'a en vain répété à cet abruti de général Routskoï pendant le siège de la Maison Blanche, c'est de savoir reconnaître quand elle est mûre, et là, non, elle ne l'est pas. Les coalitions à la con avec des orthodoxes antisémites ou des petits-neveux de Staline, mieux vaut laisser tomber. Les *nasbols* ne vont pas, maintenant, prendre le pouvoir en Russie. Un jour, oui : pas maintenant. Pour autant, ils ne vont pas se contenter de lire *Limonka* et de gratter leurs guitares dans leur coin. Il y a quelque chose à faire. Pas dans le pays lui-même, mais à sa périphérie, dans ces territoires que le traître Gorbatchev a abandonnés. Avec eux, il a abandonné 25 millions de Russes qui étaient les cadres de l'Union soviétique et, depuis que cette Union n'existe plus, ne sont plus rien. Ils apportaient la civilisation, ils sont maintenant cernés par l'islam ou, ce qui ne vaut pas mieux, par l'idéologie démocratique. Ils dominaient, ils sont maintenant brimés, ostracisés, au mieux tolérés dans des pays qui leur doivent tout et qu'ils ont irrigués de leur sang : exactement comme les Serbes dans l'ex-Yougoslavie. Le traître Eltsine n'a pas voulu voler au secours des Serbes, il ne volera pas davantage au secours des 900 000 Russes de Lettonie, des 11 millions de Russes d'Ukraine, des 5 millions de Russes du Kazakhstan. Le nouveau combat sera donc d'attiser, sur ces terrains, des foyers d'insurrection, d'y favoriser la création de républiques séparatistes. Deux objectifs : les Pays baltes et l'Asie centrale. Les Pays baltes, le parti y est déjà bien implanté, il y a une bonne centaine de *nasbols* à Riga. Quant à l'Asie centrale, Édouard lui-même est en mesure d'annoncer qu'il va y effectuer une tournée de prospection. Il part bientôt et compte, pour l'accompagner, sur une dizaine de braves. Toutes les candidatures sont bienvenues.

Cent mains se lèvent. Tonnerre d'applaudissements, enthousiasme général. Une nouvelle frontière s'ouvre aux plus audacieux des *nasbols*. C'est un moment historique : tout à fait, pense Édouard, comme quand Gabriele D'Annunzio a levé un bataillon de héros pour reprendre Fiume avec lui. Liza, de la coulisse, lui adresse des baisers.

La tournée des nationaux-bolcheviks au Kazakhstan, au Turkménistan, au Tadjikistan et en Ouzbékistan a duré deux mois. Ils étaient huit à accompagner le chef, huit mecs dans le genre paras qu'une série de photos, reproduites dans *Anatomie du héros*, montre devant des tanks aux côtés de représentants des troupes russes stationnées làbas. Ces photos ont beaucoup fait rire un de mes amis à qui je les ai montrées un soir d'ivresse. « Arrête, m'a-t-il dit, c'est juste une bande de pédés. Ils sont partis là-bas pour s'enfiler tranquilles. »

J'ai ri aussi, je n'y avais pas pensé. Honnêtement, je ne crois pas, mais qui sait ?

Ce qui est sûr, c'est que Liza et les femmes des autres, s'ils en avaient, sont restées sagement à la maison. Le regret d'Édouard, cependant, ne semble pas avoir été l'absence de sa compagne mais celle du mercenaire français Bob Denard, qu'il connaît un peu pour l'avoir rencontré à Paris et qu'il a essayé d'entraîner dans l'aventure. Ce grand professionnel des putschs et autres coups foireux en Afrique aurait été, pour détecter les possibilités de déstabilisation, d'un précieux secours. Hélas, Bob Denard avait d'autres chats à fouetter. Ce qui est sûr aussi, c'est qu'à défaut de déstabiliser grand-chose, Édouard a découvert des pays selon son cœur. Il a adoré l'Asie centrale, et pas tant à vrai dire les Russes d'Asie centrale, objets en principe de sa sollicitude, que les Ouzbeks, Kazakhs, Tadjiks et Turkmènes, au sujet desquels il égrène des clichés qui sont autant, je pense, de vérités : peuples fiers, ombrageux, pauvres, hospitaliers, avec des traditions de violence et de vendetta qui ont toute sa sympathie. Parti sous le signe de Gabriele D'Annunzio, il revient sous celui de Lawrence d'Arabie et se voit bien en libérateur, non plus de blaireaux russes, mais de montagnards ouzbeks ou kazakhs qui eux aussi, après tout, ont des raisons d'en vouloir aux dictateurs locaux. Lui qui, sous l'influence de ses amis serbes, était si remonté contre l'islam ne jure à son retour que par les musulmans, étendant ce soudain engouement jusqu'aux Tchétchènes, dont il vante la frugalité, le génie de la guérilla et l'élégance dans la cruauté. Il faut reconnaître une chose à ce fasciste : il n'aime et n'a jamais aimé que les minoritaires. Les maigres contre les gros, les pauvres contre les riches, les salauds assumés, qui sont rares, contre les vertueux qui sont légion, et si erratique que semble sa trajectoire, elle a une cohérence qui est de s'être toujours, absolument toujours, placé de leur côté.

5

Le second mandat d'Eltsine approchant de sa fin, les oligarques lui cherchent un successeur aussi accommodant, et le plus rusé d'entre eux, Berezovski, a une idée : un tchékiste totalement inconnu du public, Vladimir Poutine. Ex-officier de renseignement en Allemagne de l'Est, il a connu un sérieux passage à vide après la chute du Mur, puis refait son trou au FSB qu'il dirige depuis un an, sans grand éclat. À ses différents postes, il a fait preuve d'une loyauté sans faille envers ses supérieurs, et c'est cette qualité précieuse que Berezovski vend à ses camarades : « Pas un aigle, dit-il, mais il nous mangera dans la main. » Mandaté par le gang, Berezovski prend son avion privé et atterrit à l'aérodrome de Biarritz où Poutine passe ses vacances, avec femme et enfants, dans un hôtel de catégorie moyenne. Quand l'oligarque lui propose le job, il dit modestement qu'il n'est pas sûr d'avoir la carrure.

« Allons allons, Vladimir Vladimirovitch, quand on veut on peut. Et puis ne vous inquiétez pas : nous serons là pour vous aider. »

Anticipons : Berezovski, si fier de son machiavélisme, vient de jouer le plus mauvais coup de sa carrière. Comme dans un film de Mankiewicz, l'officier falot et obséquieux va se révéler une machine de guerre implacable et dégommer un à un ceux qui l'ont fait roi. Trois ans après l'entrevue de Biarritz, Berezovski et Goussinski seront contraints à l'exil. Khodorkovski, le seul à s'être acheté une conduite en essayant de moraliser la gestion de son empire pétrolier, sera arrêté et, après un procès scandaleux, expédié comme dans le bon vieux temps en Sibérie où, à l'heure où j'écris, il croupit encore. Les autres se tiennent à carreau, ils ont compris qui est le patron.

En attendant, le virginal et modeste Vladimir Vladimirovitch est présenté au bon peuple par Eltsine qui, six mois avant la présidentielle, le désigne comme son dauphin. L'élection ne semble plus qu'une formalité mais, pour être bien sûr que le nouveau venu l'aborde en posture de sauveur, rien de tel qu'une bonne petite guerre, et le prétexte de cette bonne petite guerre, en Tchétchénie cette fois encore, est une série d'attentats à la bombe qui fait à l'automne 1999, dans des immeubles de la banlieue de Moscou, plus de trois cents morts civils. Une thèse circule selon laquelle ces attentats, imputés sans preuve aucune à des terroristes tchétchènes, ont été en réalité commis par le FSB. Elle a été publiquement formulée par le général Lebed, par le journaliste Artiom Borovyk, par l'ex-officier des organes Alexandre Litvinenko et par mon cousin Paul Klebnikov. Tous quatre sont morts de mort violente : Lebed et Borovyk dans des accidents suspects, Litvinenko empoisonné au polonium, Paul abattu à la kalachnikov. À la fois paranoïaque et pas invraisemblable, cette thèse concernant les attentats de 1999 reste assez répandue dans la population russe, le plus étrange étant que cela ne défrise pas celle-ci outre mesure et qu'elle a massivement voté et revoté Poutine en le croyant coupable ou tout au moins capable d'un tel crime.

Quelques mois après sa mise en orbite, il n'est en tout cas plus du tout virginal et modeste. En proclamant son intention de « buter les terroristes jusque dans les chiottes », il donne le ton de sa présidence avec autant d'éclat que Nicolas Sarkozy celui de la sienne avec son célèbre « Casse-toi, pauvre con ». Cette formule devient aussitôt parmi les *nasbols* une blague rituelle : « Allez, passe la vodka, sinon je te bute jusque dans les chiottes. » Pas plus que Berezovski, Limonov et les siens ne se doutent de ce qui les attend.

Les choses vont vite, très vite. Avant même l'élection présidentielle, le ministère de la Justice fait passer une loi interdisant l'extrémisme et le fascisme — qu'il se réserve de définir —, et fait savoir au parti national-bolchevik que ça le concerne directement. Édouard demande audience au ministre en personne, l'obtient, met son costume et sa cravate, plaide sa cause : extrémiste, lui ? Fasciste ? Jamais de la vie. Le ministre l'écoute, lui dit l'estime qu'il porte à son talent, semble très ouvert. Mais trois mois plus tard, une fois passée la date au-delà de laquelle plus aucune autorisation ne sera accordée, le couperet tombe : c'est non. Non, le parti national-bolchevik n'a plus le droit d'exister. Édouard, sonné, redemande audience, à sa grande surprise l'obtient de nouveau, remet son costume et sa cravate et cette fois n'y va pas par quatre chemins. Il y a, explique-t-il au ministre, cent trente partis reconnus et enregistrés en Russie, et parmi eux beaucoup de partis fantoches, sans adhérents. Ce n'est pas le cas du sien, qui en compte 7 000. La situation est simple : s'il n'est pas autorisé, le parti national-bolchevik sera contraint de s'organiser clandestinement, et lui, Limonov, n'y pourra rien si on pousse des jeunes gens soucieux de l'avenir de leur pays vers l'extrémisme et le terrorisme.

Le ministre hausse les sourcils : « Ce que vous êtes en train de me dire, c'est que si votre parti n'est pas autorisé, vous allez vous mettre à poser des bombes ?

— Ce que je suis en train de vous dire, répond Édouard, c'est que si vous nous barrez la voie légale, nous en prendrons une autre. »

Peu de temps après, il est convoqué à la Loubianka par un officier qui lui dit sans détour être chargé de s'occuper de lui et de son parti. Cet officier ne joue pas à l'ami des lettres mais il n'est pas antipathique, ce qui confirme Édouard dans l'idée que les tchékistes valent mieux que les fonctionnaires civils. « C'est quoi, cette grenade ? demande-t-il en montrant le logo de *Limonka*. Incitation au meurtre ? » Édouard répond que le modèle est produit par des usines d'armement russes et qu'en reproduire l'image n'est pas, à sa connaissance, interdit par la loi. L'officier rit, bonhomme, et lui donne son numéro de portable en l'invitant à lui téléphoner s'il vient à remarquer, parmi les jeunes gens qui l'entourent, des éléments tentés par le terrorisme.

« Je n'y manquerai pas », dit poliment Édouard.

En fait de terrorisme, il semble bien que dans toute son histoire, légale et illégale, le parti national-bolchevik ne se soit jamais illustré que par des actions pacifiques. Ce ne sont pas seulement les *nasbols* et Édouard qui le disent, mais le pouvoir lui-même qui les a poursuivis et emprisonnés pour des délits aussi véniels qu'avoir braillé « Staline ! Beria ! Goulag ! » à un meeting de l'ex-Premier ministre Gaïdar, souffleté Gorbatchev avec un bouquet de fleurs — sans épines, précise Limonov — ou distribué un tract intitulé « Notre ami le bourreau » à la sortie de la projection officielle du film de Nikita Mikhalkov, *Le Barbier de Sibérie*. Le bourreau ainsi mis en cause était le président du Kazakhstan, Noursoultan Nazarbaïev, mécène du film, et le tract dénonçant le sort peu enviable des opposants dans son pays relevait d'une démarche plus humanitaire que fasciste — sauf que les organisations humanitaires se seraient prudemment abstenues de heurter une personnalité aussi puissante et consensuelle que Mikhalkov, devenu au cinéma russe ce qu'est Poutine au pouvoir : le *khaziaïn*, autrement dit le *boss*. La réplique à cette action ne s'est pas fait attendre : un cocktail Molotov dans le *bunker*, les OMON qui débarquent, raflent, tabassent et emprisonnent les *nasbols* présents — tout cela, Limonov en est sûr, à la demande de Mikhalkov. À une autre projection, deux *nasbols* en mesure de représailles lancent des œufs pourris à la figure du cinéaste et, aussitôt arrêtés, écopent chacun de six mois de prison.

Six mois, cela semble beaucoup pour des œufs pourris. C'est peu si l'on compare aux peines prononcées dans les Pays baltes — qu'Édouard, on se le rappelle, a désignés comme un terrain d'action prioritaire. L'action lettone est un tel nœud de paradoxes postcommunistes qu'elle mérite, je pense, d'être racontée. Elle commence quand la justice de Lettonie, ex-satellite de l'URSS devenu un État indépendant et démocratique, condamne et emprisonne un vieux partisan soviétique, héros de la Grande Guerre patriotique puis, jusqu'à la chute du Mur, tchékiste réputé pour sa férocité. Vu de chez nous et, disons, par *Le Monde* ou *Libération*, c'est de la saine thérapie historique : la société exerce son devoir de mémoire, elle demande des comptes aux bourreaux. Vu par les *nasbols*, c'est une abjection, une insulte aux vingt millions de morts de la guerre et aux centaines de millions qui ont cru au communisme. Pour ces jeunes gens romantiques, le vieux crocodile du KGB devient un héros, un martyr, et afin de lui manifester leur soutien, trois d'entre eux investissent la cathédrale Saint-Pierre de Riga, lancent une fausse grenade pour écarter les touristes et se barricadent dans le clocher d'où ils font pleuvoir des tracts. Ce faisant, ils savent fort bien ce qui les attend : des bataillons de flics avec des mégaphones qui les exhortent à se rendre, des négociations, des exigences qui n'ont aucune chance d'aboutir (qu'on libère le vieux tchékiste, que la Lettonie renonce à entrer dans l'OTAN), d'autres plus réalistes (que l'ambassadeur de Russie soit présent lors de leur reddition). Finalement ils se rendent, l'ambassadeur est là mais ne fait rien pour les protéger, on les malmène autant que s'ils avaient ouvert le feu sur la foule, on les juge, non pour *hooliganisme* mais, carrément, pour terrorisme, et ils sont condamnés à quinze ans de prison, avec la bénédiction des autorités russes.

Vous avez bien lu : quinze ans. Ce qui rend l'affaire encore plus tordue, c'est que le pouvoir russe, contre lequel se dressent les *nasbols*, ne tolère désormais pas plus qu'eux les affronts à son glorieux passé : Poutine déclarera pratiquement la guerre aux Estoniens quand ils voudront se débarrasser d'un monument à la gloire de l'Armée rouge. Sur le fond, les *nasbols* et lui sont d'accord — ce que les *nasbols* se suicideraient en masse plutôt que d'admettre, bien sûr. Mais quand il s'agit de « lutter contre le terrorisme », si bénin que soit ce terrorisme, les tchékistes russes travaillent main dans la main avec les services lettons et pourchassent sans états d'âme les romantiques défenseurs de leurs vieux collègues persécutés.

Tout cela est compliqué, j'en ai conscience : c'est pour déplier ce genre de complications que j'écris ce livre. Édouard, que cela ne gêne pas de nager en eaux troubles, Dieu sait, commence lui-même à en avoir sa claque et à rêver d'air pur, de grands espaces. Moscou est sinistre, il se dit qu'il serait mieux en Asie centrale. L'envie lui vient de combiner un nouveau voyage d'études sur les possibilités de déstabilisation du Kazakhstan avec un stage de survie, façon *Rambo*, dans les montagnes de l'Altaï. C'est l'idée que se fait des vacances cet homme qui n'en prend jamais, et cela me fait penser aux photos que j'ai vues de celles de Staline en Abkhazie : on ne le voit qu'en bottes et vareuse militaire, entouré de moustachus habillés comme lui et qui, s'ils avaient du goût pour la chaise longue et la baignade, le cachaient bien.

Jetez un coup d'œil à la carte : vous verrez que la République de l'Altaï, qui jouxte le Kazakhstan (mais il s'agit de territoires cinq fois grands comme la France), est l'endroit le plus continental du monde, à égale et considérable distance des océans Atlantique, Pacifique, Indien et Arctique. C'est, comme la Mongolie où le baron Ungern von Sternberg avait fondé son ordre de légionnaires bouddhistes, une région réputée pour ses paysages à couper le souffle — hauts plateaux, longues herbes couchées par le vent — et pour la faible densité de sa population. L'espace, le ciel, personne sous le ciel : c'est dans cet univers élémentaire, presque abstrait, qu'Édouard s'aventure à la fin de l'été 2000, entassé avec quatre de ses gars dans une jeep cahotant sur des routes défoncées. Leur guide, un type taiseux et inexpressif nommé Zolotarev, a repéré dans les montagnes du Sud quelque chose qui semble correspondre à ce qu'ils cherchent : une sorte d'ermitage qui, situé dans une zone d'accès difficile, sans voisins, pourrait servir de camp d'entraînement. Le camp d'entraînement, c'est un mythe au sein du parti. Beaucoup de *nasbols* croient dur comme fer qu'Édouard en a déjà créé plusieurs, ultra-secrets, sur le modèle de ceux des djihadistes au Pakistan, et il laisse planer le doute mais ce n'est pas vrai : pour le moment, il n'en existe aucun.

Au bout d'une piste, à dix kilomètres du hameau le plus proche, et il faut presque une heure pour couvrir ces dix kilomètres, les voyageurs découvrent une cabane de bois au toit à demi effondré, aux fenêtres obstruées de plastique. Deux pièces, quatre lits, un poêle qui semble marcher. On sort le matériel, sacs de couchage, provisions de bouche, on s'installe. On pique-nique, le soir, sous les étoiles. L'enchantement commence.

Le lyrisme panthéiste n'est pas mon fort : bien qu'amateur de paysages alpins, je ne suis pas très à l'aise pour décrire les feux de bois, les torrents, les mille variétés d'herbes, de champignons, de traces d'animaux sauvages, je passe donc vite sur la robinsonnade. Elle dure, en ce qui concerne Édouard, trois semaines au cours desquelles les garçons s'adonnent, en plus de la chasse et de la cueillette, à des exercices de tir et de *close-combat*. Personne ne les dérange. Enfant du béton, Édouard découvre un monde nouveau pour lui, et le guide Zolotarev se révèle, dans son élément, un personnage fascinant. En ville, il lui a fait l'effet d'un vieux hippie de province, cheveux crasseux et bandana, ne sortant de son mutisme que pour marmonner de vagues âneries *new age* où revenaient régulièrement des mots comme « énergie » et

« *karma* ». Le premier matin, en sortant de la cabane, Édouard l'a trouvé méditant en position de lotus, face au soleil levant, et ça l'a d'abord fait sourire, mais il n'a pas fallu trois jours pour qu'il sente réellement les ondes calmes et positives émanant du bonhomme. Zolotarev l'emmène pêcher dans les torrents, lui apprend à prélever les ouïes des poissons, à les faire cuire, à choisir les herbes et les baies qui les accompagneront. Il connaît la nature comme personne, il fait mieux que la connaître : il fait partie d'elle, il y est complètement à sa place. Édouard est presque intimidé : il se sent devant lui comme le voyageur trop civilisé devant le trappeur mongol Dersou Ouzala, dans le film de Kurosawa qu'il a vu et aimé autrefois. Zolotarev a la petite taille du trappeur, ses yeux bridés, sa parole rare. Sa force et sa malice échappent au premier abord, mais une fois qu'on les a entrevues on ne voit plus qu'elles et on comprend qu'on a failli passer à côté de quelqu'un d'extraordinaire. Une sorte de maître, à sa façon.

Flanquant la cabane, il y a un *banya*, un de ces saunas rudimentaires qui partout dans la campagne russe servent de salle de bains. Entre quatre murs de rondins calfeutrés de mousse, on sue dans la vapeur émanant d'un foyer de braises et de pierres brûlantes sur quoi on jette de temps en temps une louche d'eau froide. Le *banya*, d'ordinaire, Édouard n'aime pas tellement ça. Il peut tenir longtemps car il a le cœur solide, et ça ne lui fait pas peur s'il y a de la neige dehors de sortir s'y rouler, tout nu, entre deux bonnes suées, mais à rester assis sans rien faire il s'ennuie vite et a l'impression de perdre son temps. Pour Zolotarev au contraire, le *banya* est presque un rituel religieux, à quoi il réussit l'exploit de convertir l'impatient Édouard. Le soir, après leurs longues courses dans les montagnes, enivrés de fatigue et de vent, ils passent une heure ou deux à boire de la vodka dans le nuage de vapeur, à laisser se détendre leurs muscles, à se taire, paisibles et confiants, et quand Zolotarev, de loin en loin, prononce comme un oracle une phrase sibylline de Lao-tseu, son auteur préféré, Édouard ne trouve plus cela le moins du monde ridicule, il est d'accord. « Celui qui sait ne parle pas, celui qui parle ne sait pas. » Le vieux hippie parle peu mais il sait, il est en contact harmonieux avec quelque chose de plus grand que lui, à quoi Édouard en sa compagnie se sent connecté aussi. Il est calme, il est bien.

Début septembre, il commence à faire froid. Des brumes glaciales, à l'aube, montent de la vallée. On coupe et stocke du bois pour l'hiver. Car l'idée, depuis le début, c'est que trois des *nasbols* fassent l'expérience de l'hivernage, coupés du monde dès que la neige aura rendu la piste impraticable. Ce sera rude, mais exaltant, pense Édouard. Il les envie : il resterait volontiers avec eux, s'il n'avait un parti sur lequel veiller, à Moscou. Il est prévu qu'il vienne les relever en avril, au moment du dégel. On vérifie qu'ils ont en quantité suffisante les quelques denrées indispensables qu'on ne trouve pas dans la nature : du sucre, des bougies, des clous... Dans un roman de Jules Verne, cela ferait une de ces listes de trois pages que mon héros et moi, quand nous étions petits, lisions le cœur battant. On s'étreint virilement, Édouard et les deux autres reprennent la route de Barnaoul, la capitale de l'Altaï, où habite Zolotarev dont on prend congé avec émotion. Édouard avoue au trappeur qu'à leur première rencontre il ne lui a pas fait grande impression mais qu'il a appris à le connaître et qu'il est fier d'être son ami. Le visage de Zolotarev reste de bois, ses yeux bridés ne cillent pas. « Je t'ai observé, dit-il à Édouard. Tu as une âme. Et je ne fais pas de politique, mais tes gars me plaisent aussi.

— Si tu veux, dit Édouard, je t'apporterai une carte de membre du parti, quand je reviendrai : ça me fera plaisir. »

6

Tout l'hiver, d'octobre à avril, Édouard rêve de l'Altaï. Cet hiver, à Moscou, est terrible. L'atmosphère, au *bunker*, est totalement plombée par la condamnation du commando letton. Une poignée de *nasbols* moscovites, de vrais kamikazes vu ce qu'ils risquent, veulent partir pour Riga mais se font arrêter à la gare, avec de la drogue assure la police, et se retrouvent en prison eux aussi. Leurs parents pensent que s'ils ont mal tourné c'est la faute d'Édouard : ils viennent au *bunker* l'insulter, menacent de le poursuivre en justice. Un *nasbol* de la première heure, un des huit qui ont fait la grande tournée d'Asie centrale, est tabassé à mort dans les environs de Moscou : l'enquête conclura à une bagarre d'ivrognes et c'est peut-être vrai, mais peut-être pas. Taras Rabko, le fidèle des fidèles, le troisième membre historique du parti, s'en vient un jour trouver Édouard pour lui annoncer, en pleurant, qu'il s'en va. Il a tenu aussi longtemps qu'il a pu, mais sa famille, sa carrière dans la magistrature… : ce n'est plus possible. C'est la fatalité propre à un parti de jeunes gens : dès qu'ils commencent à faire quelque chose de leur vie, ils s'en vont. Liza, celle qui ressemblait à Anne Parillaud dans *Nikita*, a quitté Édouard elle aussi, pour se marier et avoir des enfants avec un informaticien de son âge. Il l'a remplacée par une Nastia encore plus jeune : en fait, elle est mineure, ce qui d'un côté le flatte, de l'autre est un motif de parano supplémentaire.

Nastia s'est enfuie de chez ses parents pour venir habiter avec lui. Rentrant tard, un soir, ils voient de la lumière à leur fenêtre. Quand, l'escalier monté quatre à quatre, ils ouvrent la porte, la lumière est éteinte. Tout semble en ordre, c'est encore plus inquiétant : Édouard redoute moins les cambrioleurs qui prennent des choses que les visiteurs qui en déposent. Ils fouillent, l'appartement est si petit que si on y avait caché des armes ils les trouveraient, mais un gramme d'héroïne, c'est petit aussi. Pour se couvrir, Édouard décide de prévenir son officier traitant au FSB, celui qui lui a donné son numéro de portable. L'officier ne lui fixe pas rendez-vous à son bureau de la Loubianka, où il est pourtant venu deux fois, mais sur le quai d'une station de métro, comme des conspirateurs. Édouard, je l'ai dit, ne le trouve pas détestable et il lui parle franchement : de la visite nocturne chez lui, des appels anonymes qu'il reçoit, de l'impression qu'un étau est en train de se resserrer autour de lui. L'officier hoche la tête, l'air soucieux, à la fois comme s'il était au courant et comme si ça ne dépendait pas de lui mais d'un autre service avec qui il était en bisbille. « Honnêtement, risque Édouard, vous en pensez quoi, vous, de cette histoire de Riga ? Vous trouvez ça normal que la Russie laisse tomber ses nationaux ? » L'officier soupire : « Je suis d'accord avec vous, mais ce n'est ni à vous ni à moi d'en décider. C'est une affaire d'État.

— La vérité, poursuit Édouard, c'est que nous faisons le boulot que vous devriez faire, vous. Au lieu de nous persécuter, vous devriez vous servir de nous. Nous laisser faire ce que vous n'avez pas le droit de faire. »

Il est sincère en disant cela : il n'a rien contre les organes, au contraire. Il se verrait très bien, lui et son parti, travailler main dans la main avec eux, comme Bob Denard et son escadron de mercenaires avec les officiels de la Françafrique. Mais l'officier élude, regarde sa montre, prend congé.

7

Il espérait souffler dans l'Altaï. Il ne souffle pas. Pendant tout le voyage — trois jours de train de Moscou à Novossibirsk, plus un jour de Novossibirsk à Barnaoul, en troisième classe comme d'habitude —, il s'est senti observé, surveillé. Ne pas devenir parano, se répète-t-il comme un mantra. Ne pas oublier non plus qu'on a souvent *raison* d'être parano. Difficile, en ce domaine, de suivre la « voie du milieu » que préconise Lao-tseu, devenu sous l'influence du trappeur Zolotarev son auteur de chevet. Ça ira mieux, pense-t-il, quand je serai là-bas. Il est content de retrouver le trappeur à Barnaoul, de prendre la route avec lui. Il a souvent pensé à lui, au cours de cet hiver épouvantable, et c'était une pensée apaisante, comme la lecture de Lao-tseu : une vibration calme, silencieuse, la promesse d'un possible recueillement au milieu des vagues, du bruit et de la fureur du monde.

Quand il arrive chez Zolotarev, on lui apprend qu'on l'a enterré la veille. Une femme qui sortait promener son chien l'a retrouvé mort, au petit matin, au pied de son immeuble. Une fenêtre de son appartement, au quatrième étage, était ouverte. Suicide ? Accident ? Meurtre ? Les *nasbols* avec qui il a passé sa dernière soirée assurent qu'il n'était pas déprimé et qu'il ne les a pas quittés ivre.

Édouard chiffonne nerveusement dans sa poche la carte de membre du parti national-bolchevik apportée en cadeau au trappeur. Il vacille.

Il se passe quelque chose d'étrange, la nuit suivante. Il a pris la route, comme prévu, avec deux *nasbols* comme lui silencieux, sonnés par ce qui vient de se passer. Absorbé dans de sombres pensées, il ne prête attention à rien de ce qui, lors de son précédent voyage, l'avait émerveillé : ni au ciel infini, ni aux paysages réduits, sous le ciel infini, à leur plus élémentaire expression, ni au caravansérail où on s'arrête pour le thé, ni aux visages ascétiques et nobles des montagnards qui leur offrent l'hospitalité. On fait étape, pour la nuit, au même endroit que la dernière fois. Un village serait trop dire : quelques yourtes, et une cabane en bois où il va, à peine arrivé, se coucher sans dîner, sans un mot. Par chance, les *nasbols* ont leur tente : il est seul.

Allongé sur son lit de camp, il pense aux morts. Aux gens qu'il a connus dans sa vie et qui sont morts. Il commence à y en avoir beaucoup. Il pense que s'il comptait il y aurait plus de morts que de vivants mais il n'a pas le courage de compter. Il n'a pas envie de dormir non plus, seulement de rester là, de ne plus bouger. Il pense qu'il mourra lui aussi, et c'est, étrangement, comme si jusqu'à ce soir il n'y avait jamais pensé. Il a souvent rêvé au genre de mort qu'il aimerait : au combat, ou bien fusillé, exécuté sur l'ordre d'un tyran et le défiant jusqu'à son dernier souffle, mais ces représentations, il s'en rend compte à présent, n'ont rien à voir avec la certitude qui maintenant l'étreint : il va mourir.

Il pense à sa vie, au trajet accompli entre son enfance à Saltov et cette cabane de l'Altaï où, presque sexagénaire, il est allongé ce soir. Long trajet, plein d'embûches, mais il n'a pas cédé. Il a voulu vivre en héros, il a vécu en héros, et n'a jamais rechigné à en payer le prix.

Il pense à quelque chose que lui a dit le trappeur, l'automne précédent : ici, selon la tradition bouddhiste, c'est le centre du monde, l'endroit où communiquent le monde des morts et celui des vivants. C'est l'endroit que cherchait le baron Ungern von Sternberg, et il y est.

Par la fenêtre, il voit la lune briller au-dessus des collines sombres. Elle est pleine. Et il commence à entendre, d'abord lointaine, puis de plus en présente, de la musique. Des gongs, des trompes, des chants caverneux. On croirait la bande-son du *Bardo Thodol*, le *Livre des morts tibétain*, que lui a autrefois fait découvrir Douguine. Salaud de Douguine, pense-t-il avec indulgence. Il sera content, malgré tout, de le retrouver au paradis des guerriers — à condition qu'on y accepte ce trouillard…

Il se demande s'il est en train de glisser dans le sommeil ou dans la mort. Il pense qu'il se déroule, dehors, tout près, une cérémonie, peut-être une initiation chamanique. En temps normal, rien ne l'intéresserait plus que d'y assister, mais là, un peu par discrétion à l'égard de ses hôtes, beaucoup parce qu'il n'a pas envie de bouger, il reste étendu, lové dans cette musique d'au-delà qui se mélange aux sons provenant de son corps : le sang qui bat à ses tempes, que pompe son cœur, qui circule dans ses veines. Il ne dort pas, il ne bouge pas. C'est comme s'il était mort ou avait accédé à une autre forme de vie.

Le lendemain matin, il demande aux *nasbols* s'ils ont assisté à la cérémonie. Quelle cérémonie ? Il n'y a rien eu : ni fête, ni concert, ni rituel chamanique, rien, tout le monde est allé se coucher après dîner. Si on cherche la *nightlife*, rigolent-ils, il faut aller ailleurs que dans l'Altaï.

Édouard n'insiste pas. Le reste du voyage, il continue à réfléchir mais il n'est pas accablé comme la veille. Il pense que cette musique céleste, cette expérience de l'au-delà, c'est un cadeau du trappeur et qu'elles lui annoncent quelque chose. Peut-être son accession au trône d'Eurasie, qu'il va conquérir avec sa poignée de *nasbols* depuis leur ermitage dans les montagnes, réussissant là où le baron Ungern von Sternberg a échoué. Peut-être son entrée imminente au Walhalla, c'est-à-dire la mort, mais il n'a pas peur de la mort, il n'en aura plus jamais peur. Il est passé de l'autre côté.

Les trois *nasbols*, là-haut, ne sont pas fâchés de les voir arriver. Ils ont bonne mine : bronzés, ascétiques, de vrais moines-soldats. À leur maintien, à leur voix, on sent qu'ils ont mûri. La soirée, sur laquelle flotte l'ombre de Zolotarev, est à la fois grave et gaie, merveilleusement détendue. Les garçons racontent leur hivernage : les moments de cafard, les moments d'exaltation, le jour où l'un d'entre eux a rencontré un ours. Sur de longues piques de bois, on a fait griller des *chachliks*, ces brochettes de mouton qu'on sert dans le Caucase et l'Asie centrale. On boit du vin, apporté de Barnaoul dans le coffre, mais on ne se soûle pas. Tout est délicat, amical. On est bien, tous les sept, sous la lampe à pétrole, Édouard, si peu sentimental, a envie de dire à ces garçons qui pourraient être ses fils qu'ils sont les êtres les plus nobles et courageux du monde. Il se sent très loin et très proche. Jamais il n'a été si tendre. Avec le recul, il pense que la dernière Cène a dû ressembler à ça.

Au point du jour, il est réveillé par des aboiements. Ils n'ont pas de chien, mais il n'a pas le temps de s'étonner. Tout va très vite ; les hommes des forces spéciales font irruption dans la cabane, arrachent les dormeurs à leurs sacs de couchage, les obligent à sortir et à s'agenouiller dans la neige qui s'attarde encore, le matin, sur ces hauteurs. Ils sont une bonne trentaine, cagoulés, mitraillettes à la hanche, retenant les chiens-loups qui font un raffut d'enfer. Édouard, qui a perdu ses lunettes, se repère à tâtons. Il est en caleçon de laine, pieds nus : en tant que chef, on l'autorise avant les autres à s'habiller. Le soldat chargé de l'accompagner dans la cabane en profite pour lui glisser qu'il adore ses livres et qu'il est fier de l'arrêter. Il n'y met aucune ironie, il a vraiment l'air fier et joyeux, pour un peu il lui demanderait un autographe.

Maintenant, les choses sérieuses. « Où sont les armes ?

— Quelles armes ?

— Ne jouez pas aux cons. »

La fouille est minutieuse : chiens, détecteur de métaux mais, hormis les deux fusils de chasse, on ne trouve pas d'armes — et je l'avoue, cela m'étonne : il était si facile d'en mettre. Portons ce scrupule légaliste au crédit du FSB.

Mains sur la tête, on fait monter sans ménagement les six *nasbols* dans un fourgon militaire. Édouard, quant à lui, partage la confortable berline du colonel Kouznetsov, un colosse qui ne quitte jamais ses Ray-Ban à verres miroir et, dès qu'a disparu dans le rétroviseur l'ermitage dévasté, sort du petit frigo vodka et zakouskis. On peut se détendre maintenant, il y a huit heures de route jusqu'à la base du FSB à Gorno-Altaïk, où un avion spécial attend les prisonniers. « Traitement de VIP », commente le colonel. Enchanté du succès de l'opération, il s'envoie petit verre sur petit verre, insiste pour qu'Édouard l'accompagne — ce que celui-ci fait avec plus de modération — et, à la seconde bouteille, pousse la cordialité jusqu'à dire que les *nasbols* sont un peu comme une famille pour lui, depuis le temps qu'il s'occupe d'eux. Édouard s'étonne : il pensait connaître l'officier chargé du dossier. « Oh non, dit le colonel, celui-là c'est un mou, ça fait deux ans qu'on l'en a dessaisi. Au moment de l'histoire avec Mikhalkov. » C'est lui, Kouznetsov, qui a sévi, à la demande du cinéaste. C'est lui aussi qui a, deux mois plus tôt, serré les *nasbols* en partance pour Riga.

« Provocation, dit Édouard : ils n'avaient pas de drogue. »

L'autre part d'un gros rire complice : « Ben non, ils n'en avaient pas. Cette blague ! »

Édouard s'énerve alors, et quand il s'énerve sa voix devient de plus en plus sèche, saccadée. « Ça ne vous a pas gênés, dit-il, de piéger des garçons qui se battaient pour sortir de prison un des vôtres ? Félix Dzerjinski, votre fondateur, se retournerait dans sa tombe s'il vous voyait. C'était un grand homme, lui, et vous savez ce que vous êtes, vous ? Des trous du cul, indignes du beau nom de tchékiste ! »

Insulté, le colonel pourrait user de sa position de force mais il est tout penaud, d'un seul coup. On dirait qu'il va se mettre à pleurer.

« Pourquoi tu ne nous aimes pas, Veniamino-vitch ? soupire-t-il. Pourquoi un type comme toi n'est pas avec nous ? On pourrait faire des choses formidables ensemble…

— Vous me recrutez ? »

L'autre lui tend la main. Il a bu, mais il semble sincère. Édouard hausse les épaules.

« Va te faire foutre. »

IX

LEFORTOVO, SARATOV, ENGELS, 2001-2003

1

Toute sa vie, Édouard en a rêvé. Quand il lisait, petit, *Le Comte de Monte-Cristo*. Quand il a entendu son garde-chiourme de père, une nuit, raconter à sa mère l'histoire de ce condamné à mort si courageux, si calme, si maître de lui, qui est devenu le héros de son adolescence. Pour un homme qui se voit comme un héros de roman, la prison, c'est un chapitre à ne pas rater et je suis sûr que, loin d'être accablé, il a joui de chaque instant, j'allais dire de chaque plan de ces scènes de film cent fois vues : les vêtements civils et les quelques affaires, montre, clé, portefeuille, qu'on laisse à la consigne ; l'uniforme ressemblant à un pyjama qu'on vous donne à la place ; l'examen médical, avec toucher rectal ; les deux gardiens qui vous encadrent dans le labyrinthe sans fin des couloirs ; la succession des grilles et des portails ; enfin la lourde porte de métal qui s'ouvre, puis se referme derrière vous, et voilà, on y est, c'est dans ces huit mètres carrés qu'on va vivre quelques mois ou quelques années et, comme à la guerre, montrer ce qu'on vaut vraiment.

On ne l'a pas traité en menu fretin : il est à Lefortovo, où on met les plus dangereux des ennemis de l'État. Les grands prisonniers politiques d'Union soviétique, puis de Russie, les terroristes de haut vol, tous sont passés par là, il n'est pas difficile de s'y prendre pour le Masque de fer. Aujourd'hui encore, cette forteresse du KGB, située aux environs de Moscou, ne figure sur aucune carte et le secret y est tel qu'au début Édouard ne sait pas de quoi ses compagnons et lui sont accusés. Il n'a pas vu d'avocat, n'a pas le droit de recevoir de visites. Il ne sait pas non plus quand l'instruction commencera, ce qu'on dit au-dehors de son arrestation, si on en dit quelque chose et même si ses proches sont au courant.

Au contraire de la plupart des établissements pénitentiaires en Russie, Lefortovo n'est pas sale, pas surpeuplé, on ne s'y fait pas violer ni tabasser, en revanche on est soumis à un isolement strict. Non seulement on n'est pas obligé de travailler mais, le voudrait-on, on ne peut pas. Individuelles, blanches, aseptisées, les cellules sont toutes équipées de la télévision, les détenus sont libres de la regarder du matin au soir et cette addiction cotonneuse les plonge à plus ou moins long terme dans l'apathie, puis la dépression. La promenade quotidienne a lieu, au point du jour, sur le toit de la prison, mais chacun est assigné à un espace de quelques mètres carrés, entièrement clos de grillage, et pour empêcher que d'un de ces espaces à l'autre quelques paroles puissent être échangées, des haut-parleurs diffusent une musique tellement assourdissante qu'on peut hurler tout son soûl sans entendre soi-même le son de sa voix. Cette promenade ingrate n'est pas obligatoire non plus, et beaucoup finissent par s'en dispenser : ils restent au lit, se tournent contre le mur, ne respirent plus jamais l'air du dehors. L'hiver, quand il fait encore nuit et horriblement froid, plus personne ne sort, et les gardiens qui ont pris l'habitude, une fois sonné le réveil, de revenir tranquillement prendre le thé, seront très étonnés quand le détenu Limonov exigera cette promenade à laquelle lui donne droit le règlement. « Mais il fait moins vingt-cinq », lui objecte-t-on. Peu importe. Tout au long de son séjour à Lefortovo, Édouard ne laissera pas passer un jour sans sortir sur le toit et, une demi-heure durant, courir comme un dératé sur son arpent de béton, y faire des pompes et des abdos, boxer l'air glacé. Ça agace un peu les gardiens de devoir, pour cet unique client, sortir de leur cambuse bien chauffée, mais ça les impressionne aussi. En outre il est poli, d'humeur égale, on voit que c'est un homme éduqué : bientôt ils l'appelleront « professeur ».

S'il y a une chose au monde qu'Édouard déteste, c'est perdre son temps. Or la prison, c'est le royaume du temps perdu, du temps qui se traîne sans forme ni direction, et particulièrement une prison comme Lefortovo où les détenus sont abandonnés à leurs propres ressources. Tandis que les autres font la grasse matinée, il se lèvera donc à 5 heures du matin et jusqu'au moment du coucher tirera de chaque instant le maximum de rendement. Il se fera une règle, à la télévision, de ne regarder que les informations, jamais un film ou une émission de variétés qu'il considère comme le début de l'avachissement. À la bibliothèque, de dédaigner les romans faciles, ceux qui font, comme on dit, « passer le temps », et d'emprunter l'un après l'autre les arides volumes de la correspondance de Lénine, qu'il lit assis bien droit devant sa table, en prenant des notes dans son cahier. Ce sont les seules faveurs qu'il demandera jamais : une table, une lampe qui éclaire correctement, un cahier, et les gardiens de plus en plus admiratifs les lui accorderont de bonne grâce. En un an, à ce régime, il écrira quatre livres, dont une autobiographie politique et un texte inclassable, son plus beau selon moi depuis le mémorable *Journal d'un raté* : *Le Livre des eaux*.

L'été précédent, avant d'aller dans l'Altaï, de pressants besoins d'argent l'ont poussé à boucler en un mois ce *Livre des morts* dont je me suis beaucoup servi. En faisant les portraits des gens célèbres ou inconnus qu'il a croisés et qui, depuis, sont morts, il évoquait ses propres souvenirs, comme ça lui venait, et, malgré la contrainte d'écrire pour tenir les délais plus de vingt pages par jour, l'exercice lui a plu à tel point qu'il a eu envie, en prison, de faire quelque chose du même genre. Il aurait pu, comme Georges Perec, dresser la liste des lits où il avait dormi, comme Don Juan celle des femmes avec qui il avait couché, ou encore, en bon dandy, raconter l'histoire de quelques-uns de ses habits. Il a choisi les eaux : mers, océans, rivières, lacs, bassins et piscines. Pas forcément des eaux où il s'est baigné — bien qu'il se soit promis, dès qu'il a su nager, de le faire à chaque fois que c'était humainement possible, et tel qu'on le connaît on se doute qu'il s'est rarement laissé arrêter par le froid, la saleté, la hauteur des vagues ou la perfidie des courants. Le livre ne suit aucun plan, ni chronologique ni géographique, il passe au gré de l'humeur d'une plage de la Côte d'Azur où il regarde Natacha en train de nager à une baignade dans le fleuve Kouban avec Jirinovski. Il se rappelle ses promenades le long de la Seine, au temps où il vivait à Paris ; les sirènes des bateaux qu'il voyait se croiser sur l'Hudson, de sa fenêtre chez le milliardaire Steven ; une fontaine, à New York, où il s'est baigné ivre et a perdu ses verres de contact ; la côte bretonne avec Jean-Edern Hallier et la plage d'Ostie, près de Rome, où il est allé avec Elena quelques mois avant que Pasolini ne s'y fasse assassiner ; la mer Noire, pendant la guerre de Transnistrie, les torrents de l'Altaï où le trappeur Zolotarev lui a appris à pêcher et le grand bassin du Luxembourg où, dans les premiers temps de son séjour à Paris, il projetait d'attraper les carpes tellement il était affamé. Il y a une quarantaine de courts chapitres, comme ça, précis et lumineux, télescopant les lieux et les époques, mais qui dans leur désordre s'ordonnent malgré tout autour des femmes de sa vie.

Anna, Elena, Natacha, on les connaît déjà. Il a longuement raconté de quel amour, toutes les trois, il les a aimées, comment il a quitté l'une et comment les deux autres l'ont quitté, comment elles l'ont rendu fou de chagrin et comment, c'est du moins ce qu'il dit, elles l'ont toutes les deux amèrement regretté car leur chance d'avoir une vie hors du commun, c'était lui. On n'a fait en revanche qu'entrevoir Liza, puis Nastia, et je sais avec quelle violence l'esprit du temps réprouve le penchant des hommes mûrs pour la chair fraîche ; moi-même, pour être honnête, je trouve ça pathétique, un type de soixante ans qui ne couche qu'avec des filles dont chacune est plus jeune que la précédente ; il n'empêche, c'est comme ça, et *Le Livre des eaux* est un hymne à la petite Nastia, qui avait seize ans quand il l'a rencontrée et en paraissait douze. Il lui achetait des glaces, surveillait ses devoirs. Quand ils se promenaient, main dans la main, au bord de la Néva à Saint-Pétersbourg ou au bord de l'Iénisseï, à Krasnoïarsk, personne n'était choqué parce qu'on les croyait père et fille. Ce n'était pas une beauté spectaculaire comme Elena, Natacha ou Liza, mais une toute petite punkette d'un mètre cinquante-huit, timide, introvertie, limite autiste, qui sur son autel de demi-dieux transgressifs avait placé le scandaleux écrivain Limonov entre le scandaleux rocker Marilyn Manson et le tueur en série Tchikatilo — l'Hannibal Lecter ukrainien. Elle lui vouait un culte et lui, en prison, s'est mis à lui en vouer un aussi. Dans son livre, il sertit comme autant de joyaux les souvenirs de leurs deux années ensemble. Elle a dix-neuf ans à présent, et il se demande avec inquiétude ce qu'elle devient au-dehors, si elle ne l'oublie pas, si elle ne le trahit pas. Il se targue, en principe, d'être un homme lucide et réaliste. Tout en se croyant, lui, capable de fidélité, il ne nourrit aucune illusion sur celle des autres. Elena, Natacha, Liza, il ne se figure pas un instant qu'en pareille situation elles l'attendraient. Alors que Nastia, oui. Nastia, il espère qu'elle l'attend, il croit qu'elle l'attend, il serait désespéré d'apprendre qu'elle ne l'a pas attendu.

Mais jusqu'à quand ? Il a franchi la porte de la prison dans la peau d'un homme de cinquante-huit ans qui ne pesait pas un gramme de plus qu'à vingt, un homme au sommet de ses moyens et de sa séduction, mais nul ne sait quand il en sortira et si, malgré sa volonté, sa résistance, il ne sera pas devenu, comme l'écrasante majorité des détenus, un homme brisé.

On n'est pas obligé, à Lefortovo, de se raser ni de se couper les cheveux et il laisse, par défi, pousser les siens. Ils balaient, quand il écrit, le plateau de la table. Si ça continue, ils finiront par balayer le sol. Il ne ressemblera plus à Edmond Dantès dans *Le Comte de Monte-Cristo*, mais à son vieux compagnon du château d'If, l'abbé Faria.

2

Il restera quinze mois à Lefortovo, soumis à ce régime d'isolement rigoureux. Puis, dans un Antonov du gouvernement et sous une escorte policière aussi impressionnante que s'il était Carlos ou, à lui tout seul, la bande à Baader, on le transfère à Saratov, sur la Volga, où doit avoir lieu son procès. Pourquoi à Saratov ? Parce que c'est la juridiction russe la plus proche géographiquement du Kazakhstan, où il est supposé avoir commis les crimes qu'on lui reproche. Quels sont ces crimes, au juste ? Impossible de l'ignorer à Saratov où, en toute occasion, on doit non seulement décliner son identité — nom, prénom et prénom du père —, mais encore énumérer les articles sous le coup desquels on est emprisonné. Ainsi, dès son arrivée, Édouard apprend-il à débiter comme une mitraillette ce mantra qui aujourd'hui encore jaillit de ses lèvres si on le réveille en sursaut : « Savenko, Édouard Veniaminovitch, articles 205, 208, 222 paragraphe 3, 280 ! »

Expliquons. 205, c'est terrorisme. 208 : organisation d'une bande armée ou participation à celle-ci. 222 paragraphe 3 : acquisition, transport, vente ou stockage illicites d'armes à feu. Et 280 : incitation à des activités extrémistes.

Quand le juge d'instruction, lors de leur première entrevue, lui signifie ces chefs d'accusation et les très lourdes peines qui en découlent, Édouard est partagé entre l'orgueil d'être inculpé pour des trucs aussi sérieux et l'intérêt vital de s'en disculper. D'un côté, il lui coûte de reconnaître qu'une demi-douzaine de clampins tankés dans une cabane de l'Altaï, à cent kilomètres de la frontière kazakhe, sans autres armes que quelques fusils de chasse, avaient aussi peu de chances de déstabiliser le Kazakhstan que de déclencher, tout seuls dans leur coin, une guerre atomique. De l'autre, s'il ne veut pas être pas foutu vingt ans au trou comme terroriste, il n'a pas d'autre choix que de passer pour un mariole. Le juge, cependant, semble mal disposé à entendre ses arguments et ne démord pas de la version proposée par le FSB, selon laquelle lui et ses six complices constituent une menace sérieuse pour la sécurité du pays.

Cette version, pour tout arranger, est illustrée par un téléfilm que la première chaîne russe diffuse juste au moment de son arrivée à Saratov. Depuis son arrestation, il y a eu le 11 septembre, et cela se sent : le parti national-bolchevik est présenté dans le téléfilm comme une branche d'Al-Quaeda, l'isba de l'Altaï comme ce camp d'entraînement secret, rassemblant des centaines de combattants fanatiques, dont il a effectivement rêvé et à quoi la réalité, il le sait bien, ressemblait si peu. Tout le monde dans la prison a vu *La Chasse au fantôme* (c'est le titre du film), tout le monde sait qu'Édouard en est le héros, et tout le monde se met à le surnommer « Ben Laden » — ce qui est flatteur, bien sûr, mais aussi dangereux.

Saratov, c'est le contraire de Lefortovo : on ne risque pas d'y souffrir d'isolement mais de promiscuité. Bien que les cellules soient prévues pour quatre, on s'y entasse souvent à sept ou huit. Quand Édouard est entré pour la première fois dans la sienne, tous les lits étaient occupés et, sans protester, il a déroulé son matelas par terre, trouvant normal que le dernier arrivé soit le moins bien servi. Cette humilité a surpris, en bien. Il débarque précédé d'une réputation d'intellectuel, de prisonnier politique et de célébrité, trois raisons d'être considéré comme un casse-couilles prétentieux, trois raisons pour que ça se passe mal. Mais il se montre tout de suite un gars simple et direct, ne cherchant qu'à *sidiet'spokoïno*, c'est-à-dire tirer son temps tranquille, sans faire de vagues, sans la ramener, sans s'attirer d'ennuis ni en attirer à quiconque, et chacun apprécie cette sagesse de prisonnier expérimenté, en même temps chacun sent que sous ses airs placides c'est un vrai dur. Pas le genre à dire bêtement, s'il voit quelqu'un bricoler ou faire la popote : « Je peux t'aider ? », mais plutôt à deviner ce qu'il faut faire et à le faire. Évitant les paroles et les gestes inutiles, ne rechignant pas aux corvées, s'il reçoit un colis le partageant, respectant sans qu'on ait besoin de les lui expliquer les règles non écrites qui régentent la vie de la prison. N'en faisant pas trop pour autant, imposant avec une calme autorité sa façon bien à lui de voir et de faire les choses. Cela surprend, au début, qu'il n'accepte jamais une partie de cartes ou d'échecs parce qu'il estime que c'est une perte de temps, et qu'il le passe, ce temps, à lire ou écrire sur sa couchette, mais on comprend vite qu'il n'y a aucun snobisme là-dedans : il est comme ça, c'est tout, et ça ne l'empêche pas d'être toujours disponible quand quelqu'un a besoin d'un coup de main pour une lettre à sa petite amie ou même pour sa grille de mots fléchés. Une semaine après son arrivée, tout le monde est d'accord : c'est un type bien.

Il y a eu des périodes, tandis que j'écrivais ce livre, où je détestais Limonov et où j'avais peur, en racontant sa vie, de me fourvoyer. Me trouvant à San Francisco lors d'une de ces périodes, j'ai parlé de ce que je faisais à mon ami Tom Luddy, et Tom, qui est la personne au monde la plus douée pour établir ce genre de connexions (quelle que soit la question qui vous occupe, il aura un tuyau à vous donner ou quelqu'un de précieux à vous faire rencontrer), a réagi au quart de tour. « Limonov ? J'ai une amie qui le connaît très bien. Demain, si tu veux, on dîne avec elle. » C'est ainsi que j'ai fait la connaissance d'Olga Matitch, une Russe blanche d'une soixantaine d'années qui enseigne la littérature russe à Berkeley et a connu Édouard à l'époque où il vivait aux États-Unis. Quand est paru *Moi, Editchka*, les slavisants, qu'ils soient américains ou français, se sont demandé avec perplexité quoi penser de son auteur, mais, assez vite, ils ont comme un seul homme choisi de le détester. Olga est l'exception, elle n'a jamais rompu avec lui, donne des cours sur son œuvre, va le voir quand elle est à Moscou, lui porte depuis trente ans une affection et une estime indéfectibles, et c'est une exception d'autant plus significative qu'elle m'a fait l'impression d'une femme non seulement intelligente et civilisée, mais profondément bonne. Je sais, ce n'est qu'une impression, mais c'est comme pour Zakhar Prilepine : je m'y fie.

Or voici ce qu'elle m'a dit : « J'en ai connu, vous savez, des écrivains, et surtout des écrivains russes. Je les ai tous connus. Et le seul type bien, vraiment bien, parmi eux, c'était Limonov. *Really, he is one of the most decent men I have met in my life.* »

J'ai entendu le mot *decent*, dans sa bouche, au sens que lui donnait George Orwell quand il parlait de *common decency* : cette haute vertu qui est, disait-il, plus répandue dans le peuple que dans les classes supérieures, extrêmement rare chez les intellectuels, et qui est un composé d'honnêteté et de bon sens, de méfiance à l'égard des grands mots et de respect de la parole donnée, d'appréciation réaliste du réel et d'attention à autrui. Alors, c'est sûr, j'ai beau me fier à Olga, j'ai un peu de mal à voir cette auréole nimber le visage d'Édouard quand il tire sur Sarajevo ou complote avec d'aussi sombres connards que le colonel Alksnis (qu'on se rassure : Olga a du mal elle aussi). Mais à certains moments, oui, je vois ce qu'elle veut dire, et la prison est un de ces moments. Peut-être le plus haut moment de sa vie, celui où il a été le plus près d'être ce qu'il s'est toujours, vaillamment, avec un entêtement d'enfant, efforcé d'être : un héros, un homme vraiment grand.

Ses compagnons sont des prisonniers de droit commun, condamnés à de lourdes peines, pour des crimes lourds. La plupart relèvent de l'article 162 : meurtre avec circonstances aggravantes et, lui qui a toujours respecté les bandits, il est fier d'avoir forcé leur respect. Fier qu'ils voient son parti, non comme un ramassis de jeunes idéalistes, mais comme un gang (« Tu as sept mille hommes ? Putain ! ») ; fier qu'on l'appelle, quand ce n'est pas Ben Laden, « Limon le Caïd » ; et fier par-dessus tout qu'un parrain, discrètement, comme on fait savoir à quelqu'un qu'il ne tiendrait qu'à lui d'entrer à l'Académie, lui ait un jour demandé si ça lui plairait d'être accueilli dans la confrérie des *vory v zakonié*, les voleurs dans la loi, cette aristocratie de

la pègre qui l'a tellement fait rêver dans son adolescence. Tout cela m'en impose sans me surprendre : c'est Édouard tout craché. Ce qui me surprend
davantage, et donne raison à Olga, c'est que dans
les trois livres où il a relaté son séjour en prison il
parle beaucoup moins de lui-même que des autres.
Lui le narcisse, l'égotiste, on le voit s'oublier, oublier
de prendre la pose et s'intéresser sincèrement aux
affaires qui ont valu à ses compagnons d'être là où
ils sont.

Certains lui disent : « Tu es écrivain, tu devrais
écrire mon histoire. » Alors, sans se faire prier, il
l'écrit, et cela donne des dizaines de micro-romans.
Il y a, par exemple, la saga de la bande d'Engels :
huit mafieux qui ont mis en coupe réglée cette
ville industrielle de la région, généreusement flin-
gué rivaux et flics, et écopé pour cela de condamnations allant de vingt-deux ans à perpète. Il y a la
triste, si triste mésaventure du détenu qui attendait sa proche libération, qui depuis des semaines
bassinait les autres en leur décrivant, étape par
étape, le chemin qui le conduirait à sa fiancée, mais
la veille du grand jour il reçoit d'elle une lettre où
elle lui avoue qu'elle s'est mise en ménage avec un
autre homme — et tout en faisant ce qu'il peut
pour réconforter le pauvre garçon, Édouard bien
entendu pense à Nastia. Il y a l'histoire affreuse
des deux cousins qui ont violé et tué une fillette de
onze ans. Ces deux adolescents provinciaux, dont
l'un est attardé mental, il les a côtoyés. Il a senti
flotter autour d'eux l'aura de misère et de honte
qui entoure les criminels sexuels. Il a reconstitué,
fasciné, « comment deux très jeunes mâles solitai-

445

res en viennent à casser une fine et gracieuse poupée parce qu'ils ne savent pas comment la manier ». Et quand, avant de quitter Saratov, un de ces garçons qui va passer le reste de sa vie à se faire martyriser dans un camp à régime ultra-sévère lui glisse : « Bonne chance, Edik », il est troublé, bouleversé même : ce viatique-là, il en veut bien.

« J'en ai croisé beaucoup, écrit-il, de ces hommes forts et méchants qui ont tué et maintenant sont torturés par l'État. Je suis leur frère, un petit moujik comme eux, ballotté par le vent mauvais des prisons. Vous me l'avez demandé, j'écris pour vous, les gars, les hôtes des oubliettes. Je ne vous juge pas. Je suis l'un d'entre vous. »

C'est vrai, il ne juge pas. Il est sans illusions, sans compassion, mais attentif, curieux, serviable à l'occasion. De plain-pied. Présent. Je pense à mon ami, le juge Étienne Rigal : le plus grand compliment qu'il puisse faire à quelqu'un, c'est de dire qu'il sait où il est. S'il y a une personne au monde de qui je n'aurais jamais songé à le dire, c'est Limonov, qui avec tout son courage et son énergie vitale me semble être la plupart du temps à côté de la plaque. Mais en prison, non. En prison, il n'est pas à côté de la plaque. Il sait où il est.

Autre citation, que j'aime bien : « Je fais partie des gens qui ne sont perdus nulle part. Je vais vers les autres, les autres vont vers moi. Les choses se mettent en place naturellement. »

Un de ceux avec qui il s'entend le mieux est un certain Pacha Rybkine. À trente ans, ce colosse au crâne rasé en a déjà passé dix en prison et, comme il le dit joliment, « vit entouré de crimes comme les habitants d'une forêt vivent entourés d'arbres ». Cela ne l'empêche pas d'être un homme paisible, d'humeur toujours joyeuse, en qui se mêlent les traits du fol en Christ russe et de l'ascète oriental. Été comme hiver, même quand le thermomètre dans la cellule descend au-dessous de zéro, il est en short et tongs, il ne mange pas de viande, il ne boit pas de thé mais de l'eau chaude et pratique d'impressionnants exercices de yoga. On l'ignore souvent, mais énormément de gens, en Russie, font du yoga : encore plus qu'en Californie, et cela dans tous les milieux. Pacha, très vite, repère en « Édouard Veniaminovitch » un homme sage. « Des gens comme vous, lui assure-t-il, on n'en fait plus, en tout cas je n'en ai pas rencontré. » Et il lui apprend à méditer.

On s'en fait une montagne quand on n'a jamais essayé mais c'est extrêmement simple, en fait, et peut s'enseigner en cinq minutes. On s'assied en tailleur, on se tient le plus droit possible, on étire la colonne vertébrale du coccyx jusqu'à l'occiput, on ferme les yeux et on se concentre sur sa respiration. Inspiration, expiration. C'est tout. La difficulté est justement que ce soit tout. La difficulté est de s'en tenir à cela. Quand on débute, on fait du zèle, on essaie de chasser les pensées. On s'aperçoit vite qu'on ne les chasse pas comme ça mais on regarde leur manège tourner et, petit à petit, on est un peu moins emporté par le manège. Le souffle, petit à petit, ralentit. L'idée est de l'observer sans le modifier et c'est, là aussi, extrêmement difficile, presque impossible, mais en pratiquant on progresse un peu, et un peu, c'est énorme. On entrevoit une zone de calme. Si, pour une raison ou pour une autre, on n'est pas calme, si on a l'esprit agité, ce n'est pas grave : on observe son agitation, ou son ennui, ou son envie de bouger, et en les observant on les met à distance, on en est un peu moins prisonnier. Pour ma part, je pratique cet exercice depuis des années. J'évite d'en parler parce que je suis mal à l'aise avec le côté *new age*, soyez zen, toute cette soupe, mais c'est si efficace, si bienfaisant, que j'ai du mal à comprendre que tout le monde ne le fasse pas. Un ami plaisantait récemment, devant moi, au sujet de David Lynch, le cinéaste, en disant qu'il était devenu complètement zinzin parce qu'il ne parlait plus que de la méditation et voulait persuader les gouvernements de la mettre au programme dès l'école primaire. Je n'ai rien dit mais il me semblait évident que le zinzin, là-dedans, c'était mon ami, et que Lynch avait totalement raison.

Du jour, en tout cas, où le bon et sage bandit Pacha Rybkine lui a expliqué le truc, Édouard avec son pragmatisme habituel en a saisi l'utilité, et il intègre à son rigoureux emploi du temps des plages de méditation. Au début, il s'assied en lotus sur son châlit, les yeux clos, mais une fois le pli pris il découvre que cela peut se faire partout, discrètement, sans avoir besoin de se mettre dans cette posture un peu ostentatoire dont abusent les campagnes publicitaires, que ce soit pour des eaux minérales ou pour des polices d'assurance. Dans les divers sas, clapiers métalliques et paniers à salade qui jalonnent le trajet du prisonnier entre sa cellule et le bureau du juge d'instruction, parmi les aboiements des chiens-loups, les suffocantes odeurs de pisse et les jurons matinaux des hommes d'escorte, il apprend à se retirer en lui-même et à atteindre la zone où il est tranquille, hors d'atteinte. S'il y a une personne, là encore, que je n'aurais pas imaginé s'adonnant à cet exercice, c'est bien lui, mais je pense qu'il est pour beaucoup dans l'équanimité remarquable dont il a fait preuve en prison. Je pense aussi que la rencontre de Zolotarev et l'étrange expérience qu'il a faite dans l'Altaï après avoir appris sa mort l'ont préparé à accepter ce cadeau, et il ne faudrait pas me pousser beaucoup pour que je dise que c'est le trappeur qui, de là où il est, le lui a envoyé.

3

Le soir du 23 octobre 2002, ses compagnons de cellule regardent à la télé un de ces films policiers qu'ils adorent, malgré les tentatives d'Édouard pour leur faire prendre conscience de ce qu'ils ont, pour eux, d'insultant : les flics y sont montrés comme des héros, les délinquants comme des monstres, ils savent très bien que ce n'est pas vrai — mais peu importe, ils ne s'en lassent pas. Soudain, le programme est interrompu et, au son d'une musique dramatique, on annonce qu'à Moscou les acteurs et le public d'un théâtre ont été pris en otages par un commando de terroristes tchétchènes. Les autres s'en foutent, la réalité les intéresse moins que leurs fictions idiotes et ils éteindraient bien la télé, mais Édouard s'y oppose et, journal après journal, ne manquera rien de ce qui se passera dans les cinquante-sept heures suivantes, jusqu'à l'attaque au gaz lancée à l'aube du 26 contre les huit cents personnes présentes dans le théâtre, terroristes et otages confondus.

Si l'affaire le passionne et l'inquiète tellement, c'est évidemment parce que lui-même est inculpé de terrorisme, que son procès approche et que la paranoïa qui déferle sur le pays ne va pas arranger ses affaires. C'est aussi parce qu'en regard de la montagne de cadavres gazés par les forces spéciales, les forfaits de ses compagnons de captivité semblent bien pâles, et il ne cessera par la suite de revenir à la comparaison entre des crimes commis dans un instant de passion ou d'ivresse que leurs auteurs paieront toutes leurs vies et des crimes d'État, pour quoi on vous décore. Mais ce qui frappe le plus, dans les notes qu'il a prises au jour le jour pendant la tragédie de la Doubrovka, c'est que son analyse, à chaud, sans autre information que celles que donne la télé, concorde exactement avec celle d'une femme qu'il ne connaît pas, que s'il la connaissait il n'aimerait sans doute pas, et qui a pu suivre tout cela de beaucoup plus près : Anna Politkovskaïa. Comme elle, il redoute dès le début un bain de sang. Quand ce bain de sang a lieu, il devine comme elle, du fond de sa cellule à Saratov, que les officiels mentent, qu'il y a beaucoup plus de victimes qu'ils ne l'avouent et que ces victimes, on n'a rien tenté pour les sauver. Quand, avec un mouvement de menton viril, Poutine déclare que « face à la menace terroriste, peu importent les pertes, nous ne nous laisserons pas faire, qu'on se le tienne pour dit ! », il se rappelle comme elle la rumeur insistante selon laquelle les terribles attentats de 1999 n'ont pas été commis par des Tchétchènes mais par le FSB, avec l'aval du président, et il finit comme elle par traiter celui-ci de « fasciste ». C'est la première fois, à ma connaissance, qu'il utilise ce mot en mauvaise part.

La petite Nastia vient de Moscou pour un parloir : une demi-heure, séparés par une vitre. Elle a vingt ans, elle est toute mignonne dans sa veste chinoise, avec sa longue natte noire. Elle lui parle de la faculté de journalisme où elle s'est inscrite en première année et des petits jobs qu'elle fait pour payer ses études : vendre des glaces, soigner des chiens dans un chenil. Elle lui demande s'il est d'accord pour qu'elle ait un pitbull, à la maison. Il consent en riant : « Je préfère que tu ramènes un chien plutôt qu'un mec. »

A-t-il le droit de répondre ça ? Le doute à ce sujet le tourmente. Parfois, il pense que la sagesse, la noblesse aussi, serait de lui dire : « Ne m'attends pas. Éloigne-toi. Tu as ta vie à faire et tu ne la feras pas avec moi. Nous avons quarante ans de différence et Dieu sait dans combien de temps je sortirai d'ici. Trouve-toi un garçon de ton âge, pense à moi quelquefois, je te bénirai. » Pourtant il n'arrive pas à prononcer ces mots. Pas seulement parce qu'il tient à elle, parce qu'aucun détenu, dans aucune prison au monde, ne repoussera jamais l'amour d'une femme, mais aussi, mais surtout — c'est du moins ce qu'il pense — parce que prononcer ces mots, ce serait l'insulter. Ce serait traiter cette vaillante petite fille en personne ordinaire, soumise aux lois communes, alors qu'elle veut, de toutes ses forces, être une personne extraordinaire, une héroïne, la seule femme digne du héros qu'il est, la seule qui en dépit de l'adversité tiendra bon et, là où toutes les autres l'auraient trahi, lui restera fidèle.

« Tu sais, dit-elle, la plus jeune femme du prophète Mahomet, quand elle l'a rencontré, elle jouait encore à la poupée.

— À la poupée ? Vraiment ? Mais dis-moi : tu as l'intention de m'attendre longtemps ? »

Elle le regarde, candide, étonnée. Personne ne l'a jamais regardé ainsi. Personne ne l'a jamais aimé ainsi.

« Je t'attendrai toujours. »

Le 31 janvier 2003, le procureur du parquet général de la Fédération de Russie, un certain Verbine dont Édouard note qu'il ressemble à une tronçonneuse dressée verticalement, requiert contre l'accusé Savenko une peine de dix ans de réclusion criminelle au titre de l'article 205, de quatre ans au titre de l'article 208, de huit ans au titre de l'article 222, paragraphe 3, et de trois ans au titre de l'article 280, ce qui additionné fait vingt-cinq ans. Dans sa grande clémence, le procureur propose de les réduire à quatorze. L'accusé Savenko, qui a d'un bout à l'autre du procès plaidé non coupable, se force à écouter le réquisitoire sans ciller mais, intérieurement, il s'effondre. Il n'a même pas tiré deux ans, si le juge suit le procureur il en aura soixante-quinze quand il sortira. Courage et volonté n'y changent rien, un homme de soixante-quinze ans qui sort après quatorze ans de taule en Russie, il sait à quoi ça ressemble : à un mort-vivant.

Un second coup de massue s'abat sur sa tête, trois jours plus tard. Aux informations, la chaîne NTV annonce la mort de Natacha Medvedeva, ex-épouse d'Édouard Limonov et figure du rock alternatif, dont le journaliste parle comme d'une sorte de Nico russe. Il n'est pas clairement dit qu'elle est morte d'une overdose mais tout le laisse entendre. Une fois, il y a longtemps, quand ils vivaient encore ensemble, Édouard et elle ont comparé les différentes façons de se suicider et conclu que l'héroïne, c'est ce qu'il y a de mieux : le grand flash extatique, la paix, enfin. Après Anna, Natacha... Est-ce lui qui tombe amoureux de femmes vouées à une fin tragique, ou est-ce qu'elles ont fini tragiquement parce qu'elles l'ont rencontré, aimé, perdu ? Il pense que Natacha, comme Anna et même comme Elena, toute comtesse italienne qu'elle soit devenue, n'a jamais cessé de l'aimer, et peut-être même qu'elle a décidé d'en finir en apprenant la peine effrayante qui vient d'être requise contre lui. Il se rappelle son corps, ses jambes ouvertes, leur façon sauvage et quasi incestueuse de faire l'amour ensemble. Il pense qu'il ne refera peut-être jamais l'amour et, prostré sur sa couchette, en position non plus de lotus mais de fœtus, il berce sa détresse en chantonnant, très bas, cette petite ballade qu'il vient de composer :

Quelque part ma Natachenka
sous une petite pluie tiède
pieds nus à présent se promène.
Là-haut, sur un nuage,
le bon dieu joue d'un coutelas
jetant des reflets sur son visage.
Ba-da-da-da ! Boum-boum-boum-boum !
chante Natacha toute nue.
Elle avance ses lèvres lippues,
Elle agite ses grandes mains mortes,
Elle entrouvre ses longues jambes mortes
Elle se hâte vers le paradis,
le corps tout nu et ruisselant.

4

Avec ses palissades peintes de couleurs pimpantes à la place des grillages, ses haies de rosiers et ses lavabos imités de Philippe Starck, la colonie pénitentiaire numéro 13, à Engels, est le camp de travail dont j'ai parlé au début de ce livre, qu'on fait visiter aux défenseurs des droits de l'homme afin qu'ils s'en retournent convaincus des progrès de la condition carcérale en Russie. Ainsi en 1932, au plus fort d'une famine telle que les paysans en venaient à tuer leurs enfants, H.G. Wells concluait de l'excellent repas qu'on lui avait servi à Kiev qu'on mangeait bien, ma foi, en Ukraine. Dans le milieu des prisonniers russes, Engels a en réalité si mauvaise réputation que certains se sont automutilés dans l'espoir de ne pas y échouer. Édouard n'en estime pas moins qu'il a eu de la chance, il faut dire qu'il revient de loin : deux mois après que le procureur Verbine a requis quatorze ans contre lui, le juge l'a condamné à quatre, dont il a déjà fait la moitié. Plus que deux ans à tirer alors qu'on se préparait à douze, c'est un miracle, et il est plus que jamais décidé à se tenir à carreau, à ne donner prise à aucune des provocations d'officiers et de matons que pourrait agacer sa célébrité. Il sait qu'à tout moment un type de mauvais poil peut vous tomber dessus et sous n'importe quel prétexte vous coller une semaine au mitard, ou pire encore. Parmi les histoires effrayantes qui circulent à Engels, il y a celle du détenu qui, la veille d'être libéré, a eu le malheur de croiser un sous-officier ivre. Le sous-officier ivre l'a trouvé mal rasé et, par caprice, pour montrer qui est le patron, il lui a rallongé sa peine d'un an. Comme ça, dans l'arbitraire le plus total, par une procédure interne au camp, et on peut toujours, ensuite, en référer au juge : avant que le juge casse la décision, on a le temps de se prendre encore dix ans de rabiot. C'est pourquoi Édouard, à Engels, travaille à se rendre invisible et, comme son grand talent dans la vie est de tirer profit de tout ce qui lui arrive, il ne tarde pas à trouver ça intéressant.

Lefortovo et Saratov ont fait de lui un expert de la prison, en revanche c'est un bleu du camp et ce qu'il y découvre, c'est que la condition de *zek* n'a guère varié depuis la description qu'en a faite Soljenitsyne. Comme celle d'Ivan Denissovitch, la journée d'Édouard Veniaminovitch commence à 5 h 30, quand une sirène sonne le réveil. En fait, elle commence un peu plus tôt, car il se réveille, de lui-même, à 5 heures. Alors qu'ils ronflent tous encore dans le baraquement, lui seul, allongé comme un gisant sous sa couverture, observe son souffle. Ce moment lui appartient, il l'aime, il en jouit. Il n'a pas de montre, pas besoin de regarder l'heure pour savoir, à la minute près, combien de temps il lui reste avant le branle-bas de combat. À son approche, il se sent comme un moteur qui attend la clé de contact. Et voilà, la sirène hurle, les matons hurlent et jurent, les occupants des châlits d'en haut dégringolent sur ceux d'en bas, ça s'engueule, c'est parti.

D'abord, c'est la ruée de tout le baraquement vers les toilettes, avec une pause cigarette dans la cour. Comme il est un des rares à ne pas fumer, Édouard en profite pour aller chier dans le peloton de tête. Si son transit est d'une exemplaire régularité, il a remarqué que sa merde pue davantage ici qu'à l'extérieur, et même qu'elle ne puait en prison. Il a remarqué aussi que si la merde des *zeks* pue, leurs poubelles en revanche ne sentent rien. C'est qu'hormis les mégots elles ne contiennent rien d'organique, tout ce qui est organique étant plus ou moins comestible et tout ce qui est comestible étant mangé : telle est la loi du camp.

À 6 h 30, c'est le premier appel, sur le terre-plein central. Nom, prénom, prénom du père, articles de la condamnation. Il y a trois appels par jour et, comme ils sont huit cents, chacun de ces appels dure une bonne heure. En été, ça va, on bronze —

l'hiver, c'est plus dur. Édouard s'estime chanceux d'être arrivé au camp d'Engels au mois de mai, ça lui a permis de s'habituer progressivement. Après l'appel vient la *zariadka*, la demi-heure de gymnastique collective, puis — enfin ! — l'heure du petit déjeuner. Huit cents *zeks* au crâne rasé se succèdent par fournées dans l'immense réfectoire. Cliquetis de cuillers, lapements, querelles aussitôt étouffées, et par-dessus tout cela une musique indéfinissable, entre *hard rock* et pot-pourri symphonique, dont les accents martiaux devraient, pense Édouard, inciter à la révolte, à casser tout, à ficher des têtes sur des piques, mais non : le dos rond, protégeant leurs écuelles en fer-blanc de leurs bras comme si on risquait de voler leur pitance, les *zeks* enfournent en silence *kacha* et soupe clairette, avec un peu de pain noir. Cette nourriture sans vitamines leur donne le teint gris, à leur merde l'odeur malsaine qu'a remarquée Édouard et, sans qu'ils crèvent de faim, leur ôte toute énergie. C'est certainement voulu.

À la différence des prisons qu'il a connues, Engels est un camp de travail et même de réhabilitation par le travail : après le petit déjeuner, il faut s'y mettre. Le propre de ce travail est qu'en règle générale il ne sert à rien. Juste après l'arrivée d'Édouard, des pluies abondantes sont tombées, inondant en permanence les bâtiments. Le sol doit être sec pour chacun des trois appels quotidiens, a décrété l'administration, sans quoi tout le monde sera privé de télé — Édouard personnellement s'en fout, mais pour les autres ce serait une tragédie. Le résultat est un spectacle de film burlesque : des processions de détenus écopant avec des verres à eau, du matin au soir, des flaques sans cesse renouvelées. Édouard a d'abord pensé qu'il serait plus rationnel d'améliorer par un travail de maçonnerie le système d'écoulement des eaux. Il a même pensé en faire la remarque, mais heureusement s'en est abstenu, comprenant à temps que si l'administration pénitentiaire ne se comporte pas comme un employeur rationnel, c'est parce que le travail de Sisyphe est une vieille tradition des camps : rien n'est plus déprimant, ont observé tous les vétérans du Goulag, que de s'échiner à une tâche inutile et absurde, comme creuser un trou, puis un autre pour mettre la terre du premier, et ainsi de suite. Le bon *zek* est un *zek* abattu, sans ressort : cela aussi est voulu.

À soixante ans, Édouard est considéré comme retraité et à ce titre dispensé des travaux de force, mais on ne le laisse pas pour autant écrire, lire ou méditer comme il pouvait le faire à Lefortovo et Saratov. Jusqu'au soir, il lui est défendu de regagner sa baraque, ses livres et ses cahiers, et il doit s'adonner à des tâches de nettoyage, absurdes aussi. Récurer à fond, vraiment à fond, une rangée de chiottes, cela demande au maximum une heure. On lui en donne quatre pour le faire. Très bien, il y mettra quatre heures. Quatre fois sur le métier il remettra l'ouvrage, aucune cuvette au monde ne brillera davantage, et personne ne le verra, ne serait-ce qu'une minute, bayer aux corneilles.

Ce zèle n'est pas seulement extérieur. Intérieurement, il ne chôme pas non plus. Les occupations fastidieuses et répétitives favorisent la rêverie, et saint Pacha Rybkine, le yogi de Saratov, l'a mis en garde : la rêverie, c'est l'exact contraire de la méditation. Petit bruit de fond mental dont la plupart des gens n'ont même pas conscience alors que c'est la pire des pertes de temps et d'énergie. Pour y échapper, soit il compte ses respirations, les allonge, se concentre sur le trajet de l'air, des narines au bas-ventre et retour, soit il se récite en prêtant attention à chaque vers des poèmes qu'il connaît par cœur, soit, le plus souvent, il écrit. Dans sa tête, bien sûr, comme le faisait cinquante ans avant lui Soljenitsyne : composant phrase par phrase, paragraphe par paragraphe, chapitre par chapitre, les mémorisant au fur et à mesure, et de la sorte améliorant chaque jour les performances d'un disque dur déjà impressionnant.

Le règlement de la colonie n'interdit pas d'écrire, théoriquement, mais d'une part il dispose de peu de temps, au plus une heure le soir, pour sauvegarder le travail de la journée, d'autre part cela excite la curiosité des matons, et cette curiosité n'est pas respectueuse comme dans ses prisons précédentes. Une fois, un de ces types butés et soupçonneux a exigé de voir son cahier, l'a feuilleté dans un silence lourd de menaces, pour finir lui a demandé : « Tu parles de moi, là-dedans ? » Édouard a eu chaud, ce jour-là, et ne prend plus depuis que des notes diplomatiquement édulcorées. Il compte sur sa mémoire pour les compléter quand il sera sorti.

Il fait bien. Juste avant sa libération, ses cahiers disparaîtront mystérieusement et il sera obligé de récrire d'un bout à l'autre, sans aucune note, le livre composé à Engels. Il n'en est que meilleur, estime-t-il.

5

Comment raconter ce que je dois raconter à présent ? Cela ne se raconte pas. Les mots se dérobent. Si on ne l'a pas vécu, on n'en a pas la moindre idée, et je ne l'ai pas vécu. Je connais, en dehors d'Édouard, une personne qui l'a vécu. C'est mon meilleur ami, Hervé Clerc. Il en a parlé dans un livre qui est aussi un essai sur le bouddhisme et s'intitule *Les choses comme elles sont*. Je préfère ses mots à ceux d'Édouard mais c'est de l'expérience d'Édouard que je dois dire quelque chose ici. Essayons.

Il se rappelle très bien l'instant d'avant. Un instant ordinaire, de ceux qui tissent le temps ordinaire. Il est occupé à nettoyer l'aquarium qui se trouve dans le bureau d'un officier supérieur. Tous les bureaux d'officiers supérieurs, dans l'administration pénitentiaire, sont équipés d'un aquarium. Aiment-ils tous les poissons ? Pourraient-ils, s'ils ne les aiment pas, demander qu'on retire l'aquarium ? Plus probablement, ils n'y pensent pas. Édouard, pour sa part, aime bien nettoyer les aquariums, c'est moins sale et plus amusant que les chiottes. Avec une épuisette, il a transféré les poissons dans un baquet, vidé l'eau seau par seau, l'aquarium est à sec maintenant et il en récure les parois avec une éponge. Tout en s'adonnant à cette tâche, il travaille sa respiration. Il est calme, concentré, présent à ce qu'il fait et à ce qu'il ressent. Il n'attend rien de particulier.

Et puis sans crier gare tout s'arrête. Le temps, l'espace : pourtant ce n'est pas la mort. Rien de ce qui l'entoure n'a changé d'aspect, ni l'aquarium, ni les poissons dans leur baquet, ni le bureau de l'officier, ni le ciel par la fenêtre du bureau de l'officier, mais c'est comme si tout cela n'avait jusqu'à présent été qu'un rêve et devenait d'un seul coup absolument réel. Porté au carré, révélé, en même temps annulé. Il est aspiré par un vide plus plein que tout ce qui au monde est plein, par une absence plus présente que tout ce qui remplit le monde de sa présence. Il n'est plus nulle part et il est totalement *là*. Il n'existe plus et il n'a jamais été à ce point vivant. Il n'y a plus rien, il y a tout.

On peut appeler ça une transe, une extase, une expérience mystique. Mon ami Hervé dit : c'est un rapt.

J'aimerais être plus long, plus détaillé, plus convaincant là-dessus, mais je vois bien que je ne peux qu'accumuler les oxymores. Obscure clarté, plénitude du vide, vibration immobile, je pourrais continuer longtemps comme ça sans que le lecteur ni moi en soient plus avancés. Ce que je peux simplement dire, en rapprochant leurs expériences et leurs mots, c'est qu'Édouard et Hervé savent d'une absolue certitude qu'ils ont, l'un dans un appartement parisien, il y a trente ans, l'autre dans le bureau de l'officier dont il nettoyait l'aquarium à la colonie pénitentiaire n° 13 d'Engels, eu accès à ce que les bouddhistes nomment le *nirvana*. Le réel pur, sans filtre. Alors, de l'extérieur, on peut toujours objecter : oui, mais qu'est-ce qui vous prouve que ce n'était pas une hallucination ? une illusion ? une contrefaçon ? Rien, hormis l'essentiel, c'est que quand on y a été on sait que c'est pour de bon, que cette extinction-là et cette lumière-là ne s'imitent pas.

Ils disent autre chose encore : que quand on est happé, emporté, soulevé jusque-là, on ressent, pour autant qu'il demeure quelqu'un pour ressentir, quelque chose qui est de l'ordre d'un immense soulagement. Congédiés, le désir et l'angoisse qui sont le fond de la vie d'homme. Ils reviendront, bien sûr, car à moins d'être un de ces éveillés dont les Hindous affirment qu'il y en a un par siècle, on ne peut s'établir dans cet état. Mais on a goûté à ce qu'est la vie sans eux, on sait de première main ce que c'est qu'être *tiré d'affaire*.

Ensuite on redescend. On a vécu en un éclair toute la durée du monde et son abolition, et on retombe dans le temps. On retrouve le vieil attelage : désir, angoisse. On se demande : « Qu'est-ce que je fais là ? » Alors on peut passer, comme Hervé, les trente années qui suivent à digérer, pensif, cette expérience incomparable. Ou on peut, comme Édouard, retourner à sa baraque, s'allonger sur son châlit et, dans son cahier, écrire ceci :

« J'attendais cela de moi. Aucun châtiment ne peut m'atteindre, je saurai le transformer en félicité. Quelqu'un comme moi peut même tirer jouissance de la mort. Je ne retournerai pas aux émotions de l'homme ordinaire. »

J'ai écrit ce passage délicat chez Hervé, en Suisse, dans le chalet où nous nous retrouvons deux fois par an pour arpenter les montagnes du Valais. Et dans la bibliothèque de ce chalet, j'ai trouvé un recueil d'articles consacré à Julius Evola. Evola, pour aller vite, était un fasciste italien d'une grande envergure intellectuelle, à la fois nietzschéen et bouddhiste, ce qui en fait un des héros des fascistes cultivés à la Douguine. Du fatras d'érudition traditionaliste répandu dans ce recueil émerge un beau texte de Marguerite Yourcenar. J'y ai noté ceci, qui m'a frappé et que je n'ai pu m'empêcher de rapporter à Édouard :

« Tout détournement des forces acquises par des disciplines mentales au profit de l'avidité, de l'orgueil et de la volonté de puissance n'annule pas ces forces, mais les fait retomber *ipso facto* dans un monde où toute action enchaîne et où tout excès de force se retourne contre le détenteur de celui-ci [...]. Il semble évident que le baron Julius Evola, qui n'ignorait rien de la grande tradition tantrique, n'a jamais songé à se munir de l'arme secrète des lamas tibétains : le poignard-à-tuer-le-Moi. »

6

Édouard est convoqué chez le directeur. Une telle convocation, pour un *zek*, est a priori de mauvais augure. Il n'a vu le directeur que le jour de son arrivée et il aimerait autant s'en tenir là. Cette fois, cet homme connu pour sa froideur le reçoit avec politesse et lui annonce la visite d'une de ces délégations auxquelles on aime tant montrer la colonie. Un des membres de la délégation, le conseiller-du-président-pour-les-droits-de-l'homme Pristavkine, a exprimé le désir de rencontrer le détenu Savenko. Le détenu Savenko est-il d'accord ?

Le détenu Savenko n'en revient pas. D'abord qu'on lui demande son avis car un *zek* n'a pas à être d'accord ou pas d'accord, seulement à filer doux, ensuite de l'intérêt pour lui de ce Pristavkine. C'est un *apparatchik* culturel, gorbatchévien bon teint, qu'il connaît pour l'avoir affronté lors d'un débat sur les crimes du communisme. Ils se sont violemment engueulés, Édouard a traité Pristavkine de traître et de vendu, et Pristavkine par la suite n'a pas manqué une occasion de s'en prendre à lui, le fasciste, au point d'écrire dans la *Literatournaïa Gazeta* : « Qu'il reste donc en prison, c'est là qu'il est le mieux. »

Édouard se méfie donc, et du bonhomme, et de la mauvaise impression que cette élection peut faire autour de lui. Il accepte pourtant et, le jour venu, se retrouve dans une salle d'attente jouxtant le bureau du directeur avec une dizaine de détenus bien rasés, bien propres, visiblement triés sur le volet afin de faire bon effet à la délégation. Ils attendent sans rien dire, sans oser se regarder, embarrassés d'être là. Enfin arrivent les délégués, dont on voit à leur teint vermeil qu'ils sortent d'un déjeuner bien arrosé. Ils passent une demi-heure à demander aux détenus si ça va, s'ils sont bien traités — ce qui, en son for intérieur, fait ricaner Édouard : sont-ils assez idiots pour imaginer qu'un *zek*, en présence du directeur et sachant ce qui l'attend dès que les visiteurs auront le dos tourné, aura le courage de répondre que non, ça ne va pas ? Qu'on le traite mal ? Du coin de l'œil, il observe Pristavkine, qui du coin de l'œil l'observe aussi. Depuis la dernière fois qu'ils se sont vus, il a perdu des cheveux, pris de l'embonpoint et de la couperose : la vie d'aventurier conserve mieux, pense le svelte Édouard, que celle d'*apparatchik*. Enfin, Pristavkine dit au directeur, mais à voix assez haute pour que tout le monde entende, qu'il aimerait s'entretenir en tête à tête avec le détenu Limonov.

« Savenko », corrige l'intéressé.

« Mais bien sûr, s'empresse le directeur. Allez dans mon bureau. »

Les deux hommes s'y retirent, sous le regard ébahi des autres. Un moment de flottement : on s'assied où ? S'il ne tenait qu'à Édouard, il resterait debout tandis que le visiteur prendrait place dans le fauteuil directorial — c'est la réalité de leurs situations et si on lui proposait de les échanger il n'accepterait pas —, mais Pristavkine le prend par le bras et ils s'installent tous deux sur une banquette, devant une table basse, comme de vieux amis.

« Cigare ? » propose Pristavkine. Édouard dit qu'il ne fume pas. « Bon, reprend Pristavkine, l'haleine chargée de cognac, ça a assez duré, cette plaisanterie. Vous êtes un grand écrivain russe, Édouard Veniaminovitch. Votre *Livre des eaux* est un chef-d'œuvre. Si, si, laissez-moi le dire : un chef-d'œuvre.

D'ailleurs, les connaisseurs ne s'y trompent pas. Vous avez vu que vous êtes sur la *shortlist* du Booker Prize ? Le PEN Club se soucie de votre sort et, bien sûr, les organes ne le reconnaîtront jamais officiellement, mais cette accusation de terrorisme, ça ne tient pas debout. Les temps changent, il ne faut pas se tromper de cible. La véritable criminalité, aujourd'hui, est économique : quelqu'un comme Mikhaïl Khodorkovski, qui détourne des milliards de dollars, oui, c'est un criminel, et de la pire espèce, qu'on a eu mille fois raison de mettre en prison. Mais un artiste comme vous, Édouard Veniaminovitch, un maître de la prose russe… Votre place n'est pas parmi des assassins.

— Certains sont des gens très bien, dit Édouard.

— Ah bon ? Vous trouvez que les assassins sont des gens bien ? » Pristavkine s'esclaffe avec bonhomie. « C'est une opinion d'écrivain. Dostoïevski disait ça aussi… En tout cas, on a été trop sévère avec vous. Mais ne vous inquiétez pas, Édouard Veniaminovitch, on va arranger ça.

— Je ne suis pas contre, dit prudemment Édouard.

— Eh ! Qui le serait ? Maintenant, ce qui faciliterait les choses, ce serait que vous vous reconnaissiez coupable. Ne faites pas cette tête-là, je sais que vous avez refusé de le faire à votre procès, mais entendez-moi bien : ce serait purement formel, histoire de ne pas faire perdre la face à nos amis du FSB, vous savez comme ils sont susceptibles. À la limite, personne ne le saura. Ce sera dans votre dossier et voilà tout. Vous reconnaissez ça, et dans un mois, deux tout au plus, vous êtes dehors. »

Édouard le regarde, essayant de deviner sur son visage si c'est un piège. Puis il secoue la tête : plus qu'à la liberté, il tient à sa réputation de dur qui ne se couche pas.

« Réfléchissez », dit Pristavkine.

Après cette visite, son sort est incertain et le fait qu'on en décide en haut lieu lui vaut un statut bizarre : respect, jalousie, idée qu'il vaut mieux ne pas s'y frotter. Quand on lui en parle, il minimise : ce Pristavkine devait être bourré, tout cela n'aura pas de suite.

Il se trompe, et son avocat, en venant le voir de Moscou, le lui confirme. L'opinion s'est retournée en sa faveur. On ne le voit plus comme un terroriste mais, oui, comme une sorte de Dostoïevski, écrivant de grands livres du fond de la maison des morts, et l'opportuniste Pristavkine a dû se dire que c'était une occasion rêvée de jouer au libéral. Édouard, cependant, s'obstine à refuser la condition qu'on lui a posée. Il y va, estime-t-il, de son honneur. L'avocat propose une solution casuiste : on élude la question de la culpabilité, on insiste en revanche sur le fait qu'il n'a jamais contesté le verdict.

Comme ça, d'accord, consent Édouard.

Ensuite, ça va très vite. Trop vite, même. Il s'était installé dans le rythme d'une longue peine, il y avait ajusté ses pensées, ses projets, jusqu'à son métabolisme, et voilà qu'on lui annonce que dans dix jours, dans huit, dans trois, c'est fini, on replie le décor, on congédie les figurants, on passe à un autre film. Le directeur ne le convoque pas, mais l'*invite* à passer dans son bureau et le traite désormais en VIP — comme si, avant, c'était une blague, un jeu de rôles qu'on peut, la partie terminée, commenter entre gens de bonne compagnie. Il lui fait signer son exemplaire du *Livre des eaux*, s'inquiète du souvenir que l'ex-détenu de marque gardera de son établissement. « Je n'hésiterai pas à le recommander à mes amis », répond Édouard, et le directeur s'enchante de tant d'esprit : « Vous le recommanderez à vos amis ! Ah ah ! Quel plaisantin vous faites, Édouard Veniaminovitch ! »

Les libérations anticipées, à Engels, sont rares, et la sienne sent tellement le piston qu'il est gêné auprès de ses compagnons. Après avoir tout fait, en toute sincérité, pour leur montrer qu'il est un petit moujik comme eux, ballotté par le vent mauvais des prisons, il n'est pas loin de se voir, dans leurs yeux, comme un de ces journalistes qui le temps d'un reportage jouent au sans-abri ou au taulard et, leur safari terminé, disent aux copains : « Ciao, les gars, c'était super, je penserai à vous, je vous enverrai du foie gras pour Noël » — promesse qu'en général ils oublient. Quelqu'un comme ça, Édouard le toiserait avec dégoût, et il est à la fois soulagé et surpris de constater que personne à Engels ne lui en veut et même que son prestige monte en flèche. Ils sont tout contents, apparemment, de connaître un type important dont les affaires se règlent par des magouilles au plus haut niveau, de pouvoir raconter qu'ils l'ont connu, et c'est finalement lui que tant de candeur dégoûte un peu.

La veille de sa libération, il est autorisé à reprendre sa valise à la consigne. Cette valise est un de ses fétiches. Il l'a fauchée à Steven en quittant New York pour Paris, elle l'a suivi partout, à la guerre, dans l'Altaï, dans ses prisons successives, et elle contient deux chemises, une noire et une blanche. Le soir, il y a un pot d'adieu dans la baraque, des embrassades, des tapes dans le dos, et on discute longuement laquelle des deux chemises convient le mieux pour sa sortie. La question a d'autant plus importance que l'événement doit être filmé : la télé en a fait la demande, Édouard hésitait mais le directeur a beaucoup insisté et les détenus, quant à eux, sont excités par cette perspective comme des enfants à qui on a promis de les emmener au cirque.

« Il faut que tu mettes la blanche, c'est plus chic, dit Anton, un gentil garçon condamné à trente ans pour meurtre aggravé d'actes de barbarie.

— Mais, Anton, objecte Édouard, je sors de prison, pas d'une boîte de nuit.

— Quand même, il faut être chic : tu es un écrivain célèbre.

— Il n'y a pas d'écrivain célèbre ici, seulement des *zeks* », répond Édouard, et avant même d'avoir fini cette phrase il a honte de sa fausseté et de sa démagogie. Bien sûr qu'il est un écrivain célèbre. Bien sûr que son sort n'a rien à voir avec celui d'Anton.

La colonie, depuis le réveil, est sens dessus dessous à cause de l'équipe de télé. Ils sont une demi-douzaine : journaliste, réalisateur, cadreur, preneur de son, assistants, et parmi eux trois filles. Des filles jeunes, qui comme c'est l'été portent des jupes courtes et des débardeurs ajustés, des filles qui sentent le parfum et sous le parfum la femme, le dessous de bras, la chatte, des filles qui affolent complètement le troupeau de *zeks* qu'elles mettent en place pour l'appel du matin, sur le terre-plein central. L'heure de cet appel est depuis longtemps passée, l'équipe n'est pas arrivée assez tôt pour assister au vrai, et le réalisateur, de toute façon, a son idée sur ce à quoi doit ressembler le vrai. Le directeur s'attendait à ce qu'on mette en avant, comme lui-même l'exige quand une délégation vient en visite, les détenus les plus présentables, or à mesure que le tournage avance il est de plus en plus évident que l'intention du réalisateur n'est pas de souligner le charme de l'établissement et la bonne mine de ses pensionnaires, mais au contraire de montrer que l'aventureux écrivain Limonov sort de l'enfer. Malgré les protestations du directeur, les jolies assistantes ont mission de rassembler les trognes les plus hideuses, le cameraman de faire des plans de coupe sur des lézardes, des flaques boueuses, des tas d'ordures — chose assez difficile dans une colonie dans l'ensemble extrêmement bien tenue. Je ne leur jette pas la pierre : j'ai fait exactement pareil quand j'ai tourné une séquence de mon film documentaire à la colonie pour mineurs de Kotelnitch, ayant espéré un spectacle dantesque et me résignant mal à ce qu'il ne le soit pas.

Au milieu de tout ce remue-ménage, Édouard fait avec conscience ce qu'on lui a demandé. Il joue son propre rôle. Dans la scène de l'appel, encadré par deux figurants idéalement patibulaires, il lance à pleine voix ses nom, prénom, prénom du père et articles de condamnation. C'est la dernière fois qu'il le fait mais il faudra trois prises, le réalisateur n'étant pas satisfait des deux premières. Au réfectoire, ensuite, il sauce son écuelle tout en poursuivant une conversation « naturelle » avec les autres. « Faites comme si on n'était pas là, les gars, répète le réalisateur, faites comme si c'était un jour ordinaire. »

Les détenus, dans l'ensemble, sont à la fête, et se disputent l'honneur d'être dans le cadre à côté du héros. « On me voit, là ? On me voit ? » demandent-ils en jouant des coudes. Et lui, tout en poursuivant avec eux cette conversation faussement naturelle, faussement ordinaire, dont il ne restera que ses répliques parce que lui seul a un micro-cravate, il pense qu'il a fait une connerie d'accepter cette histoire de télé. Il pense que c'est dommage de s'en aller comme ça. Peut-être même pense-t-il que c'est dommage de s'en aller tout court. Bien sûr, il brûle de retrouver la liberté, la petite Nastia et les gars du parti. Mais il ne sera plus jamais l'homme qu'il a été ici. On peut dire que c'est l'enfer, la colonie, mais par la seule force de son esprit il a été capable d'en faire un paradis. Elle lui est devenue aussi hospitalière qu'à un moine son couvent. Les trois appels quotidiens étaient ses offices, la méditation son oraison, et le ciel, une fois, s'est ouvert pour lui. Chaque nuit, entouré des ronflements de la baraque, il s'est enivré en secret de sa force, du métal de son âme surhumaine dans laquelle un processus mystérieux, commencé dans l'Altaï auprès du trappeur Zolotarev, était en train de s'accomplir : une libération véritable, éternelle, dont il se demande avec une soudaine inquiétude si sa libération temporelle ne risque pas de le priver. Il a toujours pensé que sa vocation est de s'enfoncer le plus profond possible dans la réalité, et la réalité, c'était ici. Maintenant, c'est fini. Le meilleur chapitre de sa vie est derrière lui.

Épilogue

MOSCOU, DÉCEMBRE 2009

1

Nous voici revenus au début de ce livre. Quand j'ai fait mon reportage sur Limonov, il était sorti de prison depuis quatre ans. Je ne savais rien de tout ce que je viens de raconter, il m'a fallu presque quatre ans de plus pour l'apprendre, mais j'ai tout de même senti, confusément, que quelque chose clochait. C'était comme s'il avait toujours le micro-cravate, comme s'il jouait toujours son propre rôle devant une caméra de téléréalité. Il était devenu dans son pays la star qu'il rêvait d'être : écrivain adulé, guérillero mondain, bon client pour la presse *people*. À peine libéré, il avait plaqué la vaillante petite Nastia pour sauter sur une de ces femmes de catégorie A auxquelles il n'a jamais su résister : cette ravissante actrice rendue célèbre par un feuilleton appelé *Le KGB en smoking*. Son séjour en prison faisait de lui une idole de la jeunesse, son alliance avec Kasparov un homme politique fréquentable, et je n'exclus pas qu'il ait *vraiment* envisagé d'être porté au pouvoir par une révolution de velours, comme autrefois Václav Havel.

Finalement, comme le lecteur se le rappelle sans doute, tout s'est passé aux élections de 2008 selon les prédictions du journaliste anglais que j'avais rencontré à la conférence de presse du tandem Limonov-Kasparov. Poutine a respecté la Constitution en ne briguant pas de troisième mandat, mais il a mis en place un système ingénieux, rappelant les voitures à double commande des auto-écoles : le nouveau président, Medvedev, est à la place de l'élève, Poutine, Premier ministre, à celle du moniteur. Il laisse l'élève conduire, il faut bien que celui-ci apprenne. D'un hochement de tête paterne il le félicite quand il s'en tire bien, et il est rassurant de savoir qu'en cas de pépin un homme d'expérience est là. Tout le monde, cependant, se pose deux questions : est-ce qu'en 2012 Poutine reprendra le volant, comme la Constitution l'y autorise puisque ce qu'elle interdit, c'est trois mandats *de suite* ? Est-ce que le docile Medvedev, ayant pris goût au pouvoir, affrontera son mentor et peut-être l'écrasera, comme Poutine a lui-même écrasé ceux qui l'ont fait roi ?

Poutine, j'y pense beaucoup en terminant ce livre. Et plus j'y pense, plus je pense que la tragédie d'Édouard, c'est qu'il s'est cru débarrassé des capitaines Lévitine qui ont empoisonné sa jeunesse et que sur le tard, alors qu'il croyait la voie libre, s'est dressé devant lui un super-capitaine Lévitine : le lieutenant-colonel Vladimir Vladimirovitch.

476

Pour la campagne électorale de 2000, on a publié un livre d'entretiens avec Poutine intitulé *À la première personne*. Titre probablement trouvé par un quelconque communicant, mais bien trouvé. Il pourrait s'appliquer à toute l'œuvre de Limonov et à une partie de la mienne. À propos de Poutine, il n'est pas usurpé. On dit qu'il parle en langue de bois : ce n'est pas vrai. Il fait ce qu'il dit, il dit ce qu'il fait, quand il ment c'est avec une telle effronterie que personne ne peut être dupe. Si on examine sa vie, on a la troublante impression d'être devant un double d'Édouard. Il est né, dix ans plus tard que lui, dans le même genre de famille : père sous-officier, mère femme de ménage, tout ce monde s'entassant dans une chambre de *kommunalka*. Petit garçon chétif et farouche, il a grandi dans le culte de la patrie, de la Grande Guerre patriotique, du KGB et de la frousse qu'il inspire aux couilles molles d'Occident. Adolescent, il a été, selon ses propres mots, une petite frappe. Ce qui l'a empêché de tourner voyou, c'est le judo, à quoi il s'est adonné avec une telle intensité que ses camarades se rappellent les hurlements féroces sortant du gymnase où il s'entraînait, seul, le dimanche. Il a intégré les organes par romantisme, parce que des hommes d'élite, par qui il était fier d'être adoubé, y défendaient leur patrie. Il s'est méfié de la *perestroïka*, il a détesté que des masochistes ou des agents de la CIA fassent tout un fromage du Goulag et des crimes de Staline, et non seulement il a vécu la fin de l'Empire comme la plus grande catastrophe du XXᵉ siècle, mais il l'affirme encore sans ambages aujourd'hui. Dans le chaos des premières années quatre-vingt-dix, il s'est retrouvé parmi les perdants, les floués, réduit à conduire un taxi. Arrivé au pouvoir, il aime, comme Édouard, se faire photographier torse nu, musclé, en pantalon de treillis, avec un poignard de commando à la ceinture. Comme Édouard, il est froid et rusé, il sait que l'homme est un loup pour l'homme, il ne croit qu'au droit du plus fort, au relativisme absolu des valeurs, et il préfère faire peur qu'avoir peur. Comme Édouard, il méprise les pleurards qui jugent sacrée la vie humaine. L'équipage du sous-marin *Koursk* peut mettre huit jours à crever d'asphyxie au fond de la mer de Barants, les forces spéciales russes peuvent gazer 150 otages au théâtre de la Doubrovka et 350 enfants être massacrés à l'école de Beslan, Vladimir Vladimirovitch donne au peuple des nouvelles de sa chienne qui a mis bas. La portée va bien, tète bien : il faut voir le bon côté des choses.

La différence avec Édouard, c'est que lui a réussi. Il est le patron. Il peut ordonner que les manuels scolaires arrêtent de dire du mal de Staline, mettre au pas les ONG et les belles âmes de l'opposition libérale. Il s'incline, pour la forme, sur la tombe de Sakharov, mais garde sur son bureau, visible par tous, le buste de Dzerjinski. Quand l'Europe le provoque en reconnaissant l'indépendance du Kosovo, il dit : « Comme vous voudrez, mais alors l'Ossétie du Sud et l'Abkhazie aussi, elles vont être indépendantes, la Géorgie on va lui envoyer des chars, et si vous ne nous parlez pas gentiment on vous coupera le robinet du gaz. »

Ces façons viriles, s'il était de bonne foi, devraient

épater Édouard. Au lieu de quoi il écrit, comme Anna Politkovskaïa, des pamphlets expliquant que Poutine est non seulement un tyran, mais un tyran falot et médiocre, à qui est échu un habit trop large pour lui. La fausseté de cette opinion me semble criante. Je pense que Poutine est un homme d'État de grande envergure et que sa popularité ne tient pas seulement à ce que les gens sont décervelés par des médias aux ordres. Il y a autre chose. Poutine répète sur tous les tons quelque chose que les Russes ont absolument besoin d'entendre et qui peut se résumer ainsi : « On n'a pas le droit de dire à 150 millions de personnes que soixante-dix ans de leur vie, de la vie de leurs parents et de leurs grands-parents, que ce à quoi ils ont cru, ce pour quoi ils se sont battus et sacrifiés, l'air même qu'ils respiraient, tout cela était de la merde. Le communisme a fait des choses affreuses, d'accord, mais ce n'était pas la même chose que le nazisme. Cette équivalence que les intellectuels occidentaux présentent désormais comme allant de soi est une ignominie. Le communisme était quelque chose de grand, d'héroïque, de beau, quelque chose qui avait confiance et qui donnait confiance en l'homme. Il y avait en lui de l'innocence et, dans le monde sans merci qui lui a succédé, chacun confusément l'associe à son enfance et à ce qui fait pleurer quand vous reviennent des bouffées d'enfance. »

La phrase que j'ai mise en exergue de ce livre, je suis certain que Poutine en la prononçant était parfaitement sincère. Je suis certain qu'elle venait, car tout le monde en a un, du fond de son cœur. Elle parle au cœur de tout le monde en Russie, à commencer par Limonov qui, s'il était à sa place, dirait et ferait certainement tout ce que dit et fait Poutine. Mais il n'y est pas, à sa place, et il ne lui reste plus à occuper que celle, si incongrue pour lui, d'opposant vertueux, défendant des valeurs auxquelles il ne croit pas (démocratie, droits de l'homme, toutes ces conneries) aux côtés d'honnêtes gens qui incarnent tout ce qu'il a toujours méprisé. Pas tout à fait échec et mat, mais tout de même, difficile dans ces conditions de savoir où on est.

2

Le protocole n'a pas changé, sauf que ce ne sont pas deux mais un seul *nasbol* qui me conduit à son chef et qu'il ne vient plus me chercher en voiture mais me donne rendez-vous à une sortie de métro. Je m'en souviens, de ce *nasbol* : Mitia. Je l'ai connu deux ans plus tôt, lui aussi se souvient de moi et, pendant le quart d'heure de marche jusqu'au nouvel appartement d'Édouard, nous bavardons. Ce n'est pas un tout jeune homme, il a une trentaine d'années et, comme tous les membres du parti que j'ai rencontrés, une bonne tête : ouverte, intelligente, amicale. Il est habillé de noir, mais plus en jean et blouson : son manteau bien coupé, porté sur une veste à chevrons, lui donne l'air d'un garçon qui se débrouille bien. Il est marié, me dit-il, il a une petite fille, il exerce un de ces métiers liés à internet dont je ne sais jamais trop en quoi ils consistent au juste mais qui permettent de gagner plus que correctement sa vie. J'ai l'impression que, pour lui, consacrer quelques heures par semaine à la protection d'Édouard Limonov est une façon de rester fidèle aux idéaux de sa jeunesse, comme d'autres continuent à tenir leur partie dans un groupe de rock amateur dont ils savent très bien qu'il ne cassera jamais la baraque, mais cela fait plaisir de se retrouver entre copains. Quand je lui demande comment vont les affaires, la politique, tout ça, il sourit et répond : « *Normal'no* », sur le ton qu'un restaurateur prend pour dire : « En ce moment, c'est calme. »

On monte à pied, comme l'ascenseur est en panne, jusqu'au neuvième étage d'un immeuble modeste. Avec les précautions habituelles, Mitia m'introduit dans le petit deux-pièces où Édouard m'attend, toujours en jean et pull noirs, toujours svelte, toujours barbichu. Je cherche où poser mon manteau, il n'y a dans la chambre qu'une table, une chaise et un lit à une place. Pour avoir dit dans une interview que les juges de Moscou obéissaient aux ordres du maire Loujkov, ce qui est de notoriété publique, il a été condamné, m'explique-t-il, à 500 000 roubles d'amende. On a saisi de ses biens ce qui était saisissable et cela couvrait à peine un dixième de l'amende : il doit le reste.

Laissant Mitia lire le journal sur l'unique chaise de la chambre, nous allons dans l'autre pièce, la cuisine, où il y en a deux. Édouard fait du café, j'ouvre mon carnet. Par mail, je lui ai annoncé mon projet d'écrire, non plus un reportage, mais tout un livre sur lui. Réponse neutre de sa part : ni enthousiaste ni réticente ; il est à ma disposition, si je veux. Mes recherches ont déjà bien avancé, j'ai même achevé une sorte de premier jet et je pense qu'il nous faudrait prendre le temps, ensemble, d'une longue interview : plusieurs heures, pourquoi pas plusieurs jours ? Mais je n'en suis pas certain et, par prudence, ne le lui ai pas encore demandé.

« Alors, il s'est passé quoi depuis deux ans ? »

Ce qui s'est d'abord passé, c'est que sa femme, la jolie actrice, l'a quitté. Il n'a pas bien compris pourquoi. Il ne lui vient pas à l'esprit que leurs trente ans d'écart ont pu jouer, et aussi de ne pouvoir faire un pas sans être escorté par deux garçons au crâne rasé : au début, ça doit être romanesque, ensuite pesant. Il a souffert, dit-il, quelques mois, puis considéré que c'était une femme froide, menteuse, peu aimante : elle l'a déçu. Au cas où je m'inquiéterais pour lui, il m'assure qu'il a plusieurs maîtresses, très jeunes, et ne dort pas toutes les nuits dans le lit à une place de la pièce d'à côté. Il continue à voir ses enfants, c'est le principal. *Ses* enfants, oui : il a aussi une petite fille, Alexandra. Le garçon, c'est Bogdan, en souvenir de ses années serbes. Je me dis qu'il s'en tire bien, Bogdan : il aurait pu s'appeler Radovan ou Ratko. Fin du chapitre vie privée.

Vie publique, maintenant. Il ne le dit pas comme ça, mais il est clair qu'il est complètement dans les choux. L'occasion historique, à supposer qu'il s'en soit vraiment présenté une, est passée. Kasparov, échaudé par mille tracasseries, n'a même pas essayé d'être candidat et, après ce qu'on ne peut même pas appeler son échec à la présidentielle, le mouvement *Drougaïa Rossia* n'existe plus. Édouard, cependant, ne baisse pas les bras. Il a créé un nouveau mouvement appelé *Stratégie 31* en référence à l'article 31 de la Constitution, qui garantit le droit de manifester. Afin d'user de ce droit, on se réunit tous les 31 du mois, quand il y en a un, sur la place Triomphalnaïa. Il y a en général une centaine de manifestants et cinq fois plus de policiers, les seconds arrêtant quelques dizaines des premiers. Édouard passe ainsi, régulièrement, quelques jours en prison. Les correspondants étrangers en font une dépêche, pour la forme. À part ça, il essaie de mettre sur pied et de présider une « assemblée nationale des forces d'opposition », projet qu'applaudissent quelques vieux démocrates et droits-de-l'hommistes et que Kasparov contrecarre de son mieux en lançant sa propre plate-forme. Les deux hommes sont rivaux maintenant, mais même leur rivalité m'a l'air un peu molle. Sur son site internet, Édouard est content d'avoir plus de visites que Kasparov.

Quoi encore ? Sa production littéraire. Il a publié trois livres depuis notre dernière rencontre : des poèmes, un recueil d'articles, des souvenirs de ses guerres serbes. Mais ça n'est plus tellement son truc, d'écrire. Ça rapporte trop peu aujourd'hui, les tirages sont de cinq mille, six mille au plus, on ne réimprime jamais : il gagne plutôt sa vie en faisant des piges pour des magazines du genre de *Voici* ou *GQ*, version russe.

Voilà, l'ordre du jour est épuisé. Il est quatre heures, la nuit est tombée, on entend le frigo bourdonner. Il regarde ses bagues, effile sa barbiche de mousquetaire : ce n'est plus *Vingt ans après*, c'est *Le Vicomte de Bragelonne*. J'ai épuisé mes questions et il ne lui vient pas à l'idée de m'en poser une. Je ne sais pas, moi : sur moi. Qui je suis, comment je vis, est-ce que je suis marié, est-ce que j'ai des enfants ? Est-ce que je préfère les pays chauds ou les pays froids ? Stendhal ou Flaubert ? Les yaourts nature ou aux fruits ? Quel genre de livres j'écris, puisque je suis écrivain. Il dit que l'intérêt pour autrui fait partie de son programme de vie et sans doute s'intéresserait-il à moi s'il m'avait rencontré en prison, coupable d'un beau crime bien saignant, mais ce n'est pas la situation. La situation, c'est que je suis son biographe : je l'interroge, il répond, quand il a fini de répondre il se tait en regardant ses bagues et attend la question suivante. Je me dis qu'il est hors de question de me taper plusieurs heures d'entretien de ce genre, que je me débrouillerai très bien avec ce que j'ai. Je me lève en le remerciant pour le café et le temps qu'il m'a consacré, et c'est sur le pas de la porte qu'il m'en pose une, finalement, de question :

« C'est bizarre, quand même. Pourquoi est-ce que vous voulez écrire un livre sur moi ? »

Je suis pris de court mais je réponds, sincèrement : parce qu'il a — ou parce qu'il a eu, je ne me rappelle plus le temps que j'ai employé — une vie passionnante. Une vie romanesque, dangereuse, une vie qui a pris le risque de se mêler à l'histoire.

Et là, il dit quelque chose qui me scie. Avec son petit rire sec, sans me regarder :

« Une vie de merde, oui. »

3

Je n'aime pas cette fin, je pense que lui non plus ne l'aimerait pas. Je pense aussi que tout homme qui se risque à porter un jugement sur le *karma* d'autrui, et même sur le sien propre, peut être assuré de se tromper. Un soir, je confie ces doutes à mon fils aîné, Gabriel. Il est monteur, nous venons d'écrire ensemble deux scénarios pour la télévision et j'aime bien avoir avec lui des discussions de scénaristes : cette scène-là, j'achète ; celle-ci, non.

« Au fond, me dit-il, ce qui t'embête, c'est de le montrer comme un *loser*. »

J'en conviens.

« Et ça t'embête pourquoi ? Parce que tu as peur de lui faire de la peine ?

— Pas vraiment. Enfin, un petit peu, mais je pense surtout que ce n'est pas une fin satisfaisante. Que, pour le lecteur, c'est décevant.

— C'est autre chose, ça », observe Gabriel, et il me cite une quantité de grands livres ou de grands films dont les héros finissent dans la panade. *Raging Bull*, par exemple, et sa dernière scène où on voit le boxeur joué par De Niro au bout du rouleau, complètement déchu. Il n'a plus rien, ni femme, ni amis, ni maison, il s'est laissé aller, il est gros, il gagne sa vie en faisant un numéro comique dans une boîte minable. Assis devant le miroir de sa loge, il attend qu'on l'appelle pour entrer en scène. On l'appelle. Il s'extrait pesamment de son fauteuil. Juste avant de sortir du champ, il se regarde dans le miroir, se dandine, mime quelques mouvements de boxe, et on l'entend grommeler, pas très fort, juste pour lui : « *I'm the boss. I'm the boss. I'm the boss.* »

C'est pathétique, c'est magnifique.

« C'est mille fois mieux, dit Gabriel, que si on le voyait victorieux sur un podium. Non, franchement, finir sur Limonov, après toutes ses aventures, en train de compter sur Facebook s'il a plus d'amis que Kasparov, ça peut marcher. »

C'est vrai. Pourtant, quelque chose continue à me gêner.

« Bien. Prenons le problème autrement. Ce serait quoi, pour toi, la fin idéale ? Je veux dire : si c'était toi qui décidais ? Qu'il prenne le pouvoir ? »

Je secoue la tête : trop invraisemblable. En revanche, il y a dans son programme de vie quelque chose qu'il n'a pas fait, c'est fonder une religion. Ce qu'il faudrait, c'est qu'il laisse tomber la politique où, franchement, ça paraît sans espoir, qu'il retourne dans l'Altaï et qu'il devienne soit le *guru* d'une communauté d'allumés, comme le baron Ungern von Sternberg, soit, encore mieux, un vrai sage. Une espèce de saint, carrément.

C'est au tour de Gabriel de faire la moue.

« Je crois que je sais, dit-il, ce qui te plairait comme fin : qu'il se fasse descendre. Lui, c'est complètement cohérent avec le reste de sa vie, c'est héroïque, ça lui évite de mourir comme n'importe qui d'un cancer de la prostate. Toi, ton livre se vend dix fois mieux. Et si on l'empoisonne au polonium, comme Litvinenko, ce n'est pas dix fois mieux qu'il se vend, c'est cent fois mieux, dans le monde entier. Tu devrais dire à ta mère d'en parler à Poutine. »

Et lui, Limonov, qu'en pense-t-il ?

Un jour de septembre 2007, nous sommes allés ensemble à la campagne. Je croyais que c'était pour un meeting, mais non, il s'agissait d'inspecter une *datcha* que sa femme d'alors, la jolie actrice, venait d'acheter à deux heures de Moscou. En fait, c'était beaucoup plus qu'une *datcha* : ce qu'on appelle une *ousadba*, un véritable domaine. Il y avait un étang, des prairies, une forêt de bouleaux. La vieille maison de bois, à l'abandon, vandalisée, était immense. Elle avait dû être magnifique, elle pouvait, restaurée, l'être de nouveau, et c'est pour cela qu'il était venu. À peine arrivé, il s'est mis à discuter avec un artisan du coin comme quelqu'un qui, ayant exercé des métiers manuels, sait discuter avec un entrepreneur et ne pas se faire arnaquer. Je me suis éloigné pendant qu'ils parlaient, je suis allé me promener dans le parc envahi d'herbes hautes, et quand, au débouché d'une allée cavalière, j'ai revu de loin sa petite silhouette vêtue de noir, dressée sur ses ergots dans une flaque de soleil, la barbiche en bataille, je me suis dit : il a soixante-cinq ans, une femme adorable, un enfant de huit mois. Peut-être qu'il en a marre de la guerre, des bivouacs, du couteau dans la botte, des coups de poing policiers qui à l'aube martèlent la porte, des châlits de prison. Peut-être qu'il a envie de poser enfin sa valise. De s'installer ici, à la campagne, dans cette belle maison, comme un propriétaire terrien de l'ancien régime. J'en aurais envie, à sa place. J'en *ai* envie. C'est exactement la vieillesse que je nous souhaite, à Hélène et moi. Il y aurait de grandes bibliothèques, des divans profonds, les cris des petits-enfants dehors, des confitures de baies, de longues conversations dans des chaises longues. Les ombres s'allongent, la mort approche doucement. La vie a été bonne parce qu'on s'est aimés. Ce n'est peut-être pas comme ça que ça finira, mais c'est comme ça, s'il ne tenait qu'à moi, que j'aimerais que ça finisse.

Au retour, je lui pose la question : « Vous vous voyez vieillir dans cette maison, Édouard ? Finir en héros de Tourgueniev ? »

Ça le fait rire, mais pas d'un petit rire sec cette fois : de bon cœur. Non, il ne s'y voit pas. Vraiment pas. La retraite, la vie tranquille, ce n'est pas pour lui. Il a une autre idée pour ses vieux jours.

« Vous connaissez l'Asie centrale ? »

Je ne la connais pas, non, je n'y suis jamais allé. Mais j'en ai vu, très tôt, des photos : celles que ma mère a prises quand elle est partie pour ce long voyage pendant lequel mon père s'est occupé de moi avec une tendresse maladroite — les pères n'avaient pas l'habitude, en ce temps-là, de s'occuper des petits enfants. Ces photos m'oppressaient et me faisaient rêver. Elles figuraient pour moi le lointain absolu.

C'est en Asie centrale, poursuit Édouard, qu'il se sent le mieux au monde. Dans des villes comme Samarcande ou Barnaoul. Villes écrasées de soleil, poussiéreuses, lentes, violentes. À l'ombre des mosquées, là-bas, sous les hauts murs crénelés, il y a des mendiants. Des grappes entières de mendiants. Ce sont de vieux hommes émaciés, tannés, sans dents, souvent sans yeux. Ils portent une tunique et un turban noirs de crasse, ils ont devant eux un bout de velours sur lequel ils attendent qu'on leur jette des piécettes et quand on leur en jette, ils ne disent pas merci. On ne sait pas ce qu'a été leur vie, on sait qu'ils finiront dans la fosse commune. Ils n'ont plus d'âge, plus de biens à supposer qu'ils en aient jamais eu, c'est à peine s'il leur reste encore un nom. Ils ont largué toutes les amarres. Ce sont des loques. Ce sont des rois.

Ça, d'accord : ça lui va.

DU MÊME AUTEUR

Aux Éditions P.O.L

BRAVOURE, PRIX PASSION 1984, prix de la Vocation 1985
(Folio n° 4770)

LA MOUSTACHE, 1986 (Folio n° 1883)

LE DÉTROIT DE BEHRING, Grand Prix de la science-fiction
1987, prix Valery-Larbaud 1987

HORS D'ATTEINTE ?, prix Kléber-Haedens 1988 (Folio
n° 2116)

LA CLASSE DE NEIGE, prix Femina 1995 (Folio n° 2908)

L'ADVERSAIRE, 1999 (Folio n° 3520)

L'AMIE DU JAGUAR, 2007 (1re parution, Flammarion, 1983)

UN ROMAN RUSSE, 2007 (Folio n° 4771)

D'AUTRES VIES QUE LA MIENNE, 2009 (Folio n° 5131)

LIMONOV, prix Renaudot 2011 (Folio n° 5560)

Chez d'autres éditeurs

WERNER HERZOG, Edilig, 1982 (épuisé)

JE SUIS VIVANT ET VOUS ÊTES MORTS : PHILIP K.
DICK, 1928-1982, Le Seuil, 1993